高职高专系列教材

动物药品生产与检测

葛竹兴　主　编

张爱华　副主编

中国环境出版集团·北京

图书在版编目（CIP）数据

动物药品生产与检测/葛竹兴主编．—北京：中国环境出版集团，2006.8（2018.3 重印）
（高职高专系列教材）
ISBN 978-7-80209-320-1

Ⅰ．动…　Ⅱ．葛…　Ⅲ．①兽医学–药物–生产–高等学校：技术学校–教材②兽医学–药品检定–高等学校：技术学校–教材　Ⅳ．S859.2

中国版本图书馆 CIP 数据核字（2006）第 103839 号

出 版 人　武德凯
责任编辑　孟亚莉
责任校对　任　丽
封面设计　宋　瑞

更多信息，请关注
中国环境出版社
第一分社

出版发行　中国环境出版集团
（100062　北京市东城区广渠门内大街 16 号）
网　　址：http://www.cesp.com.cn
电子邮箱：bjgl@cesp.com.cn
联系电话：010-67112765（编辑管理部）
010-67112735（第一分社）
发行热线：010-67125803，010-67113405（传真）
印　　刷　北京中科印刷有限公司
经　　销　各地新华书店
版　　次　2006 年 8 月第 1 版
印　　次　2018 年 3 月第 3 次印刷
开　　本　787×960　1/16
印　　张　23.5
字　　数　480 千字
定　　价　29.00 元

高职高专系列教材
审读委员会

前 言

本教材是在贯彻落实教育部关于高等职业教育教学改革精神及有关方针政策，进一步推动高职高专课程体系和教材建设，适应社会对高职高专培养应用型人才的要求，满足农、林、牧高职院校的专业特点和教学需要的基础上进行编写的。

教材在内容的安排上，一方面紧扣高职教育培养目标和课程目标，坚持“面向现代化、面向世界、面向未来”的方针，重视学生的素质培养；另一方面结合农、林、牧高职院校的专业特点和教学需要，体现职业教育特色。首先，本书精简教材内容，删繁就简，去粗存精，在最小的篇幅里反映药品生产与检测最核心、最实用、最前沿的内容。其次突出应用能力培养，重点放在结合兽药 GMP，要求介绍生产工艺操作规程、设备维护使用、药物检测实用技术上，可操作性强。第三，增加综合实训项目，贴近生产实际，在教材中穿插与就业岗位相关的实训内容。第四，突出模块化特点，整合相关课程，把动物药品制剂、动物药品检测、兽药生产质量管理规范等相关内容涵盖进来，组成几个主要模块，使得教材难度适当降低，实用性大大增强。

在编写教材时，我们力求做到简明扼要，由浅入深，实用、够用。教材分为四部分。第一部分为总论，包括动物药品生产与检测绪论、动物药品质量和质量标准、兽药生产质量管理规范三章。第二部分为动物药品制剂，包括动物药品制剂绪论、动物药品制剂生产的基础工艺、散剂和预混剂、液体药剂、浸出制剂、片剂和颗粒剂、注射剂、其他剂型、动物药品新剂型九章。第三部分为动物药品检测，包括动物药品检测概述、药物鉴别、药物纯度检查、药物含量测定四章。第四部分为实训。全课程 75 学时，其中理论 50 学时，实训 25 学时。教材中设计了教学目标、习题，以便学生明确重点，掌握难点。

本教材由江苏畜牧兽医职业技术学院葛竹兴主编，负责编写教材的第三部分和第四部分第十八章，并完成全书的统稿。教材的第一部分第一、二章和第二部分第四、五章由黑龙江生物科技职业学院张爱华（副主编）编写，第一部分第三章由江苏畜牧畜医职业学院张成编写；第二部分第六～九章由江苏畜牧兽医职业技术学院于生兰编写，第二部分第十～十二章和第四部分第十七章由北京农业职业学院张玉仙编写。全书由江苏省兽药监察所王苏华主审。

本教材在编写过程中得到了中国环境科学出版社、北京农业职业学院、江苏畜牧兽医职业技术学院、黑龙江生物科技职业学院有关领导的关怀和支持，在此表示衷心感谢。

由于编者水平有限，加之时间短促，教材中不妥和错误之处在所难免，敬请同行和读者批评指正。

《动物药品生产与检测》教材编写组

目 录

第一部分　总论

第一章　动物药品生产与检测绪论

【教学目标】

- 熟悉动物药品的来源与分类；
- 掌握动物药品的概念、假劣兽药的含义；
- 了解新兽药及兽药新制剂的分类与审批；
- 了解动物药品生产与检测的基本内容与要求。

第一节　动物药品概述

一、动物药品

（一）相关术语

1. 药物

药物是指用于预防、治疗或诊断疾病的物质。从理论上讲，凡能影响生物机体生理功能或细胞代谢活动的物质都属于药物范畴，包括人的用药、动物疾病用药、农药（植物用药）等。

2．药品

药品是指用于预防、治疗、诊断人的疾病，有目的地调节人的生理机能并规定有适应症、功能主治和用法用量的物质。世界各国对药品的定义各不相同，在我国药品专指人用药品。

3．动物药品（兽药）

动物药品（兽药）是指用于预防、治疗、诊断畜禽等动物疾病，有目的地调节动物生理机能的并规定作用、用途、用法、用量的物质（含药物饲料添加剂）。主要包括：血清制品、菌（疫）苗、诊断制品、微生态制品、中药材、中成药、化学原料药及其制剂、抗生素、生化药品、放射性药品及外用杀虫剂、消毒剂等。

4．兽用处方药

兽用处方药是指凭兽医处方方可购买和使用的动物药品。

5．兽用非处方药

兽用非处方药是指由国务院兽医行政管理部门公布的、不需要凭兽医处方就可以自行购买并按照说明书使用的动物药品。

（二）动物药品来源和分类

1．动物药品来源

动物药品种类繁多。其主要来源为天然药物及其加工品、化学合成药物及生物技术药物。

天然药物是指由动、植、矿物和微生物原料加工形成的，具有生理活性产物的总称，按其基本类型，可分为植物药、动物药、微生物药和矿物药。

（1）植物药。植物药是指利用植物的根、茎、叶、花、果实、种子等药用部分，加工制成的药物，如黄芩、人参、灵芝、红花等。我国传统应用的中草药多属于植物药，植物药是天然药物的主要组成部分，天然药物中包含了中药但不等于是中药。植物药的成分很复杂，除无机盐、有机酸、氨基酸类、多糖类、脂类、蛋白质、维生素等一般成分外，还含有生物碱（小檗碱、槟榔碱等）、甙（又称配糖体，糖杂体，苷，如皂甙、黄酮甙、强心甙等）、萜类（挥发油如薄荷油等、树脂如乳香等）等具有不同药理作用的特殊有效成分。

（2）动物药。动物药是指利用动物的器官、组织等加工而成的药物，如蟾酥、肾上腺素、胃蛋白酶等。动物药多来自动物内脏器官。在我国，家畜、家禽和海洋生物资源丰富，而且动物药在化学构成上十分接近于生物体内的正常生理物质，进入机体内也更易为机体所吸收利用，并能参与机体的正常代谢与调节，在药理学上，具有更高的生化机制的合理性和特异治疗的有效性。

（3）微生物药。微生物药是指利用微生物菌体或代谢物制成的调节机体微生态平衡的活性微生物制剂，如益生素等。此外，根据免疫学原理，利用微生物制成的酶制剂、菌（疫）苗、血清、诊断性药物也属于微生物类药物。

（4）矿物药。矿物药是指利用矿物加工制成的药物，如朱砂、硫酸铜、氯化钠等。由于矿物质多是动物机体的重要组成成分，所以矿物药常用作饲料添加剂。

化学合成药物是指采用化学合成方法制得的药品，这类药物品种很多，化学结构比较复杂，除少数品种如乙醇、乙醚等可采用化学名称作为药名外，多数不能从药名上知道其化学组成，如阿司匹林、普鲁卡因等。

生物技术药物是指通过细胞工程、基因工程、酶工程和发酵工程等新技术生产的药物，如酶制剂、生长激素和疫苗等。

2．动物药品的分类

按药理作用及临床用途可分为五类。

（1）抗病原体药。

❶ 抗微生物药。包括消毒防腐药、抗生素、合成抗菌药和抗病毒药。

❷ 抗寄生虫药。包括抗蠕虫药、抗原虫药、杀虫药（包括灭鼠药）。

（2）调节新陈代谢与促生长药。包括肾上腺皮质激素与促肾上腺皮质激素、性激素与促性腺激素、维生素、矿物质、抗过敏药、抗应激药、解热、镇痛及抗风湿药、化学促生长药、酶与微生物制剂、其他营养药。

（3）调节生理功能的药物。

❶ 作用于神经系统的药物。包括全身麻醉药与化学保定药、镇静药、安定药与抗惊厥药、中枢兴奋药、作用外周神经药（局部麻醉药等）。

❷ 作用于血液循环系统的药物。包括强心苷、止血药、抗凝血药、补血药、血容量扩充药。

❸ 作用于呼吸系统的药物。包括祛痰药、平喘药、镇咳药。

❹ 作用于消化系统药物。包括健胃药与助消化药、制酵药与消沫药、瘤胃兴奋药、泻药与止泻药。

❺ 作用于泌尿生殖系统的药物。包括利尿药、脱水药。

❻ 作用其他系统药物。包括影响组织代谢的药物、抗应激药和体液补充剂。

（4）饲料药物添加剂。包括抗菌药物添加剂、抗寄生虫药物添加剂。

（5）其他类药物。包括抗过敏药、解毒药、制剂用药、生物制品与中成兽药。

二、新兽药

新兽药是指我国新研制出的兽药原料药品及其制剂。兽药新制剂是指国家已经批准的兽药原料药品新研制、加工制成的兽药制剂。

（一）新兽药与兽药新制剂的分类

按管理要求，新兽药分五类：

第一类　我国创制的原料药品及其制剂（包括天然药物中提取的及合成的、新发现的有效单体及其制剂）；我国研制的国外未批准生产、仅有文献报道的原料药物及其制剂；新发现的中药材；中药材新的药用部位。

第二类　我国研制的国外已批准生产，但未列入国家药典、兽药典或国家法定药品标准的原料药品及其制剂。天然药物中提取的有效成分及其制剂。

第三类　我国研制的国外已批准生产，并已列入国家药典、兽药典或国家法定药品标准的原料药物及其制剂。天然药物中已知有效单体用合成或半合成方法制取的原料药品及其制剂。西兽药复方制剂、中西兽药复方制剂。

第四类　改变剂型或改变给药途径的药品。新的中药制剂（包括古方、验方、秘方、改变传统处方组成的）；改变剂型但不改变给药途径的中成药。

第五类　增加适应症的西兽药制剂、中兽药制剂（中成药）。

（二）新兽药与兽药新制剂的研制

1．新兽药的研究内容

新兽药的研究包括理化性质、药理、毒理、临床、处方、剂量、剂型、稳定性、生产工艺等内容，并提出质量标准草案。

2．新兽药临床药效试验

按照新兽药的类别，新兽药临床药效试验，分为临床试验（又分为实验临床试验和扩大区域试验）和临床验证（主要考察新兽药或兽药新制剂的疗效和毒副反应）。临床药效试验，均应按相应的技术规范要求进行。

（三）新兽药与兽药新制剂的审批

（1）农业部负责全国新兽药研制管理工作，对研制新兽药使用一类病原微生物（含国内尚未发现的新病原微生物）、属于生物制品的新兽药临床试验进行审批。省级人民政府兽医行政管理部门负责对其他新兽药临床试验审批。县级以上地方人民政府兽医行政管理部门负责本辖区新兽药研制活动的监督管理工作。

（2）新兽药研制管理办法规定新兽药临床前研究管理、临床试验审批的程序。临床试验用兽药应当在取得《兽药 GMP 证书》的企业制备，制备过程应当执行《兽药生产质量管理规范》。农业部或省级人民政府兽医行政管理部门可以对制备现场进行考察。临床试验用兽药仅供临床试验使用，不得销售，不得在未批准区域使用，不得超过批准期限使用。

因试验死亡的临床试验用食用动物及其产品不得作为动物性食品供人消费，应当作无害化处理；临床试验用食用动物及其产品供人消费的，应当提供农业部认定的兽药安全性评价实验室出具的对人安全并超过休药期的证明。

（3）境外企业不得在中国境内进行新兽药研制所需的临床试验和其他动物试验。根据进口兽药注册审评的要求，需要进行临床试验的，由农业部指定的单位承担，并将临床试验方案和与受委托单位签订的试验合同报农业部备案。

（4）申报新兽药和兽药新制剂时，必须提供如下资料：新兽药名称（包括正式品名、化学名、拉丁名、汉语拼音等，并说明命名依据）；选题目的和依据；新兽药的化学结构或组分的相关资料；新兽药的合成路线、工艺条件、精制方法、原料及辅料的规格标准，动植物原料或微生物菌种的来源，制剂的处方和它的依据、工艺；稳定性试验报告；药理学试验结果；毒理学试验结果；特殊性毒理试验；机体残留试验和屠宰前停药期研究报告；激素、饲料添加剂的动物传代繁育试验报告；抗寄生虫药、消毒防腐药的环境毒性研究和污染研究报告；临床试验结果；中试生产的总结报告；连续中试生产的样品 3～5 批和其检验报告；“三废”处理试验报告；质量标准草案及起草说明；新兽药及其制剂的包装、标签、使用说明书；生产成本计算；主要参考文献等。

三、假药与劣药

为了保证动物药品的用药安全，既要明确假劣兽药的含义，同时又能识别真假劣兽药，国务院和农业部颁布的《兽药管理条例》中规定，有下列情形之一的，为假兽药：

- 以非兽药冒充兽药或者以他种兽药冒充此种兽药的；
- 兽药所含成分的种类、名称与兽药国家标准不符合的。

有下列情形之一的，按照假兽药处理：

- 国务院兽医行政管理部门规定禁止使用的；
- 依照本条例规定应当经审查批准而未经审查批准即生产、进口的，或者依照本条例规定应当经抽查检验、审查核对，而未经抽查检验、审查核对即销售、进口的；
- 变质的；
- 被污染的；
- 所标明的适应症或者功能主治超出规定范围的。

有下列情形之一的，为劣兽药：

- 成分含量不符合兽药国家标准或者不标明有效成分的；
- 不标明或者更改有效期或者超过有效期的；
- 不标明或者更改产品批号的；
- 其他不符合兽药国家标准，但不属于假兽药的。

第二节 动物药品生产与检测课程的基本内容与要求

一、课程内容

《动物药品生产与检测》是一门以动物药理学、药物制剂技术与设备、兽药GMP（兽药生产质量管理规范）、药物分析等为基础来综合研究动物药品生产与检测实践的应用性课程，其内容是在动物药品制剂及检测基础上，结合兽药GMP要求，重点介绍各种剂型包括普通制剂（如片剂、散剂、注射剂等）和较为前沿新剂型（如脂质体、微囊、长效、控释）制剂的制备特点及生产质量控制要点；与生产相关的设备选择及应用；各种动物药品实用性检测方法。

本课程在内容的安排上，一方面紧扣高职教育培养目标和课程目标，坚持“面向现代化、面向世界、面向未来”的方针，重在培养学生的素质；另一方面结合农、林、牧高职院校的专业特点和教学需要，在介绍药品生产与检测最核心、最实用、最前沿的内容的同时，增加了综合实训项目，贴近了生产实际。目前我国畜牧兽医行业的发展趋势，是逐步由小农经济饲养和疾病防治的生产模式走向集约化群养群防的生产模式，相应的我国动物药品生产也就必须适应这一发展趋势，同时畜禽疾病的防治既依赖于动物药品的生产，也推动着动物药品的生产。兽药行业又是一个高投入、高风险、高科技的行业，提高动物药品质量是摆在动物药品生产企业面前的重要工作，这就对企业从业人员素质提出了更高要求。既需要懂得动物药品生产与检测基础理论知识，同时又能在药品生产与检测过程中寻求较佳工艺及操作条件，探索其影响的因素，降低生产成本，提高药品质量的复合型人才。而本课程通过把动物药品制剂、动物药品检测、动物药品生产质量管理等相关内容进行整合，使得课程涵盖内容广，难度适当降低，充分体现了职业教育特点，非常具有实用性。所以它是高等职业技术学院畜牧兽医、制药等相关专业重要的专业课之一。

二、课程要求

动物药品生产与检测是一项综合性技能，涉及相关基础知识多、法规条例多。要达到本课程的目标要求，既要掌握GMP及相关法规，又要具备一定的动物药理、药物化学、分析化学、机械原理等基础知识，所以，本专业课的安排要在有关的基础理论课之后。

三、学习本课程的意义

我国畜牧业正由农户饲养、分散防治疾病走向集约化群养群防的生产模式，相应的动物药品生产也必须适应这一发展趋势。

长期以来，我国动物药品业的生产、发展速度一直缓慢，直到20世纪90年代以来随着畜牧业的快速发展，动物药品的生产才步入了快速发展的轨道。目前全国兽药生产企业通过兽药GMP认证的约1 000家，涉及注射剂、片剂和散剂、药物添加剂、中草药、免疫增强剂、驱虫药、消毒剂七大类，水产和特种动物药品的生产也正在快速发展，总产值约150亿元。但与国外先进的动物药品生产企业相比，差距还很大。如我国前10位的动物药品生产企业年均产值仅为1亿元左右人民币，而世界上动物药品生产企业排在前20位的年产值均达3亿美元。我国相当多的企业年产值只有几百万元，缺少技术人才、设备陈旧落后、缺乏资金、缺乏新产品开发研制能力是主要原因。与此同时，国际上许多著名的动物药品企业为了加强竞争，在不断合并，并已进入我国动物药品市场。因此，在我国动物药品市场面临着诸多挑战的同时，也给企业的发展带来新的机遇，企业的竞争和发展对兽药新产品的开发、生产高质量的畜禽专用药品带来了新的动力。经过近年来的发展已经出现了一批业绩优秀、初具实力的兽药生产企业，国家对动物药品的规范化管理也正在引导企业走向科学化、现代化的发展道路，问题的关键是企业和生产者的素质和对兽药质量的重视程度。动物药品生产企业要走自我发展的道路，不断扩大规模，提高竞争能力。尽快向GMP标准靠拢，完成我国动物药品企业的GMP改造来推动我国的动物药品事业向前发展。

畜禽生产和防治技术的发展，不仅需要大量常规动物药品，而且更需要不断开发更多科技含量高、疗效显著、效果确定、安全无副作用的新的动物药品。兽药新产品的开发和研制是摆在动物药品生产企业面前的另一项重要工作，这是动物药品生产企业发展的方向。根据我国国情——养殖业疾病多（占12%）和兽医行业的特点，首先要优先发展一些中高档次、技术含量高的动物药品。这对预防和控制畜禽疾病，保护畜牧业生产有着重要的意义。其次是瞄准市场，有针对性地生产和开发一些养殖业所急需的药品。三是发挥祖国传统医学的优势，积极开发有特色的中兽药和中西兽药复方制剂。特别在开发抗病毒药和无残留饲料添加剂方面，中草药的开发有着较好的前景。从近几年动物药品生产企业的发展情况来看，凡是重视新产品开发，加大投入力度的企业都能较快地发展，也有较显著的经济效益。动物药品生产企业要善于发挥自身的生产场地、机械设备和生产资金的优势，主动和教学科研单位相结合，利用教学科研单位的科技力量、信息网络和技术优势，尽快把科研成果转化为生产力。此外，在水产动物药品、草食动物药品、特种经济动物药品、宠物药品和蚕药、蜂药等方面都存在着不少空白和薄弱环节，在这些领域内也有着广阔的发展空间。

根据群养群防发展的需要，积极做好新兽药、新剂型、新规格、新医疗器械等方面新产品的准备工作。随着集约化群养群防生产模式的形成，中小家畜、家禽的动物药品将以预防用药为主，特别是家禽的给药将以饲料给药和饮水给药为主；大家畜的注射给药将以50～100 mL 规格为主。因此动物药品生产企业要建立与教学和科研单位的紧密结合，把药械、药理、药化等方面的研究工作跟上去，组织力量开发一些适应群养群防的新剂型。同时在兽药的生产质量上要有所提高。改变目前兽药产品合格率低的现状，以适应畜牧业迅速发展的需要，提高兽药生产企业在国内和国际市场的竞争力。作为兽药工作者提高自身素质，掌握过硬的兽药管理及生产与检测技能，是兽药行业迅速崛起的必选捷径。

复习思考题

1. 药物、动物药品的含义。
2. 动物药品的来源与分类有哪些？
3. 什么是新兽药？
4. 《兽药管理条例》中对兽药假药和劣药是如何规定的？

第二章　动物药品质量和质量标准

【教学目标】

- 熟悉动物药品的质量特性；
- 理解安全性、有效性、可控性、稳定性的含义；
- 掌握动物药品质量标准的分类。

第一节　动物药品的质量特性

动物药品是特殊的商品。我国规定，动物药品必须经省及省级以上的兽药行政管理机关批准，才能作为商品流通。动物药品除了具有一般商品的属性外，对它的质量要求也经历特殊的认识过程。

人类自从学会饲养动物供自己食用以来，就有了兽医和兽药。古代对兽药质量的认识归结为“验、便、廉”。“验”即疗效确切；“便”即使用方便；“廉”即价格便宜。

在近代，曾对兽药的质量强调为“有效性、经济性、安全性”，仍然把“有效性”列为首位，同时强调“经济性”，因为饲养动物是以其经济效益为主，如果一只动物的治疗代价已超过这只动物的本身价值，那么对这只动物的治疗已无意义。至于“安全性”仍然停留在对治疗动物的安全上，认为对治疗动物的毒副作用小，即为安全；甚至认为即使毒副作用大，但疗效确切，治疗成本低的兽药还是可用的。

随着养殖业现代化的发展，动物药品的使用已从单纯的预防、治疗疾病，发展到集预防、治疗疾病、促进动物生长、改善养殖产品的质量等多功能为一体。药物的使用，已从个体动物给药发展到群体给药。给药方式及药物的剂型也发展到注射、口服、透皮、吸入、饲料添加、饮水等多种途径。动物的不同生长阶段需给予不同的药物，给药的周期也有短有长。随着饲养动物品种的增加，一种药物可能用于不同的动物，也可能是一种动物使用多种药物。动物药品应用发生如此巨大的复杂的变化，引发了对动物药品质量内涵的重新认识，即要求安全、有效、可控、稳定，其中已把“安全性”列为首位。

一、安全性

安全性是指动物药品在生物体产生毒副反应的程度。安全性是动物药品真正的质量特征。“是药三分毒”，药物均有不同程度的不良反应或毒副作用，即其作用的双重性。动物药品的安全性具体表现在以下几方面：

- 对用药动物的安全性，不仅要考虑一般的毒副作用，特别还应注意用药后在动物性产品内的残留问题，以及对用药动物的特殊毒性（包括致畸、致癌、致突变等）；
- 对动物药品生产者及使用者的安全性；
- 对动物药品生产环境及使用环境的安全性；
- 对养殖产品的食用者、使用者的安全性。

这里“安全性”已从对用药动物的安全性，转移到对人类的安全性。这是对动物药品“安全性”概念的根本转移。一种动物药品即使效果非常好，但其安全性若达不到要求，最终仍将被禁止或限制使用。动物药品的这一特性，要求在应用时必须权衡利弊，慎重选药、用药，要充分认识到动物药品的安全性。

二、有效性

有效性是指动物药品在生物体内所达到规定的效应程度。疗效确切，适应症肯定是动物药品质量的根本要求。由于养殖动物具有生存期短、疾病种类多、发病率高、传播迅速等特点，所以对动物药品的有效性要求特别高，一个理想的动物药品应具备高效、速效、长效、多效等特点。随着动物药品由单一功能向多功能转变，对有效性的评价也变得十分复杂。例如，某种药物的治疗功效虽不理想，但其具有独到的促进生长功能；某种药物对这种动物治疗功效不佳，但对另一种动物却有较好疗效等特点。

三、可控性

可控性是指动物药品在质量要求上的严格性、规范性。由于动物药品的特殊性质，为保证其质量，保障动物体用药安全，国家对动物药品必须采取特殊的管理办法，动物药品的生产、经营、应用，必须遵守国家相关管理法规。由于动物药品剂型及给药方式具多样性，所以对动物药品的可控性及均一性的要求甚至比人用药还要高。例如饲料添加剂，其所含的药物浓度往往较低，在使用前还要添加大量或多种的载体，所以对药物在出厂、贮存、运输、饲料添加的再加工时都要求保证其质量的均一与可控。

四、稳定性

稳定性是指动物药品在物理、化学性质方面的稳定性，即有效期长，服用方便，这是动物药品重要的质量特性。动物药品同任何化学物质一样，会受到外界空气、光线、温度、湿度以及生物等因素的影响，随着时间延长及再加工会逐渐衰变，药效会降低或失效，甚至产生毒害作用。例如，有些药物制成溶液剂本身是稳定的，但加水制成饮水剂要求仍应不得沉淀、分层，否则即为不稳定。有些饲料药物添加剂需加至饲料中再加工成颗粒料，要求药物能经受压制颗粒饲料时的高温、高压、高湿等环境，而仍然保持稳定。所以动物药品必须按要求生产、贮存、保管，确保在其有效期内销售和应用时仍然保持稳定。

第二节　动物药品质量标准

动物药品质量标准，是国家为了使动物药品安全有效而制定的控制动物药品质量规格和检验方法的技术规定，是动物药品现代化生产和质量管理的重要组成部分。它是动物药品生产、供应、使用、检验和监督管理部门共同遵循的技术依据，也是动物药品生产和兽医临诊用药水平的重要标志。

目前，我国动物药品质量标准分为两大类：国家标准和专业标准。

一、国家标准

国家标准有《中华人民共和国兽药典》(简称《中国兽药典》)和《中华人民共和国兽药规范》(简称《中国兽药规范》)等。

(一)《中国兽药典》

《中国兽药典》是由国家兽药典委员会制定、修订，农业部审批、发布的，是国家对兽药质量管理的技术规范，现行版本为2005版。新中国成立后，为了保障人民健康和畜牧生产的需要，我国已先后出版了六版兽药典，即 1953、1963、1978、1990、2000 和 2005 版。2005 版《中国兽药典》分为三部，一部收载化学药品、抗生素、生化药品原料和各类制剂共 446 种，其中新增 27 种；二部收载中药材、中药成方制剂共 685 种，其中新增 31 种；三部收载生物制品共 115 种，新增 72 种。三部各有凡例、正文、附录、索引等内容。

“凡例”是解释和使用《中国兽药典》正确进行质量鉴定的基本原则，并把与正文品种、附录及质量检定有关的共性问题加以规定，避免在全书中重复说明。“凡例”中的有关规定具有法定的约束力。

正文品种项下收载药品的质量规格和检验方法，体现了药品的安全性和有效性。每一品种项下根据品种和剂型的不同，按顺序分别列有：❶品名（包括中文名、汉语拼音名与英文名）；❷有机药物的结构式；❸分子式与分子量；❹来源或有机药物的化学名称；❺含量或效价规定；❻处方；❼制法；❽性状；❾鉴别；❿检查；⓫含量或效价测定；⓬类别；⓭规格；⓮贮藏；⓯制剂等。

附录，包括制剂通则、生物制品通则、一般鉴别试验、通用检验方法指导原则。如片剂、胶囊剂等制剂质量要求准则；色谱法；物理常数的测定法；电位滴定法和永停滴定法；热原检查法；生物检定法；放射性药品鉴定法；试液配制法；原子量表等内容。

索引，除正文之前有以笔画排序的中文品名外，书末还有以汉语拼音排序的中文索引和英文索引。

（二）《中国兽药规范》

《中国兽药规范》是兽药典颁布施行前有关兽药的国家标准，我国农业部于 1965 年召开修订会议，1968 年（草案）颁布施行，1978 年正式出版，1992 年出第二版。1992 版《中国兽药规范》收载的是 1990 版《中国兽药典》没有收入、各地仍有生产和使用的品种，以及 1990 版《中国兽药典》之后农业部又陆续颁布的一些新兽药质量标准。《中国兽药规范》也分为两部，收载范围与《中国兽药典》相似。

二、专业标准

专业标准是用于补充国家标准未收载的部分品种，由中国兽药监察所制定、修订，农业部审批、发布。如《兽药质量标准》《进口兽药质量标准》《中华人民共和国兽用生物制品规程》和《中华人民共和国兽用生物制品质量标准》等。

（一）《兽药质量标准》

《兽药质量标准》是由中国兽药监察所制定、修订，农业部审批、发布有关动物药品质量标准。1996 年颁布了《农业部兽药质量标准》（第一册）；1999 年修订颁布了《农业部兽药质量标准》（第二册）；2003 年颁布了《农业部兽药质量标准》（第三册）。

（二）《进口兽药质量标准》

《进口兽药质量标准》是由中国兽药监察所制定、修订，农业部审批、发布有关进口兽药经营、使用、检验、监督管理的法定技术依据。1993 年农业部颁布了第一版，1999 年颁布第二版《进口兽药质量标准》（化学药品、生物制品），它规定外国企业在我国销售兽药，必须取得农业部颁发的《进口兽药登记许可证》。农业部定期公布外国企业已办理注册兽药品种目录。

复习思考题

1. 动物药品的质量特性有哪些？
2. 动物药品国家标准有哪些？
3. 《中国兽药典》有哪些具体内容？

第三章　兽药生产质量管理规范

【教学目标】

- 正确理解兽药 GMP 的含义；
- 掌握兽药生产质量管理规范的主要内容。

第一节　概　述

一、兽药 GMP

GMP 是英文“Good Manufacturing Practice for Drugs”的缩写，可直译为“优良药品的生产实践”。国际上药品的概念包含动物药品。我国的《药品 GMP》是《药品生产质量管理规范》的简称。《兽药 GMP》是《兽药生产质量管理规范》的简称，是动物药品生产的优良标准，是在动物药品生产全过程中，用科学合理、规范化的条件和方法来保证生产优良药品的科学管理体系。《兽药 GMP》实施的目标就是对动物药品生产的全过程进行质量控制，以保证生产的动物药品质量是优良的。

GMP 是世界制药工业界一致公认的药品（包括动物药品）生产必须遵守的准则，欧美、日本、澳大利亚等国家早已作为制药行业必须执行的法规，正式颁布实施。

二、兽药 GMP 的主要内容

为推动动物药品行业的健康发展，保障畜牧业的持续稳定增长，保证人民身体健康，不断提高动物药品产品质量，尽早与国际动物药品生产管理接轨，农业部在 1989 年颁布了《兽药生产质量管理规范（试行）》，决定在动物药品生产企业实施 GMP 管理，1994 年发布了《兽药生产质量管理规范实施细则（试行）》，2002 年农业部 11 号令正式发布了《兽药生产质量管理规范》。现行《兽药 GMP》分为正文和附录两部分，其中正文共 14 章、95 条，附录包括 6 个方面的内容。其主要内容为：

第一章　总则。说明制定《兽药 GMP》的法规依据是《兽药管理条例》，同时明确《兽药 GMP》是动物药品生产和质量管理的基本准则。

第二章　机构与人员。规定企业应建立生产和质量机构，并规定了企业各级管理人员及生产操作和质量检验人员的素质，上岗资格及培训要求。

第三章　厂房与设施。规定企业生产环境、厂区布局、一般生产区、洁净厂房、仓储、质量检验及生产设施的要求。

第四章　设备。规定企业必须具备与所生产产品相适应的生产和检验设备，并规定设备管理和计量检定等方面的要求。

第五章　物料。对生产所需的原辅材料包装的质量与使用，以及原辅材料、包装材料与成品的储存等方面的要求，做出明确的规定。

第六章　卫生。规定企业的厂区、厂房、设备、原辅包装材料及人员的卫生要求。

第七章　验证。规定厂房、设施、设备以及生产工艺等需经验证，方可投入生产。

第八章　文件。规定企业应有的各类文件及其起草、修订、审查、批准、撤销、印刷及管理的要求。

第九章　生产管理。规定了生产文件的制定和生产过程的控制和要求。

第十章　质量管理。规定了质量管理部门在动物药品生产企业中的地位以及质量管理部门的各项主要职责。

第十一章　产品销售与收回。规定了有关销售的各项管理要求，重点是对售出的产品应有可追溯性，并及时回收有缺陷的产品。

第十二章　投诉与不良反应报告。规定动物药品生产企业应建立动物药品不良反应监察报告制度，对动物药品出现不良反应、质量问题及安全问题应及时收集并上报有关部门。

第十三章　自检。规定动物药品生产企业应制定自检工作程序和自检周期，并定期组织自检。

第十四章　附则。对《兽药 GMP》涉及有关专业术语进行注解。

附录部分列入不同类别动物药品生产质量管理的特殊要求。

三、兽药 GMP 的基本要求

为了保证动物药品的质量，我们应结合国情，参照国外药厂实施 GMP 的经验，开展我国动物药品企业实施 GMP 的工作。

动物药品企业的生产部门应建立健全综合管理系统。该系统的筹划设计、文件制定、生产运转、管理监控、人员设置、厂房环境、仪器装备以及原辅料、包装材料等均应妥善考虑并具体落实到人。

具体的做法是：

- 动物药品生产企业应有符合于生产要求的建筑设施、空间、卫生环境；
- 应具备可用于制造、加工、包装和储存动物药品的设备，生产所需的设备，应按生产流程顺序设置；
- 所有生产作业均应分别制定明确的书面作业程序表；
- 应有经训练（含培训）能正确执行生产任务的生产管理人员和质量监控人员以及操作人员；
- 应使用符合产品规格的原料、辅料、封盖、瓶贴、标签等材料；
- 所有生产应符合制定的作业程序，并做好能够反映每批产品生产、加工、包装、储存和运销等过程的记录，以确保产品的质量和数量符合产品的规格标准；
- 产品应有适当的储存和运输制度，并建立足以迅速收回已经销售出厂产品的系统。

四、兽药GMP实施的意义

（一）兽药GMP的实施是我国动物药品发展史上的里程碑

新中国成立初期就有了兽医生物制品的生产，但在20世纪60年代以前，除兽医生物制品外，其余的所谓“动物药品”均为人药替代。

随着畜牧业的发展，对动物药品的需求不断增加。20世纪80年代初，我国动物药品行业处于快速发展时期，企业数量和动物药品品种大幅度增长。为规范动物药品生产、经营活动，保证产品质量，国务院先后发布了《兽药管理暂行条例》（1980年）、《兽药管理条例》（1987年）和新《兽药管理条例》（2004年），明确规定了各级药政、药检工作职责。之后，各省建立了药政机构和省级动物药品监察所，初步建成了我国动物药品管理体系。改革开放以来，随着我国养殖业飞速发展，动物药品作为养殖业的支持产业也同时获得迅猛发展。但是，大多数动物药品生产企业普遍存在人员素质差、生产技术落后、生产规模小、生产质量低等问题，这种落后局面已无法适应现代化养殖业持续发展的需要。特别是近年来，由于动物药品质量问题，使动物疾病控制受到影响，许多养殖产品存在药物残留超标，引起出口产品遭退货等事件，不仅造成国家的经济损失，同时严重影响我国的国际声誉。这些问题的发生，激起全社会对动物药品质量的极大关注。在此形势下，农业部决心大力推行《兽药GMP》，从根本上解决动物药品质量问题。实施兽药GMP对保证动物药品质量、规范动物药品生产活动起到积极的保障作用，将在兽药行业中引发一场产业革命，同时是我国兽药事业发展史上的一个里程碑。

（二）兽药 GMP 的实施对企业文化和精神文明建设具有重要意义

企业文化是一门以人为本，以企业精神为核心，以实现企业管理整体化为目标的新兴管理哲学。这种管理哲学恰恰是兽药 GMP 管理思想的一种体现。企业管理不仅有技术、经营、生产等方面的内容，还要有丰富的文化内涵。企业文化体现了员工的意识形态方面，理想信念、行为准则、价值取向、道德规范、习俗礼仪、群众气氛（体现在兽药 GMP 要素的软件）。企业文化还体现在物质方面，包括厂容、厂貌（体现在兽药 GMP 要素的硬件），最终体现在产品的质量上。

企业的文化最终凝聚为企业的精神。企业精神是企业在长期经营过程中逐步形成，经领导者总结倡导，具有企业独特个性和激励作用，并为企业员工所认同、理解和接受，成为企业员工的主导意识和最高行为准则。企业精神不仅对内具有导向功能、凝聚功能、激励功能，而且对外具有辐射功能，并能协调个人与个人、个人与企业、企业与社会三个关系。“企业精神是企业文化的核心，是企业员工共有的群体意识和团队精神。”

当企业达到一定企业文化水平，企业精神最终体现在兽药 GMP 的实施上，此时，兽药 GMP 的各项规定，已不是对员工的一种“束缚”，而成为企业每一个员工自觉的行为准则。

第二节　兽药 GMP 的基本内容

一、机构与人员

动物药品生产企业应设立健全的组织机构，以适应兽药 GMP 的要求及现代化的企业经营战略。《兽药生产质量管理规范》明确规定：“动物药品生产企业应建立生产和质量管理机构，各类机构和人员职责应明确，并配备一定数量的与兽药生产相适应的具有专业知识和生产经验的管理人员和技术人员。”“动物药品生产管理部门负责人和质量管理部门负责人均应由专职人员担任，并不得互相兼任。”“质量检验人员应经省级兽药监察所培训，经考核合格后持证上岗。质量检验负责人的任命和变更应报省级兽药监察所备案。”

（一）机构

在保证产品质量的诸多因素中，管理模式被认为是最活跃、影响最大、最主要的因素。一个健全的组织机构，可以高效组织和发挥企业职工的潜能，可以相互协调、相互促进以及建立必要的监督制度，最大限度地调动企业各部门，最终使整个企业的运行获得最好的生产及经营效益。公司机构设置参考见图 3-1。

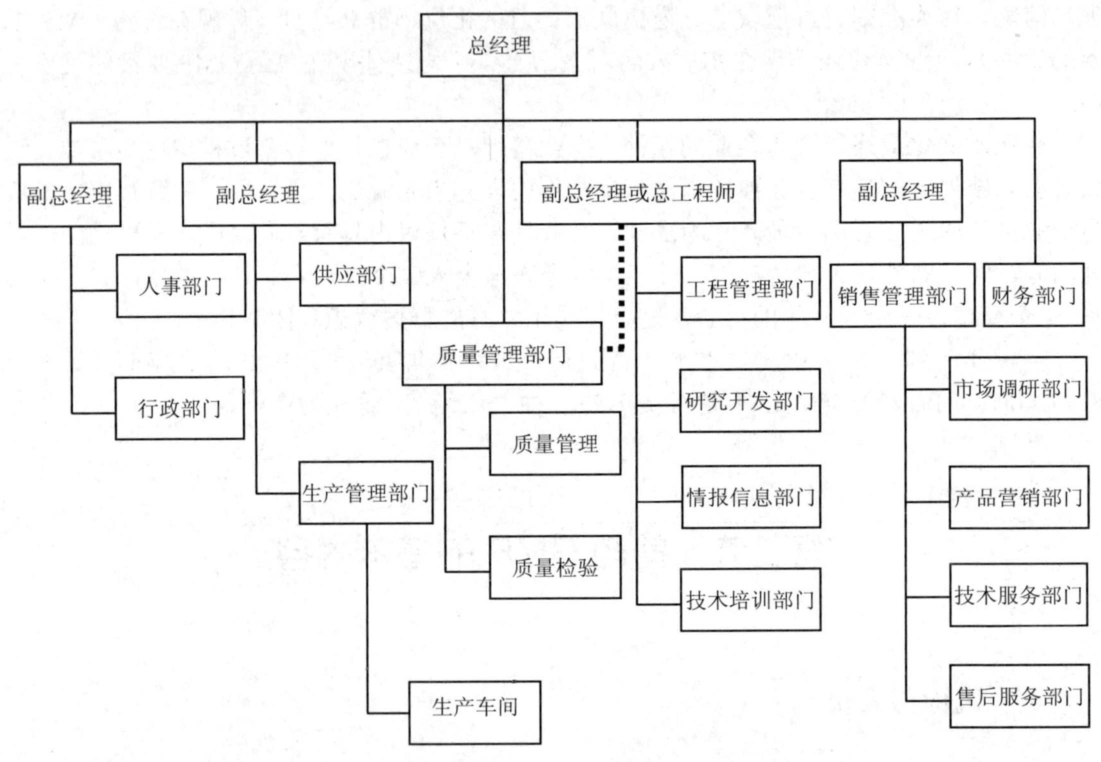

图 3-1　公司机构设置参考图

（二）人员

在生产要素中，人的因素第一。一切工作离不开人，人员素质水平，对实施兽药 GMP 将起决定性的作用。兽药 GMP 对人员素质的基本要求见表 3-1。

表 3-1　兽药 GMP 对人员素质的基本要求

岗位	文化程度及技术培训	专业	实践经验与工作能力	其他
企业主管兽药生产和质量管理的负责人	大专以上	药学、兽医或相关专业	有动物药品生产和质量管理工作经验	
生产管理部门负责人	大专以上	药学、兽医或相关专业	有动物药品生产的实践经验，能正确判断和处理动物药品生产中的实际问题	生产管理部门负责人和质量管理部门负责人均应由专职人员担任，并不得互相兼任
质量管理部门负责人	大专以上	药学、兽医或相关专业	有质量管理的实践经验，能正确判断和处理动物药品生产中的实际问题	
直接生产操作人员	高中以上并经专业技术培训		具有基础理论知识和实际操作技能	
质量检验人员	高中以上并经专业技术培训		具有基础理论知识和实际操作技能	上岗前经国家或省级动物药品监察所专业培训；质量检验负责人需报省级动物药品监察所备案
特殊岗位生产操作和质量检验人员	高中以上并经相应专业技术培训			特殊岗位指：接触高生物活性、高毒性、强污染性、高致敏性、与人畜共患病有关的或有特殊要求的动物药品生产操作和质量检验岗位
辅助生产人员	初中以上并经专业知识及岗位技能培训			指不直接接触生产工艺人员
专业技工	专业培训，并经国家有关部门考核合格，发上岗证			

二、厂房、设施与设备

动物药品生产企业的厂房、设施与设备是指原料、制剂、药用辅料和直接接触动物药品的药用包装材料等生产中所需建筑物以及与工艺配套的公用设施和仪器设备。为了满足动物药品质量的要求，生产企业必须要有整洁的生产环境、与所生产的动物药品相适应的厂房、设施与设备，包括规范化的厂房与相配套的净化空气处理系统、照明、通风、水、气体、洗涤与卫生设施、安全设施及满足动物药品生产和质量检验操作需要的各种装置或器具等。

（一）对厂房、设施的一般要求

1．厂外环境

《兽药 GMP》规定："动物药品生产企业必须有整洁的生产环境，其空气、场地、水质应符合生产要求。厂区周围不得有影响动物药品质量的污染源。"所以在选择厂址时，尤其是建设洁净厂房时应注意：

- 与交通要道保持适当距离，避免扬尘的干扰；
- 避开散发大量粉尘、烟气和有害气体的工厂和作业场所；
- 位于最多风向的上风侧，最小频率风向的下风侧；
- 避开不符合卫生条件的场所；
- 水源的质量应符合国家饮用水标准，同时应保证水源充足，必要时厂内应考虑设有贮水设施；
- 保证电力供应，有些动物药品生产（例如，抗生素发酵、化学合成等）必须考虑备用电源，必要时厂内应有应急的备用发电设备；
- 工业配套应尽量考虑生产所需设备、原辅材料及包装材料能就近解决；
- "三废"处理。

此外，还应考虑交通、通讯、发展余地等因素。

2．厂内环境

（1）厂区内场地、道路宽敞，平整、无积水，不起尘，无露土地面。厂区主干道必要时应尽量遵循人员物料分流的原则。

（2）厂区内应保持一定的绿化面积，可铺植草坪或种植对大气含尘、含菌浓度不产生有害影响的灌木，但不宜种花。草坪不宜铺到洁净车间外墙下，应保持一定距离。

（3）厂区内应保持洁净卫生，不得随处堆放垃圾及废旧设备，应有垃圾及废弃物处理措施。厂区内不得有蚊蝇滋生场所。

（4）厂房建筑面积与占地面积的比例应恰当。生产用房、仓库、辅助用房的面积比例协调，与生产规模相适应。

（5）厂区内生产区应与行政区、生活区分开，合理布局，间距恰当，不得互相妨碍。生产区内布局应考虑人流、物流协调，工艺流程协调，洁净级别协调。洁净生产区应设在厂内环境整洁及与生产无关的人流、物流不穿越或少穿越的位置。兼有原料药合成等的制剂厂的原料药生产区以及"三废"处理、锅炉房等有严重污染的区域，应置该地区全年最多风向的下风侧。

3. 厂房基本要求

（1）一般生产区（非控制区）。有卫生要求，但无洁净级别要求。

- 足够空间及合理布局；
- 生产区的地面、墙壁及天棚的内表面应光滑平整，耐清洗，清洁无污迹；
- 生产区主要工作室的最低照度不得低于 150 lx，其他区域的最低照度不得低于 100 lx，需增加照度的工序可另设局部照明，应在生产区及通道内设应急照明，并定期检查是否能正常使用；
- 按生产的需要，在生产区内设控温、控湿及通风设施；
- 产生粉尘的生产区应有捕尘设施，并控制尾气排放中的粉尘不得超标；
- 生产区门窗应能密闭，不得开放式生产，有防昆虫、防鼠措施；
- 生产区内应有防火、防爆、防雷击等安全措施，易燃、易爆、有毒有害物质的生产和储存的厂房设施应符合国家的有关规定。

（2）仓库。动物药品生产企业的仓库建筑、设施及仓库管理是实施兽药 GMP 工作中十分重要的一项内容，但往往被许多动物药品生产企业所忽略。

❶仓库在厂区内的位置。传统概念的仓库设置，一般设在接近生产区的位置，但与生产区是两个完全独立的建筑。这样考虑的理由是减少物料储存运输对生产的干扰。但带来一个问题是，物料进入仓库再领料出仓，以及成品进入仓库再销售出仓，都需经过一个露天运输的过程，不仅带来许多运输上的不便，同时增加了物料受污染的机会。目前国内外兽药 GMP 企业在设计仓库时，把仓库与生产区连为一体，这样物料入仓后，整个物流的过程都在一个封闭状态下，直至成品销售出厂。通过实践证明这种设计对于一些化学药品的制剂（如注射剂、片剂、颗粒剂、粉剂、预混剂、口服液体制剂等）的生产是合理的、实用的。但对化学合成原料、抗生素原料、中草药的粉碎提取等生产还是以考虑仓库与生产区分开为宜。

仓库位置还应考虑进出物料的方便，一般应靠近厂的货运大门。切忌将仓库设在厂区的中心部位，以免运输车辆在厂区中心运行，对生产活动造成干扰。另外，从安全考虑，一些特殊物料，特别是危险品（易燃、易爆、强腐蚀）仓库，应设在相对独立区域。

厂房为多层结构时，一般均考虑仓库放底层，生产区设在上层，主要考虑减轻楼板承重、物流的合理性及对生产减少干扰。

❷仓库的分类和设置。动物药品生产企业应按物料的性质、储存在不同的仓库或在仓库的不同区域。一般应设原料、辅料、包装材料、成品、特殊品（易燃、易爆、强腐蚀、毒品、麻醉品、精神药品）仓库。原料、辅料中的大宗农副产品（如玉米芯、米糠、淀粉等）、液体（如有机溶媒、酸、碱）、气体（如液化气、氧气、氢气、液氮等）均应单独设仓库或贮罐等。

从建筑方面，又可分为平地堆放及货架式的仓库。从动物药品生产发展的考虑，在资金许可的情况下，对一些固体物料和产品尽量设货架式仓库为好。货架式仓库空间利用系数高，减少物料搬运频率，便于计算机管理。

在仓储区可设取样室和称量室，其环境的空气洁净度级别应与生产要求一致。

❸仓库建筑的基本要求。建设仓库不仅要考虑它的面积，更应考虑它的容量，仓库的容量应与生产规模相适应，并留有适当的余地，以免生产发展后，仓库容量不够，产生露天或搭棚堆放等情况。设计仓库的容量时不仅考虑它的储存空间、运输空间、消防空间，还需考虑仓库的区域划分的空间，即各种物料及产品的分类、分品种、分批号、有序存放，间距恰当。同时还应考虑仓库的状态空间，即各种物料及产品应按待检、合格与不合格的状态分类堆放。仓库的建筑设施应达到以下要求。

- 通风防潮。仓库建筑层高恰当，有自然通风或机械通风设施。地面及墙面应有隔潮层，平地堆放仓库应有垫仓板。对湿度有特殊要求的物料或产品应有防潮设施。
- 温度控制。一般物料及产品可在常温下保存，对物料有特殊要求的物料或产品应有控温设施。
- 照明。照明应符合仓储要求。易燃、易爆物料仓库的电气设施应用防爆器材。
- 地面承重能力应符合仓储要求。同时应耐压、不易裂缝，不起尘，易清洁。货架式仓库的货架强度、货位尺寸均应符合要求。
- 仓库建筑的防火标准和防火、防爆设施应达到消防部门的标准并验收合格。物料和产品堆放时应留有消防通道。仓库应有避雷设施。
- 有机溶媒、各种气体等易燃、易爆物件及液体强酸、强碱物料储罐的选材及加工均应符合使用及安全要求。必要时在液体储罐周围有防泄漏的措施。
- 毒品、麻醉药品、精神药品及其他有毒、有害物料应另设专库或专柜保存。
- 仓库应有防鼠、防昆虫、防鸟的设施和措施。

（3）质量检验实验室。当前动物药品生产企业在实施 GMP 时，普遍存在“重生产、轻检验”的倾向。许多动物药品生产企业质量检验实验室的设置、建筑、检验环境及仪器设备的配备等，均有或多或少不符合要求之处。质量管理部门的各项检验工作是实施 GMP 的重要组成部分，所以质量检验实验室的条件必须予以重视和保证。

❶质量检验实验室的设置要求。质量检验实验室应与动物药品生产区分开或隔开，避免两者互相干扰。中间产品的质量检验，如与动物药品生产互有干扰，则不得设在该生产区。

质量管理部门应按生产的原料或剂型的品种质量检验工作的需要设置相应的质量检验实验室，如称量室、理化检验室、滴定液标定贮存室、一般仪器室、精密仪器室、高温设备室、生物测定室（包括抗生素效价测定、微生物检查等）、中药检验及标本室、留样观察室、实验动物试验室、实验用水制备及清洗消毒室、试剂贮存室、资料室等。以及实验废水、实验动物与毒害废弃物等无害化处理的设施。

❷质量检验实验室环境、设施的要求。质量检验实验室的办公室与实验室分开，不应在实验室办公。实验室工作人员应有更衣设施。接触有毒有害物料检验工作、强毒微生物检验工作的，更衣室应有淋浴设施。放置精密天平和其他精密仪器的实验台，应考虑有防震的措施。实验室应避免阳光直射。实验室一般不应装风扇，如有必要可装空调。实验室电源应稳定，对电压波动敏感仪器应另备稳压电源，大型精密仪器的电源应保证接地。贮存重要菌种、实验样本的冷冻设备应有备用电源。样品贮存室、留样观察室及中草药标本室应考虑控温控湿措施。生物测定室应有空气净化及控温措施。实验室应备有剧毒品贮存保险箱，按规定管理。实验室应设化学试剂贮存库，所需化学试剂应按需领用，不得在实验室中大量贮存化学试剂。实验动物房应与其他区域严格分开，其设计建造及所需设施应符合国家有关规定并验收合格后方可使用。自繁自养实验动物应持有《实验动物生产许可证》，外购实验动物，应到持有《实验动物生产许可证》的单位采购。生产兽用生物制品的企业必须设置生产和检验用实验动物房，其建造、设施及使用必须符合相关的规定。实验室应有严格的和充足的防火、防爆、防毒害等安全设施。定期检查或更换消防器材。接触毒害物的实验室应有必要的通风、冲淋设施。实验室的实验废水、毒害废弃物及淘汰的实验动物必须有无害化处理的措施，严禁任意排入到城市生活污水管道、丢弃或随地掩埋。

（二）空气洁净度及生产区域级别要求

1．洁净室的定义

洁净室是其空气洁净度达到一定级别（GMP 规定在 30 万级以上）可以供人活动的空间，并具有控制污染、排除污染干扰的能力。洁净空气是通过阻隔式过滤的办法把空气中的微粒（含微生物）阻留在各级过滤器上实现的。为了控制污染、排除污染的干扰，洁净空气还需要合适的气流组织形式。具体措施为：

- 室内空气的洁净度（含微生物浓度）依靠通过设在末端送风口的高效或亚高效过滤器的洁净气流稀释和置换室内空气来实现和维持。
- 单向流（100 级和局部 100 级）洁净室内的洁净度主要靠具有一定速度的洁净气流来实现和维持。
- 乱流（1 万级至 30 万级）洁净室的洁净度主要靠具有一定换气次数（洁净空气量相当于洁净室体积的倍数）的洁净空气来实现和维持。
- 室内洁净度还依靠保持室内外一定的正压差来维持。
- 室内洁净度还依靠控制室内发尘量在规定的范围内来维持。

2．洁净度级别

兽药 GMP 规定的空气洁净度级别见表 3-2。

表 3-2　兽药 GMP 规定的空气洁净度级别

洁净度级别	尘粒最大允许数/m^3（静态）		微生物最大允许数（静态）		换气次数/（次/h）
	≥0.5 μm	≥5 μm	浮游菌/m^3	沉降菌/（Φ90 皿 · 0.5 h）	
100 级（百级）	3 500	0	5	0.5	附注
10 000 级（万级）	350 000	2 000	50	1.5	≥20
100 000 级（10 万级）	3 500 000	20 000	150	3	≥15
300 000 级（30 万级）	10 500 000	60 000	200	5	≥10

注：0.8 m 高的工作区的截面最低风速：垂直单向流 0.25 m/s，水平单向流 0.35 m/s。

（三）洁净室及空气净化处理系统

1. 洁净区（室）的设置

在满足工艺条件的前提下，为提高净化效果，节约能源，洁净室（区）的设置要求如下。

（1）空气洁净度级别相同的洁净室（区）宜相对集中。

（2）不同空气洁净度级别的洁净室（区）宜按空气洁净度级别的高低，按里高外低布局，并应有批示压差的装置或设置监控报警系统。

（3）空气洁净度级别高的洁净室（区）宜尽量布置在无关人员最少到达的外界干扰最少的区域，并宜尽量靠近空调机房。

（4）不同洁净度级别室（区）之间有相互联系（人、物料进出）时，应按人净、物净措施处理。

（5）洁净室（区）中原辅材料、半成品、成品存放区域应尽可能靠近与其相关的生产区域，以减少传递过程中可能发生的混杂与污染。

（6）青霉素、β-内酰胺结构等高致敏性动物药品的生产必须设置独立的洁净厂房、设施及独立的空气净化系统。生物制品应按微生物类别、性质及生产工序的不同，设置各自的生产区（室）、贮存区或贮存设备。中药材的前处理、提取、浓缩，以及动物脏器、组织的洗涤或处理都必须与其制剂严格分开。

（7）洁净室（区）需设立单独的备料室、称样室，其洁净度级别同初次使用该物料的洁净室（区）。

（8）需在洁净环境下取样的物料，应在仓储区设置取样室，其环境的空气洁净度级别同初次使用该物料的洁净区（室）。无此条件的动物药品生产企业，可在称量室内取样，但需符合前述的要求。

（9）洁净室（区）应设单独的设备及容器具清洗室。

2. 空气净化系统

（1）空气净化系统适应动物药品生产操作的原则

- ❖ 严格区分独立与联合；
- ❖ 严格区分直流与循环；
- ❖ 严格区分正压与负压；
- ❖ 防止污染，有利整洁。

（2）不能用循环风的对象

- ❖ 产生易爆、易燃气体或粉尘的场合（如使用溶剂的原料药精制、烘干或产尘量大的工序等）；
- ❖ 产生有毒有害物质的场合（如生产高致敏性、高致病性病原体的操作工序）；
- ❖ 有可能通过系统混药的场合（如同时生产多品种片剂的车间）；
- ❖ 有可能通过系统交叉污染的场合（如动物试验饲养室）。

（3）需要负压的对象

- ❖ 青霉素等高致敏性药品的精制、干燥，特别是分装车间；
- ❖ 操作烈性传染病病原、人畜共患病病原及芽孢菌制品车间；
- ❖ 产尘量大的如口服固体制剂的配料、制粒和压片等操作室。

这些车间为防止受室外污染，应保持微正压，为防污染相邻房间，应与邻室保持相对负压。具体措施，参见气流组织和片剂生产相关内容。

（4）排风需要高效过滤器处理的对象

生产青霉素以及强毒微生物等的排风，应经高效过滤器净化处理。排风管路上还应安装有中效以上过滤器和逆止阀，以防止倒灌和对高效过滤器的影响。

（5）需要独立系统的对象

下列药品的生产，其净化空调系统应独立设置：

- ❖ β-内酰胺结构类药物；
- ❖ 青霉素等强致敏性药物；
- ❖ 强毒微生物及芽孢杆菌制品；
- ❖ 其他特别需要防范的有菌有毒操作区。

（6）净化空调系统与一般空调系统的区别

❶三级过滤。一般空调系统只有一级，最多二级过滤，而净化空调系统则为三级过滤。新风口设第一级过滤，过去只用粗效过滤器，现在推行粗效、中效、亚高效三级过滤；空调箱风机正压段和回风口设第二级过滤，作为高效过滤器的预过滤；在送风口设第三级过滤，即末级过滤，常用高效过滤器作为末级过滤器，但对于 10 万级、30 万级完全可以用亚高效过滤器；当新风为三级过滤时，1 万级也可以用亚高效过滤器作为末级过滤器。

❷末端过滤。一般空调送风口即末端只有风口而无过滤器，而净化空调系统则在送风口设有高效或亚高效过滤器。这对确保室内洁净度，不被系统和风口污染至关重要。

❸风量能耗大。净化空调系统比一般空调系统的风量、能耗大几倍至几十倍，尤其需要设计者精心设计、仔细计算，施工者正确施工安装，运行者认真维护，才能有效地节省初投资和运行费。

3．气流组织

（1）原则

- 气流方向与微粒沉降方向一致或大体一致，有利于微粒排除；
- 减少气流在室内循环路线，减少涡流，以减少同一微粒进入操作范围的次数；
- 尽量使洁净的空调处理过的气流快捷达到工作点，减少迂回和短路，达到尽快充分利用的目的；
- 气流速度要避免使人产生吹风感和二次扬尘而造成二次污染。

（2）洁净室常用气流组织分类

- 顶棚上或一面侧墙上布满或基本布满高效过滤器送风口，称为垂直单向流或水平单向流。可以达到最高的洁净度，排污能力最强。
- 顶棚上或一面侧墙上只布置少数几个高效过滤器或亚高效过滤器送风口，称为乱流或非单向流。达到的洁净度和排污能力均次于单向流。
- 室内一部分为单向流，其周边为乱流，则称为混合流。混合流只是两种气流同时存在的形式，本质上不是独立的气流组织形式，这比全室单向流节省。

（四）GMP 对设备的要求

设备属 GMP 的硬件范畴，主要指可满足动物药品生产和质量检验操作需要的各种装置或器具，通常把其中用于测量或检测各种参数的装置或器具称仪器（仪表）或检验设备，用于生产的装置或器具称为生产设备。兽药 GMP 中对设备提出了较高的要求。主要有以下几点：

（1）用于制剂生产的配料罐、混合槽、灭菌设备及其他机械和用于原料药精制、干燥包装的设备，其容量尽可能与批量相适应。

（2）应能满足产品验证的有关要求，合理布置有关参数的测试点及设置取样口。

（3）洁净室应采用具有防尘、防微生物污染的设备。

（4）应结构简单。需要清洗和灭菌的零部件要易于拆装。

（5）凡与药物直接接触的设备内表层应采用不与药物反应、不释出微粒及不吸附药物的材料。

（6）不便拆装的设备要设有清洗口。设备表面应光洁、易清洁。设备内壁应光滑、平整，避免死角、砂眼，易清洗，耐腐蚀。

（7）无菌室内的设备，除符合以上要求外，还应满足灭菌要求。

（8）纯化水、注射用水的贮罐和输送所用管道的材料应无毒、耐腐蚀，其管道不应有不循环的静止角落，并规定清洗、灭菌周期。贮罐的通气口应安装不脱纤维的疏水性除菌过滤器。

（9）纯化水、注射用水的制备、储存和分配系统应能防止微生物滋生和防污染。注射用水的储存可采用 80℃以上保温、65℃以上保温循环或 4℃以下存放。

（10）对生产中产尘较大的设备，如粉碎、过筛、混合、制粒、干燥、压片、包装等设备宜局部加设防尘围帘和捕尘吸粉装置。

（11）设备、管道的保温层表面必须平整、光滑、不得有颗粒性物质脱落。不宜用石棉、水泥抹面，最好采用金属外壳保护。

（12）灭菌设备内部工作情况须用仪表监测，定期验证。

（13）与药物接触的压缩空气及洗瓶、分装、过滤用的压缩空气应经除油、除水、净化处理，其洁净度与使用的工艺所在的洁净室级别相同。

（14）流态化制粒、干燥及气流输送所用的空气应净化，尾气应除尘后排空。

（15）制造、加工、灌装注射剂时，不得使用可能释出纤维的液体过滤装置，否则须另加非纤维释出性过滤装置。

（16）使用润滑油、冷却剂、密封套的部件，要有防止因泄漏而污染原料、半成品、成品包装容器的措施。

（17）与药物直接接触的干燥用气，压缩气体及惰性气体均应设置净化装置。经净化处理后，气体所含微粒和微生物应符合该区域规定的空气洁净度要求。干燥设备出风口应有防止空气倒灌的装置。

（18）生产、加工、包装青霉素等强致敏性药物，某些甾体药物，高活性、有毒害药物的生产设备必须分开专用。某些难以清洁的特殊品种，其生产设备亦宜专用。

（19）对产生噪声、震动的设备，应分别采用消声、隔离装置，改善操作环境。

三、物料

物料是原料、辅料及包装材料的总称。原料是指用于药品生产的、规定质量的、所有的有效成分。辅料是构成药物制剂必不可少的组成部分，虽无疗效，但与制剂的成型、稳定性及成品的质量和药物代谢动力学方面都有密切的联系。因此，在药品的生产过程中，应将辅料与原料同样要求，并进行同样的管理。包装材料包括内外包装物料及标签、使用说明书。

从原料进厂到成品出厂，药品生产实质上是物料流转的过程，它涉及企业生产管理和质量管理的所有部门，做好物料管理工作至关重要，这就需要重点做好如下几方面的工作。

（一）物料的采购

为了保证物料采购工作的顺利进行，确保物料的质量水平，必须对物料供货商进行质量评估。这项工作应由质量管理部门组织实施，由质量管理部门与物料采购部门共同完成。具体评估程序如下。

1. 初步选择

动物药品生产所用的物料，应符合兽药标准、包装材料标准，兽用生物制品的原辅材料、半成品应符合《兽用生物制品规程》或《兽用生物制品质量标准》及其他有关标准的要求，不得对动物药品的质量产生不良影响。物料采购部门以企业制定的原辅料及包装材料标准，作为寻求供货单位的依据，同时注意收集供货单位的质量标准及检验方法，以便质量管理部门进行比较和核对。

物料采购部门将企业制定的质量标准与供货单位能达到的质量标准进行对照，如能达到或基本达到企业制定的质量标准，则应进一步了解供货单位的情况，包括人员、证照、产品生产设备、产品工艺流程图、工艺卫生状况、质量管理机构及工厂资质信誉等，并根据这些基本情况对供货单位进行初步选择。

2. 索样检验

向初选合格的工厂索取小样，送质量管理部门检验。同时，将本企业的质量标准交给对方，让对方按标准进行检验，看是否能够达到质量标准要求。

3. 质量审计

小样检验合格后，初选过程中收集的资料又表明供货单位很可能成为本企业值得信赖的供应商时，质量管理部门应会同物料采购部门按质量审计的要求对供货单位进行正式调查，即质量审计。

4. 工艺验证

从质量审计结果满意的单位采购少量物料，例如：采购 1～3 批成品相应量的原辅料或包装材料，生产 1～3 批成品，进行工艺验证，注意观察生产过程中可能出现的偏差。然后将成品与正常生产的产品进行对照检查，并比较结果。必要时应进行产品贮藏稳定性的考查，符合质量要求者可判为合格。该单位即可成为本企业认可的供货单位。物料采购部门从质量管理部门审计合格的单位采购原辅料和包装材料。

（二）原辅料的管理

1. 初验

原辅料到货后，仓库管理人负责按规定进行初步验收。原辅料上所标示的品名、规格、数量、批号、供货单位等内容应与购货合同及供货单位所提供的检验报告单上的内容一致。物料的包装应无受潮、破损、虫蛀等现象。物料的标签应完好，标示内容应规范齐全。凡不符合上述要求的，仓库有权予以拒收。

初验后同意收货的原辅料由仓库根据企业的编号原则进行统一编号，以避免混药现象的发生。无批号的原辅料，由仓库根据批号编制原则自编批号，按批分区存放，然后填写原辅料收料记录、原辅料总账及原辅料库卡。

对进库原辅料的外包装进行清洁除尘。按规定分区存放，设待检标志，及时填写原辅料请验单，连同供货单位或口岸药检所的检验报告单一起交质量管理部门抽样检验。

2. 检验

质管部门接到原辅料请验单后，派取样员按取样规则取样，取样后重新封好，做好清洁工作，贴上取样证，并填写原辅料取样记录。

原辅料的取样宜在取样室或取样区进行，其环境洁净级别应与配料室相同。原辅料送到取样室前，应用适当的方法对原辅料的外包装进行清洁。在取样区内，同一时间只能对同一批号进行取样，所用容器及取样器具要保持清洁，要有适当的防止交叉污染的措施。

取样员负责将样品分成三份，分别贴上取样标签，内容应包括品名、规格、数量、批号、供货单位等。将样品及请验单、供货方提供的检验报告单交给质量检验人员，分别做原辅料留样、化学分析和微生物检验，做好留样记录。留样应保存至动物药品质量负责期后一年，无负责期的动物药品应保存三年。

根据检验结果，质管部门向仓库下达原辅材料检验报告单，并按货物的件数发放合格证或不合格证，由仓库人员负责将其粘贴或悬挂在适当的位置。

3. 入库

仓库管理员根据检验结果，将货物移入相应合格品区或不合格品区，亦可解除待检标志，将货物标上合格与否的状态标志。特殊情况下，也可采取其他能防止混用和人为差错的管理措施。

检验合格的原辅料，入库后填写库存原辅材料货位卡和分类账，记录收发结存情况。检验不合格原辅料，要按不合格原辅料处理程序妥善处理，由质量管理部门做出限定性使用或退货处理的决定，并建立不合格产品台账。

原辅料不得露天存放，露天堆放易受阳光、水、空气、风等自然条件的侵蚀，使原辅料霉变。原辅料要与包装材料、成品分库或分区存放，固体和液体原料要分库存放，挥发性物料要有防止污染其他物料的措施。

对易燃易爆、毒性大、腐蚀性强的危险品，应设置危险品库，并严格执行国家有关危险品的运输、贮存、使用的安全管理规定。麻醉药品、精神药品、毒性药品（包括药材）、贵细药材、放射性药品的验收、贮存、保管、发放、使用、销毁，要严格执行国家有关规定。菌毒种的验收、贮存、保管、使用、销毁应执行国家有关兽医微生物菌种保管的规定。

对温、湿度或其他条件有特殊要求的物料、中间产品和成品，应按规定条件贮存，并做好仓库温、湿度记录。

炮制、整理加工后的净药材应使用清洁容器或包装，并与未加工、炮制的药材严格分开。

不同的原辅料应根据其稳定性情况，分别制定贮存期，一般不超过三年。期满后应按质量标准全项复检，合格者才能使用，并执行复检后贮存期限的规定。原料在贮存期间，可以定期抽样检验，视具体情况可三个月、六个月或十二个月抽检一次。

存放区应照明、通风良好，无鼠、无虫、无霉，保持整洁，货物的堆放、离墙、离地、货行间都必须留有一定距离，以便于运输和消防，便于执行“先进先出”的发货原则。高位货架的货区、货巷、货架应用不同颜色、数字清晰表示。

一般中药材最容易受潮、发霉和遭虫蛀。因此除了特别注意防潮外，还应有适当的防霉、防虫蛀措施。防霉、防虫蛀措施不得影响中药材的品质。药材加工前应清除杂质和非药用部位，并进行质量检验，必要时应用样本做对照。经复核无误后方可投入加工。

要制定仓库定期养护管理制度及养护操作规程，建立养护操作记录，并认真实施。长期储存的药材，每半年倒库一次，彻底清理库存药材。霉雨天气经常晾晒易发霉生虫的药材，发现质量问题，立即报质量管理部门，按不合格原辅料处理。

4．发放

发料原则：仓库按生产指令或生产部门领料单计量发放。所发原辅料必须是合格品，不合格原辅料不得发放。

仓库按车间填写的需料送料单备料。仓库所发原辅料必须包装完好，有合格标志，有原辅料检验报告单。物料的标签与标志应与物料一致。送发料时要按供货批号“先进先出”，按规定要求称量计量，并填写仓库称量记录表。

送料员与仓库管理员核对实物后，把原辅料送到生产部门指定地点，送料员与生产部门收料员根据生产文件核对原辅料品名、规格、批号、数量及检验合格证等，发料、送料、收料人均应在需料送料单上签名。液体贮料的发料，按需料送料单，将原辅料送至生产部门。发料、收料人以体积换算成重量后在需料送料单上签名。运输过程中，物料外面要加保护罩。

每次发料后，仓库管理员要在库存货位卡和台账上填清货物去向，包括所生产的制剂品种、批号等，以便追溯。库存原辅料应定期盘存，填写原辅材料盘存报表。

装在容器内的原辅料如分数次领用时，发料人应在容器上标以领发料清单，发料时要复核存量，如有差错，应查明原因。为了避免在多次打开包装的情况下造成污染，应要求药品生产企业在与生产车间洁净级别相同的环境下进行称量。

易变质、易受微生物污染的原辅料在使用前，超过规定贮存期的原辅料，未规定使用期限但已贮存三年的原辅料都必须抽样复检，合格后方可发放。复检合格的原辅料，应执行复检后的贮存期规定，贮存期内如有特殊情况及时复检。

麻醉药品、精神药品、毒性药品、放射性药品的发放、使用，应执行双人双锁、专人管理，并及时做好记录，记录至少应有两人签字。

（三）包装材料的管理

直接接触药品的内包装材料在正常情况下能起到保护药品的作用，但如果材质不好或受到污染，那么这种包装材料非但不能起到保护药品的作用，反而会对药品造成污染，影响药品质量。

1．初检

包装材料进厂由仓库管理员按购货合同核对后，检查包装应无受潮、破损、虫蛀等，物料标签完好，内容规范，物料名称、规格、数量、供货单位等与购货合同一致，并附有供货单位的检验报告单或合格单，按厂定包装材料质量标准检查，符合要求方可入库。

进厂包装材料的收货、入库、待检等程序同原辅料的相关程序。

2．检验

质管部门接到包装材料请验单后，派取样员按抽样办法取样，取样后重新封好，贴上取样证，填写包装材料取样记录。

取样员将样品、请验单与供方的检验报告单交有关检验人员。根据检验结果，质检部门向仓库送达包装材料检验报告单，并按货物件数发放合格证或不合格证。

3．入库

仓库管理员根据检验报告单结果解除待检标志，将货物移入合格区或不合格区，或在货物上标上合格与否的标志，特殊情况下也可采取其他能防止混用和人为差错的管理措施。

合格的包装材料，入库后填写包装材料货位卡和分类账，记录收发结存情况。包装材料不得露天存放。不合格包装材料要隔离存放，按不合格包装材料处理程序妥善处理，及时退回供货单位或销毁。

直接接触药品的包装材料、容器（包括黏合剂、衬垫、填充物等）必须无毒，与药品不发生化学反应，不发生组分脱落或迁移到药品当中，以保证动物安全用药。其封闭的外包装必须严密，不得破损、污染，必须清洁贮存。不得回收使用直接接触药品的包装材料。可以回收使用的容器，须按厂方制定的清洗标准验收入库，不符合要求的要退回重洗。

印有品名、商标等标记的印刷包装材料应专库或专柜存放，应视同标签管理。因故不予使用或检验不合格时，应隔离存放并及时处理，必要时应销毁或抹去标记。在麻醉药品、精神药品、毒性药品、放射性药品的包装物料上应有明显的相应标志。

订购内包装材料和容器，必须在订货合同中明确包装材料的卫生要求，而且随着对内包装材料无菌化和洁净程度的提高，应积极开展测定内包装材料上附着微生物菌数的工作。

选用的药品包装必须适合药品质量的要求，方便贮存、运输和使用，避免因包装选用不当，造成药品渗出、泄漏、潮解、风化，甚至与药品发生化学反应而致变质。

4．发放

生产部门人员按指令单填写需料送料单，交仓库备料。仓库发放的包装材料必须有合格标志，有检验报告单。经送料员与仓库管理员核点后，把包装材料送至车间指定地点，码放整齐，由车间收料员点收。发料、送料与收料人均应在需料送料单上签名。每次发送料后，仓库管理员都要在货位卡与台账上填写货物去向、结存情况。库存物料应定期盘存，填写原辅材料盘存报告单。

（四）成品的管理

1．验收

仓库按质管部门的成品检验报告单和生产部门的成品入库单验收成品。检查内容包括：品名、规格、代号、批号、数量、有效期等，如发现该批产品有任何疑点的话，及时与生产部门联系。

同意验收的合格成品，直接填写成品入库总账、货位卡，设置绿色合格标志。正在检验而需要寄存的产品，应在指定位置附待检标志。合格品转入合格区存放，亦可更换成绿色的合格状态标志。不合格品必须放在指定位置，设置不合格品状态标志，按不合格品处理程序妥善处理，并建立不合格品台账。

2．入库

成品按品种分类、分批码放，高度适中，排列齐整。成品码放时，离地、离墙、货行间必须留有一定距离，以便执行“先进先出”的原则。

合格的成品放置处应设置成品库存货位卡，内容有代号、品名、批号、数量、有效期、检验报告单号、发货日期、客户名称、发货量、库存量、发货员签名等。如果在仓储过程中成品药损坏，必须通知仓库管理员，发出一式三份“损耗报告”，详细说明。根据药品库卡上的有效期，对即将到有效期的成品，仓库管理员要提前向仓库主任报告，仓库主任立即和销售部门联系，做出妥善处理。因销售原因而退回的成品，如仍在有效期内，经质量管理部门检验合格后，准予入库。

若为一箱，在箱外应有明显的批号标志，不同品种的零箱不得混放。在某批成品库存为零时，将该批产品的库卡交至质量管理部门，归入批档中。

（五）标签和使用说明书的管理

（1）兽药的标签和使用说明书内容必须符合农业部颁发的《兽药标签和说明书管理办法》中的有关规定，必须与兽医行政主管部门批准的内容、式样、文字相一致。质管部门应将标准样本分发给质检、供销、仓库、生产等部门作为验收核对标准。

（2）标签、使用说明书进厂，仓库应指定专人按企业标准样本检查外观、尺寸、式样、颜色、文字内容。应无污损、数量正确，凡不符合要求的点数封存，仓库指定专人销毁，监销人审查签名，做好记录。

（3）质管部门应对每批标签、使用说明书与标准样本详细核对，符合要求后签发检验合格证，并做好记录。经质管部门验收合格后，标签、使用说明书必须按品种、规格、批号分类，专库（专柜）存放，并上锁，设专人管理。

（4）各种动物药品标签、使用说明书应按包装指令单由生产部门的专人领取。仓库管理员按车间填写的需料单限额计数发放，并填写标签、使用说明书发放记录。领、发料人均应在需料送料单上签名。生产部门专人领取标签后，应按企业标准样本，核对内容、数量或批号，并检查印刷质量，做好验收记录，并负责保管。标签、使用说明书宜按品种、规格、批号分类，存放在包装车间暂存专柜内上锁保管，做好出入数量账册。

（5）产品贴签工序由专人向生产部门领取标签、使用说明书，生产部门根据包装指令单及中间品检验合格单限额计数发放，并填写标签、使用说明书发放记录。产品贴签工序应填报标签实用数量，如果实用数、残损数及剩余数之和与领用数发生差额时，应查明差额原因，应做好领用记录，写出偏差报告。

（6）不合格标签、使用说明书不得退回印刷厂，按不合格品处理程序妥善管理，及时销毁。标签不得改作他用或涂改后再用。生产部门或贴签工序剩余的印有批号及残损的标签，不得退回仓库，应指定两人负责销毁，并做好销毁记录。由印刷厂印好批号的标签，发剩或该批号取消时，仓库应指定专人及时销毁，均应做好记录，并由监销人审查签名。

（7）印有品名、商标等标记的包装材料，应视同标签、使用说明书，按标签、使用说明书管理的相应要求和国家有关规定制定管理办法。

（8）印刷药品标签、使用说明书的模板在未终止使用前，企业应采取严格措施防止标签、使用说明书外流，如模板要淘汰，企业应收回后保管或监销。

四、卫生

在兽药 GMP 中卫生管理主要是指环境卫生、厂房卫生、工艺卫生（包括设备、原辅材料、生产介质、工艺技术等）及人员卫生等。“生产处处防污染”是兽药 GMP 的主要内容之一。动物药品生产企业在生产中要防范异物混入产品和防范尘埃粒子和微生物污染产品。所以，动物药品生产企业的卫生管理是实施兽药GMP的重要环节。

（一）卫生要求

1. 厂区卫生

首先应严格按照厂房、设施与设备中所提各项要求，选择厂址、搞好厂内规划布局以及环境卫生工作。由于企业的外环境会随着时间推移发生一些始料不及的变化，所以重点应做好厂内的环境卫生工作。全体职工必须做到以讲卫生、讲文明为己任，创造身心愉快的工作环境，建成一个清洁文明的工厂。

2. 一般生产区（无洁净度级别要求区域）卫生要求

- 地面整洁，门窗玻璃、墙面、顶棚洁净完好无污迹、灰尘。设备、管道、管线排列整齐光洁，无灰尘，无跑、冒、滴、漏，定期清洁，并做清洁记录。
- 设备、容器、工具按规定的管理要求放置并应符合清洗后的卫生标准。
- 生产场所不得吸烟，禁止吸烟的标志应明显，如有必要，应在全厂区禁止吸烟，生产场所不得吃食品、存放食物，不得存放与生产无关的物品和私人杂物，如外衣、报纸、餐盒等，不得种养花草。

3. 洁净度级别为30万级及10万级区卫生要求

- 除应符合一般生产区的要求外，还必须做到设备、容器、工具和管道保持清洁。为了避免原辅料、包装材料的外包装上的尘埃和微生物污染操作环境，应在指定地点除去外包装，对于不能除去外包装的物料，应除去表面尘埃，擦拭干净后才能进入生产区，外包装材料未彻底清洁前不得进入本区域。
- 区域内的控制应符合兽药GMP的规定。

质控部门要指定专人定期检查本区工艺卫生及洁净度。检查后记录检查结果。

4. 洁净度级别为万级、百级区域卫生要求

- 除应符合一般生产区和30万级及10万级区域所规定的要求外，还必须严格执行洁净区管理制度；
- 菌落测试每班一次，按要求进行；
- 需要进入洁净室的原辅料，除去外包装后，还应对直接接触药物的包装材料容器按工艺要求进行清洗、灭菌并记录；
- 更换品种时，必须将顶棚、墙面、地板用消毒剂擦拭干净；接触药物的容器、器件洗涤干净后灭菌，工具、台板用无菌水冲洗后，再用消毒剂擦拭；
- 洁净室不得安排三班生产，每天必须有足够时间用于消毒；更换品种时也必须至少有6 h的间歇。

区域清洁工作内容参见表3-3。

表 3-3　区域清洁工作内容

区　域	周　期		
	每　日	每　周	每　月
一般生产区	清除并清洗废物贮器； 擦拭地面、室内桌椅柜及设备外壁； 擦去门、窗、浴室、厕所、水池及其他设施上的污迹	擦洗门、窗、浴室、厕所、水池及其他设施； 刷洗地面、废物贮器、地漏、排水道及墙裙等处	对墙面、顶棚、照明及其他附属装置除尘； 全面清洗工作场所及生活设施
10 万级及30 万级区	清除并清洗废物贮器； 擦门、窗、地面、室内用具及设备外壁； 擦去墙面污迹	以消毒清洁剂擦拭门、窗、墙面、室内用具及设备外壁； 以消毒清洁剂刷洗地面、废物贮器、地漏、排水道等处	全面擦拭工作场所、墙面、顶棚、照明、排风及其他附属装置； 室内消毒或根据室内菌检情况决定消毒周期
万级（局部百级）	清除并清洗废物贮器； 以消毒清洁剂擦拭门、窗、地面、室内用具及设备外壁； 以消毒清洁剂擦拭墙面及其附属装置上的污迹	以消毒清洁剂擦洗室内一切表面，包括墙面及顶棚	室内消毒或根据室内菌检情况决定消毒周期； 根据测试数据更换通风过滤介质

5．个人卫生要求

（1）一般生产区

- 生产人员至少每年体检一次，建立健康档案，检查内容参照人员体检表；
- 患有传染病、隐性传染病、精神病患者及对药物过敏者不得从事动物药品生产工作；
- 操作人员的手不得直接接触起始原料、一级包装材料、中间产品或待包装产品；
- 生产者要经常洗澡、理发、刮胡须、修剪指甲、换洗衣服、保持个人清洁。

（2）洁净度 10 万级及 30 万级区域

- 除应符合一般生产区的要求外，皮肤病（如皮癣、灰指甲等）以及其他有可能影响动物药品质量的人，不得从事直接接触动物药品的生产；
- 直接接触动物药品生产工序的操作人员，不得化妆、佩戴饰物与手表。按规定洗手、更衣，戴帽应不露头发。工作衣、帽、鞋等不得穿离本区域。

（3）洁净度百级、万级区域

- 除应符合上述两个区域的要求外，操作人员皮肤不得有外伤、炎症、瘙痒。保持每天更换无菌内、外衣。

- 本区域操作人员宜戴无菌手套或每半小时将手消毒一次。

（二）卫生管理

1. 清洁规程

（1）清洁规程内容

为了便于对厂房和设备、容器、工具、照明器具体实施清洁操作，在制定清洁规程时要详细规定以下的内容：

- 清洁的对象或范围；
- 清洁方法（直接接触生产工艺的设备、容器、管道的清洁方法应先验证）；
- 清洁程序；
- 间隔时间（清洁频率和周期）；
- 清洁用的设备；
- 使用的清洁剂或消毒剂及配制方法；
- 清洁工具的清洗方法和存放地点；
- 清洁程度和效果的评价；
- 清洁工作操作记录及操作日期、操作人签名。

无菌产品所使用的设备、容器、工具的清洁与保养制度和规程所要求的内容较其他产品所使用的设备、容器、工具的清洁要求更为严格、更为重要。特别是最终不可灭菌的产品所使用的设备、容器、工具除了要按要求清洁外，还要保证在清洁后的保存中保持无菌。

（2）常用清洁方法

常用清洁方法见表3-4。

表3-4　常用清洁方法

方　法	清 洁 对 象
湿拖	一般情况用湿的线拖把拖地
先真空吸尘后湿拖	积灰或粉尘较多的区域
擦拭	配有吸水装置的擦洗机，清洁效果较好
冲洗或高压冲洗	清洁效果好，但要求厂房设计要合理，墙面材质要好，不易积水

（3）清洁工具

对清洁设备与工具的基本要求是：

- 使用不脱落纤维和微粒的材料，尽量使用一次性的材料，并易于清洗、消毒和干燥；
- 无菌区的清洁设备与工具不得选用易于生长微生物的材料；
- 各卫生区域的清洁工具不得混用，应在每一卫生区域设置专门的清洁工具贮存室，有明显标记，室内应有通风及其他相适应的设施；
- 洁具室的清洁工具应分类存放并做好标志，地面、墙面、窗、设备所用洁具应区分。

2. 洁净区工作规则

（1）工作服的防护效果除了与工作服的质量、穿戴方式等有关系外，还取决于操作人员的操作方式和自我约束。洁净区内的操作人员的动作应尽量缓慢，避免剧烈动作。

（2）除了操作人员外，其他人员如：参观人员、上级检查人员、企业的管理人员等都不得进入洁净区域，只允许在参观走廊进行参观、检查工作。生产使用的物料应按其清洁规程进行清洁后方可进入洁净区。

（3）洁净区的门应关紧，人员进出次数应尽可能减少，洁净区内应安装内部电话，避免增加洁净区门的开关次数，保持洁净区的风量、风速、风型和风压。

（4）在无菌区，操作人员应具备更高的自律意识。例如，操作人员正戴着无菌手套，就不能破坏它的无菌状态。开门时，应用肘部而不是用抓门把手的方法，不要碰口罩或帽子，不要捡地上的东西，开始工作前和碰触未消毒的东西后均要用消毒剂擦洗。此外，每次休息或手套碰破、脏污时要更换手套。

（5）每次休息时或间隔一定时间就要更换一次口罩。

（6）无菌区的操作人员应尽量减少上厕所的次数，如确有必要上厕所时，应脱去无菌服、换鞋。上完厕所后，则应彻底洗手、消毒，然后按正确方法穿无菌服，但要戴新口罩和新手套。

五、验证

验证指能证实任何程序、生产过程、设备、物料、活动或系统确能导致预期结果的有文件证明的一系列活动。

验证概念的引入，使兽药 GMP 质量管理的立足点，从质量检验转移至质量保证，也是与其他质量管理的理论和形式最本质的区别。由于需验证对象的广泛性，验证工作的重复性，验证内容不断深入及验证技术的不断发展，验证使兽药 GMP 活动充满了向上的活力和富有极大的挑战性，所以我们可以理解验证是兽药 GMP 的“灵魂”。

（一）验证总则

1．验证的对象

兽药 GMP 要求验证的对象主要包括：厂房与设施的验证、设备验证、检验计量的验证、清洁验证、制剂生产的验证、原料药生产的验证及计算机验证等。

2．验证方式的分类

（1）前验证。前验证是正式投产前的质量活动，是指新产品、新处方、新工艺、新设备在正式投入生产使用前，必须完成并达到设定要求的验证。这一方式通常用于产品质量有特殊要求，但历史资料不足，难以进行回顾性验证，靠生产控制及成品检查不足以确保生产工艺或过程的重现性及产品质量。例如，无菌产品生产中灭菌工艺的验证，新品、新型设备及其生产工艺的引入前的验证等采用前验证来考查其重现性及可靠性。

（2）同步验证。同步验证是指生产中在某项工艺运行的同时进行的验证，用实际运行中获得的数据作为文件的依据，以证明该工艺能达到预期要求。

（3）回顾性验证。回顾性验证指以历史数据的统计分析为基础，旨在证实正常生产的工艺条件适用性的验证。必须具备以下条件方可应用：

- 至少有 6 批符合要求的数据，有 20 批以上的数据更好；
- 检验方法已经过验证，检验的结果可以用数值表示，可以进行统计分析；
- 批记录符合兽药 GMP 要求，记录中有明确的工艺条件，且有有关偏差的分析说明；
- 有关的工艺变量是标准化的，并一直处于控制状态，如原料标准、洁净区的级别、分析方法、微生物控制等；
- 这种方式通常用于非无菌产品的工艺验证，以积累的生产、检验和其他有关历史资料为依据，回顾、分析工艺控制的全过程，证实其控制条件的有效性。

（4）再验证。再验证指对产品已经验证过后的生产工艺，关键设施及设备、系统或物料在生产一定周期后进行的重复验证，在下列情况需进行再验证：

- 关键设备大修或更换及程控设备在预定生产一定周期后；
- 批量数量级的变更；
- 趋势分析中发现有系统性偏差；
- 当影响产品质量的主要因素，如工艺、质量控制方法、主要原辅料、主要生产设备或主要生产介质发生改变时。

3．验证程序

无论任何企业，任何兽药 GMP 相关设施、设备，任何剂型、任何品种的任何验证，其基本程序都是相同的。即建立验证小组→制订验证计划→制订验证方案→组织实施→

审批验证报告→验证文件归档。

4．验证文件管理

企业制定验证管理制度和验证规程，培训专业人员，验证过程中形成的文件应按验证品种分类，归档保存。验证方案、记录、报告、证书等都必须保存至该系统、设备使用期后6年。

（二）厂房、设施与设备的验证

厂房与设施涉及各种建筑物、给排水、空调净化系统（HVAC）、安全消防等公用工程。兽药GMP附录中要求动物药品生产过程中应对空气净化系统、除尘系统、工艺用水系统及工艺用气系统进行验证。下面着重介绍空气净化系统的验证。

1．HVAC系统测试仪器的校验

对HVAC系统的测试、调整及监控过程中需要对空气的状态参数和冷热媒的物理参数，空调设备的性能参数。房间的洁净度进行大量的测定工作。将测得的数据与设计数据进行比较、判断。这些物理参数的测定需要使用经过检定的且准确的仪器、仪表来完成。

所有仪表检定、校正、标定均应在系统测试和环境监测前完成并记录在案，作为整个验证文件的一个组成部分。

2．HVAC系统安装确认

HVAC系统安装确认主要由工程部门（包括基础设备、动力、电气、计量等）负责，其内容有：空气处理设备（主要是空调和除湿机）的安装确认；风管制作、安装的确认；风管及空调设备清洗的确认；空调设备所用的仪表及测试仪器的一览表及检定报告；HVAC系统操作手册、SOP及控制标准；高效过滤器的检漏试验。

3．HVAC系统的运行确认

HVAC系统的运行确认由工程部门负责，主要为检查并认可施工队对以下内容调整测试的结果：空调设备的测试；高效过滤器的风速及气流流向测定；空调测试和空气平衡；悬浮粒子和微生物的预测定。

4．控制区环境验证的周期

HVAC系统在新建、改建以后可作全面验证（性能确认）；正常运行后，只需记录房间的温、湿度，检查房间的风压即可。空调系统中空气平衡一经调整，平时不可随便变动风阀位置，一般只需每年检查一次风量，从而核算出各房间的换气次数即可。无菌产品的生产对环境要求较严，除HVAC系统安装结束做验证外，还要定期测试一些项目，如：

（1）高效过滤器每年须做1次泄漏试验。

（2）高效过滤器调换或修理后，必须做泄漏试验。

（3）HVAC系统的风量每年检查1次，并计算房间的换气次数。

（4）洁净度1万级以上的房间在无菌产品生产期间，应每天测正压，使房间始终保持正压状态，每天或至少每三天进行一次无菌监测。

（5）表面污染及人体细菌测试，在无菌产品生产期间应每天进行。

（6）无菌产品停止生产，HVAC关闭后，要恢复生产，需按验证要求进行悬浮粒子数、浮游菌或沉降菌的测试。

（三）检验与计量的验证

在动物药品生产的质量保证体系中，质量检验占有相当大的份额，例如，动物药品标准的建立和遵循、生产状态的监控、动物药品的商业交换，甚至各种生产验证也不例外。因此，检验方法和计量器具是否符合使用要求也需要验证来确认，而且其验证必须在其他验证开始之前首先完成，因为它是其他验证的重要工具和手段。

1. 精密仪器的确认

检测仪器的确认是检验方法和检验方法验证的基础，因此应在投入正式使用之前进行确认，需在其他验证开始之前完成。检测仪器确认工作内容应根据仪器类型、技术性能而定，通常包括：安装确认、校正、适用性预试验和再确认。

（1）安装确认。

- 登记仪器名称、型号、生产厂商名称、生产日期、安装地点等；
- 收集汇编和翻译仪器使用说明书和维修保养手册；
- 检查记录所验收的仪器是否符合厂方规定的规格标准；
- 检查并确保有该仪器的使用说明书、维修保养手册和备件清单；
- 检查安装是否恰当，气、电及管路连接是否符合要求；
- 制定使用规程和维修保养制度，建立使用日记和维修记录；
- 制定清洗规程；
- 明确仪器设备技术资料的专管人员及存放地点等。

（2）校正。按每种仪器的不同要求进行校正。如紫外分光光度计校正，包括波长校正、吸收度准确性测试、杂散光检查等；气相色谱仪与高效液相色谱仪均要求做系统性试验，在规定的色谱条件下测定色谱柱的最小理论塔板数、分离度和拖尾因子，并规定变异系数等。

（3）适用性预试验。仪器安装确认完成后，在其功能试验符合要求的情况下，应用标准品或对照品对其进行适用性检查，以确认仪器是否符合使用要求。

完成上述各项试验工作的同时，应做好相应的文件记录等资料归档工作，每一台仪器均应有一套完整的档案资料。

（4）再确认。为了确保仪器处于良好的使用状态，对于每一台新购买的仪器在确认工作结束后，应根据仪器的类别、确认的经验制订再确认的计划。再确认的时间间隔和内容要根据仪器类别和使用情况决定，一般是 3 个月、6 个月或 1 年。再确认的内容通常包括：线路连接、附件备品消耗检查、清洁工作、功能试验、工作日记等，其中重点是安装确认中的功能试验。

2. 检验方法的适用性验证

（1）准确度试验。测量值与真值愈接近，测量值的误差愈小，测量值就愈准确。一般采用对照试验、回收试验和空白试验来测试准确度。在检验方法验证中，方法的准确度通常用回收率来表示。

（2）精密度测定。精密度是指在同一实验条件下，用同一方法对某一成分进行多次测定，所测得的值彼此符合的程度，也称重现性。测得值彼此愈接近，测量的偏差愈小，测量就愈精密。精密度常用相对标准差来表示，亦称变异系数。

（3）线性范围试验。取样量或样品浓度在一定范围内变化时，测定含量的结果也成正比的变化，这样的取样范围称为线性范围。在适当的线性范围内取样，才能达到准确度和精密度的要求，因此应进行线性范围试验。

（4）选择性试验。选择性试验应根据被测样品中主药的中间体或可能的分解产物以及所用的辅料对验证检验方法的影响进行试验，以选择干扰最小或无干扰的检验方法。

在以上检验方法验证的适用性试验中，最重要的是准确度和精密度。为了顺利完成验证试验，还必须特别注意，取样要有代表性，称量要准确，对照试验与空白试验应同时进行，试剂试药的纯度一定要标化。

3. 计量验证

计量仪器主要有衡器和量器两类，应按《计量法》的有关规定予以校正。

（1）容量仪器的校正。常用需校正的容量分析仪器有滴定管、移液管和容量瓶三种。容量仪器的容积并不一定与它所标示的容积一致，在容量分析中应用的容量仪器都需要很准确的容积，否则会影响分析结果的准确性。

（2）计量仪器的校正。分析测试中计量仪器主要是分析天平，常用的分析天平有电光天平和电子天平。使用电光天平不仅要检查感量、稳定性，并且对砝码要定期（一般一年一次）进行检定。

（四）清洁验证

清洁验证是指对设备、容器或工具清洁方法的有效性的验证，其目的是证明所采用的清洁方法确能避免产品的交叉污染以及清洗剂残留的污染。

验证的内容包括清洗方法、采用清洁剂是否易于去除、冲洗液采样方法、残留物测定方法及限度等，验证时考虑的最差情况为设备最难清洗的部件，最难清洗的产品以及主药的活性等。

1. 验证方法

对于某一特点的设备或容器已设定了清洗方法（包括选定了清洁剂），主要通过三种方法来验证该设备在生产某一品种后的清洗是否符合兽药 GMP 要求。

- 目测法。主要检查清洗后的设备或容器内表面是否有可见残留物或残留气味。
- 最终冲洗液取样法。即收集适当量最后一次清洗液作为测试样来检测其浓度。
- 棉签擦拭取样法。即用蘸有适当溶剂的棉签在设备或容器的规定大小内表面上擦拭取样，然后用适当的溶剂将棉签上的样品溶出供测试。

最终冲洗液取样法及棉签擦拭取样法的样品，在不考虑取样回收率影响的情况下，药物残留的一般限度为 0.001%或更高。其主要适用于产品接触的表面以确保其残留量不影响下批产品或下一品种的质量。而目测法一般仅用于产品不直接接触的外表面。

2. 选择检测方法时的注意事项

- 与被检出物质及清洁剂的性质有特定的相关性，以保证所选定的检测方法能正确反映出被检物质的残存量。
- 有足够灵敏度，其灵敏度应该与前述残留量限度相适应。
- 检测方法是简便的，一方面企业具备完成检测的条件，另一方面检测方法简单易行。

清洁验证必须有连续 3 次清洁的结果符合要求，自动清洗程序至少每 3 年进行一次再验证。

（五）制剂生产的验证

制剂生产验证应包括：生产环境、生产设备、质量控制方法及产品生产工艺过程等的验证。

1. 生产环境

根据产品要求的洁净级别，对洁净室所使用或交替使用的消毒方法也应验证。

2. 生产设备

根据产品工艺要求对设备进行安装确认、运行确认。也可选用运行确认及性能确认结合产品工艺进行确认，按产品工艺要求制定试验的项目及技术参数标准。

3. 质量控制方法

主要指根据产品质量要求确定抽样方法、评判标准等。

4. 产品生产工艺过程

凡能对产品质量产生差异和影响的关键生产工艺都应进行验证，验证的工艺条件要模拟生产实际并考虑可能遇到的条件。可以采用最差状况的条件（最差条件）或挑战性试验。验证后的产品质量以经过验证的检验方法进行评估。一般应验证连续重复 3 个批次以上，以证明工艺的可靠性和重现性。

最差条件系指该工艺条件或状态，其导致工艺及产品失败的可能性比正常的工艺条件更大。

挑战性试验系指对某一工艺、设备或设施设定的苛刻条件的试验，如对灭菌程序的细菌、内毒素指示剂以及无菌过滤的除菌试验等。

另外，还有一些工艺或过程的验证在很多剂型中都有应用。例如，洗瓶系统、灭菌系统及过滤除菌系统等。

（1）洗瓶系统验证

- 洗瓶水。应做澄明度检查（微粒检查）。
- 压缩空气。应检查尘埃微粒、润滑油等。
- 洗瓶机、烘干箱或隧道式烘箱。应按设备验证要求进行安装确认、运行确认、性能确认等验证，应符合要求。
- 安瓿、玻璃瓶。先灌装注射用水振摇得水样，然后进行澄明度、无溶性微粒、无菌检查等。

（2）过滤除菌系统验证

过滤除菌系统的验证内容主要包括：

- 过滤系统对被过滤溶液的适应性；
- 过滤材料对溶液的污染程度；
- 整个过滤系统的规格；
- 过滤器的灭菌；
- 过滤系统的完整性试验；
- 除菌效果；
- 被过滤药液的含菌量控制及过滤时间限定；
- 过滤器的使用寿命等。

（3）灭菌系统的验证

- 干热灭菌、除热原系统的验证。
- 湿热灭菌系统的验证。包括仪表校正、真空度试验、真空状态下灭菌腔室内泄漏试验、热分布试验、热穿透和微生物的试验。
- 辐射灭菌的过程验证。本灭菌法主要适用于对热敏感的物品和产品的灭菌。

另外，环氧乙烷气体和臭氧灭菌系统的验证应注意温度、湿度、气体浓度、暴露（灭菌）时间等因素的相互制约因素。

（六）原料药生产的验证

原料药有无菌原料药与非无菌原料药两种。无菌原料药的生产通常是把原料药生产过程中最后产品的精制过程与无菌化过程结合在一起，作为生产工艺上的一步单元操作来完成，因此，对无菌原料药生产工艺的验证通常包括两个方面：对原料药品的精制工艺验证及对原料药品由非无菌状态转化为无菌状态全过程的验证。讨论了无菌原料药生产的验证，非无菌原料药生产的验证就可触类旁通。

1. 验证项目

- 厂房与设施的验证；
- 设备的验证；
- 灭菌系统的验证；
- 过滤系统的验证；
- 生产工艺的验证。

2. 产品均一性的验证

原料药产品的均一性是指同一批号的原料药的各个部位或各个包装中的产品的所有理化性质和其他属性是均一的。要达到这一要求，原料药生产最终工艺过程是混合，这也是兽药 GMP 对原料药批号定义的唯一准则。这种混合可以是以旋转式干燥器的方式与干燥同时进行，也可以作为一单元操作来完成。

产品均一性的验证指对单元操作的混合工艺的验证，是通过对混合一定的时间产品的取样分析，以确定最佳的混合时间。

六、文件

文件是一切涉及药品生产、管理的书面标准和实施中的记录结果，是兽药 GMP 软件的重要组成部分。动物药品生产企业的文件系统是指贯穿于动物药品生产管理全过程、连贯有序的系统文件。文件系统是动物药品生产企业实施兽药 GMP 软件的基础。一个运行良好的动物药品生产企业不仅靠先进的厂房、设备等硬件的支撑，也要靠管理软件的运作。在动物药品生产过程中，要做到一切要有文字规定；一切要按规定办事；一切活动要记录在案；一切要由数据说话；一切工作要有人签字负责。

（一）文件类型

1. 文件系统

文件类型分为标准和记录（凭证）两大类。文件系统如下：

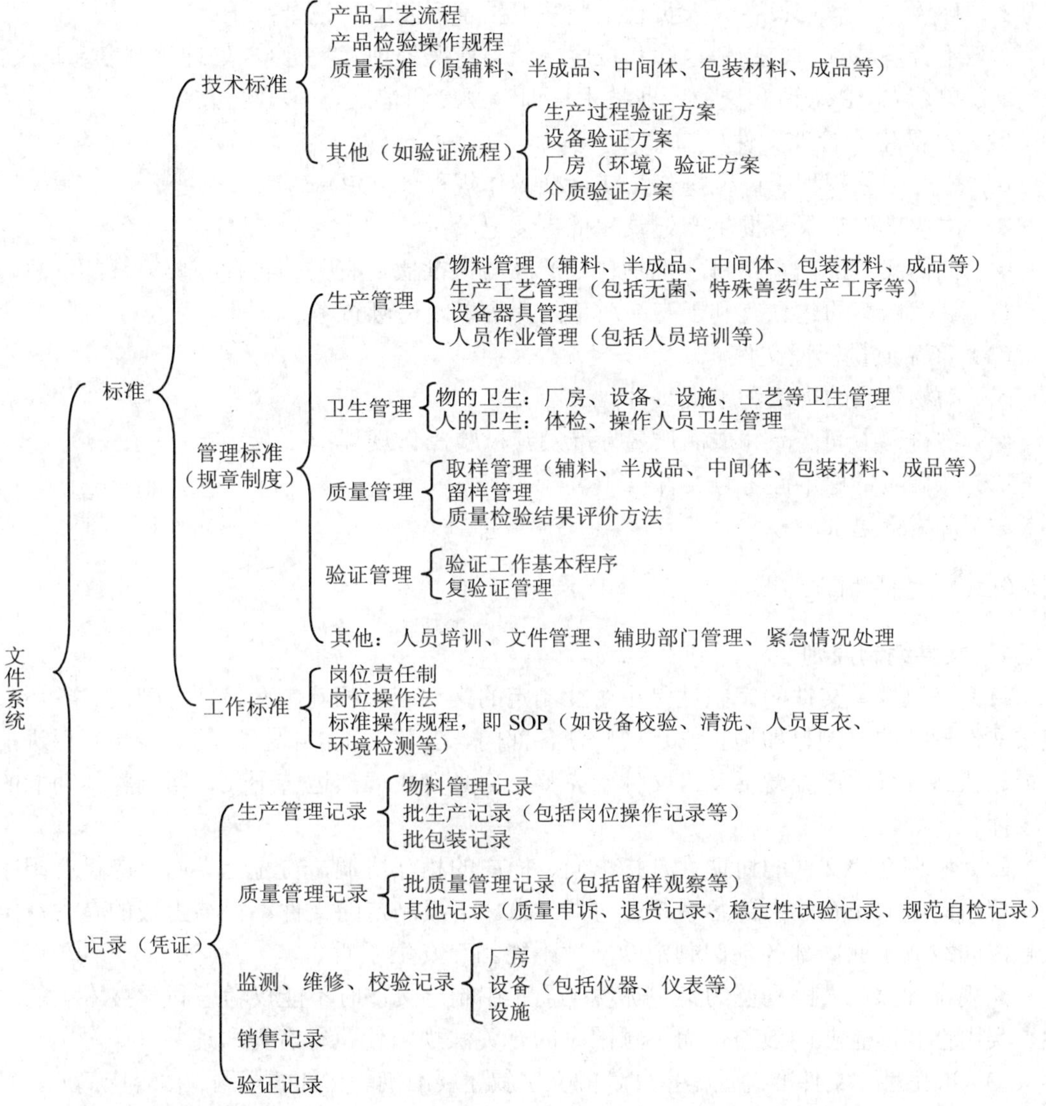

2．关键性文件

动物药品生产企业应具备的文件数以百计，但按兽药 GMP 要求至少包含以下关键性文件：

（1）各类管理制度及记录

- 企业管理、生产管理、质量管理、生产辅助部门的各项管理制度；
- 厂房、设施和设备的使用、维护、保养、检修等制度和记录；
- 物料验收、发放管理制度和记录；
- 生产操作、质量检验、产品销售、用户投诉等制度和记录；

- 环境、厂房、设备、人员、工艺等卫生管理制度和记录；
- 不合格品管理、物料退库和报废、紧急情况处理、“三废”处理等制度和记录；
- 兽药GMP培训和岗位专业技术培训等制度和记录。

（2）产品生产管理文件

- 生产工艺规程、岗位操作法或标准操作规程（SOP）；
- 岗位操作记录、批生产记录和批包装记录；
- 批档案。批档案指每一批物料或产品与该批质量有关的各种必要记录的汇总，产品批档案的建立有利于产品质量的评价以及追溯查考。

（3）产品质量管理文件

- 动物药品的申请和审批文件；
- 物料、中间产品和成品质量标准及其检验操作规程；
- 产品质量稳定性考查文件；
- 批检验记录。

（二）文件制定

1. 文件编制原则

（1）完整性。文件的完整性是指企业制定的文件应当相互配套，使各部门、各环节都能按文件规定的机制自如地正常运转，使各部门、各环节都能相互制约又能相互促进，能以最佳状态进行生产经营活动。文件不完整，势必造成局部运转不灵，影响整体功能的正常发挥。

（2）协调性。文件的协调性是指纵向、横向的相互协调，首先是纵向上应符合国家有关法规，横向上在企业内部各系统应协调一致。下级制定的文件不得与上级的有关规定相抵触，同级或企业内部各部门制定的文件不能相互发生矛盾。

法规是国家、人民利益的集中体现，企业在制定文件时不能仅考虑科学技术上的先进性、实用性和本企业的效益，而不顾国家的有关法规，使执行者无所适从。

（3）准确性。文件准确性是指文件的文字叙述要准确。文件的标题、内容应简明，逻辑严谨，条理清晰，用词确切，防止产生歧义。文件应具有法律条文般的准确措施和逻辑的特殊文风。编写文件时，应紧紧围绕文件的制定目的，要求条文和用词准确、简练、易懂，避免用的生僻词、方言或容易引起误解、多种解释的词句。标点符号也应当准确无误。

（4）正确性。文件的正确性是指文件的图样、表格、数字、公式等技术内容和目标值应当正确无误。要做到这一点，必须事先经过严格的科学论证、精确的数学运算和推导。

（5）一致性。文件的一致性是指文件中的术语、符号、代号等，前后应当是统一的、一致的。同一术语应表达同一概念，同一概念应采用同一术语，同时应与其他相关文件相一致。在不同的行业对同一概念可有不同的定义，制定文件时，应当以本行业为准。同一企业的文件应尽量做到全企业所有文件的一致性。

（6）可操作性。文件的可操作性是指制定的文件应确保能够顺利贯彻执行，并能产生应有的执行效果。为做到这一点，将能够量化的指标，尽量量化为目标值，尽量减少能伸能缩的“软”指标，使文件能够最大限度地得到贯彻，同时也便于检查执行情况。

（7）动态性。动物药品生产和质量管理是一个持续改进的动态过程，因此，文件必须依据验证和日常监控的结果而不断修订。

（8）适用性。企业应根据本企业的实际情况，按有效管理的要求制定出切实可行的文件。

（9）严密性。文件的书写应用词确切，不模棱两可，标准应量化。

（10）可追溯性。文件中的标准涵盖了所有要素，记录反映了执行的过程，文件的归档要充分考虑其可追溯性要求，为企业的持续改进奠定基础。

2．制定文件的程序

生产管理和质量管理的文件制定要经过起草、审查、批准、生效、修正和废除等程序，这个程序也是一个 SOP。

（1）建立起草文件的组织机构。动物药品生产企业要建立一个由技术厂长、总工程师、质量管理部负责人或其他负责人负责的文件起草的组织机构。该机构名称可以称为“兽药 GMP 文件管理委员会”或“兽药 GMP 文件起草领导小组”。这个机构可以是常设的或者是临时机构。

起草文件的领导机构成立后，要从企业实施兽药 GMP 的实际出发，确定文件制定的运作程序，挑选合格的文件起草人员，提出编制文件的相关规定和要求。

组织机构的建立，可以使文件制定工作真正起到高效协调、运作良好的作用。

（2）选用合格的文件起草人员。兽药 GMP 文件起草人员必须具有良好的素质，接受过必需的教育（包括兽药 GMP 培训）；具有实践经验和资格，懂技术，善于管理；乐于与他人合作，勇于承担责任，具有协调能力，对产品要有高标准和持续改进的概念。实际上，对文件也需要有高标准和持续改进的概念。

动物药品生产企业兽药 GMP 文件起草人一般为生产技术部门、质量管理部门、产品销售部门的负责人或他们的授权人员，如车间技术主任、车间工程师等。

（3）起草文件。文件的起草主要由文件使用部门负责，应保证文件的全面性和准确性。文件的起草是十分关键的，应有专人负责组织有关人员按文件应具备的内容及有关编写格式的规定认真编写。文件起草人按文件格式及文件登记号起草文本并确定文件发放范围。

文件草案交质量保证部门初审后，由办公室分发与文件有关部门审核并签署意见，再交起草人修改，最后由质量保证部门负责人定稿。文本定稿后，签名并提请复核人及批准人签名，签名必须用不易褪色的墨水笔。然后将原件及电子文件交给文件管理员。另外，应该强调的是所有文件在签名的同时应签上日期。如有不同意见，由质量保证部负责人裁定。一定要防止文件的片面性，强化文件的可行性和全面性。

（4）文件的批准和生效。由相应部门的部门经理批准。质量标准、生产方法、批记录（空白）、验证文件等应由质量保证部经理批准。涉及全厂的文件，应由质量保证部负责人审核，总工程师或技术厂长批准，以保证文件的准确性和权威性。

文件审核批准的要点是与现行兽药 GMP 标准是否相符；文件内容的可行性；文件应简练、确切、易懂，不能有两种以上的解释；同企业已生效的其他文件没有相悖的含义。

文件定稿后，需有起草人、审核人、批准人签字，并注明日期方能生效。

（5）文件的修正和废除。“修正”指文件的题目不变，不论内容改变多少，都称为修正。“废除”指文件的题目改变，内容不论变或不变，原文件即称废除。修正文件应按原程序履行审批。

有关部门对原文件需作修正时应填写“技术文件修改申请表”，交质量保证部门审核，按照有关程序规定进行审核批准。质量保证部门将修正生效文件之复印件发至有关部门，同时收回原文件销毁，不得在现场存留原文件。

文件的废除由有关部门提出书面意见，交质量保证部门审核、批准。经批准废除的文件，应由质量保证部门书面通知有关部门，在分发通知的同时，收回被废除的文件，使其不在现场出现。

（三）文件管理

文件的管理是指包括文件的设计、制定、审核、批准、分发、执行、归档以及文件变更等一系列过程的管理活动。因此，企业应制定文件管理制度。内容包括各类文件的保管和归档应符合要求，各种生产记录应保存 3 年或产品有效期后 1 年。

1．文件的编码

所有文件必须有系统的编码及修订号，文件的编码及修订号应保持一致，以便于识别、控制及追踪，同时可避免使用或发放过时的文件。文件编码要注意以下的要求：

（1）系统性。统一分类、编码，并指定专人负责编码，同时进行记录。

（2）准确性。文件应与编码一一对应，一旦某一文件终止使用，此文件编码即告作废，并不得再次启用。

（3）可追溯性。根据文件编码系统的规定，可任意调出文件，亦可随时查阅文件变更的历史。

（4）稳定性。文件系统编码一旦确定，一般情况下不得随意变动，应保证系统的稳定性，以防止文件管理的混乱。

（5）相关一致性。文件一旦经过修订，必须重定新的编码，对其相关文件中出现的该文件编码同时进行修正。

2．文件的发放

文件管理员在收到批准后的文件原件及电子文件后，按分发目录复印相应份数分发至相应人员，并做好记录。复印件应能清晰可辨。文件接收人需在文件分发登记表上签名。指令性文件在发出新版本的同时应收回旧版本，这是保证文件受控的重要措施。发放的应为正式复印件，并盖上红印章。

3. 文件的执行与检查

在文件执行起始阶段，有关管理人员有责任检查文件的执行情况，这是保证文件有效性的最关键工作。同时文件管理部门应定期向使用和收阅者提供现行文件清单，避免使用过期旧文件。所有文件应定期复核。如果文件采用自动控制和管理系统，只能允许授权人操作。

4. 文件的使用与培训

为确保文件的正确执行，应制定以下使用管理措施：

- 建立文件编制记录，分发文件时由领用人签名；
- 建立文件总目录，发放新版文件同时收回旧版文件，由文件管理人员统一处理，对保存的旧版文件应标注明显标识，与现行文件隔离保存；
- 制定现行文件清单，供随时查阅最新文件修改状态；
- 文件的复制由文件管理部门统一制作，经审核后加盖印章，登记发放。

文件在执行前应对文件使用者进行专题培训，保证每个文件使用者知道如何使用文件。

5. 文件的保管与归档

分发结束后，文件管理员需将原件归档。归档后的文件应便于查找。文件保存期随文件种类不同而异。对于批记录等，一般保存至产品有效期后 1 年；对于标准操作规程等，原件一般应保存 6 年。电子文件应存贮于专用目录中，作为电子备份。

产品工艺规程、产品质量标准、产品批准文件等不得由企业自行决定修改的文件宜单独存放。

记录类文件，如原料、包装材料及成品的批记录应按兽药 GMP 规范规定保存；温度、湿度及空调净化系统的运行记录、验证记录、维修记录、偏差处理汇总等应由企业根据实际情况制定归档及保存期限。档案类资料还应考虑安全方面的要求，保存产品批档案的房间应能防火，如欧洲国家规定火灾在 120 min 之内，档案应不遭破坏，这些均可参考。

文件的归档包括现行文件和各种记录的归档。文件管理部门保留一份现行文件或样本，并根据文件变更情况随时更新记录在案。各种记录完成后，整理分类归档，保留至规定期限。对于批生产记录、用户投诉记录、退货报表等应定期进行统计评价，为质量改进提供依据。

文件保管与归档应符合国家、地方有关法规要求，并制定企业文件档案管理制度，并建立文件保管记录、各种生产记录应保存至少 3 年或保存至产品有效期（负责期）后 1 年。

6. 文件的变更

文件一旦制定，未经批准不得随意更改、必须更改时应提出理由，按有关程序执行。即文件的使用及管理人员提出理由，提出变更申请，交给该文件的批准人，批准人评价变更可行性后签署意见。变更文件再按新文件起草程序执行。文件管理部门负责检查文件变更引起的其他相关文件的变更，并将变更情况记录在案，以便跟踪检查。

7．文件的销毁

文件的销毁一般由文件管理室负责。所有作废文件均应交回文件管理室，由文件管理员收集后统一销毁。

文件应定期审阅，及时修订，并按文件的修改、撤销程序办理。文件修改、审阅、批准程序应与制定时相同。

文件一经修订，应立即检查该文件的相关文件（或记录、报告、表格等）是否应作相应的修订。

8．文件管理的持续改进

文件管理应不断地持续改进，其改进的方向一是简化，即简化工作流程，减少中间环节；二是计算机化，即实现文件管理无纸化。这是现代文件管理的目标，也是实施兽药GMP 必备的条件。它不仅可以缩短文件形成周期，快速方便，自动储存，也能够减少定员，提高效率。

动物药品生产企业的文件管理是实施兽药 GMP 软件的基础。持续改进文件档案管理工作至少要做到：①确立档案工作领导体制，即确定档案分管的领导、建立档案工作机构、配备档案工作人员，形成档案管理网络；②认真落实档案管理制度；③建立和健全档案文件材料形成、积累、归档的控制体系。

七、生产管理

生产管理是动物药品生产的重要环节，也是兽药 GMP 的重要组成部分。动物药品生产过程是一个以工序生产为基础的过程，任何一个工序出现波动（如人员、环境、设备、原辅料、工艺等），必然要引起成品质量的波动。因此，通过生产过程的控制来保证质量是兽药 GMP 的基本思想。企业的生产管理部门的工作目标是：确保生产按照预定的方法，生产过程时刻处在受控状况下，以保证产品符合质量标准要求和兽药 GMP 的要求。

（一）生产管理文件

生产管理文件是指生产管理中的工作标准，包括工艺规程、岗位操作法或标准操作规程和生产记录。

1．工艺规程

《兽药生产质量管理规范》在第七十二条明确规定了生产动物药品必须制定生产工艺规程。工艺规程是动物药品生产和质量控制中最重要的文件，是规定生产一定数量成品所需起始原料和包装材料等的数量、工艺、加工说明、注意事项以及包括生产过程中控制的一个或一套文件，是企业组织和指导生产的重要依据，也是技术管理工作的基础。制定工艺规程的目的是为生产各部门提供了一个共同遵守的技术准则，以保证每一动物药品产品在整个有效期内都能保持预定设计的质量。

2. 标准操作规程和岗位操作法

《兽药生产质量管理规范》在第七十二条也明确规定了生产动物药品必须制定标准操作规程或岗位操作法。标准操作规程也称 SOP，是经批准用以指示操作的通用性文件或管理办法，也就是对某项具体操作所做的书面文件。岗位操作法是对具体生产操作岗位的生产操作程序、技术、质量管理等方面作进一步详细要求。企业可选择一种形式进行编制。目前多数企业选择制定 SOP 文件。这两份文件也均应有专人组织编写，经技术负责人审核、质量管理部门批准后执行，岗位操作法和 SOP 应有编写人、审核人、批准人的签字及批准执行日期。

岗位操作法内容虽不同于工艺规程，但也可分为封面与首页、目录、正文和补充几个部分，其中封面、目录、补充部分参考前述工艺规程，正文内容有不同的侧重。

标准操作规程（SOP）也可作为组成岗位操作法的基础单元。SOP 包括生产操作、辅助操作以及管理操作规程。企业可根据产品或岗位的操作需要制定 SOP 或岗位操作法，只要能满足生产和质量管理的要求，不强求岗位操作法或 SOP 的名称或数量。

3. 生产管理记录

（1）制定与修订。企业根据生产规程的要求，按照 SOP 的操作程序进行生产操作，必然要产生一系列的生产管理记录。这些记录是生产过程的操作凭证，反映生产环节的实际情况，是文件管理的一部分，因此生产管理的记录应根据工艺规程、操作要点、技术参数等内容设计，能体现出产品的特点。记录的设计、修改等程序应该与工艺规程等制定、修订程序相同。

（2）生产记录类文件的主要内容包括：

❶岗位操作记录。岗位操作记录是指执行岗位操作法或 SOP 的记录。岗位操作记录可与岗位操作法或 SOP 设计在一起，便于对照操作要求及检查，也可以表格形式作为执行岗位操作内容填写。以表格形式记录时必须按岗位操作法或 SOP 要点设计，防止关键操作记录的遗漏，以充分体现操作过程的受控情况及记录的可溯性。

岗位操作记录主要内容有：岗位操作法或 SOP 的名称；编号、颁发部门、生效日期；产品名称、所属部门及本岗位名称；本岗位半成品名称及批号、规格；操作开始及完成时间；上批清场工作记录、操作人及检查人姓名；本岗位投入物料的品名、批号、规格、数量、质量情况及来源、投料人及复核人姓名（签名）；本岗位操作过程、工艺条件及参数；设备的清洗、运转情况；本岗位半成品（或成品）质控内容及结果；质控人员姓名及报告单编号；物料平衡及差异情况说明；特殊情况纪要及注释；本岗位操作人员、检查人员及岗位负责人姓名。

❷批生产记录。批生产记录是指一个批次的待包装品或成品的所有生产记录，它包括

各岗位操作记录和其他相关记录。批生产记录能提供该产品的生产历史，以及与质量有关的所有情况，批生产记录有质量的可追溯性，通过记录可以了解生产全过程的产品数量和质量情况，全面反映产品工艺规程的执行过程和结果。

批生产记录的组成主要有：生产计划单和生产指令；各工序岗位操作记录；各工序的交接记录；中间品、半成品的质量控制记录；工艺查证记录；批包装记录；各工序的清场记录；质量检验报告等。

4．生产管理文件的管理和发放

一经批准生效的生产工艺规程、SOP 等文件，均应建立编号，确定保密级别、打印数量和发放部门，并填写发放登记表。初稿及正式件应由技术档案室存档。

当上述文件修订和更改时，应将批准的修订稿及时发放至有关部门，同时收回作废的文件，并将收回的文件置技术档案室存档。生产管理文件目录见表 3-5。

表 3-5　生产管理文件目录

序号	名　称	序号	名　称
1	产品工艺规程管理制度	28	新产品开发投产管理制度
2	工艺卫生制度	29	洁净室管理制度
3	工艺查证制度	30	定值管理制度
4	处方管理制度	31	各类管理制度的起草、审核、批准和发放程序
5	批号管理制度	32	各类标准操作规程（SOP）的起草、审核、批准和发放程序
6	生产操作前检查制度	33	各类标准操作规程（SOP）的更改及发放程序
7	清场管理制度	34	有关文件（生产指令、生产计划）下达程序
8	质量控制要点管理制度	35	批生产记录、批包装记录文件的制定与审核程序
9	状态牌管理制度	36	产品工艺规程和标准操作规程
10	生产用具管理制度	37	岗位技术安全操作法
11	生产中剩余物料管理制度	38	设备清洗和检查程序
12	物料消耗定额管理制度	39	生产用小工具、器具清洗程序
13	生产零头管理制度	40	包装生产线清洗程序
14	返工及回收处理管理制度	41	输料管线清洗程序
15	不合格品管理制度	42	清洁卫生规程
16	生产工艺验证管理制度	43	生产管理程序
17	生产技术分析会议制度	44	灭菌管理程序
18	车间质量分析会议制度	45	包装作业管理程序
19	技术革新管理制度	46	重工业作业程序
20	生产事故报告制度	47	试车作业管理程序
21	安全生产管理制度	48	进入生产化人流物流管理程序
22	生产现场文件管理制度	49	工艺用水监护程序
23	生产记录管理制度	50	包材设计管理程序
24	批包装记录管理制度	51	合理化建议管理程序
25	产品批记录归档保存记录	52	生产异常处理程序
26	技术档案管理记录	53	偏差处理程序
27	小样试验制度		

（二）生产各环节的管理

生产管理系统的运作是以生产过程的有效受控为手段的，从根本上保证产品的质量。生产过程实际上包含了两个过程，一是物料的加工过程，即原辅料→加工→成品入库的过程；二是文件的传递过程，即从生产指令开始，下发各种批生产文件，完成各种批生产记录，最后逐级上报汇总，这两个过程是互相交织的，通过对文件传递过程的控制来实现对物料流转过程的控制。其中真正控制生产过程的，还是各级员工，人是动物药品生产的主体。因此，生产过程的管理也是各级人员依据标准文件，在物料加工过程中对各个环节的质量控制。

1．生产指令的下达

一批动物药品的生产起始于该产品的生产指令的正式下达，生产指令应为书面的文件。

由谁发出生产指令，没有统一的规定，通常情况下由生产管理部门根据生产计划下达。生产指令一般应有品名、规格、批号、批量、操作要求等内容。

生产车间一般有专人接收生产指令。接收的过程也是对指令中数量和内容准确性的确认。只有核对无误后才能将其分发至各工段。一般由各工段段长负责接收相应的文件，再下发至相应的班组。通过这样一个生产指令的传递过程，使每个与该批有关的生产人员都能准确无误地知道自己的任务，这是生产过程中受控的第一步。

2．生产前的准备

各工序向仓库、车间中间库或上道工序领取原辅料、半成品（中间产品）、包装材料等，应有专人验收，记录登账，并办理交接手续。通过查验代号、名称、批号、清点数量等，确认收到物料的品种、批号和数量准确无误。剧毒物的领料应有特殊的规定，应符合国家的有关规定。

对有些影响制剂和原料药质量的原辅料，在质量、批号有所改变时，应进行产前小样试制，凭小样合格报告，经有关部门批准才能投入正式生产。

生产操作开始前，操作人员必须对工艺卫生、设备状况、管理文件、生产记录、生产所需物料等进行检查，并记录检查结果。

3．生产过程中的工艺管理

所有的岗位操作必须严格执行工艺规程、岗位操作法或SOP的规定，不得擅自改动。兽用生物制品必须严格按照《兽用生物制品规程》或农业部批准的工艺规程生产。

无菌产品的药液从配制到灭菌（或除菌过滤）的时间间隔要有明确的规定，如大容量最终灭菌注射液，一般规定从配制到灌装 4 h 内完成，灌装完到灭菌 6 h 内完成。最终灭菌的小容量注射剂应在 24 h 内完成配制、灌封、灭菌的过程。非无菌的液体制剂也应在规定时间内完成配制、灌装的过程。

直接接触无菌药品的包装材料，设备容器的清洗、干燥、灭菌到使用时间应有规定。

如瓶子经灭菌后贮存时间不超过 2 天，超过时间尚未用完的瓶子，需要灭菌或重新清洗灭菌。

生产中的称量、计算及投料要有人复查，操作人、复查人均应签字。称量、投料等都是关键岗位，操作者必须严格按照 SOP 的要求，使用经质量管理部门检验合格的原辅料，并对名称和数量实施有效的复核、复查制度，生产记录上应充分体现复查结果，操作人和复查人都应按实际称量数据进行记录，并签上全名。对检测所需时间较长的中间品以及中药制剂生产中所需贵重、毒性药材和中药饮片，在下一步操作时，需有两人监控投料，并有记录，操作者和监控者均应签字。

各工序生产的半成品（中间品）应按工艺规程规定的半成品（中间品）质量标准，作为上下工序交接验收的依据。车间应设立半成品（中间品）的中转库。中转库也应按合格、待检、不合格分别堆放，待中间品检验合格后才能进入下一工序，并填写半成品（中间品）交接记录。不合格的半成品（中间品）应贴上不合格证，不得流入下道工序。

车间工艺员应按照“工艺规程”规定和质量控制要点，进行工艺查证，及时预防、发现和消除事故差错，并做好工艺查证记录。应根据不同的产品剂型特点来设计工艺查证的内容和记录表。

生产中所用的容器、转移容器等均应有标签，标明所生产动物药品的名称、规格、批号。生产中发生偏差或需要更改参数时，应有变更程序并有审批手续。生产中发生事故，包括安全事故和质量事故，均应按已制定的事故管理和质量事故处理程序的有关规定及时处理、报告，并做好相应的记录。

4．批号的管理

批号指在规定期限内具有同一性质和质量，并在同一连续生产周期中生产出来的一定数量的兽药为一批，用于识别“批”的一组数字或字母加数字称为批号。每批产品均应编制生产批号。使用批号可以追溯该批动物药品的生产历史和生产质量的全过程。批号的编制方法由各企业自行决定，通常的批号编制为：年—月—流水号，返工批号在正常批号后面加（R），混合批号可在生产批号后加（M），或标明哪两批混合。如，20020120（13，17）表明是由第 13 批和 17 批混合而成。同时，车间应填写混合批号登记表。

批号的划分应具有代表性，从下达生产指令时批号已经生成，该批号将跟随生产的全过程并贯穿在生产记录中。

批的划分原则如下：

（1）大、小容量注射剂以同一配液罐一次配制的药液所生产的均质产品为一批，如使用数台灭菌设施，过滤设备，灌封设备，则必须经验证，确有同一性能者。当一个配制批用多台灭菌器时，每次灭菌数可作为一个小批。

（2）无菌分装注射剂以同一批原料粉在同一连续生产周期内生产的均质产品为一批，如使用多台分装设备时，则应验证确有同一性能者。否则批号应能表示出所用的分装设备。

（3）冻干无菌分装注射剂以同一批药液使用同一台冻干设备在同一生产周期内生产的均质产品为一批，当使用多台冻干设备时，则应验证确有同一性能者。否则批号应能表示出所用的冻干设备。

（4）片剂以压片前使用同一台混合设备的一次混合量生产的均质产品为一批。使用多台压片设备时，则应验证确有同一性能者。

（5）口服液体制剂以灌装前经最后混合的药液所生产的均质产品为一批。使用多台灌装设备时，则应验证确有同一性能者。

（6）粉剂、可溶性粉剂、预混剂以分装前使用同一台混合设备一次混合量生产的均质产品为一批。

（7）原料药的批划分有以下几种情况：

- 连续生产的原料药，在一定时间间隔内生产的在规定限度内的均质产品为一批；
- 间歇生产的原料药，可由一定数量的产品经最后混合所得的在规定限度内的均质产品为一批，混合前的产品必须按同一工艺生产并符合质量标准，并具有可追踪的记录；
- 原料药生产中的中间体参照以上原则另行编制生产批号。

（8）中药提取物已经最后一次混合所生产的均质产品为一批。

（9）兽用生物制品的批号按《兽用生物制品规程》确定。

5．包装管理

包装生产一般指从包装操作至入库的过程。动物药品产品质量不仅包含了内在质量，也包含了外在质量，所以，包装生产对产品质量起到十分重要的作用。

（1）包装操作的前提条件。对生产过程中既符合工艺规程和 SOP 的要求，又符合质量标准的产品，方能进行包装操作，下达批包装指令。

（2）包装操作前准备。包装车间在接到生产指令后，应核对待包装物的品名、规格、数量、包装要求等。同时对包装材料进行核对，调整打印批号和有效期的设备，并打印一张，核对是否正确，位置是否合适。并设有专人进行复核，防止差错产生。

（3）标签、说明书的使用。用于包装生产的标签、说明书等经质量部门检验合格后才能使用。生产前必须由车间填写需料送料单，并由专人到仓库限额领取。未印批号的剩余标签、说明书应退回仓库，已印有批号的剩余标签和废标签应按“标签报废程序”等有关规定予以销毁。已印制标签与说明书内容的包装材料，其领取、使用、销毁程序与标签相同。

（4）入库。包装结束，尚未获得质量管理部门签发的合格证的产品，不能入库，应移入待检区，并用明显的状态标志，当取得合格证后，才能正式入库、入账，进入销售环节。

某些已包装的制剂产品，因检验周期长，在未取得检验结果前已包装的，可按成品寄库的规定办理寄库手续，收到检验合格的报告单后再重新办理入库手续。

（5）批包装记录。在整个包装生产过程中，应及时按 SOP 的规定，填写批包装记录，通过及时、准确的记录，从各个方面反映对 SOP 的执行情况，使差错降至最低。包装操作完成后所形成的批包装记录，应与批生产记录一起保存，保存时间应该一致，批包装记录的管理与批生产记录管理相同。

6．物料平衡的检查

物料平衡可以包括两个方面，一是指收得率必须在规定的限度内；二是指印刷包装材料（标签等）的数额平衡。

制剂生产必须按处方量的 100%投料，不能因为质量标准规定含量有一定的幅度而采取低限投料的错误做法，不能保证在有效期内药物质量还能保持在合格状态，对一些已知某成分在生产或贮存期间含量会下降的产品，应在工艺规程中规定增加投料量，以保证产品在有效期内有效。

产品的理论产量与实际产量之间应该有一个合理的可允许的偏差。考虑到生产中的误差、损耗，不会没有偏差，因此要在计算出一个理论产量后，还要在工艺规程中规定一个合理的、允许的正常偏差。

每批产品在生产作业完成后，应该填写物料的结存量，对照理论产量对物料平衡进行检查，检查偏差是否在限定的范围内。印刷包装材料的数额平衡可能通过以下方法计算：

$$偏差=\frac{发放数-使用数-报废数-退库数}{使用数+报废数}\times 100\%$$

如果出现较大的负偏差，超出规定的范围，有可能是漏贴标签引起的，所以需要返工检查，查明原因，得出合理的解释，并且排除了可能出现的质量隐患后，才能按正常产品处理。

因此，物料平衡的检查，不仅是从经济方面考虑，也是考核生产过程是否受控的一个重要方面。

7．批生产记录的管理

批生产记录是该动物药品生产各工序全过程（包括中间产品检验）的完整记录，它由生产指令、有关岗位操作记录、清场记录、偏差调查处理情况、上下工序交接记录、工艺查证记录、检验报告单等汇总而成，批生产记录具有该批产品质量和数量的可追踪性。

批生产记录汇总表可以由岗位工艺员将岗位原始记录整理后分段填写，跨车间的产品，由各车间分别填写，生产部门技术人员汇总，生产部门负责人审核并签字。最后送质量管理部门，由质量管理部门审核通过后，决定产品的发放。

批生产记录应该由厂生产管理部门按批号归档，保存至动物药品有效期后 1 年，未规定有效期的动物药品批生产记录至少保存 3 年。

批包装记录是该批产品包装过程的完整记录，可单独设置，也可作为批生产记录的一部分，但建议和批生产记录一起归档。

8. 不合格品的管理

生产过程中由于各种原因造成的不合格品，应该按照不合格品的处理规定来执行。不合格品，它不仅对本厂的信誉造成影响，还对社会造成危害。为了防止不合格品流入社会，企业都必须建立一套完善的不合格品处理制度，将不合格品消灭在企业内部。对不合格品的管理至少应有以下几个方面：

（1）不合格的原辅料不投入生产，不合格半成品不流入下道工序，不合格成品不出厂。

（2）当发现已出现不合格的原辅料、半成品（中间产品）、成品时，应采取以下措施：

- 立即将不合格品放于规定的区域内，挂上明显的不合格标志；
- 必须在每一个不合格品的最小包装单元或容器上标明品名、批号、规格、日期，以防止某一单元被搞错；
- 认真填写不合格品处理报告单，应写明不合格品的名称、规格、批号、数量，查出不合格的日期、来源、不合格项目和原因、检验数据及有关人员等，分送各部门；
- 由质量管理部门会同生产管理部门共同查明原因，提出书面的处理意见，或返工、或销毁。按不合格品的处理程序，由质量管理部门负责人批准后执行；
- 不合格品的处理过程应有详细的记录。需返工的不合格品应规定返工次数，一般返工两次仍不合格者应作销毁处理，不能多次返工直至合格；必须销毁的不合格品，应由仓库或生产部门填写销毁单，经质量管理部门批准后按规定销毁；
- 生产中剔除的不合格品，必须标明品名、规格、批号，尽快撤离生产现场，妥善隔离存放，与正常生产的产品要有明显的区别，同时按企业制定的有关规定进行处理；
- 对整批不合格的产品，应由生产部门写书面报告详细说明该批产品的质量情况、事故差错的原因、采取的补救措施、对其他批号的影响以及以后防止再发生类似错误的措施等，报告经质量管理部门审核后，决定处理程序。

9. 偏差处理

（1）处理措施。当生产过程因各种原因造成非正常偏差时，可能导致产品质量出现偏差，应做出相应的修改措施。以下偏差之一出现时必须及时补救处理：

- 物料平衡超出收率的正常范围。如果实际收率高于理论收率，可能单剂量的装量偏少或者辅料过多造成含量太低等原因，所以应及时查出原因，按规定的程序处理。
- 生产过程的时间控制超出工艺规程规定的范围，出现这种偏差可能导致产品质量发生变化，如发酵生产超过控制的时间，可引起发酵品质量变异，影响后工序的生产。

- 生产过程中工艺条件发生偏移、变化。
- 生产过程中设备状况突然发生异常，影响产品质量，如灭菌设备突然达不到规定的温度等。
- 产品质量（外观、含量等）发生偏移。
- 跑料现象。
- 包装结束后，标签的数额平衡超出范围，尤其是出现领用数远大于实用数（包括残损数、剩余数之和）时，说明有漏贴的可能，所以必须返工检查。

（2）偏差处理的程序。企业应制定有关偏差处理的制度和程序，当出现偏差时，可能已经埋下了质量事故的隐患，应根据规定及时纠正，一般处理程序应有以下几个步骤：

- 岗位操作人员发现超限的偏差时，必须填写偏差报告处理单。处理单上应写明品名、批号、规格、批量、工序、偏差内容、发生的过程及原因、地点、填表人、日期等，交生产管理人员。
- 生产部门负责人会同有关人员进行调查，根据调查结果提出处理建议，对质量无影响可继续加工，对质量有些影响需重新加工，或采取回收及其他补救措施，如偏差较严重，确认对产品质量有影响，应报废或销毁。
- 生产部门将上述处理建议写成书面报告，经生产部门负责人签字后连同偏差处理单交质量管理部门，由该部门负责人审核批准。一般书面报告一式两份，生产部门和质量管理部门各留 1 份。
- 经批准处理后，由生产部门负责实施，同时将偏差处理单、调查报告、处理措施及实施结果归档。
- 当发现本偏差批次与前后批次产品有关联时，必须立即通知质量管理部门，通过上述的程序作出相应的处理。

10. 清场管理

（1）清场的概念。清场是指清理和清洁生产场地，清场不仅是清洁和清扫的过程、还具有整理归拢的过程。场地的概念也不仅是指地面，还包括整个生产环境，从空气净化系统到地面这样一个立体的空间，所以清场不是一个简单的平面的概念，而是一个立体的、具体的、细致的概念。为了将生产过程中的差错降至最低程度，防止引起交叉污染和混淆，生产过程中必须要有清场的程序，也就是说清场是生产过程中的一个重要环节，必须在产品的工艺规程中规定清场的要求。

（2）清场的时间。根据兽药 GMP 的要求，每批产品的每一个生产阶段完成后必须由生产操作人员清场。为了防止动物药品生产中不同批号、品种、规格之间产生污染和交叉污染，各生产工序在以下情况之一时都应进行清场：❶各工序每天生产作业结束时；❷生产中更换品种或规格时；❸更换生产批号时。

（3）清场的要求。清场的过程也是一个操作的过程，每个工序清场的内容要求不同，必须要根据本工序的实际建立各种有关清场的SOP。清场以后至少应达到以下要求：

- 地面无积灰、结垢，门窗、室内照明灯、风管、墙面、开关箱外壳无积灰，室内没有与生产无关的杂物；
- 使用的工具、容器应清洁、无异物，无前次产品的遗留物；非专用设备，管道、容器、工具应拆洗或灭菌；
- 设备内外擦洗干净，没有前次生产遗留物，无油垢；
- 凡直接接触药品的设备、容器、工具、管道，应每天或每批清洗或清理，同一设备连续加工同一非无菌产品时，其清洗的周期可按该设备清洗的有关规定执行；
- 包装工序调换品种或规格时，多余的标签等包装材料应按规定处理；
- 固体制剂更换品种时，难以清洗的用品应予更换，如烘布、布袋等。

（4）清场记录。清场的操作过程，应按清场SOP执行，严肃填写清场记录，清场记录应标明工序，清场前产品的名称、规格、批号、清场的日期、项目、检查情况，清场人、复核人员签字。清场记录作为批生产记录一部分，与批生产记录一并归档。

（5）“清场合格证”的发放。每次清场结束，由质量管理部门或授权的岗位复查合格后，发给“清场合格证”。“清场合格证”的内容有：原生产品名、批号，调换品名、批号、日期，清场者和检查者签字。“清场合格证”作为下一个的生产凭证附入生产记录，与生产记录一同管理，未领得“清场合格证”不得进行下一步生产。取得“清场合格证”后，在进行下一次生产前，生产现场不能进入人和物。

在生产管理的环节中，还涉及卫生管理、设备管理、工艺用水管理、灭菌管理及各种制剂生产管理等，这里不一一介绍。

八、质量管理

质量管理是对确定和达到质量要求所必需的职能和活动的管理。质量管理是企业全部管理职能的一个方面，其工作目的是保证产品的质量。

质量体系（又称质量管理体系）是为保证产品过程或服务质量满足规定或潜在的要求，由组织机构、职责、程序、活动、能力和资源等构成的有机体。其中组织机构、职责尤为重要。质量管理部门不但要设立管理机构，而且要明确各机构的隶属关系和制约机制，才能进行有效管理。

质量控制是企业为保持某一产品过程或服务质量满足规定的质量要求所采取的作业技术活动。质量保证是为使人们确信某一产品过程或服务质量能满足规定的质量要求所必需的有计划、有系统的全部活动。质量管理只有将质量控制与质量保证活动贯穿在动物药品生产的全过程，才有可能保证产品质量的有效性、安全性、均一性、稳定性，防止药物受污染。

（一）质量管理部门

兽药 GMP 的全部内容是规定了企业每一个部门的各项活动，都应对产品质量负责，所以产品的质量与企业的每一个部门都有关系。但作为质量管理的基础，重要的是要有一套完整的质量管理系统，并有一个独立的、有足够权威的质量管理部门负责统筹、协调、监督和实施该系统的质量管理职能，以便从组织上予以保证。质量管理部门有对产品是否合格，可否出厂的决定权，对产品发生质量问题的决定权，以及向上级质量监督部门的报告权。

1．机构组织

以某动物药品生产企业质量管理部门机构组织为例，说明机构设置的一般要求（图 3-2）。

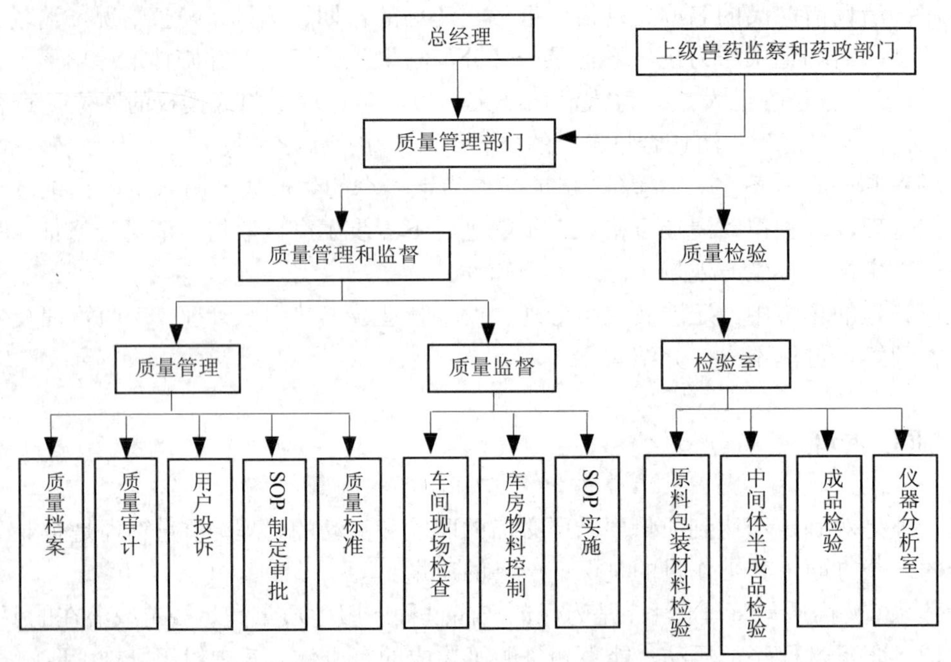

图 3-2　质量管理部门机构组织

2．主要职责

- 制定企业质量责任制和质量管理及检验人员的职责；
- 负责组织自检工作；
- 负责验证方案的审核；
- 制定修订物料、中间产品和成品的内控标准和检验操作规程，制定取样和留样观察制度；

- 制定检验用设施、设备、仪器的使用及管理办法；实验动物管理办法及消毒剂使用管理办法等；
- 决定物料和中间产品的使用；
- 审核成品发放前批生产记录，决定成品发放；
- 审核不合格品处理程序；
- 对物料、标签、中间产品和成品进行取样、检验、留样，并出具检验报告；
- 定期监测洁净室（区）的尘埃数和微生物数和对工艺用水的质量监测；
- 评价原料、中间产品及成品的质量稳定性，为确定物料贮存期、动物药品有效期提供数据；
- 负责产品质量指标的统计考核及总结报送工作；
- 负责建立产品质量档案工作。产品质量档案内容应包括：产品简介；质量标准沿革；主要原辅料、半成品、成品质量标准；历年质量情况及留样观察情况；与国内外同类产品对照情况；重大质量事故的分析、处理情况；用户访问意见、检验方法变更情况、提高产品质量的试验总结；
- 负责组织质量管理、检验人员的专业技术及本规范的培训、考核及总结工作；
- 会同企业有关部门对主要物料供应商质量体系进行评估。

3．主要权限

- 对不合格产品有权制止出厂；
- 对不合格的原辅材料、包装材料有权制止使用。对不合格的中间体有权制止投入下道工序，对包装不符合要求的产品有权提出返工；
- 对工厂发生的质量事故，有权提出追查和提出处理意见；
- 有权建议调整质监与质检人员；
- 有权决定原辅材料、中间产品投料及成品出库放行。

（二）质量标准

动物药品标准是国家对动物药品的质量规格和检验方法所做的技术规定，是动物药品生产单位应该遵守的法定依据。国家动物药品质量标准有《中华人民共和国兽药典》《中华人民共和国兽药规范》《兽药质量标准》《进口兽药质量标准》《中华人民共和国兽用生物制品规程》和《中华人民共和国兽用生物制品质量标准》。

《兽药生产质量管理规范》第八十二条：质量管理部门的主要职责的第四款规定，质量管理部门有“制定物料、中间产品和成品的内控标准和检验操作规程”的职责。

所以企业除必须执行动物药品的法定标准外，还应制定成品的企业内控标准、物料的质量标准等。

1．质量标准的种类

- 动物药品的法定标准；
- 成品的企业内控标准；
- 半成品（中间产品）的质量标准；
- 原辅材料、包装材料质量标准；
- 工艺用水质量标准。

2．质量标准制定的程序

成品的企业内控标准、半成品（中间体）、副产品的质量标准、原辅料、包装材料的质量标准、工艺用水的质量标准由质管部门会同生产、研发、供应等有关部门制定，经企业分管负责人审核，企业负责人批准、签发后下达，自生效日期起执行。

质量标准每 3～5 a 由质管部门组织复审或修订。审查、批准和执行程序与制定时相同。在执行期限内，确实需要修订时，也可向质管部门提出申请，审查、批准和执行，程序也与制定时相同。

按照《兽药生产质量管理规范》的要求，标准制定应规范化、标准化，质量标准可按以下内容制定：

- 标准编码、日期；
- 标准标题；
- 标准内容；
- 制定部门（人）：（签名、日期）；
- 审核人：（签名、日期）；
- 批准人：（签名、日期）；
- 执行日期：　　年　　月　　日。

质量标准经复核或修订后，在以上的基础上应增加：

- 复核或修订部门（人）：（签名、日期）；
- 批准人：（签名、日期）；
- 复核或修订日期：　　年　　月　　日。

质量标准撤销后应增加：

- 撤销审阅人：（签名、日期）；
- 撤销批准人：（签名、日期）；
- 撤销日期：　　年　　月　　日。

标准制定后不得使用手抄本，应印刷装订成册，并按国家、地方有关文件管理法规的要求纳入档案管理。

质量标准体系化是质量管理部门的主要职能之一，所以质量管理部门要具体负责所有技术标准和质量管理标准的管理，另负责整理、分发、保存、更新和修改。

作为标准，自身就应该是标准化的，对它们的管理也应该体现标准化。所以在《兽药生产质量管理规范》中规定了标准制定的程序和审查、批准、执行、复核或修订的程序。这样的书面的程序应在实践中遵循。

所有的技术标准和管理标准均应不断修改、更新。这可以由下述原因之一而导致：

- 标准执行有效期满；
- 法定标准的变更，如兽药典、兽药规范、部颁标准的修订、改版；
- 分析方法或分析手段的进步，如以仪器分析法取代化学分析法；
- 供应商变更或供货标准的变更；
- 企业组织机构的变化；
- 《兽药生产质量管理规范》的修订；
- 厂房、设备、设施的更动。

（三）质量检验

质量检验应包括产品最终检验和试验及生产前期的准备阶段和生产过程中间的检验和试验。

最终检验和试验指成品检验必须在各工序的检验和试验合格后才能按检验计划和程序进行产品的最终检验和试验，以提供成品符合质量标准规定的证据，且有关数据和文件得到认可后产品才能发货。

生产准备和生产过程中间的检验和试验指原辅材料、包装材料、工艺用水、中间产品的检验和试验。在生产过程中所涉及的物质，必须进行检验和试验，以提供该物质符合质量标准规定的证据，才可以投放到工序中去。

满足质量标准规定全部要求的为合格品，反之为不合格品。

1．取样

取样是质量检验的基础，必须按取样规定抽取一定数量能代表全体被抽样产品的样本来进行质量检验，检验的结论才是可信的。取样工作由质量管理部门负责，由专职的取样员取样。

（1）取样的原则

❶保证样品的代表性，而且不影响所取容器内原料的原始质量，着重需要考虑微生物和理化方面的影响因素。

❷取样时尽可能将物料移至指定的取样区。取样环境的空气洁净度级别应与生产要求一致。

❸对原辅料、半成品（中间体）、成品、副产品及包装材料都应制定取样办法，对取样环境的洁净要求，取样人员、取样容器、取样的部位、顺序、取样方法、取样量、样品混合方法、取样容器的清洗、保管、必要的留样时间，以及对无菌或有毒物料在取样时的

特殊要求都应有明确的规定，否则会失去取样的意义或直接影响检验结果的真实性。

（2）取样的程序（以原料药为例）

❶将预先确定的供取样的容器移至规定取样区。

❷按清洁规定清洁并随机取样。

❸样品容器上贴签，注明必要的内容，如：原料代号、批号；原料名称；取样员签名、取样日期等。

❹重新关闭容器并注明“已取样”。

❺将容器退回原处，并填写有关记录。

（3）取样数量

为使取样具有科学性和代表性，国家标准局有抽样数量的标准发布。取样数决定于被抽物料的总件数（N）。

❶一般原辅料总件 $N \leqslant 3$ 时，每件取。

❷N 为 4～300 时，抽样量为 $\sqrt{N}+1$。

❸$N>300$ 时，取样量为 $\frac{\sqrt{N}}{2}+1$。

❹半成品（中间体）、副产品、成品、包装材料及特殊要求原料等，按具体情况另行规定。

（4）取样记录

取样记录的内容有：取样日期、品种、代号、规格、批号、编号、数量、来源、包装、必要的取样说明和取样人签名等。

每件被取样的容器上都要贴上取样证。

2. 检验

（1）质量检验标准操作规程的编写

❶原辅料（包括工艺用水）、半成品（中间体）、成品、副产品及包装材料的检验操作规程由检验室根据质量标准组织编制，经质管负责人审查，技术副厂长或总工程师批准、签章后，按规定日期起执行。

检验操作规程每 3～5 a 复审、修订一次。审查、批准和执行办法与制定时相同。在制定管理期限内确定需要修订时，审查、批准和执行办法也与制定时相同。

❷检验操作规程内容应包括：检品名称（中、外文名）、代号、结构式、分子式、分子量、性状、鉴别、检验项目与限度和操作方法等。检验操作方法必须规定检验使用的试剂、设备和仪器、操作原理与方法、计算公式和允许误差等。

❸滴定溶液、标准液、指示剂、试剂、酸碱度、热原、生物效价等单项检验操作方法，参阅《中华人民共和国兽药典》或有关规定，编入检验规程附录。

检验标准操作规程的编制，应根据每一种原辅料（包括工艺用水）、半成品（中间体）、成品、副产品及包装材料的质量标准来编写。特别强调的是，生产企业生产使用的每一种原料（包括工艺用水）、包装材料，生产出来的每一种半成品（中间体）、成品、副产品的检验都应该制定标准检验操作规程。

（2）检验

质量管理部门是唯一能批准物料合格可供生产使用的部门，也是唯一能批准成品经检验后销售的部门。所有的原辅料、包装材料、成品、半成品（中间体）、副产品、工艺用水的检验工作均由质量管理部门按质量标准规定的检验项目组织实施。

❶原料检验。对于购入的原料，检验结果应与供应原料的生产厂家提供的检验报告进行核对，如双方的检验结果相差较大（如供应厂家检验报告是合格结论，而购货厂家检验报告是不合格结论；虽均为合格结论，但检验数据相差较大）时，质量管理部门必须仔细检查所收到的供应厂家的检验证书的一致性和完整性。检验证书的完整性是指检验证书应包括的所有检验项目，规定有具体数据的就不应该是“合格”或“通过”等含糊其辞的语言表达形式，应该有质量负责人的签名和日期。检验证书的一致性则是指所有的检验方法、衡量合格与否均必须与现行法定规定一致。并有必要与供应厂家进行联系，共同分析检验结论不一致的原因，以取得双方检验方法、检验结果的一致性。

❷半成品的检验。半成品（中间体）的检验是在生产中进行的。如注射液在配制后灌装前，要进行药液的 pH、溶液颜色、含量等项目的检验。灌装中要进行装量检查。灌装后要进行装量和澄明度的检查。灭菌后要进行熔封严密性检查（检漏）。澄明度检验后要进行澄明度漏检率的检验。印字后要进行内容、字迹清晰度的检验。装盒后要对装入盒内支数进行抽查。贴盒签后，要对盒签粘贴位置进行检查。装箱前要对盒子完整性进行检查，装箱后要对装入箱内的盒数进行抽查。

半成品（中间体）的每一步检验，都应该由专职或兼职质量检验员来完成，检验后，质检员要填写检验记录日期并签字。经检验合格，由质量检验员签字后，方可进入下一步生产程序。

❸包装材料的检验。包装材料检验项目的内容主要包括材质、外观、尺寸、规格和理化性质。直接接触药品的包装材料、容器，还要对其卫生状况进行检查。

包装材料检验的依据是厂定的包装材料质量标准。检验后，质量检验员要填写检验报告，凡是有数据要求的项目，如尺寸、规格等应填写实测的数据，而不应该只简单地填写“合格”或“不合格”。

包装材料经检验合格后，由质量管理部门出具合格证书，做出接收的决定，并贴上合格的标志或标签，以供生产部门使用。不合格品则应做出不合格的决定，贴上不合格的标志或标签，并在较短的时间内将其退回供应厂家。

❹成品的检验。成品的检验比较近似于原料的检验而有别于标签和标示物、包装材料

的检验。所有成品在批准销售以前，均必须进行相应的物理、化学、微生物或生物检测以保证其符合法定、内控标准或说明书的要求。

生产和包装完成的产品即使是经过厂化验室检验合格也不能就批准合格。因为按照《兽药生产质量管理规范》的规定，所有产品只有符合《兽药生产质量管理规范》生产的要求才是合格的，所以要在批准销售以前要按规范各项要求对生产、包装结束的每批产品的批生产记录与批检验记录进行审核评价，以决定产品质量是否"合格"或"不合格"。

成品经检验后，检验室根据检验结果和质量评价的结果可以做出"合格"或"不合格"结论，合格品可以从留验（待验）区移至合格区域存放，同样，不合格品则从留验（待验）区移至不合格区存放。根据检验结果，质量管理部门可以做出"销毁"、"回收"、"重新加工"、"不准销售"的决定，这些决定不受任何行政的干预。这些决定的做出应由质量管理部门的负责人签字和决定日期。

（3）检验记录

- 检验操作记录为检验所得数据、记录、运算等原始资料；
- 检验结果由检验人签字，专业技术负责人复核，检验报告单由质量管理部门负责人审查、签字，并建立检验台账；
- 对每批产品均应填写批检验记录；
- 检验操作记录、检验报告单须按批号保存三年或产品有效期后一年。

（四）质量控制

1．原辅料、包装材料、标签的质量控制

仓库应由专人按本书物料中有关部门阐述的内容，负责对进厂原辅料验收、清检、保管、收放管理，并填写原辅材料质量月报。

车间应由专人按有关规定负责车间用的原辅材料、包装材料、标签的领取、验收和使用。

2．生产过程的质量控制

（1）生产过程的质量控制范围应由质量管理部门和生产部门共同制定，并形成书面技术档案。为了保证生产过程的质量控制得以实施，质量管理部门和生产部门有必要对具体实施的方法做规定。

（2）生产过程的质量控制工作大致可分为两种类型，一种是由各级质监员管理性的过程控制；另一种是检查性的过程控制。以片剂为例，前者如配料的双重复核、投料及整个制粒过程的物料复查、包装清场检查等；后者如颗粒水分、细度的测定，片剂硬度、脆碎度、崩解度、崩解时限、片重差异及平均片重的测定等。

（3）生产过程的质量控制与监督工作往往是由车间（兼职质监员）与质量管理部门（专职质监员）共同完成的。检查性的质量控制一部分是由质量管理部门在生产过程中实施的。

如某一工序开始、进行中或完成时，也可以在中间体贮存以后，由质量管理部门对所取中间体样品做有关的鉴别、检查项目、含量、纯度和其他质量特性的检验。若某项质量特性或指标超出了一定值，质量管理部门应及时通知生产车间，使其调整到规定的限度内。质量管理部门有权制止不合格的原辅料投入生产、不合格的半成品（中间体）流入下道工序、不合格的产品出厂。

（4）生产过程中的质量控制所有要检查或检验的项目由生产企业根据对产品质量控制要点和产品质量因素影响重要程度来决定。

（5）生产过程的质量控制应当制定书面的控制规程。对于可能影响成品质量的产品生产过程的质量特性要有书面的检查或检验规程，具体明确实施部门人员、频次、取样地点、数量、工具、检查或检验仪器、方法、期望值、上下限等。

（6）各级专职和兼职质量监督员，要按照生产品种的工艺要求和质量标准，检查半成品（中间体）、成品质量和工艺卫生情况并做好记录，填写半成品及成品的质量月报。

3．成品的质量监控

（1）按要求做好产品留样，根据产品稳定性考察情况，评价原料、中间产品及成品质量稳定性。

（2）质量管理部门应对退货的产品进行复检、确认，重大问题会同有关部门分析原因，提出处理意见和防范措施，记录存档，并向企业负责人提交书面报告。

（3）用户访问。质量管理部门必须按规定要求，组织开展对用户的访问或发放产品征询质量改进意见单，重视用户对产品质量的意见，制定整改措施并监督实施。

（4）留样观察。中心检验室应设立留样观察室，根据留样观察制度，明确规定留样品种、批数、数量、复查项目、复查期限、留样时间等，指定专人进行留样观察，填写留样观察记录，定期做好总结，并报有关领导。

产品留样应采用产品原包装或模拟包装，贮存条件与产品规定的条件相一致，留样量要满足留样期间内测试所需的样品量。留样样品保存到药品有效期后一年，未规定有效期的药品保存三年。

产品留样期间如质量异常变化，应填写留样样品质量变化通知单，报告质量管理部门负责人，由部门负责人报告有关领导及部门分析原因研究措施，并监督执行。

（5）稳定性试验。质量管理部门应开展对原料、中间产品及成品的质量稳定性的有计划的考核。根据考核结果来确定物料的贮存期，为制定药品有效期提供依据。稳定性试验内容包括加速破坏性试验，以预测样品的有效期。固体制剂加速试验条件一般为温度 40 ℃，相对湿度 75%，3 个月后测试符合要求，有效期暂定为 2 年，6 个月后测试符合要求有效期暂定为 3 年。

4．批生产记录和批检验记录的管理

质量管理部负责对批生产记录和批检验记录的审核，决定成品发放。由质监员审核，内容包括配料、称量过程中的复核情况、各工序生产记录、清场记录、中间产品质量检验结果、偏差处理、成品检验结果等。

5．档案管理

质量管理部门应建立产品质量档案，并指定专人负责此项工作。质量档案内容包括产品简介（品名、规格、批准文号及批准日期、简要工艺流程、处方等），质量标准沿革，主要原材料、半成品、成品质量标准，历年质量情况及评比，留样观察情况与国内外产品对照情况，重大质量事故记录，用户访问意见汇总，检验方法变更情况，提高质量的试验总结等。

6．质量事故管理

所谓的质量事故是指生产的中间体、成品的质量达不到质量标准的规定，生产出的中间体或成品不合格或中间体、成品的收率极低，产生大量的废品。

（1）质量管理部门负责质量事故的处理。应制定质量事故管理制度。

（2）发生质量事故时应会同生产、技术部门分析质量事故原因，提出解决办法，并采取适当的纠正措施以避免此类事故的再次发生。重大质量事故应及时报告当地兽药行政管理部门。

（3）在未找到原因及解决办法前应暂停生产。

（4）所有的分析、质量事故调查的结果、建议及付诸实施的计划都应该是书面的。如果以后再发生同类质量事故的话，则要考虑是否要对工艺过程进行重新验证。

（5）所有质量事故的处理都应有书面记录和处理报告，内容有：

- 分析、调查原因；
- 对可能引起问题的工艺过程或操作人员技术的审查结果；
- 对质量事故所采取的纠正措施和解决办法；
- 为防止此类质量事故再次发生而采取的措施；
- 生产、技术、质量管理部门的意见；
- 有关生产、技术、质量管理人员的签名和日期。

（6）发生质量事故的半成品、成品要做一些特殊的质量检验，而且要经质量管理部门的书面批准才可以对处理后的物料作回收或进一步加工，并由质量监督员监督执行。

7．供应商质量体系评估

由质量管理部门负责，会同供应、生产等有关部门定期对主要供应商质量体系进行评估。内容包括供应部门的证照资料，动物药品、医药原料具有《兽药生产许可证》、《药品生产企业许可证》及该物料生产批准文号。直接接触药物的药用包装材料生产单位必须持有《药包材料生产许可证》和产品的药包材料注册证，印刷包装材料需持有《特种印刷许可证》或《包装装潢印刷许可证》，动物药品、医药原料经销单位必须持有《经营许可证》，生产、质量管理机构及人员设置、生产管理系统，质量控制系统，厂房、车间及经营场所，文件及记录管理等主要内容。

评估完成后应写出供应商质量评估报告，确定是否可以成为合格的供应商。杜绝供应部门向不合格的供应商购买原辅材料。供应商一经确定，应相对稳定，如确实需要变更时，必须重新对新供应商质量体系进行评估。

九、销售管理

动物药品的销售要为养殖业提供安全、高效、方便、经济、服务的优质动物药品。不仅是为了养殖动物的健康，最终目标是为人民提供安全优质的动物性产品。由于动物药品是为养殖业发展服务的产品，所以受到养殖业发展速度与养殖业市场状况的制约。养殖业要求动物药品产品品种多、质量优、效能高、服务好。所以动物药品是一种高科技、高投入的产品，但往往却是低利润。动物药品的销售工作是推销产品，体现产品质量、价值、回笼资金、获取利润，使动物药品生产企业进入良性循外的重要环节。

产品销售活动一般由企业销售部门单独完成，而售后服务、质量信息反馈、用户访问等方面的工作，生产、质量等管理部门也需参与。产品销售管理的基本原则是使销售的产品具有可溯源性，一旦发现产品质量存在问题，便可追溯产品从生产到终端用户的流向。

（一）销售与收回

1. 销售

（1）产品销售原则

- 合格的动物药品产品方能销售，动物药品成品只有经企业质量管理部门检验合格，签发成品检验合格报告单后方能销售；
- 动物药品销售执行“先进先出”。

（2）销售合同与订单

销售部门业务员与新老客户签合同或订单，应规定产品的品种、数量、执行标准，顾客需求等。常规动物药品产品合同经销售部经理批准后，业务员与顾客沟通确认，签订正式合同，作为收、发货依据。

（3）销售记录

❶销售记录的内容。销售记录内容应包括：品名、规格、生产入库及售出数量、收货单位、产品质量状况、库存量、经办人、发货单位等。其中检验单位、合同或订单号及运输方式必要时也应填写清楚。

❷销售记录的作用。可准确掌握库存结构及市场需求，为制定生产计划提供依据；作为动物药品批追溯的依据，发现质量问题时可及时准确找到该批产品所有顾客，及时收回处理，有效控制产品质量；可作为动物药品生产企业开展市场服务、用户访问及顾客满意

度调查依据。

❸销售记录的保存期限。销售记录应保存至产品失效或负责期后一年，未规定有效期的产品应保存三年。主要目的为保证顾客有质量反馈时用以核查。

（4）顾客档案

动物药品产品售出后，销售部门应建立顾客档案，以准确、客观、真实反映顾客情况，为用户访问及售后服务做准备。顾客档案内容应包括顾客名称、地址、电话、联系人、顾客基本销售情况（主销产品、销量、回款、资信情况等）。

（5）售后服务

❶建立售后服务制度。动物药品生产企业应建立良好的售后服务管理制度，定期实施用户访问、技术服务、征求顾客对产品的意见和要求，持续改进企业的产品质量及管理。

动物药品生产企业应由质量、技术及销售部人员具体落实售后服务工作。

❷用户访问。用户访问要根据不同内容开展，主要采用函电征询、上门访问、顾客满意度调查表、邀请顾客座谈和召开会议调研等方式，广泛征求收集顾客对动物药品产品质量、工作质量、服务质量的评价意见，建立顾客质量信息反馈单。用户访问内容主要包括顾客对动物药品产品质量、工作质量及服务质量的评价。

❸技术服务。销售部门设专职人员开展技术服务工作，技术部门人员定期协助开展技术服务，产品调研需要指导顾客安全用药并征询意见，收集产品信息及需求，做好产品的开发和改进。

2. 收回

生产企业建立动物药品退货和收回的书面程序，收回产品包括退货和企业主动收回。收回的产品按退货处理。退货的产品应有专人保管并单独存放。产品退货、收回及处理程序见表 3-6。

表 3-6 产品退货、收回及处理程序

程 序	处 理 提 要
提出退货	接到用户退货要求，书面记录。质管负责人指令调查，确因质量问题时，发收回指令
收回产品	销售部门按销售记录收回。仓库按收回指令初检无误后，填退货初检记录入库。复核与投诉有出入时，应再调查，否则拒收
取样检验	专人取样送质检部门全项检查（含外观）
分类处理	全项合格。经质管部门负责人批准继续销售 外观不合格。经质管部门负责人批准，换包装后继续销售 个别项目不合格。返工，经检验全项合格后，经质管部门负责人批准重新销售 严重不合格，无法返工处理，质管部门负责人指令销毁

（二）用户投诉与不良反应报告

动物药品不良反应包括所有危及动物健康或生命及饲料报酬明显下降的不良反应。新药投产使用后发生的各种不良反应，疑为新药所致的致畸、致癌、致突变；各种类型的过敏反应；疑为药品间相互作用导致的不良反应；因药品质量或稳定性问题引起的不良反应；其他一切意外的不良反应。

1．实施动物药品不良反应监察的意义

（1）有利于维护企业的信誉和利益，一旦出现动物药品严重不良反应及用户投诉，不但该产品销售额会大幅下降，而且会影响企业其他产品的信誉和企业形象。

（2）有利于纠正和提高产品质量，动物药品产品在使用中出现不良反应对应用已久的产品主要反映生产过程的差错，企业应组织人员认真处理，有利于纠正生产过程中出现的差错，改进提高产品质量。

（3）有利于完善新药有关技术资料，提高新产品质量。

动物药品生产企业应建立动物药品投诉及不良反应处理的标准操作程序，并严格执行，以正确及时判断、处理，提高产品质量，满足顾客需求。

2．投诉与不良反应处理程序

（1）企业接到用户投诉后，由专职人员建立书面记录并分类编号，并建立用户投诉及不良反应监察台账，投诉及不良反应监察记录归档并长期保存，作为动物药品质量改进及新产品开发的原始材料。

（2）由负责质量投诉及不良反应监察人员组织质量，技术等部门人员，组成调查组进行调查处理。

- 复查留样，审查该批产品生产和检验记录；
- 对投诉样品进行检验，作出判断并提出处理意见；
- 及时进行用户访问，听取顾客意见，并进行现场调研，做好记录；
- 组织生产、质量、技术部门人员分析评审，查明原因责任人；
- 提出妥善处理办法并督促实施，如停止使用等；
- 建立企业改进措施并实施，避免类似问题再发生。

（3）向当地兽医行政管理部门报告。

- 对动物药品不良反应及时向当地兽医行政管理部门提出书面报告；
- 动物药品生产出现重大质量问题和严重安全问题时，应停产并及时向当地兽医行政管理部门报告。

十、自检

自检是动物药品生产企业按照《兽药生产质量管理规范》对本企业的生产和质量管理进行全面检查，它是动物药品生产企业自主性开展的质量管理活动，是企业提高自身质量管理和保证能力，保证产品质量稳定控制的重要手段，企业通过开展自检活动，可以及时掌握生产各环节的实施和质量控制情况，为企业产品改进提供有价值的质量信息。

（一）自检程序及内容

1. 自检程序

动物药品生产企业应制定自检工作程序和自检周期，设立自检工作组，并定期组织自检，自检组应制订计划组织实施自检，自检结束应形成自检报告，并提出自检结论和改进措施。

2. 自检内容

按《兽药生产质量管理规范》要求，动物药品生产企业自检工作应按自检工作程序对人员、设备、文件、生产、质量控制、产品销售、用户投诉和产品收回的处理等项目和记录定期进行检查，以证实与本规范的一致性。

（1）机构与人员情况自检

- 企业组织机构设置情况。动物药品生产企业应建立与动物药品生产、质量管理相适应的管理机构，各机构和人员的职责要明确。
- 企业各级人员的配备情况。
- 企业各级人员培训教育情况。

（2）厂房及设施的自检内容

- 企业厂区总体布局与生产环境情况；
- 厂房总体工艺布局情况。

（3）设备自检内容

- 设备管理的规章制度（包括设备操作维修、保养、清洗、校验、验证等管理制度）；
- 主要设备档案；
- 设备台账、卡片、标识及进行设备管理的检查维修保养、清洁、运行等记录；
- 生产、检验设备检查。

（4）物料管理自检内容

- 物料管理制度（包括物料的购入、贮存、发放等管理制度）；
- 物料的质量标准和检验报告（包括中药材质量标准）；
- 物料的采购；

- 生产及仓储物料管理。

（5）卫生管理自检内容

- 动物药品生产企业的各项卫生管理制度（包括环境、工艺、厂房、人员等）及检查记录；
- 厂房、设备、管道、容器等清洁操作规程；
- 生产区域的清洁卫生管理；
- 人员卫生管理；
- 工作服清洁卫生情况；
- 清洁、消毒后检查、验证情况及记录。

（6）文件管理的自检内容

- 文件管理制度；
- 各部门管理制度及生产和质量管理文件清单；
- 生产质量管理及其他部门记录清单；
- 各类制度文件、记录抽查内容是否符合《兽药生产质量管理规范》要求；
- 各类文件制度的起草、审核、批准、发放、使用、保管等及抽查记录。

（7）生产管理自检内容

- 生产工艺规程的执行情况；
- 生产岗位操作法、SOP 的执行情况；
- 生产过程按工艺质量控制点要求进行中间检查情况；
- 批生产及包装记录及管理情况；
- 生产工艺用水定期检查、验证情况；
- 生产现场环境卫生、工艺卫生执行情况；
- 清场制度执行情况及清场记录；
- 不合格品处理情况；
- 断电等突发事故的处理情况；
- 原辅料及包装材料的领取使用、管理情况。

（8）质量管理的自检内容

- 各种质量管理制度、质量标准（原辅料、包装材料、中间产品、成品）及产品内控质量标准、检验操作规程，仪器使用规程、工艺用水质量标准等；
- 质量管理部门主要职责及执行情况；
- 质量培训材料及培训情况；
- 质量分析会组织及统计分析材料及纠正、预防措施执行、检查情况；
- 顾客满意度调查及相应改进措施落实情况；
- 实验室管理、实验动物房管理及相应制度记录；

❖ 实施质量监督、检查相应记录；
❖ 产品标识和可追溯性管理制度及检查。

（9）产品销售和收回的自检内容

❖ 销售管理制度及执行情况抽检；
❖ 销售记录及相应账务票据；
❖ 销售合同评审；
❖ 市场反馈及顾客满意度调查开展情况及相关材料，采取改进措施及效果；
❖ 退货及收回产品的管理；
❖ 产品销售过程中防护措施；
❖ 售后服务管理及相应记录材料。

（10）投诉与不良反应报告的自检内容

❖ 产品投诉与不良反应监察制度；
❖ 投诉与不良反应处理方法。

（二）自检管理

自检工作要经常化、规范化、制度化。❶建立提高质量管理的自检制度；❷制定自检程序和规定，定期对 GMP 执行情况进行自检；❸确定自检内容和时间，全项自检，每年至少一次；❹对自检中发现的问题，及时提出改进意见、建议和具体措施；❺自检过程中，应做好详细记录并写出书面报告；❻每年要写年度工作总结，对质量管理工作做评价；❼及时做好自检文件的归档。

复习思考题

1. 简述兽药 GMP 的含义。
2. 兽药 GMP 对质量管理部门负责人的基本要求有哪些？
3. 兽药 GMP 对厂外厂内环境是如何要求的？
4. 净化空调系统与一般空调系统有何区别？
5. 兽药 GMP 对设备有何要求？
6. 兽药 GMP 对原辅料、包装材料、成品是怎样管理的？
7. 兽药 GMP 规定万级洁净区的卫生要求是什么？
8. 验证的含义是什么？验证的方式可分为几类？
9. 文件编制的原则有哪些？

10. 生产管理文件主要包括哪些？

11. 小容量注射剂、片剂、预混剂的批号是如何划分的？

12. 兽药 GMP 对不合格品是如何管理的？

13. 质检部门有哪些主要权限？

14. 产品销售应遵循哪些原则？

15. 简述投诉与不良反应处理的程序。

16. 动物药品企业为什么要定期组织自检？

17. 选择题：

（1）我国《兽药生产质量管理规范（试行）》发布时间正确的是（　　）。

A. 1989 年　　B. 1994 年　　C. 1995 年　　D. 2002 年

（2）新制备的纯化水应在（　　）内使用，否则应重新灭菌。

A. 8 h　　B. 12 h　　C. 24 h　　D. 48 h

（3）《兽药生产质量管理规范》规定质量检验人员文化程度必须达到（　　）。

A、本科以上　　B. 大专以上　　C. 高中以上　　D. 初中以上

（4）下列属于非洁净控制区的是（　　）。

A. 注射剂稀配工序　　B. 兽用口服液暴露工序

C. 注射剂灌封工序　　D. 散剂生产车间

（5）下列各组洁净级别最低的是（　　）。

A. 300 000 级　　B. 100 000 级　　C. 10 000 级　　D. 100 级

（6）下列保持相对正压的洁净室是（　　）。

A. 注射剂稀配车间　　B. 无菌室　　C. 青霉素分装车间　　D. 洗衣房

（7）下列需要设独立净化系统的是（　　）。

A. 生产青霉素　　B. 洗衣房

C. 效价测定室　　D. 注射剂配制工序

（8）兽药 GMP 规定，10 000 级洁净室每立方米微生物（浮游菌）最大允许数（静态）是（　　）。

A. 5　　B. 50　　C. 150　　D. 200

（9）兽药 GMP 规定，洁净室与参观走廊之间的静压差应控制在（　　）。

A. ≥5 Pa　　B. ≥10 Pa　　C. ≥12 Pa　　D. ≥15 Pa

（10）洁净室适宜的温度应控制在（　　）。

A. 5 ~ 18℃　　B. 18 ~ 26℃　　C. 20 ~ 30℃　　D. 35℃以下

（11）下列场合不能用循环风的是（　　）。

A. 有可能通过系统交叉污染的场合　　B. 产生粉尘的场合

C. 有可能通过系统混药的场合　　D. 无菌室

（12）下列条件可应用回顾性验证的是（　）。

A. 有很好的检验方法，但一直未进行过验证　　B. 生产和监控条件比较充分

C. 对新产品的生产工艺有相当把握　　D. 至少有 6 批符合要求的数据

（13）以下药品应执行双人双锁、专人管理的是（　）。

A. 甲醛　　B. 三氧化二砷　　C. 碘化钾　　D. 氰化钾

（14）下列文件属于工作标准的是（　）。

A. 岗位操作规程　　B. 验证工作基本程序

C. 产品工艺规程　　D. 质量检验结果评价方法

（15）下列表示混合批号的是（　）。

A. 20040102　　B. 20040101（R）

C. 20040109（M）　　D. 20040120（2，3）

（16）取样应具有科学性和代表性。现购进一批原料（4 件），其抽样量应为（　）。

A. 1 件　　B. 3 件　　C. 4 件　　D. 9 件

（17）注射用水的储存可采用（　）。

A. 常温循环　　B. 65℃以上保温循环　　C. 0℃以下　　D. 98℃以上保温

第二部分　动物药品制剂

第四章　动物药品制剂绪论

【教学目标】

- 了解动物药品制剂的概念、研究对象、任务；
- 掌握动物药品制剂的各种分类；
- 了解动物药品制剂的发展与展望。

第一节　动物药品制剂概述

一、动物药品制剂的概念

（一）概念

1．制剂

药物按其来源可分为化学合成药（如磺胺类药）、中药（如强心苷类）和生物药物（如各种生物制品），这些药物可能是粉末、结晶或膏状物，不能直接被应用，根据兽药典或兽药质量标准制成可以直接应用于动物的一定规格的成品称为药物制剂，简称制剂，如阿司匹林片、盐酸普鲁卡因注射剂。而供配制各种制剂使用的药物，称为原料药。兽药制剂的特点是给药方便、药效确切、安全稳定、便于贮存。

2. 剂型

为适应预防、治疗或诊断疾病的需要而制成的不同给药形式称为药物剂型，简称剂型，如注射剂、散剂、片剂都是一种剂型，剂型是临床使用的最终形式。同一种剂型可以有不同的药物，如片剂中有盐酸左旋咪唑片、盐酸多西环素片、硫酸新霉素片等。同一种药物可以制成多种剂型，如盐酸左旋咪唑可制成盐酸左旋咪唑片剂供口服给药，也可制成盐酸左旋咪唑注射剂用于静脉注射给药。药理作用相同，如果给药途径不同就会产生不同的疗效，要根据药物的性质及治疗目的，选择适宜的剂型与给药方式。

（二）动物药品制剂的研究对象

动物药品制剂是以物理化学、生物化学、微生物学、药理学、分析化学、药物动力学、高分子材料学、化工原理以及机械设备等学科理论为基础，综合运用现代生物医学技术、物理化工技术及机械电子技术来研究的动物药品制剂的基本理论、处方设计、制备工艺、质量控制和合理使用等内容。如药物的化学稳定性和物理稳定性的理论研究；提高难溶性药物的溶解度，以提高药物的生物利用度的研究；粉体性质对固体物料的处理过程和制剂质量的影响；片剂的压缩成型理论的研究；流变学性质对乳剂、混悬剂、软膏剂质量的影响；利用生物药剂学和药物动力学理论正确评价制剂质量，为合理制药和合理用药提供依据；微粒分散理论在非均相液体制剂中的应用；表面活性剂在药剂中的重要作用等。

如果要研制一种药物的注射剂，首先要研究或改善这种药物的水溶性，并考察它在水中是否稳定等，这些属于基本理论的研究内容；下一步就要进行有关的处方设计工作，如注射剂中应该加入多少毫升水，加入哪种有助于药物稳定性的抗氧化剂，pH 应调节到什么范围等；再进一步，就要开展有关制备工艺的研究：如何将药物粉碎，如何进行配制与过滤，怎样进行灭菌及其灌装等；最后，该注射剂的合理应用问题必须在有关研究的基础上，明确地写在说明书中，如肌内注射或静脉注射、每次若干毫升、每日几次等。

总之，动物药品制剂的研究内容包括药物制剂的基本理论、处方设计、制备工艺和合理应用等四个方面。最终以提供各种疗效高、毒性低、使用方便、满足治疗需求的药物为目的。其特点在于解决实际应用性问题。

二、动物药品制剂的研究任务

动物药品制剂的研究任务是将药物制成适于临床应用的剂型，并能批量生产安全、有效、稳定的制剂。具体可以归纳如下。

（一）开发新剂型

剂型是药物应用的具体形式，剂型因素与药效学研究表明，除了药物本身的性质和药理作用外，具体剂型也直接影响该药物的应用效果。与片剂、胶囊、溶液剂、注射剂等普通制剂相比，缓释、控释和靶向制剂等新剂型可以有效地提高疗效，满足长效、低毒等要求。特别是患部的靶向制剂及病变细胞的靶向制剂，可提高局部病灶的药物浓度，降低全身的毒副作用，因此，积极研究和开发新剂型是药物制剂一项重要任务。如阿奇霉素对肿瘤细胞杀伤力很强，但对心肌细胞的毒性也很大，如果制成阿奇霉素脂质体新剂型，可增加阿奇霉素对肿瘤细胞靶向作用，避免心肌毒性，达到提高疗效、降低毒性的双重作用。

近年来，已经由普通的针剂、粉剂、预混剂、注射剂、片剂等向缓释、控释、靶向制剂开发。已研制成功的有：伊维菌素长效控释丸、克伦特罗缓释药囊剂、甲氧苄胺嘧啶微型胶囊、复方左旋咪唑透皮剂、高效驱虫涂剂、驱虫净透皮剂、盐酸环丙沙星透皮剂、丙硫咪唑脂质体、三氮脒脂质体、吡喹酮脂质体等。尽管如此，我国兽用原料药与制剂的比例为 1∶（2～3），而国外则为 1∶（5～7），显然制剂的品种不是很多，开发能力还很弱，今后还需加大投资及开发力度，除了继续生产单方制剂外，还应分离合成中草药的有效成分，开发多种复方制剂，其药味数以 2～3 味为宜。

总之，应开发出适用于不同种动物、不同的用药目的、个体饲养户、集约化生产企业的有特色的新制剂剂型。使动物药品制剂的品种向着多样化方向发展。

（二）研究动物药品生产新技术

新剂型的开发离不开新技术的应用。近几年来蓬勃发展的微囊化技术、固体分散技术、包合技术（某些难溶性药物被环糊精衍生物包合后可制成注射剂）、脂质体技术、球晶制粒技术、包衣技术、纳米技术等，为新剂型的开发和制剂质量的提高奠定了技术基础。但是有些技术还不够完善，应用于批量生产还有待于进一步研究和发展。生物技术的发展为新药的研制开创了一条崭新的道路。同时，因生物技术药物普遍具有活性强、剂量小的优点和性质不稳定的缺点，必须制成安全稳定和使用方便的新剂型。所以，研究生物技术药物制剂新技术是动物药品制剂又一项新的任务。

（三）开发制剂新辅料

药用辅料有天然的、合成的和半合成的。辅料与剂型紧密相连，新辅料的研制对新剂型与新技术的发展起着关键性作用。如乙基纤维素（EC）、丙烯酸树脂系列（Eu RS100，Eu RL100 等）、醋酸纤维素等 pH 非依赖性高分子的出现发展了缓、控释制剂；近年来开发的聚乳酸（PLA）、聚乳酸聚乙醇酸共聚物（PLGA）等体内可降解辅料促进了长时间缓释微球注射剂的发展；微晶纤维素（MCC）、可压性淀粉、低取代羟丙基纤维素（L-HPC）

等辅料的开发使粉末直接压片技术实现了工业化。总之，为适应现代药物剂型和制剂的发展，辅料应继续向安全性、功能性、适应性、高效性的方向发展。辅料的发展对制剂整体水平的提高具有极其重要的意义。

（四）研究开发中药新剂型

我国具有丰富的中草药资源，繁多的中药材品种和悠久的使用历史，在继承和发扬中医中药理论和中药传统制剂的同时，运用现代科学技术和方法实现中药制剂现代化是中药制剂走向世界所必需的努力方向。中药制剂从传统剂型（丸、丹、膏、散等）迈进现代剂型的行列，我国已研制开发了中药注射剂、中药颗粒剂、中药片剂、中药胶囊剂、中药滴丸剂、中药栓剂、中药软膏剂、中药气雾剂等 20 多个新的中药剂型，近年来中药缓释制剂和中药靶向给药制剂等也在开发或研究中。丰富和发展中药的剂型和品种，提高中药的疗效，是我国药剂工作者的一项长期而艰巨的重要任务。

（五）研究开发制剂新机械和新设备

为了保证药品质量和用药安全，制剂生产已向封闭、高效、多功能、连续化和自动化的方向发展。固体制剂生产中使用的流化床制粒机在一个机器内可完成混合、制粒、干燥，甚至包衣，因此，被人们习惯上称作一步制粒机，与传统的摇摆式制粒机相比大大缩短工艺过程，减少了与人接触的机会。最近又开发出搅拌流化制粒机、挤出滚圆制粒机、离心制粒机等使制粒物更加致密、球形化，在制剂生产中得到广泛应用。高效全自动压片机的问世，使片剂的质量和产量大大提高。在注射剂的生产方面，入墙层流式新型针剂灌装设备、高效喷淋式加热灭菌器、粉针灌封机与无菌室组合整体净化层流装置等，减少了人员走动和污染机会。纳米技术与相应设备将对提高难溶性药物的生物利用度和靶向制剂的研究产生重要影响。高速渗透泵激光打孔机的研制成功，使我国的渗透泵式控释片实现了工业化生产。

总之，无论是化学合成药、中药，还是生物药物，在其制备各种剂型时，制剂技术、药用辅料、制剂设备都是相互促进、不可缺少的三大要素。

三、动物药品制剂的分类

药物剂型与给药途径、临床疗效密切相关，常用的剂型有 40 多种，其分类方法很多，为了便于研究、学习和应用，通常按物质形态、分散体系或给药途径等方法进行分类。

（一）按动物药品形态分类

将药物剂型按物质形态分类如下述。

1. 液体剂型

液体剂型是以溶解或分散的方法将药物溶解或分散在一定的溶媒中制成的剂型，如芳香水剂、注射剂、溶液剂、合剂、洗剂、擦剂、流浸膏剂、酊剂、乳剂等。

2. 固体剂型

固体剂型是将药物与一定的辅料经粉碎、过筛、混合、成型而制成的剂型，如片剂、丸剂、散剂（粉剂）、预混剂、膜剂、栓剂、胶囊剂等。

3. 半固体剂型

半固体剂型是将药物与一定的基质熔化或研匀混合而制成的剂型，如软膏剂、凝胶剂、糊剂、舔剂、浸膏剂等。

4. 气体剂型

气体剂型是将药物溶解或分散在常压下沸点低于在气压的医用抛射剂，压入特殊的给药装置或利用压缩空气将药物以药液雾滴或半固体状态而制成的剂型，前者称为气雾剂，后者称为喷雾剂或气压剂。

形态相同的剂型，其制备工艺也很接近，例如，固体剂型原料处理多采用粉碎、筛选与混合等方法；液体剂型原料处理多采用溶解、均化等方法；半固体剂型原料处理多采用融化、研和等方法。形态不同的剂型，往往在发挥药效作用的速度上有差异，如口服给药时，液体剂型比固体剂型发挥作用的速度快。这种分类方式对制备、贮存和运输有一定的指导意义，但实用价值不大。

（二）按分散系统分类

这种分类方法主要是应用物理化学的原理来阐述各类制剂特征，但不能反映用药部位与用药方法对剂型的要求，甚至一种剂型可以分到几个分散体系中。

1. 溶液型

药物以分子或离子状态（质点的直径小于 1 nm）分散于分散介质中所形成的均匀分散体系，也称为低分子溶液，如溶液剂、芳香水剂、糖浆剂、甘油剂、注射剂、酊剂等。

2. 胶体溶液型

主要以高分子（质点的直径在 1～100 nm）分散在分散介质中所形成的均匀分散体系，也称为高分子溶液，如胶浆剂、涂膜剂等。

3. 乳剂型

油类药物或药物油溶液以液滴状态分散在分散质中所形成的非均匀分散体系，如口服剂、静脉注射乳剂、部分涂膜剂等。

4. 混悬型

固体药物以微粒状态分散在分散质中所形成的非均匀分散体系，如合剂、洗剂、混悬剂等。

5. 气体分散型

液体或固体药物以微状态分散在气体分散质中所形成的分散体系，如气雾剂等。

6. 微粒分散型

药物以不同大小微粒呈液体或固体状态分散，如微球制剂、微囊制剂、纳米囊制剂等。

7. 固体分散型

固体药物以聚集状态存在的分散体系，如片剂、散剂、颗粒剂、胶囊剂、丸剂等。

（三）按给药途径分类

将给药途径相同的剂型作为一类的分类方法，与临床使用密切相关。

1. 经胃肠道给药剂型

经胃肠道给药剂型是指药物制剂经口服后进入胃肠道，对局部作用或经吸收后发挥全身作用的剂型，如散剂、片剂、颗粒剂、胶囊剂、溶液剂、乳剂、混悬剂等。易被胃肠酸或酶破坏的药物不能采用这种剂型。经口腔黏膜吸收的剂型不属于胃肠道给药剂型。

2. 非经胃肠道给药剂型

非经胃肠道给药剂型是指除口服给药途径以外所有其他剂型，这些剂型可在给药部位起局部作用或被吸收后发挥全身作用：

（1）注射给药剂型：如注射剂，包括静脉注射、肌内注射、皮下注射、皮内注射、及腔内注射等多种注射途径。

（2）呼吸道给药剂型：如气雾剂、喷雾剂、粉雾剂等。

（3）皮肤给药剂型：如外用溶液剂、洗剂、搽剂、软膏剂、硬膏剂、糊剂、贴剂等。

（4）黏膜给药剂型：如滴眼剂、滴鼻剂、眼用软膏剂、含漱剂、舌下片剂、粘贴片及贴膜剂等。

（5）腔道给药剂型：如栓剂、气雾剂、泡腾片、滴剂及滴丸剂等，用于直肠、阴道、尿道、鼻腔、耳道等。

（四）按制备方法分类

这种分类方法不能包括全部剂型，故不常用。

1. 浸出制剂

浸出制剂是用浸出方法制成的剂型，如流浸膏剂、酊剂等。

2. 无菌制剂

无菌制剂是用灭菌方法或无菌技术制成的剂型，如注射剂等。剂型分类方法各有特点，但均不完善或不全面，各有其优缺点。一般往往采用综合的方法进行分类。

第二节　动物药品制剂的发展与展望

一、动物药品制剂的发展简况

动物药物一般认为是在人体用药的基础上，或是根据动物的具体情况，经过对动物的反复实践，逐渐积累而形成的用于防治动物疾病，提高生产技能的物质。动物药品制剂的发展是伴随着药剂学的发展而发展的，是人类在长期的生产实践和科学实验中不断总结发展起来的。

（一）国外动物药品制剂的发展

国外药剂学发展最早的是古埃及与古巴比伦王国（今伊拉克地区）。《伊伯瓦纸草本》是约公元前 1552 年的著作，记载有散剂、硬膏剂、丸剂、软膏剂等许多剂型，并有药物的处方和制备方法等。被西方各国认为是药剂学鼻祖的盖仑（Galen，公元 130—200 年）是罗马籍希腊人，在盖仑的著作中记述了散剂、丸剂、浸膏剂、溶液剂、酒剂等多种剂型，人们称之为“盖仑制剂”，至今还在一些国家应用。在盖仑制剂等基础之上发展起来的现代药剂学已有 150 余年的历史。1843 年 Brockedon 制备了模印片，1847 年 Murdock 发明了硬胶囊剂，1876 年 Remington 等发明了压片机，使压制片剂得到迅速发展，1886 年 Limousin 发明了安瓿，从此注射剂得到了迅速发展。

19 世纪制药机械的发明使药剂生产的机械化、自动化得到了迅猛发展。以剂型和制备为中心的药剂学也成了一门独立学科。20 世纪 50 年代，物理化学的某些理论应用于药剂学，建立了剂型的形成与制备理论，如药物稳定性、溶解理论、流变学、粉体学等，进一步促进了药剂学的发展。20 世纪 60—80 年代，研究药物在体内过程（吸收、分布、代谢和排泄）表明，药物在体内血药浓度、生物利用度、药效等，不仅与药物本身的化学结构有关，而且与药物的剂型有关，而且在一定条件下剂型对药效具有决定性影响。生物药剂学与药物动力学的发展为新剂型的开发提供了理论依据。新辅料、新工艺、新设备、新技术的不断出现，也为新剂型的制备、制剂质量的提高奠定了十分重要的物质基础。

（二）国内动物药品制剂的发展

我国中医药的发展历史悠久，早在商代（公元前 1766 年）已有汤剂这一剂型的历史记载，是应用最早的中药剂型之一。在《黄帝内经》中已有汤剂、丸剂、散剂、膏剂及药酒等剂型的记载；在东汉张仲景（公元 150—219 年）的《伤寒论》和《金匮要略》中记载有栓剂、洗剂、软膏剂、糖浆剂等 10 余种剂型，并记载了可以用动物胶、炼制的蜂蜜和淀粉糊为黏合剂制成丸剂。唐代颁布了我国第一部，也是世界上最早的国家药典——唐《新修本草》。后来编制的《太平惠民和剂局方》是我国最早的一部国家制剂规范，比英国最早的局方早 500 多年。明代著名药学家李时珍（1518—1593 年）编著了《本草纲目》，其中收载药物 1 892 种，剂型 61 种，附方 11 096 则。书中提出了科学的分类法，促进了我国医药的发展，被誉为中国古代的百科全书，被译成 7 种（日、法、德、英等）文字，流传甚广，是闻名世界的一部巨著。

本草为天然药物的古称，以植物药为主，包括动物药和矿物药。古代无兽医专用本草，历代的重要药学著作均包含兽用本草内容。在西周时设专职兽医、采用灌药，开始把医用和兽用本草分开。公元 13—14 世纪，在《痊骥通玄论》中有兽医中草药篇的系统记载。公元 17 世纪，喻本元、喻本亨合著的《元亨疗马集》，更系统地记载了兽药及药方各 400 余个。至今仍有重要价值，是我国民间兽医的宝贵文献。

新中国成立后，为了保障人民健康和畜牧生产的需要，我国农业部制定了《中华人民共和国兽药典》《中华人民共和国兽药规范》。使兽药生产、供应、检验、使用和管理有法可依。出版了《兽医临床药理学》《兽医药物代谢动力学》《动物毒理学》等一系列有关动物药物理论及应用的著作，在此基础上开发了若干新兽药、新制剂。

改革开放以来，在药用辅料方面，已先后开发了填充剂微晶纤维素、可压性淀粉，黏合剂聚维酮，崩解剂有羧甲基淀粉钠、低取代羟丙基纤维素，薄膜包衣材料有丙烯酸树脂系列产品，优良的表面活性剂泊罗沙姆、蔗糖脂肪酸酯，栓剂基质半合成脂肪酸酯等。在生产技术和设备方面，已研制成功微孔滤膜和与之配套的聚碳酸酯过滤器，显著提高了注射液的质量；设计制造了多效蒸馏水生产设备，节约能源并提高了注射用水的质量；采用微粉化技术及其他提高药物溶出度的新技术；采用了流化喷雾制粒和高速搅拌制粒技术生产片剂。在缓控释制剂及透皮吸收给药制剂已有产品被批准生产；靶向、定位给药系统的研究也取得进展。

二、现代动物药品制剂的发展与展望

（一）现代动物药物制剂的发展的四个时代

药物的制剂剂型能改变药物作用的性质、速度、消除或降低毒副作用，所以一个好的原料药，必须有一个好的制剂剂型，才能充分发挥它的疗效，研制开发兽药制剂剂型至关重要。现代药物制剂的发展可分为四个时代，虽然各个时代不能截然不同，但基本反映了制剂发展的阶段性和层次特点：

第一代：传统的片剂、注射剂等，约在 1960 年前建立。

第二代：缓释制剂、肠溶制剂等，以控制释放速度为目的的第一代 DDS（药物传递系统即 Drug Delivery System，简称 DDS）。

第三代：控释制剂、利用单克隆抗体、脂质体、微球等药物载体制备的靶向给药制剂，为第二代 DDS。

第四代：由体内反馈情报靶向于细胞水平的给药系统，为第三代 DDS。兽药制剂是在药剂学的发展之下才逐渐建立起来的。同样发展分为四个时代即普通制剂、缓释制剂、控释制剂、靶向制剂。近年来，已经由普通的针剂、粉剂、预混剂、注射剂、片剂等向缓释、控释、靶向制剂开发，并取得了很大的进展。

（二）DDS 给药系统的发展

随着科学技术的飞速发展，各学科间相互渗透、互相促进，新辅料、新设备、新工艺的不断涌现和药物载体的修饰、单克隆抗体的应用等，大大促进了药物新剂型和新技术的发展和完善。20 世纪 90 年代以来，药物新剂型与新技术已进入了一个新阶段，理论发展和工艺研究已趋于成熟。DDS 给药系统，代表了现代药物制剂的发展方向，极大地影响人们的用药观念。口服缓释和控制给药系统、经皮给药系统和靶向给药系统均属于 DDS 给药系统，都有着丰富的科学内涵和技术基础。

1. 缓释和控释系统

缓释和控释系统是发展最快的新型给药系统，一般采用片剂和胶囊剂口服或口腔给药，除了对药物的释放速度进行有效控制外，也出现了控制释药部位和控制释药时间的缓控释系统。例如结肠定位给药系统和脉冲给药系统等。在这些给药系统中包含了多种物理化学原理、新技术、新材料和新设备的应用，如水凝胶骨架片，水不溶性膜控包衣片、黴丸包衣技术、利用渗透压原理及激光技术的渗透泵片或胶囊、利用离子交换原理制备的液体控释制剂以及利用高分子材料黏附特性的胃滞留片、胶囊及口腔粘贴片等。这类系统也用于其他途径给药，如用于长达 1 年或几年的体内埋植系统，眼内或鼻腔用药释膜片或微球等。

2. 透皮给药系统

透皮给药系统是通过皮肤给药维持体内稳定和长时间有效血药浓度和治疗作用的缓控释系统。经皮给药系统是不同于外用皮肤制剂的特殊系统。它们的共同特点是必须透过皮肤角质层的屏障。但外用皮肤制剂的作用限于局部，而经皮给药制剂的目标则在全身。所以不仅在剂型和制剂的设计思想上与口服途径给药有显著差别，也与外用皮肤制剂的设计有显著差别。目前已有硝酸甘油、东莨菪碱、可乐定、芬太尼等 9 种药物的不同规格和不同控释材料或技术的品种在国际市场上出现，控释时间从每天 1 次到每 7 天给药 1 次。其中以膜控释技术和黏胶骨架控释技术为主。控释材料和粘贴材料的研究和发现、生产涂布和复合设备的革新等对于实现经皮给药和生产出理想的制剂无疑十分重要。

为了突破角质层对该类系统在药物选择上的局限性，发现安全有效、无刺激性和过敏性的渗透促进剂仍是对发展经皮给药的重大挑战。因此，在寻找其他有效方法方面，离子导入技术、电致孔技术、超声波以及激光技术都成为可能的选择。但这些技术应用于临床在目前还有相当大的困难。脂质体技术也可用于经皮给药，它通过磷脂双分子层的特殊生物膜功能达到与角质细胞有效融合，进而达到输送药物的目的。目前，一种非热力学稳定的纳米脂质体——变形传递体也正在实验研究中。

3. 靶向给药系统

一般是指经由血管注射给药，利用脂质体、微囊或微球等载体将药物有目的地传输至某特定组织或部位的系统。经过几十年的努力，已经有阿奇霉素、两性霉素 B、庆大霉素、柔红霉素和阿米卡星等 5 个脂质体制剂用于临床。在脂质体的研究中，重要的课题是制备多种性能的优良脂质材料和针对不同药物选择应用这些材料，采用适宜的生产方法，以保证脂质体适宜的粒子大小、良好的稳定性和对药物的包封率。为了提高脂质体的靶向性一些新技术还在不断地出现，其中除了较早时期提出的免疫脂质体，采用抗体或人工合成半糖或乳糖配基对脂质体进行修饰外，近年来还出现了长循环脂质体热敏脂质体、pH 敏感脂质体等新型脂质体。利用脂质体为载体进行基因治疗是值得重视的发展方向。

微囊和微球是靶向系统中另外两个常用技术，将抗癌药物包封于微球中经血管导入。栓塞于动脉末梢，对某些中晚期癌症的治疗具有一定的临床意义，大量的实验研究和基础临床研究表明了其效果，但迄今没有产品问世，存在的问题可能包括对微球材料的选择、粒子大小、对血管阻塞适应性、副作用和生产技术等方面。但作为微囊和微球技术的非靶向应用确已取得成功，醋酸那法瑞林缓释微球埋植剂和醋酸亮丙瑞林缓释微粒埋植剂等已上市。微囊技术在固体制剂中用于缓释、提高稳定性等则有更广泛的应用。发展中的靶向给药系统还有静脉注射用脂肪乳剂，在非均相液体系统理论指导下，经过合理的处方设计和选择适宜的乳化剂及工艺，该剂型是成功达到初级靶向和最适合于大规模生产的系统之一。

可以预计，除了在新药研究方面，今后将逐步开发更加特效的药物包括治疗遗传疾病及肿瘤的基因工程药物，包括肽类和蛋白类等大分子药物的给药系统。此外，药物新剂型的应用将使缓控释给药系统进一步代替普通制剂，经皮给药系统、靶向给药系统也将逐步增多。

（三）药代动力学、基础药理学、毒理学、基因工程和单克隆抗体技术对兽药新品种、新剂型开发研制的影响

药物代谢动力学促进兽药药剂的发展。多种抗菌药，在马、水牛、黄牛、羊、猪 5 种动物的药动学参数的测定及对药动学进行的系列研究，为研制多种兽药的新制剂剂型提供了重要依据，如通过分析吡喹酮对猪静脉注射与内服的药动学参数，了解该药内服生物利

用度很低，从而为制备吡喹酮注射液与透皮剂提出了依据；通过研究水杨酸钠、消炎灵等酸性药物对兔体内青霉素 G 钠的药动学及组织分布的影响，说明水杨酸钠和消炎灵与青霉素 G 钠合用，在药动学和药效学方面都有显著协同作用，能提高药效和延长给药时间，临床上可作为增效剂应用；采用释药试验、血药浓度测定及临床驱虫效果相结合的方法，成功研制牛羊瘤胃控释装置剂型；制备丙硫苯咪唑瘤胃控释制剂、伊维菌素微球、阿苯达唑脂质体等都已获得了成功。

基础药理学研究给新药开发奠定基础。研究药物构效关系合成新化药，在 20 世纪 80 年代研制的乙酰甲喹（痢菌净），因明确喹诺酮类的基本结构，而衍生出十余种作用类似的新药来，如诺氟沙星、培氟沙星、氧氟沙星、环丙沙星、洛美沙星、恩诺沙星、达氟沙星、二氟沙星、单诺沙星、沙拉沙星、帕马沙星、宾氟沙星、依巴沙星等；对氢醌衍生物抗菌活性的定量构效关系研究，提出甲基氢醌通过氧化还原反应显示其抗菌活性的作用机理，为开发和研制更有效的甲基氢醌类药物、改善六西素的药理活性，提供了依据；通过丹二萜类化合物的抗菌构效关系研究，了解醌型结构及二氢呋喃环是抗金黄色葡萄球菌的主要基团，为探讨该类化合物的药物定量设计、抗菌机理及开发研制提供基础。

研究药物与受体作用，开发新药。通过激活中枢内α_2肾上腺素能受体，呈现中枢性镇静、镇痛作用而开发出的药物有：二甲苯胺噻唑、可乐定、二甲苯胺噻嗪，与之相反的α_2肾上腺素能受体抑制剂有苯恶唑和育亨宾。据此又成功地研制出马的全身麻醉药保定宁注射液，牛羊犬猫兔的全身麻醉及野生动物化学保定药速眠新注射液（846），同时又设计研制了它的解毒剂即由妥拉唑啉和新斯的明组成的复方苏醒灵注射液。近年又选用二甲苯胺噻嗪和双氢埃托菲制成了新型复方化学保定剂眠乃静注射液。展望对肝片吸虫、血吸虫体内的神经递质研究，虫体内存在神经递质 5-羟色胺和 5-羧羟色胺受体及 5-羟色胺的生物合成、降解机制，存在拟神经递质 r-氨基丁酸、谷氨酸。这对开发新的抗吸虫、血吸虫药提供了很好的理论基础。

中草药药理学的研究促进了中药制剂生产与科研的发展。兽药在传统剂型，如散剂（复方禽菌灵散、禽健宝散等）、汤剂等基础上，剂型和制备工艺等方面开发了许多疗效确切的新剂型，如溶液制剂、酊剂、膏剂、片剂、冲剂、注射剂、缓释剂等。通过消炎醌（甘西鼠尾草根中提取）的药理学活性研究，证明该药具有抗菌、抗炎、抗自由基等多种药理活性，并具备了疗效确切、病原菌不易产生耐药性、毒性低、无公害等优点；通过对橘皮素结构改造及应用研究，制备了 8 种该药衍生物，7 种有较强的杀螨作用；对“大烟瓜”药理作用的初步研究，提示“大烟瓜”有镇静、镇痛作用；近年来国内外对蓼科植物化学成分与药理学活性的系统研究，明确该类植物有抗菌、抗氧化、抗肿瘤、杀虫等多种药理学活性。以上研究成果都为开发新型植物源抗菌剂、杀虫剂、抗衰老、抗疲劳天然保健品奠定了基础。

研究兽药毒理学，保障畜牧生产安全用药。根据对喹乙醇的毒性及残留的研究和评价，我国农业部 1997 年颁布的《允许作饲料药物添加剂的兽药品种及使用规定》中，删除了喹乙醇可作鸡饲料添加剂使用，重新规定只限于作 4 月龄之内猪的饲料添加剂使用，并规定其休药期为 35 d。《中华人民共和国兽药典》（2000 版）根据国内外兽药毒理学研究资料规定了 36 种药品的休药期。研究表明人类的致癌物约有 60 种，其中砷及砷化物（对氨基苯胂酸、硝基苯胂酸）有较强的致皮肤癌、肺癌活性，然而这两类动物药品迄今在畜牧生产上仍作药物添加剂使用，对人类造成的隐患是不容忽视的。通过对新药 11 种喹诺酮类、克虫净（氯氰碘柳胺钠的复方片剂）、克虫王（吡喹酮复方片剂）、二甲硝咪唑、氟甲砜霉素、马杜拉霉素、喹胺醇（喹乙醇替代品种）、阿苯达唑、莱克多巴胺、克伦特罗、氯羟吡啶、某些中草药等，所进行的急性、蓄积性、亚急性、慢性、致突变、致畸性等系列的毒理学研究，并参照化学物质、农药急性毒性分级标准和蓄积毒性作用评价标准，评定了它们的毒性程度。同时对大多数抗菌素、抗寄生虫药、磺胺类及一些化学合成药，都进行了在食用组织中残留和消除规律及检测方法的研究，制定了阿苯达唑等 39 种兽药及其他化学物质在食用组织中残留的检测方法（部颁行业标准）、109 种兽药的最高残留限量。这些研究成果及药品标准的制定给畜牧业安全用药提供了可靠保障。

基因工程和单克隆抗体技术在临床药理学研究中的应用。目前，运用基因药物进行基因治疗，即把外源目的基因通过特异性载体导入动物体内的病变细胞，通过控制目的基因的表达或抑制，或代替某些突变基因或缺陷基因，从而恢复受体细胞的正常生理功能。这项技术给兽医治疗学带来了前所未有的革命性变化。应用重组 DNA 技术，已经阐明阿片受体的基因结构，为设计作用这类受体的药物提供了结构依据。用单克隆抗体技术成功地研究出 N 型胆碱受体的结构。单克隆抗体还可作为载体，将药物与其结合，制成靶向制剂，使药物定向性地浓集于靶区。这将预示着药物治疗获得新突破。

复习思考题

1. 什么是药物的制剂和剂型？
2. 动物药品制剂研究的对象和任务有哪些？
3. 药物制剂有几种分类？每种分类有哪些剂型？
4. 现代动物药品制剂的发展的四个阶段及特点有哪些？

第五章　动物药品制剂生产的基础工艺

【教学目标】

- 熟悉制药工艺用水流程、用途及质量要求；
- 掌握粉碎、过筛、混合、干燥、灭菌等动物药品制剂生产基础工艺的原理及特点；
- 了解粉碎、过筛、混合、干燥、灭菌等常用设备。

第一节　制药工艺用水

动物药品生产中离不开水，水是制药生产中主要的用料及介质之一。制药工艺用水是指制剂生产中用于容器、包装材料的清洗，配料等工序，原料药生产中的精制、洗涤等工序所用的水。

一、制药用水的类别、用途及质量要求

根据《中国兽药典》(2005 版）所收载的制药用水，因其使用的范围不同可分为饮用水、纯化水和注射用水。制药用水量大、范围广，其水质的合格与否直接影响药物的产品质量，其用途及质量要求见表 5-1。

（一）原水

原水通常是指制备制药工艺用水的起始水源。原水一般为自来水公司供应的自来水或深井水，它是用天然水在水厂经过凝聚沉淀和加氯处理得到的符合国家饮用标准的水。但其中仍含有不少的杂质，主要包括溶解的无机物和有机物、微细颗粒、胶体和微生物等。其中，溶解的无机物是纯水处理的主要对象之一。

表 5-1　工艺用水用途及质量要求

类　别	用　途	水质要求
饮 用 水	❶非无菌药品的设备、器具和包装材料的初洗 ❷消毒剂、外用制剂的配制及设备、器具和包装材料的清洗 ❸制备纯化水的水源	应符合生活饮用水标准 GB 5749—85
纯 化 水	❶非无菌药品的配料、最后洗瓶 ❷注射剂瓶子的初洗 ❸非无菌原料药的精制 （用于配料和原料药精制时，应控制杂菌数）	应符合中国兽药典标准，电导率控制在 1～2 μS/cm
注射用水	❶注射剂配料 ❷注射剂最后洗瓶水（最终灭菌制剂用孔径为 0.45 μm 的滤膜过滤后使用，非最终灭菌制剂用 0.22 μm 的滤膜过滤后使用） ❸无菌原料药精制、直接接触无菌原料药器具和包装材料的最后洗涤	应符合中国兽药典标准，电导率应达到≤1 μS/cm

（二）纯化水

纯化水是以饮用水作为原水，经离子交换法、电渗析法、反渗透法、蒸馏法或其他适宜的提纯水质的方法，使之达到符合生产要求的工艺用水。

（三）注射用水

注射用水是以纯化水或去离子水做原水，经过特殊设计的蒸馏器蒸馏、冷凝冷却后经膜过滤制备而得。注射用水不含热原。目前一般采用的蒸馏器有多效蒸馏水机和气压式蒸馏水机等。过滤膜的孔径应为≤0.45 μm。

二、原水的处理

由于各地原水水质的差异及原水中存在杂质的不同，对原水进行处理生产工艺过程也不同，原水处理方法主要有机械过滤法、离子交换法、电渗析法及反渗透法等，其常采用的流程如下：

自来水 → 机械过滤 → 电渗析装置或反渗透装置 → 阳离子树脂床 →

脱气塔 → 阴离子树脂床 → 混合树脂床

（一）机械过滤法

机械过滤法是用物理的方法将悬浮液通过具有多孔性材料，把固体颗粒截留下来而达到固、液分离的操作。滤过机依据滤过过程中固体粒子在滤过介质中被截留的方式不同，主要有以下几方面。

1. 筛析作用

筛析作用指滤浆中含颗粒，比滤过介质的孔径大，通过滤过介质时，颗粒沉积于滤过介质表面而形成滤饼，例如微孔滤膜滤过。

2. 深层滤过作用

深层滤过作用指小于滤过介质孔径的大小的固体粒子在滤过过程中进入到滤过介质内部，并被截留在滤过介质的深层。其原理是颗粒随液体进入滤器的细长、弯曲且不规则的多孔结构，依靠静电及范德华力吸引或吸附，在滤过介质的孔隙内部搭接形成“架桥现象”，如砂滤棒、垂熔玻璃漏斗、多孔陶瓷等。粗滤时常用的滤过介质有：砂滤棒、滤纸、棉、绸布、尼龙布、涤纶布等。精滤时常用的滤过介质有：垂熔玻璃、微孔滤膜。

在滤过初期的滤液常不澄清，往往需经过一段时间，在滤材表面形成一定厚度的滤渣后，才能得到澄清的溶液。另一方面，当悬浮液中颗粒太细小时，滤过时很容易堵塞滤材的孔隙，使孔道变窄，阻力增大，滤过困难。为防止这种现象发生，常在滤浆中加入某些助滤剂，快速在滤过介质上形成疏松的、多孔性的有效滤层。常用的助滤剂有滤纸纤维、滑石粉、硅藻土、木炭粉等。

机械过滤法常用于原水前处理，其流程为：

第一步　投加絮凝剂，使水中胶体状微粒凝聚，这样可去除水中部分铁、锰、氟和有机物。

第二步　如果原水浊度＜30，可经过机械过滤器粗滤、精密过滤器除去微粒，便可得到浊度＜1 的清水。

第三步　如果原水中有机物、余氯含量高，需同时除浊、除有机物及余氯，其流程如下：

絮凝剂 → 原水 → 机械过滤器 → 活性炭过滤器 → 精密过滤器 → 清水

其中活性炭过滤器采用粒状活性炭作滤料来吸附有机物、余氯、胶体，来降低色度、浊度，保证后道系统的正常运行。精密过滤器其过滤精度有 1 μm、5 μm、10 μm 等，是一种效率高、阻力小的深层过滤方式，可用于膜分离系统的保安过滤器。

（二）离子交换法

离子交换法是利用离子交换树脂对离子的吸附、置换作用，除去饮用水中绝大部分阴、阳离子及其他杂质的方法。对细菌、热原也有一定的清除作用。该法除盐通常适用于含盐量<500 mg/L 的进水，其主要优点是水质化学纯度高，所需设备简单，耗能小，成本低。常用的离子交换树脂有阳、阴离子交换树脂两种，如 732 型苯乙烯强酸性阳离子交换树脂，极性基团为磺酸基，可用简式 $RSO_3^-H^+$（氢型）或 RSO_3Na^+（钠型）表示。717 型苯乙烯强碱性阴离子交换树脂，极性基团为季铵基团，可用简式 $RN^+(CH_3)_3OH^-$（氢氧型）或 $RN^+(CH_3)_3Cl^-$（氯型）表示。钠型和氯型比较稳定，便于保存，故市售品需用酸碱转化为氢型和氢氧型后才能使用。

离子交换法处理原水的工艺，一般可采用阳床、阴床、混合床的组合形式，混合床为阴、阳树脂以一定比例混合组成。大生产时，为减轻阴树脂的负担，常在阳床后加脱气塔，除去二氧化碳，树脂使用一段时间后，如果交换能力下降，需再生或更换。

（三）电渗析法

电渗析是依据在直流电场作用下离子定向迁移及交换膜的选择透过性而使溶液中阴、阳离子发生迁移达到除盐或浓缩目的，即阳离子交换膜装在阴极端，显示强烈的负电场，只允许阳离子通过。阴离子交换膜装在阳极端，显示强烈的正电场，只允许阴离子通过。当原水含盐量高达 3 000 mg/L 时，不宜采用离子交换法制备纯化水，但电渗析法仍适用。它可不用酸碱处理，故较离子交换法经济。

（四）反渗透法

反渗透是渗透逆过程，是指借助渗透压作为推动力，迫使溶液中溶剂组分通过适当的半透膜从而阻留某一溶质组分的过程。国内目前主要用于原水处理，但若装置合理，也能达到注射用水的质量要求。

一般情况下，一级反渗透装置能除去一价离子 90%～95%，二价离子 98%～99%，同时能除去微生物和病毒，但除去氯离子的能力达不到兽药典要求。二级反渗透装置能较彻底地除去氯离子。有机物的排除率与其分子量有关，分子量大于 300 的化合物几乎全部除尽，故可除去热原。反渗透法除去有机物微粒、胶体物质和微生物的原理，一般认为是机械的过筛作用。 渗透是由半透膜两侧不同溶液的渗透压差所致，低浓度一侧的水向高浓度一侧转移。若在盐溶液上施加一个大于该盐溶液渗透压的压力，则盐溶液中的水将向纯水一侧渗透，从而达到盐、水分离，这一过程称为反（逆）渗透（RO）。常用于反渗透法制备注射用水的膜材有；醋酸纤维素膜（又称 CA 膜）和聚酰胺膜。这些反渗透膜的渗透机理因膜材类型不同而不同。

（五）多效蒸馏法

利用多效蒸馏水器将原水经多次蒸馏（一般为 3～5 效）而得到符合注射用水质量要

求的重蒸馏水的方法，称为多效蒸馏法。它是制备注射用水的主要方法。多效蒸馏法的原理是：原水在加热沸腾使之蒸馏过程中，由液态变为蒸汽，蒸汽冷却形成蒸馏水。原水中易挥发物质汽化逸出，原溶于水中的大多数杂质如悬浮体、胶体、细菌、病毒及热原都不挥发，留在残液中，因而得到比原水更纯化的蒸馏水。蒸馏水再经过蒸馏，所得的水为重蒸馏水。

三、制水系统工艺

（一）工艺流程图

1. 纯化水系统简介

典型纯化水系统装置一般包括絮凝剂投加装置、机械过滤器、活性炭纤维过滤器、一级保安过滤器、一级高压泵、一级 RO 装置、淡水箱、淡水泵、pH 调整装置、二级保安过滤器、二级高压泵、二级 RO 装置（或阳离子树脂床、脱气塔、阴离子树脂床、混合床）、纯水箱、纯水泵、紫外线杀菌器、0.2 μm 微孔过滤器等。如图 5-1 为反渗透作离子交换法前处理的工艺流程。

2. 注射用水系统简介

典型注射用水系统配置一般包括纯化水贮罐、多效蒸馏水机或气压式蒸馏水机、纯蒸汽发生器、注射用水贮罐、注射用水泵、换热器（一台加热器和一台冷却器）、微孔滤膜等。如图 5-2 是以自来水为原水制备注射用水的工艺流程。

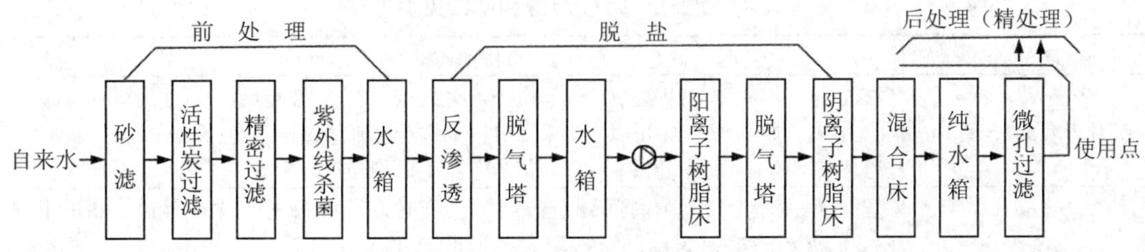

图 5-1　纯化水制备流程

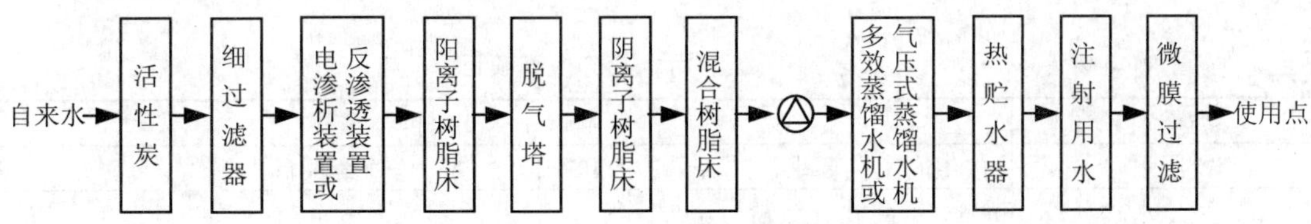

图 5-2　注射用水制备流程

（二）纯化水、注射用水的贮存、输送与水质监测

1．纯化水、注射用水的贮存和输送

纯化水、注射用水极易被污染，因此制备、贮存、输送过程都要有防止微生物滋长和污染的措施，宜采取在优质低碳不锈钢（316L 材质）或其他经验证不会对水质产生污染的材料贮罐内密闭贮存，并设液位控制、0.2 μm 不脱落纤维的疏水性通气过滤器及臭氧水消毒和高温蒸汽消毒（可采用 121℃，40 min 灭菌）。纯化水应采用循环或其他经验证的程序贮存，贮存不得超过 24 h；注射用水应在制备 6 h 内用完，也可在制备后 4 h 内灭菌 72 h 内使用。如上述时间不使用，可在 80℃以上保温或 65℃以上保温循环或 4℃以下的条件下保存，循环流速宜大于 1.5 m/s。同时，其输送管道及输送泵等，均要求是优质低碳不锈钢（如 316L 材质）制作，水循环管路应串联循环，无死角，管道连接和管道与阀门管件的连接采用惰性气体保护焊接和管箍卫生连接两种方式相结合。为了尽量减少连接处的缝隙，管道连接的方法应以焊接为主，卫生连接为辅。不锈钢管道要采用内部抛光以提高管壁的光洁度。管道使用前要进行钝化处理。

2．水质监测

应定期检测纯化水、注射用水水质，保证符合中国兽药典标准。同时对纯化水、注射用水制备装置应定期清洗、消毒灭菌，验证合格方可投入使用。根据各类水质的检查项目、水质要求、取样方法、监测周期及贮罐和管道清洗、消毒要求进行水质监测。具体内容见表 5-2 及表 5-3。

表 5-2　贮罐、管道清洗和消毒灭菌方法

类　别	清洗和消毒灭菌方法
纯化水贮罐、管道	❶清洗、消毒时间规定：一般每月一次或按验证及监测结果制订周期 ❷方法：用蒸汽冲 1 h 以上，确保使用点蒸汽流通或采用巴氏消毒法 ❸用纯水进行最终冲洗，直至检查符合质量标准
注射用水贮罐、管道	❶灭菌：清洗、灭菌时间规定：连续生产时，一般每月一次，停产 3 d 以上（含 3 d）重新清洗、灭菌。宜按验证及监测结果制订周期 ❷方法：用纯蒸汽冲 1 h 以上，确保使用点达到灭菌要求 ❸用注射用水进行最终冲洗，直至检查符合质量标准

表 5-3　工艺用水部分检查项目

类　别	部分检查项目
饮用水	按生产工艺要求，选择 GB 5749—1985 的部分检查项目
纯化水	pH、氯化物、铵盐、电导率等
注射用水	pH、氨、氯化物、硫酸盐与钙盐、硝酸盐与亚硝酸盐、二氧化碳、易氧化物、不挥发物与重金属、细菌内毒素、微生物限度、电导率等

第二节　粉　碎

粉碎主要是借机械力将固体物料碎成适度微粉的操作过程。

一、粉碎的目的

粉碎的目的主要有：增加药物的比表面积，促进药物的溶解和吸收，提高药物的生物利用度。有助改善药物的流动性，促进制剂中各成分的混合均匀，便于制成多种分剂量剂型。有利于药材中有效成分的提取。有利于提高制剂质量，如提高混悬液的动力学稳定性，改善其流变学特性。

二、粉碎的原理和方法

（一）粉碎的原理

物质是依靠其分子间内聚力而聚结成一定形状的块状物，当外加机械力在物体内部产生的应力超过物质本身分子间的内聚力时物料发生粉碎。产生粉碎作用的机械力有冲击力、压缩力、变曲力、研磨力和剪切力。粉碎的过程一般是上述几种力综合作用的结果，在这些机械力的作用下物体内部产生相应的应力，当应力超过一定的弹性极限时，物料被粉碎或产生塑性变形，塑性变形达到一定程度后破碎。弹性变形范围内的破碎称为弹性粉碎（或脆性粉碎），塑性变形后的破碎称为韧性粉碎。粉碎作用除了与所施加的外力有关外，也与干湿物料的聚集力和物料的流动状态有关，极性晶体药物的粉碎为弹性粉碎，比较容易；非极性晶体药物的粉碎为韧性粉碎，比较困难。

通常把粉碎前药物平均粒径与粉碎后药物平均粒径之比称为粉碎度。粉碎度是固体药物粉碎后的细度。粉碎度与粉碎后药物的平均粒径成反比，即粉碎度越大，颗粒越小。对药物粉碎度的选择，既要考虑药物性质，又要注重使用要求。过度的粉碎未必实用，如难溶药物制成细粉可加速其溶解和吸收；易溶的药物就不必制成细粉；制备外用散剂需制成极细粉，但浸出药材中有效成分时，极细粉易成糊状物而不易达到浸出目的。

药物粉碎度对其制品质量的影响至关重要。尤其是固体药物粉末，其粉碎度的大小直接或间接地影响有关制剂的稳定性和有效性。此外，药物粉碎不匀或颗粒太大，既增加制剂难度，又使其制剂的剂量或含量不准确，从而影响其疗效的发挥。

（二）粉碎的方法

1. 单独粉碎与混合粉碎

药物能够单独粉碎的且不引起晶形等性能较大改变的，尽可能单独粉碎，这样便于在不同的制剂中配伍应用。两种以上的物料掺合一起进行的粉碎叫混合粉碎，这既能避免一些黏性物料或热塑性物料在单独粉碎时的困难，又能使粉碎与混合同时进行，混合粉碎还能提高粉碎效果，如灰黄霉素和微晶纤维素（1∶9）混合粉碎后，灰黄霉素的结晶可变成无定形，可使溶出速率提高 2.5～5.0 倍。如果药物混合产生理化性质改变，则必须单独粉碎，如氧化性药物与还原性药物混合粉碎，就可能引起理化性质改变，甚至引起爆炸。

2. 干法粉碎与湿法粉碎

干法粉碎是物料处于适宜干燥状态下（含水量低于 5%）进行粉碎的操作。一般药物通常采用此法。湿法粉碎是指药物中加入适当液体介质进行研磨粉碎的操作。此法可减少粉尘飞扬、减少物料的黏附性、刺激性、有毒性及黏性药物多用此法提高研磨粉碎效果。

3. 低温粉碎

低温粉碎是利用物料在低温时脆性增加、韧性和延伸性降低的性质来粉碎效果的操作。低温粉碎法一般有：❶物料先冷却，迅速通过高速锤击粉碎机粉碎，碎料在机内滞留时间较短；❷粉碎机壳内通入流动的低温冷却水，物料在冷却下进行粉碎；❸将干冰或液氮与物料混合后进行粉碎；❹组合上述冷却方法进行粉碎。

4. 闭塞粉碎与自由粉碎

闭塞粉碎是粉碎过程中不及时排出已达到粉碎度要求的细粉而继续和粗粒起重复粉碎的操作。自由粉碎则是在粉碎过程中及时排出已达要求的细粉而不影响粗粒继续粉碎的操作。闭塞粉碎中细粉成了粉碎过程的缓冲物，能耗大且影响粉碎效果，故只适用于小规模的间歇操作。自由粉碎效率高，常用于连续操作。

5. 开路粉碎与闭路粉碎

开路粉碎是把物料连续地供给粉碎机，同时不断地从粉碎机中取出已粉碎的细物料的操作。该法工艺流程简单，物料只一次通过粉碎机，操作方便，设备少、占地面积小，但成品粒度分布宽，适用于粒度要求不高的粉碎。闭路粉碎是将粉碎机与分级设备串联起来，经粉碎机粉碎的物料通过分级设备分出细粒，而将粗粒重新送回粉碎机反复粉碎的操作。该法操作的动力消耗相对低，成品粒径可任意选择，粒度分布均匀，成品质量及纯度高，适合粒度要求比较高的粉碎，但投资大。

三、常用粉碎设备

粉碎器械类型很多，依粉碎原理，有机械式和气流式之分，可根据粉碎产物的粒度要求及其他目的选择适宜的粉碎机。

（一）常规粉碎设备

目前动物药品企业常用的粉碎设备有如下几种。

1．万能粗碎机

如图 5-3 所示为万能粗碎机。万能粗碎机适用于制药行业，是微粉碎加工前道工序的配套设备，它不受物料黏度、软度及纤维等限制，对任何物料能起较好的粉碎效果。

万能粗碎机为立式粉碎结构，物料由进料斗送进粉碎室，利用旋转刀旋转冲击，固定刀和活动刀同时剪切而获得粉碎，经旋转离心力的作用，物料自动流向出口处。进料粒度≤100 nm，出料粒度 0.5～20 nm。另外，该机按兽药 GMP 标准设计，整机采用不锈钢材料制造，使药品能符合卫生要求。

图 5-3　万能粗碎机

2．吸尘粗碎机

如图 5-4 所示为吸尘粗碎机。吸尘粗碎机利用活动齿盘与固定齿盘间的相对运动，使物料经齿盘冲击、摩擦及物料彼此间冲击而获得粉碎。粉碎好的物料经旋转离心力的作用，自动进入捕集袋，粉尘由吸尘箱经布袋过滤回收，粉碎细度达到 12～120 目。该机型按兽药 GMP 标准设计，全部用不锈钢材料制造，生产过程中无粉尘飞扬。且能提高物料的利用率，降低企业成本，目前已达到国际先进水平。

图 5-4　吸尘粗碎机

3．锤式高速粉碎机

如图 5-5 所示为锤式高速粉碎机。其物料由料斗经螺旋送杆进入粉碎室，被高速旋转的锤子击碎而获得粉碎。粉碎好的物料经旋转离心力的作用，自动进入捕集袋，粉尘由吸尘箱经布袋过滤回收，粉碎细度达到 40～200 目。该机型按兽药 GMP 标准设计，采用不锈钢材料制作，生产过程中无粉尘飞扬，且能提高物料的利用率，降低成本，目前已达到国际先进水平，是粉碎与吸尘为一体的新一代粉碎设备。

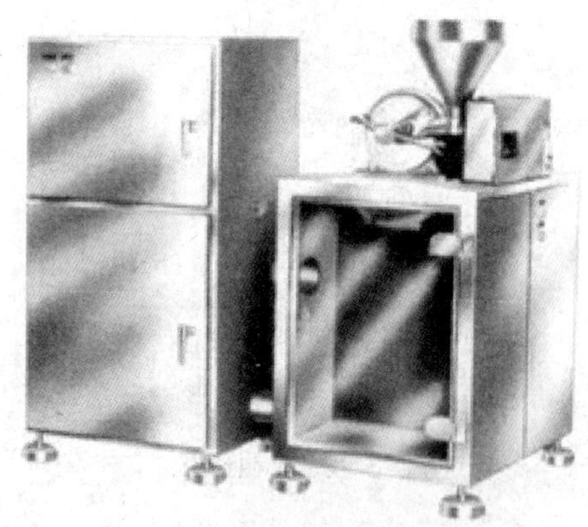

图 5-5　锤式高速粉碎机

4．球磨机

球磨机是由不锈钢或瓷制的圆柱筒、内装一定数量大小不同的钢球或瓷球构成（图 5-6）。可用于干法或湿法磨碎。当圆筒旋转时，由于离心力和筒壁摩擦力的作用筒内装有的球和物料被带到一定的高度上升后由于重力作用下落，靠球的上下运动使物料受到撞击力或研磨力而被粉碎，同时物料不断改变其相对位置可达到混合目的。粉碎效果与圆筒的转速、球与物料的装量、球的大小与重量等有关。球磨机内球的三种运动情况见图 5-6，如圆筒转速过小，球和物料主要靠摩擦力上升到混合物休止角所对应的高度后往下滑落（图 5-6 ①），此时主要发生研磨作用，效果较差。当圆筒转速适宜，离心力增加圆球和物料随筒体上升至一定高度后沿抛物线抛落（图 5-6 ②），此时产生撞击和研磨的联合作用，粉碎效果最好。若转速过大时，球与物料靠离心力作用随筒体一起旋转（图 5-6 ③），失去物料与球体的相对运动，从而失去粉碎和混合作用，不能粉碎物料。球体开始发生离心运动状态的转速称为临界转速，球磨机要有一定的转速，但要小于临界转速。除转速外，影响球磨机粉碎效果的因素还有圆球的大小、重量、数量，被粉碎药物的性质等。圆球应有足够的重量和硬度，使能在一定高度落下时具有最大的击碎力。圆球的大小不一定要求完全一致，这样可以增加圆球间的研磨作用。筒内装填圆球的数目不宜太多，通常筒中装填圆球的体积仅占筒的容积的 30%～35%。

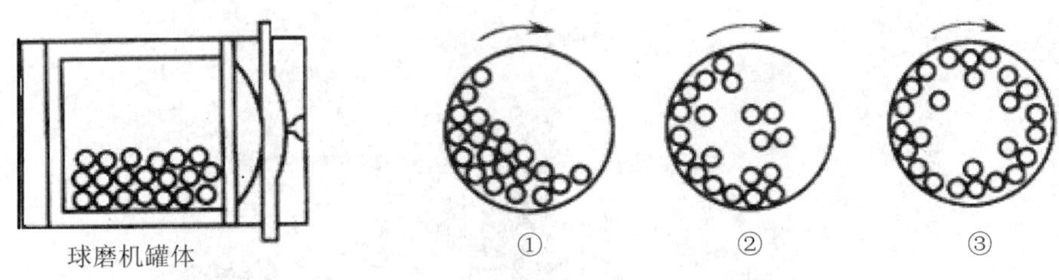

图 5-6　球磨机不同转速下圆球转动情况示意图

5. 中草药除尘粉碎机组

如图 5-7 所示为中草药除尘粉碎机组。该机组对于粉碎干燥纤维物料具有较理想的效果，动物药品生产企业用于中草药等物料的粉碎、该机组具有性能稳定、产量高、外形美观、适用范围广等特点。

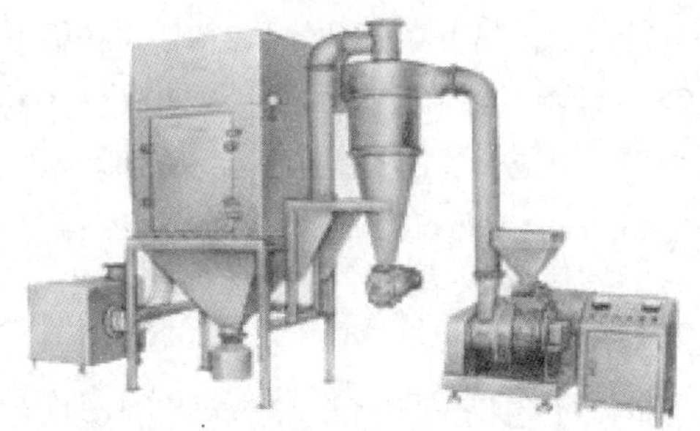

图 5-7　中草药除尘粉碎机组

本机组由主机、辅机、电控箱等组成，辅机由旋风分离器和脉冲除尘器及风机组成，物料由加料斗进入粉碎室，通过高速旋转的刀片进行粉碎，调节分级轮的间距调节粉碎细度，粉碎细度达到 60～320 目，物料粉碎后经负压输送至排料阀排出，粉尘经分离器至除尘箱收集，达到制品要求。

（二）常用超微粉碎设备

一般粉碎方法可将原料药材粉碎至 200 目左右（75 μm），而超微粉碎可将原料药材进行细胞级粉碎，即粉碎粒径可达 5 μm 左右，可使植物细胞破壁率达 95%以上，可大大提高散剂等制剂的生物利用度。

如图 5-8 所示为中药超微粉碎系统设备。该系统设备采用多种高科技粉碎手段，达到颗粒微细化、植物细胞破壁、动物细胞破核的目的，从而使其表现出许多优异的性能甚至全新功能。

图 5-8　中药超微粉碎系统设备

中药超微粉碎系统设备从粉碎机理上讲，采用单一的冲击、剪切、摩擦、研磨等粉碎作用，也能将中药微细粉碎。但由于中药结构的复杂性，要将中药超细粉碎，直至达到细胞破壁，采用单一方式不可能达到理想的粉碎效果。中药超微粉碎系统设备，打破了传统的单一粉碎方式，利用研磨、剪切、冲击、打散等多种机械力组合粉碎，对动植物类中药材进行超细粉碎达到细胞破壁。本系统由定量给料、高频研磨、强力撞击、高效分级、冷却（根据物料特性配置）、引风、收集、控制八个系统设备组成，连续化生产，物料整个粉碎过程只需几分钟完成。

该设备的工艺特点：

- 在低温下（5～30℃以下）生产，避免了粉碎过程造成温度过高而改变原料的化学成分；
- 粉碎过程物料是物理变化，不发生任何化学反应，保持了药物原有的理化特性；

- 产品粒度通过分级机进行调整，且分级机的调整是独立的，能严格控制粒度分布，避免过分研磨，产品粒径在 1～20 μm，平均粒径≤10 μm；
- 粉碎在负压状态下进行，收集率高，无粉尘外溢现象，生产环境符合环保要求；
- 装置设计合理，结构简单，与物料接触部分为不锈钢材质制作，符合兽药 GMP 要求；
- 系统布置紧凑美观，操作维修方便，占地面积小。

第三节　过　筛

一、过筛的概念

过筛是用网孔性工具将不同粒度的混合物按粒度大小进行分离的操作，而网孔性工具称为筛。一般机械粉碎所得的粉末总是不均匀的，过筛的目的，不仅能将粉碎好的颗粒或粉末按粒度大小加以分等，而且也能起混合作用，得到粒度均匀的物料，过筛过程可用于直接制备成品，也可以用于中间工序。过筛的效果直接影响制剂生产及成品质量。

二、药筛的种类与规格

药筛是指按兽药典规定，统一用于药剂生产的筛，或称标准筛。药筛的性能、标准主要取决于筛网，按制筛的方法不同可分为编织筛与冲制筛两种。编织筛筛网为铜丝、不锈钢丝、铁丝（包括镀锌的）、尼龙丝、绢丝编织而成，也有用马鬃或竹丝编织的。编织筛使用时筛线易于移位，故常将金属筛线交叉处压扁固定。冲制筛是在金属板上冲压出圆形或多角形的筛孔而制成的，这种筛坚固耐用，孔径不易变动，但筛孔不是很细，多用于高速粉碎过筛联动的机械上。

《中国兽药典》（2005 版）一部对药筛的标准规定是以筛孔内径大小为根据的，共规定了九种筛号，一号筛的筛孔内径最大，依次减小，至九号筛的筛孔内径最小，具体规格如下：药典所用药筛，选用国家标准的 R40/3 系列，分等见表 5- 4 。

目前，在制药行业，常习惯用筛孔数目来表示筛号及粉末的粗细。以每 2.54 cm（1 英寸）长度上的筛孔数目作为标准，通常称为“目”。2.54 cm 长度上含有几个孔就称为几个“目”。如 2.54 cm 长度上有 10 个孔的筛号就称为 10 目筛（一号筛）。

表 5-4　《中国兽药典》（2005 版）药筛筛号对照表

筛　号	筛孔内径（平均值）/μm	筛　目
一号筛	2 000±70	10
二号筛	850±29	24
三号筛	355±13	50
四号筛	250±9.9	65
五号筛	180±7.6	80
六号筛	150±6.6	100
七号筛	125±5.8	120
八号筛	90±4.6	150
九号筛	75±4.1	200

三、粉末的分等与标准

粉碎后的粉末必须经过筛选才能得到粒度比较均匀的粉末，以适应药剂生产的需要。筛选的方法是以适当筛号的药筛筛过，筛过的粉末包括所有能通过该药筛筛孔的全部粉末。例如，通过一号筛的粉末，不全是 2 000±70 μm 直径粉粒，包括所有能通过二至九号药筛甚至更细的粉粒在内。富含纤维素的药材粉碎后，有的粉末呈棒状，其直径小于筛孔，而长度则超过筛孔直径，过筛时，这类粉粒也能直立地通过筛网，存在于筛过粉末中。一般根据实际要求控制粉末的均匀度（表 5-5）。

表 5-5　粉末的分等与标准

粉　末	分等与标准
最粗粉	指能全部通过一号筛，但混有能通过三号筛不超过 20%的粉末
粗　粉	指能全部通过二号筛，但混有能通过四号筛不超过 40%的粉末
中　粉	指能全部通过四号筛，但混有能通过五号筛不超过 60%的粉末
细　粉	指能全部通过五号筛，并含能通过六号筛不少于 95%的粉末
最细粉	指能全部通过六号筛，并含能通过七号筛不少于 95%的粉末
极细粉	指能全部通过八号筛，并含能通过九号筛不少于 95%的粉末

四、常用过筛设备

过筛设备的种类很多，可以根据对粉末粗细的要求、粉末的性质和数量适当选用。动物药品生产企业在成批生产中，主要采用以下几种过筛设备。

（一）振荡筛

如图 5-9 所示为振荡筛。该机适应于流水作业，是大小颗粒比例不等过筛连续出料的理想设备。

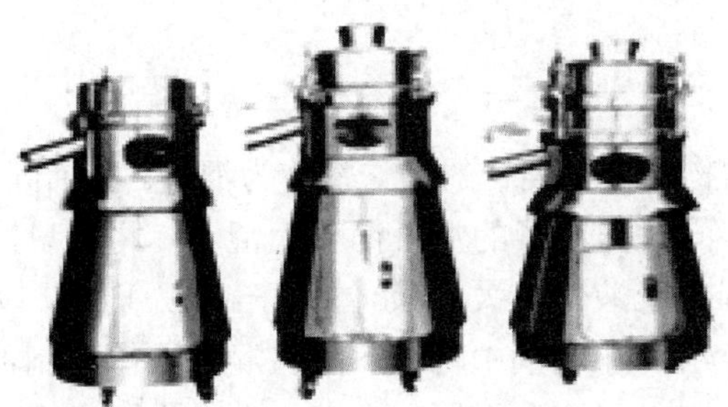

图 5-9　振荡筛

振荡筛由料斗、振荡室、联轴器、电机等组成。振荡室内有偏心轮、橡胶软件、主轴、轴承等组成。可调节的偏心重锤经电机驱动传送到主轴中心线，在不平衡状态下，产生离心力。

（二）高效筛粉机

如图 5-10 所示为高效筛粉机。该机适用于制药行业的粉末及粗细颗粒比例不等的分级，且能连续过筛出料。

图 5-10　高效筛粉机

高效筛粉机由立式振动电机、筛底、网架、筛粉室。橡胶振荡碗等各紧固件成一体。使用时，网架上的振动球不定时拍打网面，使网面不容易堵塞。该机可用于单层或多层分级使用，结构紧凑、操作维修方便、运转平稳、噪声低、处理物料量大、细度小，适用性强等优点。

第四节　混　合

一、混合的概念

广义上把两种以上的物质均匀混合的操作统称为混合。包括固—固、固—液、液—液等状态组分的混合，通常将固—固粒子的混合简称为混合；将大量固体与少量液体的混合称为捏合；将少量不溶性固体或液体与大量液体的混合称为均化，如乳剂、混悬剂等混合。混合的目的在于使药物各组分在制剂中均匀一致，混合操作对制剂的外观和内在质量都有很大的影响，如在片剂生产中，混合不均匀会在片面上出现斑点、脆碎或崩解不合格、主药含量不均匀等，从而影响制剂质量及生物利用度，如果是主药含量小的药物，还可能带来危险。

二、混合方式

混合是固体制剂生产中最重要的单元操作之一，合理的混合操作是制剂质量的重要保证。固体粉粒的混合一般有以下三种方式。

（一）对流混合

由于容器自身或桨叶的旋转使固体粒子大幅度滑动而达到均匀混合的一种方式。

（二）剪切混合

由于固体粉粒各层之间速度差而发生在各层之间的互渗透以达到混合的一种方式。

（三）扩散混合

由相邻粉粒间产生无规则运动而相互交换位置以达到混合的一种方式。

以上三种混合方式在实际操作过程中并不互相独立地进行，只不过所表现的程度大小不同而已，例如水平圆筒混合机内以对流混合为主，而槽形混合机内以强制的对流与剪切混合为主。通常在混合初期以对流与剪切为主导，随后扩散作用增加。值得注意的是，以剪切和扩散作用混合不同粒径的自由流动粉体时会导致分层而影响混合效果。

三、常用混合设备

（一）混合筒

如图 5-11 所示为混合筒。混合筒是常用的预混合设备，适用于制药行业的干粉混合，特别适用于均匀要求高，物料容重差别大的物料混合。该机具有结构紧凑，拆装清洗方便，外形美观、占地面积小、混合效果好等特点。

图 5-11　混合筒

（二）槽形混合机

如图 5-12 为槽形混合机。槽形混合机是一种以机械方法对混合物料产生剪切力而达到混合目的的设备。槽型混合机由搅拌轴、混合槽、驱动装置和机架组成，主要部分为混合槽，槽上有盖，混合槽内轴上装有与旋转方向成一定角度的搅拌桨，搅拌桨可将物料不停地向上下、左右、内外各个方向运动，从而使混合槽内物料混合均匀。槽形搅拌混合机除用以混合干粉料外，亦用于片剂的颗粒、丸块、软膏等的制软材（捏合）。该机结构简单，操作维修方便，应用广泛，但混合强度小，混合时间较长。此外，当两种密度相差较大的物料相混时，密度大的物料易沉积于底部，因此这类混合机比较适合于密度相近物料的混合。

图 5-12　槽形混合机

（三）双螺旋锥形混合机

双螺旋锥形混合机为一种高效粉体混合机。主要由锥形容器、螺旋推进器、转臂传动系统等组成（图 5-13）。螺旋推进器在容器内既有自转又有公转，在混合过程中，物料在推进器的作用下自底部上升。又在公转的作用下在全容器内产生漩涡和上下的循环运动而达到均匀混合物料。该设备可适用于干燥的、润湿的、黏性的固体药物粉末混合。混合效率高，动力消耗小，可密闭操作。由于进料口固定，且底部卸料，故工艺流程易设计。

图 5-13　双螺旋锥形混合机

（四）V 型混合机

V 型混合机由两个圆筒呈 V 型交叉结合而成（图 5-14）。物料在圆筒内旋转时被分成两部分，再使这两部分物料重新汇合在一起，反复循环，在较短时间内即能混合均匀。该混合机以对流混合为主，混合速度快，效果比其他混合筒型混合机好，应用广泛。

图 5-14　V 型混合机

（五）三维混合机

三维混合机是一种新型的容器回转型混合机。三维混合机具有特殊的运动功能，即产生了独特的运动方式——转动、摇旋、平移、交叉、颠倒、翻滚多向混合运动（图 5-15）。在混合作业时，因混合桶同时进行了自转和公转，使多角混合桶产生强烈的摇旋滚动作用，并受混合桶自身多角功能的牵动，增大物料的倾斜角，加大滚动范围，消除了离心力，使物料形成自我流动和扩散双重作用，避免了密度差异、分层、聚积和死角弊端，该设备混合均匀度高，流动性好，容载率高，对有湿度、柔软性和相对密度不同的颗粒、粉状物的混合均能达到最佳效果。

图 5-15　三维混合机

第五节 干 燥

一、干燥的概念

（一）干燥概念及原理

干燥是利用热能使物料中的湿分（水分或其他溶剂）汽化或利用冷冻使物料中的水结冰后升华，并利用气流或真空带走汽化湿分或升华水分而获得干燥产品的操作。干燥除去的湿分多数为水，一般用空气作为带走湿分的气流。在干燥过程中，首先是物料表面液体蒸发，紧接着是内部液体逐渐扩散到表面继续蒸发，直至干燥完全。在药物生产中，新鲜药材除水，原辅料除湿，片剂、水丸、颗粒剂、冻干粉针剂等制剂过程中均需要干燥。干燥不仅应用于中间体，也应用于最终产品。干燥既便于物料加工、运输、贮藏和使用，又提高了药物的稳定性。但干燥的程度（水分含量）应根据实际情况适当控制，如果物料过分干燥易产生静电或压片时易裂片等，反而给生产带来不利。

物料中所含总水分为平衡水分与自由水分之和，在一定空气状态下，当物料表面产生的水蒸气压与空气中水蒸气分压相等时，物料中所含水分是不能被干燥除去的，称为平衡水分。平衡水分与物料性质及空气状态有关。物料中所含水分中大于平衡水分的部分称为自由水分，是干燥过程中能除去的水分。而单位时间、单位面积上被干物料所能汽化的水分量称为干燥速率。干燥效率不仅与物料所含水分性质有关，而且还决定于干燥速率。

（二）影响干燥的因素

影响干燥速率的因素有：

（1）被干燥物料的性质是最主要的因素。湿物料的形状、大小、料层的厚薄、水分的结合方式都会影响干燥速率。一般来说，物料呈结晶状、颗粒状、堆积薄者，较粉末状、膏状、堆积厚者干燥速率快。

（2）空气的相对湿度及流速。降低有限空间相对湿度可提高干燥速率，如利用硅胶、生石灰等吸湿剂除空间水分，或利用排风、鼓装置等更新空间气流；提高空气流速，可减小气膜厚度，降低表面汽化阻力，从而提高表面汽化控制阶段的干燥速率，但对内部水分扩散控制阶段的干燥速率无影响。

（3）干燥温度及方式。提高温度会加快蒸发速度，有利于干燥。如果采用静态干燥，温度只能逐渐升高以使物料内部液体慢慢向表面扩散，否则，物料易出现结壳，形成假干现象；动态干燥可使物料处于跳动、悬浮状态，从而增加其暴露面积，有利于提高干燥速率。沸腾干燥、喷雾干燥由于采用了流态化技术，且先将气流本身进行干燥或预热，使空间相对湿度降低、温度升高，故干燥速率显著提高。

（4）空间压力，压力与蒸发量成反比，减压能改善蒸、加快干燥；真空能降低干燥温度、加快蒸发速度，提高干燥速率，且产品疏松易碎，质量稳定。

二、干燥方法

干燥工艺操作多采用加热法进行，可按加热方式不同分为气流干燥、真空干燥、沸腾干燥、喷雾干燥、冷冻干燥、远红外干燥、微波干燥等。

（一）气流干燥

气流干燥是利用热干燥气流借对流传热进行干燥的一种方法。根据各种影响干燥速率因素来看，其效率取决于气流的温度、湿度和流速。温度越高、相对湿度越低、流速越快越有利于干燥；而温度、湿度和流速之间也有相互促进和制约的关系。在实际生产中要合理利用它们之间的相互促进和制约的关系，从而掌握、改善和提高干燥速率。常用的气流干燥设备有烘箱或烘房、沸腾干燥器、喷雾干燥器等三大类。

（二）真空干燥

真空干燥是在密闭容器中抽去空气后进行干燥的方法，有时也称减压干燥。干燥操作通常是在大气压下进行，当物料具有热敏性、易氧化性或湿分是有机溶剂蒸汽与空气混合有爆炸危险时，一般可采用真空干燥。除能降低温度、加速干燥外，还能使干燥产品疏松和易粉碎。此外，由于抽去空气减少了空气的影响，使制剂稳定性提高。

（三）沸腾干燥

沸腾干燥是流化技术在干燥中的应用，是利用高压温热气流不停地流动而使待干燥的湿颗粒随气流上下浮动反复处于沸腾状态以实现快速、均匀干燥的方法。它主要用于湿性粒状且不易结块的物料的干燥，如片剂湿颗粒及颗粒剂的干燥。其特点是气流与颗粒间的接触面积很大，气固间的传热效果好，干燥速率快、得到产品均匀。

（四）喷雾干燥

喷雾干燥是将稀料液（含水量可达 70%～80%以上）于干燥室内雾化后与热空气接触过程中水分迅速汽化而使物料干燥的操作。该法能直接将溶液、乳浊液、混悬液干燥成粉状或粒状制品，可以省去进一步蒸发、粉碎等操作。雾滴直径与雾化器类型及操作条件有关。一般雾滴直径为几十微米，每升料液经喷雾后表面积可达 300 m^2 左右，因而表面积很大，传热、传质迅速，水分蒸发极快，干燥时间一般只需零点几秒到十几秒钟，有瞬间干燥的特点。而且在干燥过程中雾滴表面有水饱和，雾滴温度与热空气的湿球温度，一般不会超过 60℃，特别适合热敏性物料的干燥。而干燥后的产品多为松脆的空心颗粒，溶解性能好，对改善某些制剂的溶出速率具有良好的作用。喷雾干燥应用较早是一项比较先进的干燥技术，在药物生产中应用越来越广泛。

（五）冷冻干燥

冷冻干燥是将含有大量水分的物料（溶液或混悬液）在冰点以下温度（通常为－10～－50℃）冻结成固态，然后在高真空条件下加热使其水分不经液态直接升华成气态脱水干燥的操作。即利用升华达到除水的目的，所以也叫升华干燥。

与其他干燥方法相比，冷冻干燥有许多优点：❶低温低压下干燥，物料分子结构变化极小，其易氧化及热敏性等生物活性成分保留不变，同时因缺氧，还能灭菌或抑制某些细菌的活力；❷因物料先经冻结，水分升华后，仍保持原有形状且为多孔结构，具有很理想的速溶性和快速复水性；❸避免了一般干燥方法中因物料内部水分向表面迁移所携带的无机盐在表面析出而造成表面硬化现象；❹脱水彻底，适合长途运输和长期保存。冷冻干燥的主要缺点是设备投资和运转费用高，冷冻干燥过程长，产品成本高。

（六）远红外干燥

红外线是介于可见光和微波之间的一种电磁波，波长范围为 0.80～1 000 μm。通常将波长在 5.6 μm 以下的区域，称为近红外线，波长在 5.6～1 000 μm 的区域称为远红外线。由于一般物料对红外线的吸收光谱大多位于远红外区域，如果采用近红外线干燥，则干燥效率低、时间长、耗能大，故常用远红外线干燥。远红外干燥是利用红外辐射元件所发出来的远红外线直接照射湿物料，被其吸收转变为热能，使水分加热汽化而达到干燥的一种方法。

远红外干燥的原理：由红外发射元件发射的远红外线，在传播中遇到物体时，一部分被物体表面反射，辐射能量后会发生共振，使物质分子运动加剧、彼此碰撞和摩擦，产生热量，从而使物料加热干燥。许多物料，因特别是有机物、高分子物料及水分等在远红外区域有很宽的吸收带，对该区域某些频率远红外线有很强的吸收作用，故多选远红外线对物料进行干燥，而且物料表面和内部的分子受热均匀，干燥快、质量好。缺点是电能消耗大。

（七）微波干燥

微波是指频率很高、波长很短，介于无线电波和光波之间的一种电磁波，其波长为 1～1 000 mm。一般称频率在 300 MHz～300 kMHz 的超高频加热为微波加热，目前所用频率为 915 MHz 和 2 450 MHz 两种，后者在一定条件下兼有灭菌作用。微波干燥是在微波电场的作用下，湿物料中水分子会被极化并沿着微波电场方向整齐排列，由于微波是一种高频交变电场，水分子会随着电场方向的交互变化而不断地迅速转动并产生剧烈的碰撞和摩擦，部分微波能转化为热能，而使物料达到干燥目的的一种干燥方法。微波干燥是在微波理论及微波管研究成果的基础上发展起来的一门新技术，属于介电加热干燥。

三、常用干燥设备

干燥设备的种类也很多，常用的有烘箱或烘房、真空干燥器、沸腾干燥器、喷雾干燥器、冷冻干燥机、远红外加热干燥仪、微波干燥仪等设备。下面着重介绍烘箱和真空干燥设备。

（一）烘箱或烘房

烘箱是常压下以水蒸气或电能为热源，产生的强制热气流通过物料带走湿分而达到干燥目的的厢式干燥器，小型的称为烘箱，大型的称为烘房。其基本结构如图 5-16，其外壁包以绝热材料，厢内支架上设放多层干燥料盘，待干燥物料置于盘中。其加热方式有单级和多级之分，多级加热厢式干燥器基本结构与单级厢式干燥器相似，不同的是热空气每流经一层物料后，中间再加热一次，如此流经每层的热风温度可趋于相同，各层物料的干燥也趋于均匀，从而克服了单级厢式干燥器物料干燥不均匀、热利用率低的缺点。厢式干燥器热风沿着物料的表面通过，称为平行流式干燥器。如将料盘改为金属筛网或多孔板，则热风可均匀地穿流通过料层，称为穿流式干燥器。穿流式干燥器的干燥效率较高，但能耗较大。

图 5-16　热风循环烘箱

烘箱或烘房特点是结构简单，操作方便，适用性强，同一设备可适用于干燥多种物料，每一批物料的干燥温度可根据需要适当调整，适于小批量、多品种的间歇操作，且干燥后物料破损少、粉尘少。但干燥时间长、物料干燥不够均匀、热利用率低、劳动强度大。多用于药材提取物及散剂、片剂制粒、颗粒剂的干燥，亦常用于中药材的干燥。

（二）真空干燥器

真空干燥器是在负压条件下，将物料加热使湿分汽化进入冷凝器冷凝成液体而被除去的干燥设备。真空干燥器干燥温度低、干燥速度较快，干燥物疏松易于粉碎，整个干燥过程系密闭操作，减少药物与空气接触，减轻了空气对产品质量的影响，且干燥物料的形状基本不改变。常见的真空干燥器如图 5-17 所示。

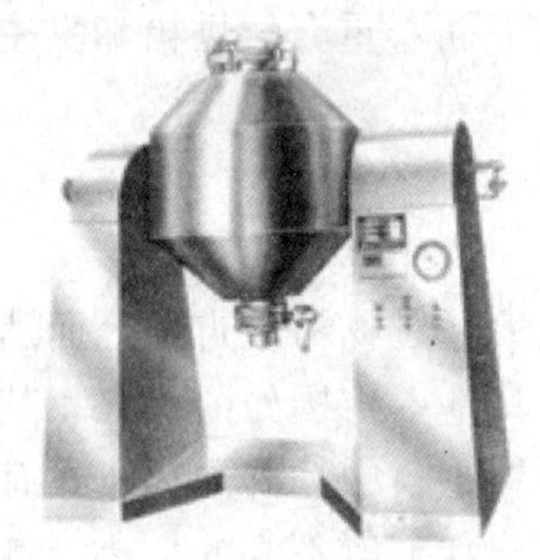

①双锥回转真空干燥机

②圆形真空干燥机

③耙式真空干燥机

④方形真空干燥机

图 5-17 真空干燥器

（三）其他干燥设备

常见的其他干燥设备如图 5-18 所示。

①气流喷雾（造粒）干燥机

②中药浸膏专用喷雾干燥机

③立式沸腾干燥机

④带式干燥机

图 5-18　干燥设备

第六节　灭　菌

一、灭菌的概念和分类

（一）灭菌的概念

灭菌是无菌制剂制备中一项重要操作工序。所谓灭菌是指用物理或化学等方法杀灭或除去所有致病和非致病微生物繁殖体和芽孢的手段。微生物包括细菌、真菌、病毒等。微生物的种类不同，灭菌方法也不同，灭菌效果也不同。兽药GMP的根本思想是预防为主，加强灭菌环节的控制至关重要。

（二）灭菌的分类

灭菌和除菌对药剂的影响不同。灭菌后的药剂中含有细菌的尸体，尸体过多会因菌体毒素（热原）而引起副作用。除菌是指用特殊的滤材把微生物（死菌、活菌）全部阻留而滤除，除了原已染有的微量可溶性代谢产物外，由于没有菌体的存在，故不会有更多的热原。采用灭菌的主要目的是杀灭或除去所有微生物繁殖体和芽孢，最大限度地提高药物制剂的安全性，保护制剂的稳定性，保证制剂的临床疗效。因此，要选择有效的灭菌方法或几种方法配合应用。灭菌方法可分为三大类：物理灭菌法、化学灭菌法、无菌操作法。制药工业中多采用物理灭菌法。

灭菌法分类如下：

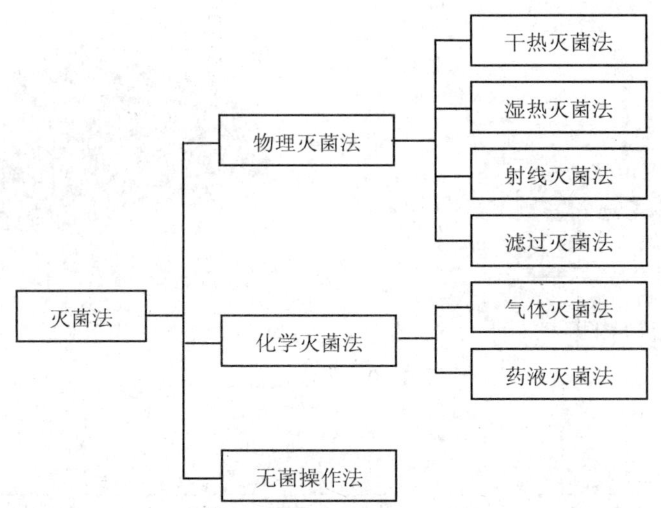

二、灭菌方法

灭菌法是指杀灭或除去所有致病微生物繁殖体和芽孢的方法或技术。

（一）物理灭菌法

利用蛋白质与核酸具有遇热、射线不稳定的特性，采用加热、射线和过滤方法，杀灭或除去微生物的技术称为物理灭菌法。该法包括干热灭菌法、湿热灭菌法、滤过除菌法和射线灭菌法。

1. 干热灭菌法

干热灭菌法是指在干燥环境中进行灭菌的技术，包括火焰灭菌法和干热空气灭菌法。

（1）火焰灭菌法。火焰灭菌法是指用火焰直接灼烧灭菌的方法。该法灭菌迅速、可靠、简便，适用于耐火焰材质（如玻璃、金属、瓷器等）的物品和用具的灭菌，不适合药品灭菌。

（2）干热空气灭菌法。干热空气灭菌法是指高温干热空气灭菌的方法。该法适用于耐高温空的玻璃器具、金属制容器、纤维制品、固体试剂以及大部分湿热不易穿透的物质，如注射用甘油、液状石蜡、脂肪油等灭菌，不适用于橡胶、塑料和大部分药品的灭菌。干热空气灭菌所用的温度较高，一般为：135～145℃灭菌 3～5 h，160～170℃灭菌 2～4 h，180～200℃灭菌 0.5～1 h。

2. 湿热灭菌法

湿热灭菌法是指用饱和蒸汽、沸水或流通蒸汽进行灭菌的方法。因为蒸汽潜热大，穿透力强，易使微生物的蛋白质变性或凝固，故该法的灭菌效率比干热灭菌法高，是药物制剂生产中最常用的方法。该法适用于药品、玻璃器械、无菌服、培养基、敷料及其他遇高温与湿热不发生变化和损坏的物质等的灭菌。湿热灭菌法可分为：热压灭菌法、流通 蒸汽灭菌法、煮沸灭菌法和低温间歇灭菌法。

（1）热压灭菌法。热压灭菌法是指高压饱和水蒸气加热灭微生物的方法。该法灭菌效果好，能杀灭所有细菌繁殖体和芽孢，适用于能够耐高温和耐高压蒸汽的所有药物制剂、玻璃容器、金属容器、瓷器、橡胶塞、滤膜过滤器等。通常，热压灭菌法所需温度与时间为：115℃（67 kPa）、30 min，121℃（97 kPa）、20 min，126℃（139 kPa）、15 min。也可通过实验确认合适的灭菌时间和温度。

微生物的种类和数量不同，所需时间也不同，其耐热、压的次序为芽孢＞繁殖体＞衰老体；微生物数量越少，所需时间越短。 蒸汽性质不同，灭菌效率不同，饱和蒸汽热含量高、穿透力强，灭菌效率高；过热蒸汽热含量高于饱和蒸汽，但穿透力差，灭菌效率低，且易引起药品不稳定；湿饱和蒸汽含水，热含量低、穿透力较差，灭菌效率较低。因此，一般热压灭菌采用饱和蒸汽。同时，选择湿热灭菌的温度与时间，要考虑药品的性质（酸碱性、营养成分及稳定性），中性环境微生物耐热最强，碱性环境次之，酸性环境不利于微生物生长。营养成分丰富，微生物的耐热性越强。所选湿热灭菌的温度与时间，既要达到有效灭菌，又要保证药品的稳定性。

（2）流通蒸汽灭菌法。流通蒸汽灭菌法是指常压下，采用流通蒸汽加热杀灭微生物的方法。灭菌时间一般为 30～60 min。该法适用于消毒及不耐高热制剂的灭菌。但不能保证杀灭所有的芽孢，是非可靠的灭菌法。

（3）煮沸灭菌法。煮沸灭菌法是指将待灭菌物置沸水中加热灭菌的方法。煮沸时间一般为 30～60 min。该法灭菌效果较差，常用于注射器、注射针等器皿的消毒。必要时可加入适量的抑菌剂，如甲酚、三氯叔丁醇、氯甲酚等。

（4）低温间歇灭菌法。低温间歇灭菌法是指将灭菌物置于 60～80℃的水或流通蒸汽中加热 60 min 杀灭微生物繁殖体后，在室温条件下放置 24 h，让待灭菌物中的芽孢发育成繁殖体，再次加热灭菌、放置，反复多次，直到杀死所有的芽孢。该法适合不耐高温、热敏感物料和制剂的灭菌。缺点是费时、灭菌效果差，加入适抑菌剂可提高灭菌效果。

3．滤过除菌法

滤过除菌法是使药物溶液通过无菌滤器，除去其中活的或死的细菌，而得到无菌药液的方法。此法适用于对不耐热药物溶液的灭菌，但必须无菌操作，才能确保制品完全无菌。滤过除菌法有以下五个方面的特点：

（1）不需要加热，可避免药物成分因过热而分解。减少药品中热原的产生，使药液的澄明度好。

（2）加压、减压过滤均可，室温下易氧化、易挥发的药物，宜用加压过滤。同时采用加压过滤，可避免药液污染。

（3）滤过除菌法应配合无菌操作进行。

（4）滤过灭菌前，药液应预过滤，从而提高除菌滤过的速度。

（5）药品经滤过灭菌后，必须进行无菌检查，合格后方能应用。

滤过器材通常有滤柱、微滤膜等。滤柱采用硅藻土或垂熔玻璃等材料制成，微膜大多采用聚合物制成，种类较多，如醋酸纤维素、硝酸纤维素、丙烯酸聚合物、聚氯乙烯、尼龙等。

4．射线灭菌法

射线灭菌法是指采用辐射、微波和紫外线杀灭微生物及芽孢的方法。

（1）辐射灭菌法。辐射灭菌法是指采用放射性同位素（^{60}Co 和 ^{137}Cs）放射的 γ 射线杀灭微生物和芽孢的方法。该法适合于热敏性物料和制剂产品的灭菌。

（2）微波灭菌法。采用微波（频率为 300 MHz～300 kMHz）照射产生的热能杀灭微生物和芽孢的方法。该法适合于水性液体产品及某些中药制剂的灭菌，且对固体物料有干燥作用。

（3）紫外线灭菌法。紫外线灭菌法是指用紫外线照射杀灭微生物和芽孢的方法。用于紫外灭菌的波长一般为 200～300 nm，灭菌能力最强的波长为 254 nm。该法属于表面灭菌紫外线不仅能使核酸蛋白变性，而且能使空气中氧气产生微量臭氧，从而达到共同杀菌作用。该法适合于照射物表面灭菌、无菌室空气及蒸馏水的灭菌；不适合药液灭菌及固体物料深部的灭菌。紫外线可被不同的表面反射或吸引，穿透微弱，普通玻璃即可吸收紫外线，因此装于玻璃容器中的药物不能用紫外灭菌。紫外线能促使易氧化的药物或油脂等氧化变质，故生产此类药物时不宜与紫外线接触。若水中有铁及有机物等杂质时，则紫外线灭菌效果降低。此外，被紫外线照射过久，易发生结膜炎、红斑及皮肤烧灼等伤害，故一般在操作前开启 1～2 h，操作时尽量关闭，如必须在操作过程中照射时，对操作者的皮肤和眼睛应采取适当的保护措施。

（二）化学灭菌法

化学灭菌法是指用化学试剂直接作用于微生物而将其杀灭的方法。对微生物具有杀灭作用的化学试剂称为杀菌剂，可分为气体杀菌剂和液体杀菌剂。杀菌剂对微生物繁殖体有效，但不能杀灭芽孢。杀菌剂的杀灭效果主要取决于微生物的种类和数量、物体表面光洁度或多孔性以及杀菌剂的性质等。化学灭菌的目的在于减少微生物的数目，以控制一定的无菌状态。

1. 气体灭菌法

气体灭菌法是指采用气体杀菌剂（如甲醛、丙二醇、环氧乙烷、甘油和过氧乙酸蒸汽等）进行灭菌的方法。该法特别适合环境消毒及不耐热灭菌的医用器具、设备、设施等消毒，也用于粉末注射剂灭菌，操作时要注意杀菌剂的残留及可能与药物发生的作用影响质量的问题。

2. 药液灭菌法

药液灭菌法是指采用杀菌剂溶液进行灭菌的方法。该法多用于其他灭菌法的辅助措施，适合于皮肤、无菌器具和设备的消毒。常用消毒液有：75%乙醇、1%聚维酮碘溶液、0.1%～0.2%苯扎溴铵（新洁尔灭）溶液、酚或煤酚皂溶液等。

（三）无菌操作法

无菌操作法是指在整个操作过程中利用和控制一定条件，尽量使产品避免微生物污染的一种操作方法。该法适合一些不耐热药物的注射剂、眼用制剂、皮试液、海绵剂和创伤剂的制备。经过无菌操作的产品，一般不再灭菌，但某些耐热品种也可再灭菌。即使最终采用灭菌的产品，在其生产过程中一般也尽量采用避免微生物污染等操作，如大部分注射剂的制备。

1. 无菌操作室的灭菌

多采用紫外线、气体和液体灭菌法对无菌操作室环境进行灭菌。

（1）甲醛溶液加热熏蒸法。该方法灭菌较彻底，是常用的方法之一。气体发生装置是采用蒸汽加热夹层锅，使液态甲醛汽化成甲醛蒸汽，经蒸汽出口送入总进风道，由鼓风机吹入无菌室，连续 3 h 后关闭密熏 12～24 h，并保持室内相对湿度＞60%，温度＞25℃，以避免甲醛蒸汽遇冷变成液体，影响灭菌效果。密熏后，将25%的氨水经加热，按一定流量送入无菌室内，以清除甲醛蒸汽，然后开排风，排尽室内甲醛。

（2）紫外线灭菌。紫外线灭菌是无菌室灭菌的常规方法，该方法用于间歇或连续操作过程中。一般每天工作前开紫外灯 1 h 左右，操作间歇中也应开 0.5～1 h，必要时可在操作过程中开启。

（3）液体灭菌。液体灭菌是无菌室常用的辅助灭菌方法，主要采用 3%酚溶液、2%煤酚皂溶液、2%苯扎溴铵、75%乙醇喷洒或擦拭，消毒剂需用 0.2 μm 的滤膜过滤后使用。用于无菌室的空间、墙壁、地面、用具等方面的灭菌。

2．无菌操作

无菌操作室、层流洁净工作台和无菌操作柜是无菌操作的主要场所，无菌操作所用一切用具、辅助材料、药物、溶媒、赋形剂以及环境等均必须事先灭菌，如安瓿应 150～180 ℃、2～3 h 干热灭菌，橡胶塞应 121℃、1 h 热压灭菌等。操作人员进入无菌操作室前应洗澡，并更换已灭菌的工作服和清洁鞋子，不得外露头发和内衣。

三、常用灭菌设备

常用灭菌设备主要有干热灭菌器、热压灭菌器等设备。下面主要介绍水浴式安瓿（口服液）检漏灭菌柜、手提式热压灭菌器和卧式热压灭菌柜。

（一）水浴式安瓿（口服液）检漏灭菌柜

水浴式安瓿（口服液）检漏灭菌柜（图 5-19）利用高温循环水作为灭菌介质，主要用于安瓿、西林瓶装等针剂、口服液产品进行水浴式灭菌操作和检漏清洗处理。该设备温度均匀性好，温度调控范围宽（80～126℃），同时避免了工作过程中的二次污染。真空加色水相结合的检漏方式，保证了 100%的废品检出率。

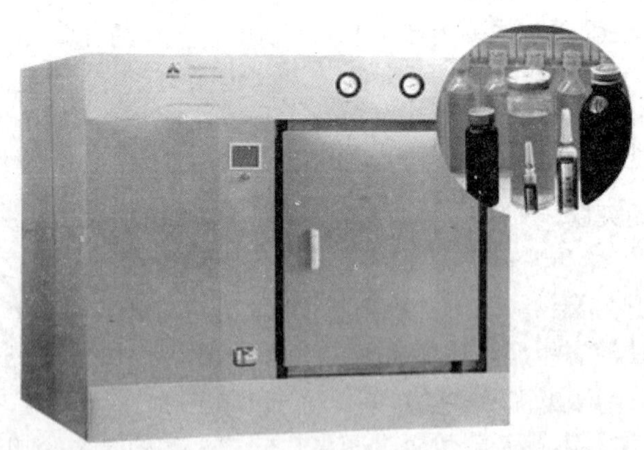

图 5-19　水浴式安瓿（口服液）检漏灭菌柜

设备主体：卧式矩形结构，优质耐酸不锈钢304内胆，全不锈钢拉丝板装饰外罩。密封门可选平移门、机动门或撑档门（仅限于2.0 m^3小型设备）。设备具有标准GMP验证接口，方便用户随时进行设备验证。

控制系统：可选计算机控制或PLC＋触摸屏系统。该系统测控温精确，运行稳定，并具有完善的灭菌档案记录。

管路系统：行业最优化配置，主要部件有不锈钢板式换热器、循环水泵、防水锤阀及高温气动阀、真空泵、喷淋系统等。

（二）手提式热压灭菌器

手提式热压灭菌器是常用的湿热灭菌设备，其外形结构（图5-20）为锅体、锅盖上装有压力表、放气阀门、安全阀门和手柄。放气阀下接一放气软管，用以排出冷空气。当锅内压力增加达到此种灭菌器极限压力时，安全阀门将被锅内蒸汽推开、放出蒸汽，以免发生事故。此外锅盖上还有两个小孔，内嵌有特制合金，在锅内蒸汽压力超过限度时，合金即被熔融，亦可放出蒸汽以防爆炸。锅内有电热管，用来加热水产生蒸汽。锅内有一铝桶（内桶），供放置灭菌物品，桶内壁上装一方管，供插入放气软管用。内桶置于锅内一圆形架上，避免压坏加热管。灭菌完毕后可连铝桶一起取出。

图5-20　手提式热压灭菌器

手提式热压灭菌器灭菌时，必须先将铝桶取出，在锅内加足量水，然后将桶放回灭菌器内，再放入待灭菌物品。盖上锅盖时，必须把放气软管插到铝桶内壁方管中，同时将盖上方相对方向的螺丝同时旋紧，再接上电源加热。加热开始时应先打开放气阀门，待放气阀门冲出大量蒸汽时关闭放气阀门。当达到所需的温度、压力时，开始计算灭菌时间，同时调节安全阀门的螺丝帽，令其稍有漏气现象，使锅内压力保持在所需的高度上。灭菌时间到达后，关掉电源停止加热，使温度渐渐下降，当压力降至零时，即可开启放气阀门，将锅内蒸汽放出，缓缓打开锅盖，取出灭菌物品。

（三）卧式热压灭菌柜

卧式热压灭菌柜是药品生产中应用的湿热灭菌法的主要设备。所用的材质为坚固的合金。其结构由带有夹套的灭菌柜。灭菌柜的顶部装有两只压力表，一只是指示蒸汽夹套的压力；另一只是指示柜内的 蒸汽压力。还装有反映柜内温度的温度表。灭菌柜上方装有安全阀，在一侧装有蒸汽阀门、排气阀门及放水阀等（图 5-21）。

图 5-21 普通卧式压力蒸汽灭菌柜

该设备使用时要注意：

（1）灭菌柜的结构、被灭菌物品的体积、数量、排布均对灭菌的温度有一定影响，故应先进行灭菌条件实验，确保灭菌效果。

（2）灭菌前应先检查压力表、温度计是否灵敏。安全阀是否正常，排气是否畅通；如有故障必须及时修理，否则可造成灭菌不安全，也可能因压力过高，使灭菌器发生爆炸。

（3）排尽灭菌器内的冷空气，使蒸汽压与温度相符合。灭菌时，先开启放气阀门，将灭菌器内的冷空气排尽。因为热压灭菌主要依靠蒸汽的温度来杀菌，如果灭菌器内残留有空气，则压力表上所表示的不是器内单纯的蒸汽压强。结果，器内的实际温度并未达到灭菌所需的温度，致使灭菌不完全。此外，由于水蒸气被空气稀释后，可妨碍水蒸气与灭菌物品的充分接触，从而降低了水蒸气的灭菌效果。

（4）灭菌时间必须在全部灭菌药物的温度真正达到所要求的温度时算起，以确保灭菌效果。

（5）灭菌完毕应缓慢降压，以免压力骤然降低而冲开瓶塞，甚至玻璃瓶爆炸。待压力表回零或温度下降到 40～50℃时，再缓缓开启灭菌器的柜门。对于不易破损而要求灭菌后为干燥的物料，则灭菌后应立即放出灭菌器内的蒸汽，以利于干燥。

复习思考题

1. 制药工艺用水制备流程及原水的处理方法有哪些?
2. 万能粉碎机粉碎的原理及适合粉碎物料的特点有哪些?
3. 常用的过筛设备有哪些?应用有何不同?
4. 混合、捏合、均化有何区别?
5. 干燥的方法有哪些?各自依据何原理?有何应用?
6. 灭菌方法有哪些?简述各种灭菌方法的原理及适用范围。

第六章　散剂和预混剂

【教学目标】

- 熟悉散剂和预混剂的概念、特点、质量要求；
- 理解粉体学在动物药品制剂中的应用；
- 掌握散剂和预混剂的制备技术；
- 了解粉体的特性；
- 掌握散剂和预混剂生产管理要点和质量控制要点。

第一节　粉体学

一、粉体的性质

（一）粉体的概念

粉体，又称微粉，指固体细微粒子的集合体。研究粉体的表面性质、力学性质等性质的应用科学为粉体学。

粉体的性质直接影响药物的粉碎、过筛、混合、干燥等工艺过程及各种剂型的成型与生产。另外，粉体的基本特性亦直接影响到药物的释放与疗效。

（二）粉体的特性

1. 粒子大小

粉体的粒子大小对粉体的溶解性、可压性、密度、流动性等均有显著的影响。粒子大小的常用表示方法有：❶定方向径；❷等价径；❸体积等价径；❹有效径；❺筛分径。分布不均会导致制剂的分剂量不准、可压性变化以及粒子密度变化等问题。

粉体粒径的测定方法有：❶显微镜法；❷库尔特记数法；❸沉降法；❹筛分法。

2．粉体的比表面积

比表面积指单位重量或容量微粉所具有的表面积。粉体的比表面积与某些性质有着密切关系。例如，活性炭的吸附力较强，是由于它比表面积很大。

3．粉体的孔隙率

粉体的孔隙包括粒子本身的孔隙和粒子间的空隙。其孔隙率指粒子中孔隙和粒子间的空隙所占的容积与粉体容积之比。

4．粉体的密度

粉体的密度包括真密度、粒密度和松密度。真密度指除去粒子本身的孔隙和粒子间的空隙占有的容积后求得物质的容积，并测定其质量，再通过计算得到的密度；粒密度系指除去粒子间的空隙，但不排除粒子本身的孔隙，测定其容积而求得的密度；松密度，又称堆密度，指单位容积粉体的质量。

5．粉体的流动性

休止角（θ）是粉体堆积层的自由斜面与水平面形成的最大角。休止角越小，摩擦力越小，流动性越好，一般认为$\theta \leqslant 40°$时可以满足生产流动性的需要。

通过制粒，可以减少粒子间的接触点数，降低粒子间的附着力、凝聚力；还可以选择加入一定量的粗粉，在一定程度上改善流动性；球形粒子的光滑表面，减少了接触点数，从而减少摩擦力，流动性好。适当干燥有利于减弱粒子间作用力，但是粒子过分干燥，可能会因静电作用使粒子的流动性下降；在粉体中加入助流剂会大大改善粉体的流动性，但过多的助流剂反而增加阻力。

6．粉体的润湿性

液体在固体表面的黏附现象称为润湿。粉体的润湿性对固体制剂的崩解性、溶解性等具有重要意义。接触角越小，则粉体的润湿性越好。

二、粉体学在动物药品制剂中的应用

（一）粉体理化特性对制剂工艺的影响

1．对混合的影响

粉体粒子的大小是影响混合均匀度的重要因素之一，而混合均匀度是某些固体制剂的主要质量标准之一，若粒子大，则达不到均匀混合的要求。

2．对分剂量的影响

散剂、预混剂、颗粒剂的分装以及片剂的生产，一般都是按容积分剂量，粉体的松密度及流动性对分剂量的准确性有影响。

（二）粉体理化特性对制剂疗效的影响

粒子大小与药物吸收关系密切，特别是溶解度小或溶解速度低的药物。但是，有刺激性的药物，粒度愈小，刺激性愈大。稳定性差的药物，粒子太细，分解加快。某些长效制剂，药物在较长时间内缓慢释放和吸收，需要有较大的粒度。吸收不受溶解速率限制的药物，如水溶性大和某些弱碱性药物，粒度大小无关紧要。

缓释制剂控制粒子大小可以控制表面积大小，粒子大，表面积小，药物吸收减慢，药效可以延长。混悬液的粒子一般控制在 10 μm 以下。粒子大小分布的均匀性也影响混悬液的稳定性，粒子均匀可防止结块。粉末气雾剂应防止粒子凝聚。静脉注射混悬液粒子应在 1 μm 以下；肌肉注射混悬液粒子应在 10 μm 以下；混悬型滴眼剂粒子应在 10 μm 以下；治疗指数低的药物粒径减小后，药物的毒副作用也将增大。

第二节　散　剂

一、概述

散剂的含义与特点

散剂指一种或数种药物均匀混合而制成的粉末状制剂，可供灌服，也可外用。

散剂的特点：❶粉碎程度大，比表面积大、易分散、起效快；❷外用覆盖面大，具有保护、收敛等作用；❸制备工艺简单，剂量易于控制；❹贮存、运输、携带比较方便。

二、散剂的生产

（一）一般散剂的生产

散剂生产的一般工艺流程如图 6-1 所示。

1. 物料前处理

在固体剂型中，通常是将药物与辅料总称为物料，故而所谓的物料前处理是指将物料处理到符合粉碎要求的程度，如果是西药，应将原、辅料充分干燥，以满足粉碎要求；如果是中药，则应根据处方中的各个药材的性状进行适当的处理，使之干燥成净药材以供粉碎。

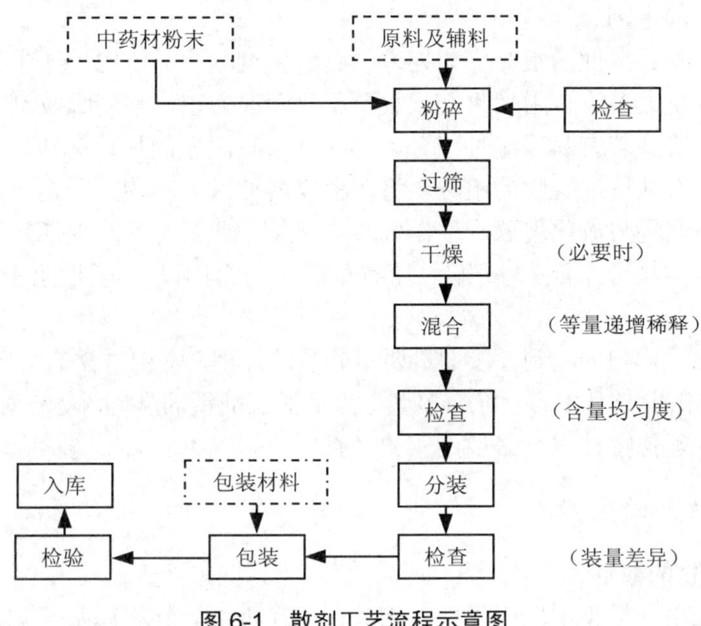

图 6-1　散剂工艺流程示意图

2. 粉碎与筛分

粉碎方法较常用的是干法粉碎和湿法粉碎。干法粉碎是将药物干燥到一定程度（一般是使水分小于 5%）后粉碎的方法；而湿法粉碎是指在药物粉末中加入适量的水或其他液体再研磨粉碎的方法，这样的“加液研磨法”可以降低药物粉末之间的相互吸附与聚集，提高粉碎的效率。

筛分是借助筛网孔径大小将物料进行分离的方法。筛分的目的是为了获得较均匀的粒子群。

3. 混合与分剂量

把两种以上组分的物质均匀混合的操作统称为混合。混合操作以含量的均匀一致为目的。影响混合效果的因素及防止混合不匀的措施主要有：

（1）组分的比例。数量差异悬殊、组分比例相差过大时，应采用等量递加混合法（又称配研法）混合，即量小药物研细后，加入等体积其他药物细粉混匀，如此倍量增加混合至全部混匀，再过筛混合即成。

（2）组分的密度。密度差异较大时，应将密度小（质轻）者先放入混合容器中，再放入密度大（质重）者，这样可避免密度小者浮于上面或飞扬，密度大者沉于底部而不易混匀。

（3）组分的吸附性与带电性。应将量大且不易吸附的药粉或辅料垫底，量少且易吸附者后加入。因混合摩擦而带电的粉末常阻碍均匀混合，通常可加少量表面活性剂克服，也有人用润滑剂作抗静电剂。

（4）含液体或易吸湿性的组分。如处方中有液体组分时，可用处方中其他组分吸收该液体，若液体组分量太多，宜用吸收剂吸收至不显润湿为止，常用吸收剂有磷酸钙、白陶土、蔗糖和葡萄糖等。若有易吸湿性组分，则应针对吸湿原因加以解决。

（5）含可形成低共熔混合物的组分。将两种或两种以上药物按一定比例混合时，在室温条件下，出现的润湿与液化现象，称作低共熔现象。常见的可发生低共熔现象的药物有水合氯醛、萨罗（水杨酸苄酯）、樟脑、麝香草酚等，它们以一定比例混合研磨时极易润湿、液化。

分剂量即将混合均匀的物料，按剂量要求分装的过程。常用方法有：目测法、重量法、容量法三种。机械化生产多用容量法分剂量。为了保证剂量的准确性，应对药粉的流动性、吸湿性、密度差等理化特性进行必要的实验考查。

（二）特殊散剂的生产

1．含毒性药物的散剂

毒性药物的应用剂量小，取用不便，因此，常在毒性药物中添加一定比例量的辅料，以利于临时配方。毒性散的辅料应无显著药理作用，且不与主药发生反应，不影响主药的含量测定。常用的有淀粉、乳糖、糊精等。

为了保证毒性散的均匀性及与原药的区别，一般将毒性散着色，着色剂常用食用染料如胭脂红、苋菜红、靛蓝等。

2．含液体药物的散剂

在复方散剂中有时含液体组分，如挥发油、非挥发性液体药物、流浸膏等。对于液体组分的处理应视药物的性质、用量及处方中其他固体组分的多少而定。一般可利用处方中其他固体组分吸收后研匀。

3．眼用散剂

施于动物眼部的散剂，《中国兽药典》规定应通过九号筛，以减少机械刺激性；此外，眼用散应无菌。因此，一般配制眼用散剂的药物多经水飞或直接粉碎成极细粉；配制的用具应灭菌；配制操作应在清洁、避菌环境下进行。

三、散剂的质量检查

（一）均匀度检查

取供试品适量置光滑纸上平铺约 5 cm^2，将其表面压平，在明亮处观察，应色泽均匀，无花纹、色斑。

（二）粉末的细度测定

除另有规定外，内服散剂应能通过五号筛；局部用散剂应能通过六号筛。

（三）水分测定

取供试品照水分测定法测定，除另有规定外，不得超过 10.0%。

（四）装量差异

单剂量、一日剂量包装的散剂，装量差异限度应符合规定（表 6-1）。

表 6-1　散剂装量差异限度规定

标示装量/g	装量差异限度/%
1 或 1 以下	±10.0
1 以上至 6	±8.0
6 以上至 50	±5.0

检查法　取供试品 10 袋（瓶），分别称定每袋（瓶）内容物的重量，每袋（瓶）内容物的重量与标示装量相比较，超出装量差异限度的不得多于 2 袋（瓶），并不得有 1 袋（瓶）超出限度 1 倍，外用散剂和标示装量在 50 g 以上的散剂照最低装量检查法检查，应符合规定。

此外，还应按《中国兽药典》附录中的“微生物限度检查法”做卫生学检查，并应符合有关规定。必要时应做散剂粒度检查，以确定是否符合临床用药的要求。

（五）吸湿性

散剂包装与贮存的重点在于防潮，因为散剂的比表面积较大，其吸湿性与风化性都比较显著，若由于包装与贮存不当而吸湿，则极易出现潮解、结块、变色、分解、霉变等一系列不稳定现象，严重影响散剂的质量以及用药的安全性。因此，散剂的吸湿特性及防止吸湿措施成为控制散剂质量的重要内容。

第三节　预混剂

一、概述

预混剂指一种或一种以上的药物，与适宜的基质均匀混合制成的粉末状或颗粒状制剂。作为饲料添加剂的一种剂型，专用于混饲给药。

预混剂都是经口投服的，它不能用来直接饲喂畜禽，只能混合到饲料中，使畜禽通过采食饲料获得所需的物质。凡是饲料中用量在 0.01%以下的物质都应制成预混剂添加到饲料中去。

二、预混剂的生产

预混剂生产的一般工艺流程如图 6-2 所示。

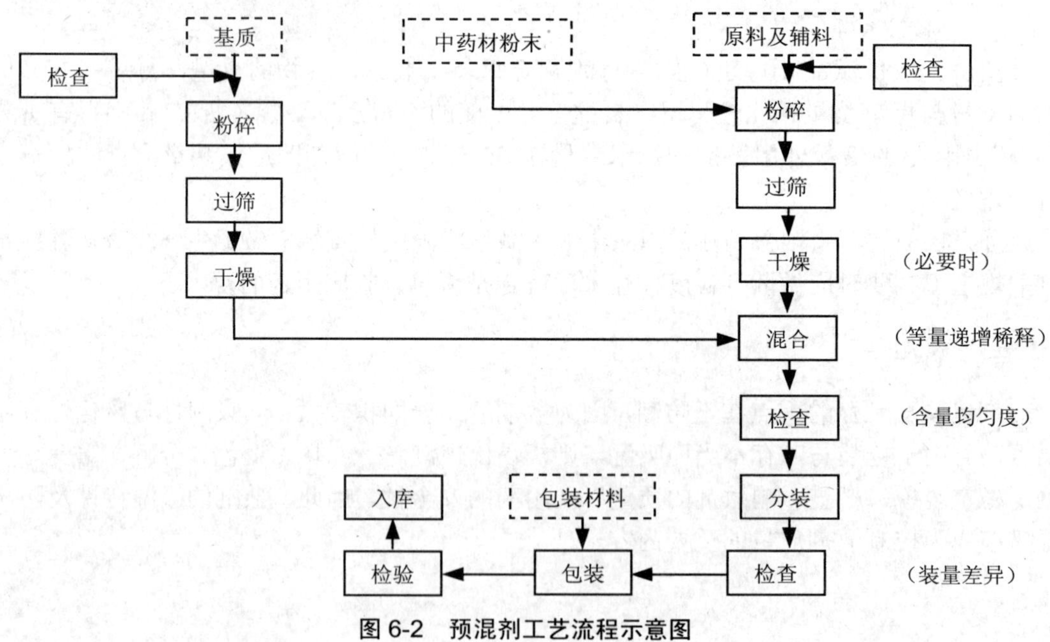

图 6-2　预混剂工艺流程示意图

（一）载体与稀释剂

载体是一种能够承载微量活性成分的非活性物质，它能与一种或多种微量活性成分相结合，改变其本身的某些物理性状，对预混剂的贮存时间、药效稳定性等也发挥一定的作用。

有时，为了降低活性组分浓度，将它们的颗粒彼此分开，增加稳定性，还在预混剂生产过程中加入稀释剂，以提高预混剂的质量。载体本身可作为稀释剂，但并非所有稀释剂都是载体。稀释剂不具备承载能力，不能改变微量组分的物理性质。

（二）原料的选择与前处理

在选择预混剂的原料时，既要考虑选择生物学价值高、畜禽利用率高的原料，也要考虑原料的稳定性，同时还应兼顾经济效益。对于复合型的预混剂，还应考虑到原料各成分之间是否产生配伍禁忌。

生产预混剂的各种原料，一般都能从市场上买到符合生产要求的产品，无需再处理。但有些易吸湿、结块的原料需进行干燥、粉碎等处理。

（三）混合工艺

混合是预混剂生产工艺中最重要的工艺之一。在预混剂厂常有预混合和主混合两种形式。

（四）输送工艺

在预混剂生产工序中要尽量减少微量组分的机械输送，以减少残留、污染、配料误差和混合后物料的分离。对于纯品或高浓度微量组分等用量小的物料以及经预混合的物料，特别是含药物添加剂的物料多采用人工输送。

三、预混剂的质量检查

1．外观

预混剂中的药物应干燥、均匀、色泽一致，除另有规定外，应全部通过四号筛，允许混有能通过五号筛不超过 10.0%的粉末。

2．干燥失重

无机基质不得超过 3.0%；有机基质不得超过 8.0%。

3．装量

按最低装量检查法检查，应符合规定。

4．含量均匀度

主药含量小于 2%者，照含量均匀度检查法检查，应符合规定。检查此项的药物，不再测定含量，可用此平均含量结果作为含量测定结果。复方制剂仅检查符合上述条件的组分。

第四节 散剂和预混剂生产管理要点

一、生产准备

生产操作前，由专人对生产准备情况进行检查，并记录。检查应包括以下内容：

（1）检查确认该品种的批生产指令及相应配套文件，如工艺规程、岗位 SOP、清洁规程、中间产品质量监控规程及记录等是否准备齐全，并是现行文件。

（2）检查确认本批生产的原辅料是否与生产指令相符，并有合格证书，设备器具和现场是否有“清场合格证”。

（3）对设备状况进行检查，挂有“合格”、“已清洁”标志的设备方可使用。

（4）称量前，称量器必须每次校零，并定期由计量部门专人校验，做好记录。

二、生产过程

（一）粉碎

- 应设专为粉碎载体使用的粉碎机，另设粉碎机专为粉碎原料用；
- 对原辅料进行目检、过筛，液体原辅料应过滤，以除去异物；
- 含有结晶水、易潮解或水分过高的物料必要时干燥后再粉碎；
- 每一种物料粉碎结束，需对粉碎机进行清洗，以防止改变品种时相互污染；
- 原辅料应粉碎至规定细度，再进行粗筛、精筛；
- 粉碎后的物料装入洁净容器中，贴上标志，注明名称、规格、批号、数量、日期、操作者等。

（二）称量、配料

- 直接使用的原辅料或中间产品，需清洁或除去外包装；
- 称量人认真校对物料名称、规格、批号等，确认无误后按规定的方法和生产指令的定额称量，记录并签名；

- 称量必须复核，复核人校对称量后的物料的名称、重量，确认无误后记录、签名；
- 需要进行计算后称量的物料，计算结果先经复核无误后再称量；
- 配好批次的原辅料装于洁净容器中，并附上标志，注明品名、批号、规格、数量、称量人、日期等；
- 剩余物料包装好后，贴上标志，放入备料室。

（三）混合

- 混合前先核对物料的品名、批号、数量等，确认无误后再进行下一步操作；
- 混合机的效能需经过验证，每一产品的投料方法、加料顺序、混合时间，必须经过验证，以防止发生配伍禁忌、混合不均或过混现象发生；
- 混合机的装量一般不超过该机总容量的 2/3；
- 经过最后一次混合具有均一性的物料为一个批量，编为一个批号；
- 混合好的物料装在洁净的容器中，容器内外均应有标签，写明品名、规格、批号、重量、日期和操作者，及时送中间站并进行半成品化验。

（四）包装

- 根据批包装指令和半成品化验单，核对物料的品名、批号、数量、规格等，按包装岗位 SOP 进行操作；
- 分装前应校正称量用具和计量分装机，并定期验证；
- 分装时应经常检查装量，做好记录；
- 包装结束后，要清点、校对包装材料、标签，按包装、标签规定处理，剩余半成品密封后贴上标志交留存室，并做好记录。

（五）清场与清洁

- 每批产品每一个生产阶段完成后，必须由生产操作人员按照清洁规程对生产厂房、设备、容器具等进行清场、清洁，并填写清场记录；
- 相关负责人员应对生产现场进行检查，对清场、清洁效果进行确认，填写相关记录，发放“清场合格证”；
- 各工序接到清场合格证后，方可准备下一批次的生产。

（六）物料平衡管理

生产结束后按规定计算收率，其偏差应在合理的范围内。当偏差超出合理范围时，由车间负责人、操作人员、质量人员对生产过程、设备、原辅料使用情况进行综合调查，并做出结论。

（七）生产记录

- 每个岗位在生产过程中和生产结束后应及时填写生产记录，生产记录的填写应符合要求。
- 各工序或岗位将本批生产操作有关记录如生产指令、运行状态记录、中间产品合格证，中间产品流转单、领料单、过程监控记录，清场清洁记录、检验报告书及偏差处理、异常信息等整理汇总后，经岗位负责人签字后交车间。
- 车间将记录审核、整理、汇总、并由车间负责人签字后交质量管理部门审核归档。

三、中间库

物料经总混后暂存于中间库，等待半成品检验和包装：

（1）进入中间库的产品，每件容器必须有明显的标志；

（2）中间产品在中间库必须按品种、批号间距存放，并有明显状态标志和货位卡；

（3）有可能互相影响质量或有混药可能的中间产品，宜分室存放或采取有效隔离措施，防止交叉污染；

（4）建立中间库出入管理制度并做好相应记录。

第五节　散剂和预混剂质量控制要点

质量控制是对确定和达到质量要求所必需的环节。质量控制是企业全部管理职能的一个方面，其工作目的是保证产品的质量。

散剂和预混剂质量控制工序主要为粉碎、配料、混合、分装和包装；控制要点主要在原辅料、过筛、投料、半成品、标签和装箱等（表 6-2）。

表 6-2　散剂、预混剂质量控制要点

工序	控制要点	监控项目	频次
粉碎	原辅料	异物、干湿度	每批
	粉碎过筛	细度、异物	每批
配料	称量	品种、规格、数量	1 次/批
混合	投料	品种、数量	1 次/批
	搅拌	时间、温度、均匀度	随时/批
分装	半成品	装量	随时/批
包装	在包装品	数量、批号	每箱
	标签	内容、数量、使用记录	1 次/批
	装箱	数量、合格证、标签	每箱

复习思考题

1. 简述粉体的概念及其特性。
2. 粉体学在动物药品制剂中有何应用？
3. 简述散剂生产的一般工艺流程。
4. 散剂和预混剂有何异同点？
5. 散剂和预混剂的质量控制要点有哪些？

第七章　液体药剂

【教学目标】

- 熟悉液体药剂的概念、分类、特点和要求；
- 理解常用分散媒的特点与选择应用；
- 了解液体制剂的防腐、矫味与着色；
- 掌握液体制剂的特点、质量要求、一般制备方法；
- 了解液体制剂的生产车间、设备要求及生产管理与质量控制要点。

第一节　概　述

液体药剂是将药物以不同的分散方法和分散程度分散在适宜的分散介质中制成的液体形态的制剂。

一、液体制剂的特点

液体药剂具有吸收快、生物利用度高、给药途径广（可内服或外用）、可减少胃肠道刺激等优点，但同时有稳定性差（可降解或霉变）及携带不便等缺点。

二、液体制剂的质量要求

- 溶液型液体制剂应澄明，乳浊液型或混悬液型制剂的粒子小而均匀，振摇时可均匀分散；
- 浓度准确、稳定、久贮不变；
- 分散介质最好用水；

- 制剂应适口、无刺激性；
- 制剂应具有一定的防腐能力；
- 包装容器大小适宜，便于给药。

三、液体制剂的分类

（一）按给药途径与应用方法分类

（1）内服液体制剂。包括合剂、溶液剂、滴剂、混悬剂等。

（2）外用液体制剂。包括擦剂、涂膜剂、洗剂等。

（二）按分散体系分类

（1）均相（单相）液体制剂。药物以分子、离子形式分散在液体分散介质中（真溶液）。

（2）非均相（多相）液体制剂。药物是以微粒或液滴的形式分散在液体分散介质中。

第二节　液体药剂的溶剂和附加剂

一、液体药剂常用溶剂

液体药剂常用的溶剂可按其极性分为极性溶剂与非极性溶剂。

（一）极性溶剂

1．水

水是最常用的溶剂。水无药理活性，能与乙醇、甘油、丙二醇等溶剂以任意比例混合。水能溶解大多数无机盐、生物碱盐、苷类、糖类、鞣质、蛋白质、色素等物质。但有些药物在水中不稳定，容易产生霉变，故不宜长久贮存。配制水溶性液体制剂时应使用纯化水，不宜使用常水。

2．乙醇

乙醇也是最常用的溶剂。乙醇能与水、甘油、丙二醇等溶剂以任意比例混合，能溶解大部分的有机物质，其毒性比其他溶剂小。浓度在 20% 以上的乙醇具有防腐作用。但与水相比，乙醇成本高，本身具有药理作用，有易挥发、易燃等缺点。

3．甘油

本品为黏稠液体，味甜，毒性小，能与水、乙醇、丙二醇而不与氯仿、乙醚及脂肪油相溶。甘油的吸水性很强，其无水物对皮肤有脱水作用和刺激性。甘油与水相比黏度较大，具有防腐性，多在外用制剂中使用。

4．丙二醇

本品性质与甘油相似，但黏度较小。丙二醇与水等量混合能延缓某些药物的水解，增加其稳定性。但因其价格较高，故较少用。

（二）非极性溶剂

1．脂肪油

脂肪油指麻油、豆油、花生油等植物油。脂肪油能溶解生物碱、挥发油及许多芳香族化合物，但不能与水、乙醇或甘油相混合。脂肪油易酸败，也易与碱性物质起皂化反应而变质。

2．液状石蜡

本品为饱和烷烃化合物，化学性质稳定。分轻质和重质两种，前者相对密度 0.828～0.860，多用于外用液体制剂。后者相对密度 0.860～0.890，可用于软膏剂。

二、液体药剂的防腐与防腐剂

液体药剂易被微生物污染，尤其是含营养物质如蛋白质、糖类等，更易使微生物滋生与繁殖。除了生产中工作人员应注意个人清洁卫生、配药的用具应进行灭菌处理、操作时应注意避菌等防腐措施外，还应添加一定的防腐剂。常用的防腐剂有以下几类：

（一）对羟基苯甲酸酯类（尼泊金类）

对羟基苯甲酸酯类是一类优良防腐剂，无毒、无味，性质稳定，在酸性溶液中作用强，在微碱性溶液中作用减弱。常用的是尼泊金甲酯（0.2%）、尼泊金乙酯（0.05%～0.1%）和尼泊金丙酯（0.02%）的混合酯。

（二）苯甲酸类

苯甲酸是一种有效的防腐剂，在酸性（pH＜4）溶液中，抑菌作用强，适用于酸性制剂的防腐。苯甲酸易溶于乙醇，难溶于水，一般用量为 0.1%～0.3%。

（三）山梨酸类

本品为白色至黄白色结晶性粉末，熔点 133℃。溶解度：水中为 0.125%（g/mL，30℃），丙二醇中 5.5%（g/mL，20℃），无水乙醇或甲醇中 12.9%（g/mL）；甘油中 0.13%（g/mL）。对细菌最低抑菌浓度为 0.02%～0.04%（g/mL，pH＜6.0），对酵母、真菌最低抑菌浓度为 0.8%～1.2%（g/mL）。山梨酸与其他抗菌剂联合使用可产生协同作用。苯甲酸钠在酸性溶液中的防腐作用与苯甲酸相当。山梨酸钾、山梨酸钙作用与山梨酸相同，水中溶解度更大，需在酸性溶液中使用。

三、液体制剂的矫味剂、着色剂

（一）矫味剂

矫味是指掩盖与矫正药物的不良恶味，改善药剂的味道。用于矫味的物质称为矫味剂。常用的矫味剂有：

1．甜味剂

常用的甜味剂有蔗糖或单糖浆、甜菊苷、糖精钠和木醇糖等。

2．芳香剂

芳香剂用来矫正药剂的不良臭气。目前常用食用香精，如香蕉香精、橘子香精、柠檬香精等。

3．胶浆剂

胶浆剂由于黏稠，可以干扰味蕾的味觉而矫味，故对刺激性药物能减轻刺激性。常用的有淀粉、阿拉伯胶、琼脂胶浆、羧甲基纤维素、海藻酸钠等。

4．泡腾剂

应用碳酸氢盐与有机酸如枸橼酸、酒石酸作用，产生二氧化碳气体。二氧化碳溶于水呈酸性，能麻痹味蕾而矫味。

（二）着色剂

着色剂即色素，应用着色剂可改善制剂外观或识别浓度。着色剂分为天然与合成两类。

1．天然色素

天然色素有植物性与矿物性两种。常用的有焦糖、叶绿素、胡萝卜素、氧化铁、二氧化钛等。

2．合成色素

目前我国允许使用的合成色素有苋菜红、胭脂红、柠檬黄、靛蓝、姜黄以及亮蓝等。液体制剂中一般用量为 0.000 5%～0.001%。常配成 1%贮备液使用。

第三节　增加药物溶解度的方法

对于一些溶解度较低的物质，若其饱和溶液的浓度低于临床应用浓度，则应采取一定的措施增加药物的溶解度。增加药物的溶解度的主要方法有：生成盐类、控制 pH、使用复合溶剂、加入助溶剂和胶团增溶。现分述如下。

一、生成盐类

许多重要药物如弱有机酸和弱有机碱都是弱电解质，一般难溶或不溶于水，但能与强碱或强酸作用生成盐类，并以离子态存在，这些盐类通常能溶于水。

（一）酸性药物

分子中含有羧基—COOH、氨磺酰基—SO_2NH_2 等酸性官能团的有机药物，可用碱性化合物或有机胺如二乙胺、乙醇胺等与之制成可溶性盐类。如羧酸含有 5 个以上碳原子时，难溶于水，但能与氢氧化钠、碳酸钠或碳酸氢钠作用形成可溶性盐。羟基酸因羟基而溶剂化，如酒石酸、枸橼酸极易溶于水。芳族酸如苯甲酸、水杨酸能溶于氢氧化钠溶液。

酚类、磺胺类、巴比妥类、糖精等都是弱酸性的，仅微溶于水，但极易溶于氢氧化钠溶液中。

（二）碱性药物

许多含氮原子的碱性有机胺类药物，包括生物碱、副交感神经胺类、抗组织胺类、某些麻醉药、某些碱性抗生素等属于弱电解质，均难溶于水，但溶于稀酸溶液中形成盐类，例如，硫酸阿托品、盐酸吗啡、盐酸奎宁、盐酸普鲁卡因、盐酸异丙嗪、硫酸链霉素等，均为有机碱与酸类作用所形成。

二、控制 pH

上述弱电解质如弱有机酸或弱有机碱与强碱或强酸能够形成可溶性盐类，因为它们主要以离子态或离解的形式存在，而这些离子是易溶于水的，溶液的 pH 对这些盐类的溶解度影响甚大。当调节 pH 至某一数值时，所产生不能电离分子的浓度超过它本身的溶解度时，即发生沉淀。例如巴比妥分子在 25℃水中的溶解度约为 0.125%（g/mL），溶液的 pH

约为 5.5，而其钠盐在 25℃水中的溶解度约为 20%（g/mL），溶液的 pH 约为 9.3。苯巴比妥钠 10%（g/mL）溶液在 pH 高的碱性范围内是可以溶解的。当 pH 下降时，可溶性离子转变成分子型的苯巴比妥，pH 低于 8.3，则开始从溶液中沉淀析出。

三、采用复合溶剂

注射剂主要采用水或植物油作溶剂，亦常采用其他可供注射的有机溶剂与水或油组成复合溶剂，有些药物在复合溶剂中往往比在单一溶剂中更易溶解。极性较低的非电解质或弱电解质大都难溶于水，而易溶于含有羟基、多羟基、酰胺基的许多非水溶剂中，这类溶剂能与水混溶，因此可利用这类溶剂来增加难溶性药物在水中的溶解度。另一方面，许多非极性或极性很低的油溶性药物，在脂类溶剂中往往比在植物油中易溶，因此，可以利用脂类溶剂来增加这些药物在植物油中的溶解度。一种溶质在混合溶剂中往往比在单纯溶剂中易溶，这种现象称为共溶性，增加溶质溶解度的混合溶剂称为共溶剂。例如，苯巴比妥水中溶解度约为 0.12%（g/mL），在乙醇中约为 12%（g/mL），在甘油中微溶，据测定它在乙醇、甘油、水的复溶剂中的溶解度随乙醇、甘油用量的增加而增加。巴比妥钠注射液中常加入若干乙醇，其目的即为防止溶液 pH 降低时，游离巴比妥分子析出。

四、加入助溶剂

助溶是指由于第二种物质的存在而增大药物（溶质）在某一溶剂中溶解度的现象。第二种物质称为助溶剂。注射剂生产中常因某些药物溶解度较低，需添加某些适宜的助溶剂，方能使之达到治疗所要求的浓度，并保持注射液的稳定性。咖啡因在水中的溶解度约为 2%（g/mL），当其与苯甲酸钠以 1∶1 配伍时，可制得 25%（g/mL）苯甲酸钠咖啡因注射液，咖啡因浓度可达 12.5%（g/mL）。

五、胶团增溶

当一种非极性物质在水中的溶解度随可形成胶团的表面活性剂的加入而增加时，这种现象称为胶团增溶，而能在溶液中形成胶团来增加其他物质在水中溶解度的表面活性剂称为增溶剂，被增溶的物质称为增溶质。胶团增溶与助溶过程不同，前者形成的溶液属于胶体范畴，而后者是通过使用有机酸及其羟基衍生物的酯或盐类或酰胺类的络合作用来增加药物溶解度形成真溶液，不存在胶态物质，在性质上有所区别。

第四节　混悬剂的制备

混悬剂指难溶性固体药物以微粒状态分散于分散介质中形成的非均匀的液体制剂。混悬剂中药物微粒一般在 0.5～10 μm，小者可为 0.1 μm，大者可达 50 μm 或更大。混悬剂属于热力学不稳定的粗分散体系，所用分散介质大多数为水，也可用植物油。混悬剂的制备可分为分散法和凝聚法。

一、分散法

分散法系将粗颗粒粉碎至适宜粒度，然后分散于分散介质中制成混悬剂的方法。常用的粉碎器械有乳钵、乳匀机、胶体磨等。

对于质重、硬度大的药物，可采用中药制剂常用的“水飞法”，即将药物加适量的水研磨至细，再加入较多量的水，搅拌，稍加静置，倾出上层液体，研细的悬浮微粒随上清液被倾倒出去，余下的粗粒再进行研磨，如此反复直至完全研细，达到所需粒度。

对于疏水性药物，如硫黄等，制备时应将药物先加润湿剂研磨，再加其他液体研磨，最后加入分散介质稀释、混匀，即得。

二、凝聚法

凝聚法系将分子或离子状态的药物借物理和化学方法，在分散介质中聚集成新相的方法。

（一）物理凝聚法

物理凝聚法主要是微粒结晶法，即将药物制成热饱和溶液，在快速搅拌下加至另一种不同性质的冷却剂中，使快速结晶，可形成 10 μm（80%～90%）以下的微粒，再将微粒分散于适宜介质中，制成混悬剂。

（二）化学凝聚法

化学凝聚法系用化学反应使两种或两种以上化合物生成不溶性的药物微粒悬浮于液体中制成混悬剂。为了使反应生成的不溶性药物颗粒均匀细微，反应应在稀溶液中进行，并快速搅拌。

三、混悬剂的稳定剂

由于混悬剂分散相微粒大于胶粒，微粒的布朗运动不显著，易受重力作用而沉降，所以混悬剂属于不稳定分散体系。为了提高混悬剂的物理稳定性，在制备时需加入的附加剂称为稳定剂。稳定剂包括润湿剂、助悬剂、絮凝剂和反絮凝剂等。根据其不稳定的特点，可以加入不同的稳定剂。

（一）润湿剂

润湿剂主要增加疏水性药物微粒与分散媒间的润湿性，以产生较好的分散效果。润湿剂应具有表面活性作用，具有合适的溶解度。常用的润湿剂有：聚山梨酯类、司盘类以及长链烷烃或烷烃芳基的硫酸盐和磺酸盐等。

（二）助悬剂

助悬剂主要增加混悬剂中分散介质的黏度，从而降低药物微粒的沉降速度。常用的助悬剂有：

（1）低分子类。如甘油、糖浆等。在外用混悬剂中常加入甘油。

（2）高分子类。如阿拉伯胶、西黄芪胶、琼脂、羧甲基纤维素钠、聚乙烯醇等。

（3）硅酸类。如胶体二氧化硅、硅酸铝、硅皂土等。

（三）絮凝剂与反絮凝剂

加入适量的电解质可使微粒间引力稍大于排斥力，而形成疏松的絮状聚集体，经振摇又可恢复成均匀的混悬剂的现象叫絮凝，所加入的电解质称为絮凝剂。加入电解质后使混悬微粒电位升高，阻碍微粒之间的碰撞聚集的现象叫反絮凝，所加入的电解质称为反絮凝剂。

同一电解质可因用量不同起絮凝作用或反絮凝作用，如枸橼酸盐、酒石酸盐、磷酸盐和一些氯化物等。应在试验的基础上加以选择。

第五节　乳剂的制备

一、乳剂的概念

乳剂指互不相溶的两种液体混合，其中一相液体以液滴状态分散于另一相液体中形成的非均匀相液体分散体系。形成液滴的液体称为分散相、内相或非连续相，另一液体则称为分散介质、外相或连续相。分散相的直径一般超过 0.1 μm，大多数在 0.25～25 μm，故乳剂属于非均一分散体系。

乳浊液中两种液体须具有相反的性质，即其中一种亲水，而另一种亲油。两者中亲水的一相通常为水或水溶液，亲油的一相可以是植物、动物、矿物来源的油类或合成的油状液等。水相和油相可以形成两种类型的乳浊液即水包油（油/水，O/W）型乳与油包水（水/油，W/O）型乳，有时 O/W 或 W/O 分别用油或水再乳化形成 O/W/O 或 W/O/W 型乳浊液，这种乳剂称为复乳。

二、乳化剂的分类

乳化剂是乳剂的重要组成部分，在乳剂形成、稳定性以及药效发挥等方面起重要作用。乳化剂应具备：❶应有较强的乳化能力，并能在乳滴周围形成牢固的乳化膜；❷应有一定的生理适应能力，乳化剂都不应对机体产生近期的和远期的毒副作用，也不应该有局部的刺激性；❸受各种因素的影响小；❹稳定性好。一般按其来源和性质的不同而分为天然乳化剂、半合成乳化剂、合成乳化剂与固体粉末乳化剂等几大类。

（一）天然乳化剂

天然乳化剂有植物和动物两个来源，多为复杂的高分子化合物。天然乳化剂中特别是亲水性的乳化剂易受霉菌和细菌的污染而变质，故在应用时需新鲜配制或添加适当的防腐剂。

1. 植物来源的天然乳化剂

植物来源的天然乳化剂乳化作用较弱，但大多数都具有亲水性强、能形成稳定的多分子膜，以及在水中黏度大等特点，有利于乳浊液的稳定。常用的品种有：西黄蓍胶、阿拉伯胶、白芨胶、果胶、杏树胶、李树胶、桃胶、琼脂、皂苷、豆磷脂、海藻酸钠等。

2．动物来源的天然乳化剂

动物来源的天然乳化剂乳化作用也较弱，亲水性的有卵黄、卵磷脂、酪蛋白、明胶、胆酸钠、去氧胆酸钠等，亲油性的有羊毛脂、胆固醇等。

（二）半合成乳化剂

纤维素衍生物如甲基纤维素、羧甲基纤维素等。

（三）合成乳化剂

合成乳化剂是近代发展很快、品种较多、应用最广的一类乳化剂，它们大多为合成的表面活性剂。这类乳化剂通过化学合成，在分子结构中引入各种类型的亲水或亲油基团，可获得多种性能与各种 *HLB* 值[①]。合成乳化剂按表面活性剂的分类，根据在水中的离解性质分为阳离子型、阴离子型、两性型以及非离子型等类别，其中以阴离子型乳化剂（如硬脂酸钠、十二烷基硫酸钠等）与非离子型乳化剂（如甘油单硬脂酸酯、吐温类等）应用得较多。

（四）固体粉末乳化剂

固体粉末乳化剂指一些溶解度小，颗粒微细的固体粉末，它通过对两相的润湿作用，使固体粉末聚集在两相间形成膜层，以避免分散相彼此接触来稳定乳浊液。常用的 O/W 型乳化剂有：氧化镁、氢氧化镁、氢氧化铝、皂土；W/O 型乳化剂有：炭黑、氢氧化钙、硬脂酸镁、氢氧化锌。

三、乳剂的制备

根据油水两相混合次序以及乳化剂的加入方法不同，乳剂的制备方法有下列几种：

（一）干胶法（油中乳化剂法）

干胶法即水相加到含乳化剂的油相中。制备过程如下：先将胶粉（乳化剂）与油均匀，加入一定量的水，研磨成初乳，再逐渐加水稀释至全量。初乳中油、水、胶的比例为：植物油为 4∶2∶1，挥发油为 2∶2∶1，液体石蜡为 3∶2∶1。胶粉通常为阿拉伯胶。

[①] *HLB* 值是表面活性剂的亲水亲油平衡值，是用来表示表面活性剂的亲水、亲油性强弱的数值。*HLB* 值越大，表面活性剂的亲水性愈强，*HLB* 值愈小，表面活性剂的亲油性就愈强。

（二）湿胶法（水中乳化剂法）

湿胶法即油相加到含乳化剂的水相中。制备过程如下：先将胶粉（乳化剂）溶于水中，制成胶浆作为水相，再将油相分次加入水相中，研磨成初乳，再逐渐加水稀释至全量。初乳中油、水、胶的比例与干胶法相同。

（三）新生皂法

将油水两相混合时，两相界面上生成新生皂类产生乳化的方法。植物油中含有硬脂酸、油酸等有机酸，加入氢氧化钠、氢氧化钙、三乙醇胺等，在高温下（70℃以上）生成的新生皂为乳化剂，经搅拌即形成乳剂。生成的一价皂则为 O/W 型乳化剂，生成的二价皂则为 W/O 型乳化剂。本法适用于乳膏剂的制备。

（四）两相交替加液法

向乳化剂中每次少量交替地加入水或油，边加边搅拌，即可形成乳剂。天然胶类、固体微粒乳化剂等可用本法制备乳剂。当乳化剂用量较多时，本法是一个很好的方法。

（五）机械法

将油相、水相、乳化剂混合后用乳化机械（如乳钵、胶体磨、乳匀机等）制备乳剂的方法。机械法制备乳剂时可不用考虑混合顺序，借助于机械提供的强大能量，很容易制成乳剂。大量配制乳剂可用机械法。

（六）乳剂中加入其他药物的方法

（1）水溶性药物。先制成水溶液，在初乳剂制成后加入。

（2）油溶性药物。先溶于油，乳化时尚需适当补充乳化剂用量。

（3）在油、水相中均不溶解的药物。研成细粉后加入乳剂中。

（4）生产时，药物能溶于油的先溶于油，可溶于水的先溶于水，然后将油、水两相混合进行乳化。

第六节　液体制剂的生产车间与生产设备要求

液体制剂工艺流程及区域划分示意图见图 7-1。

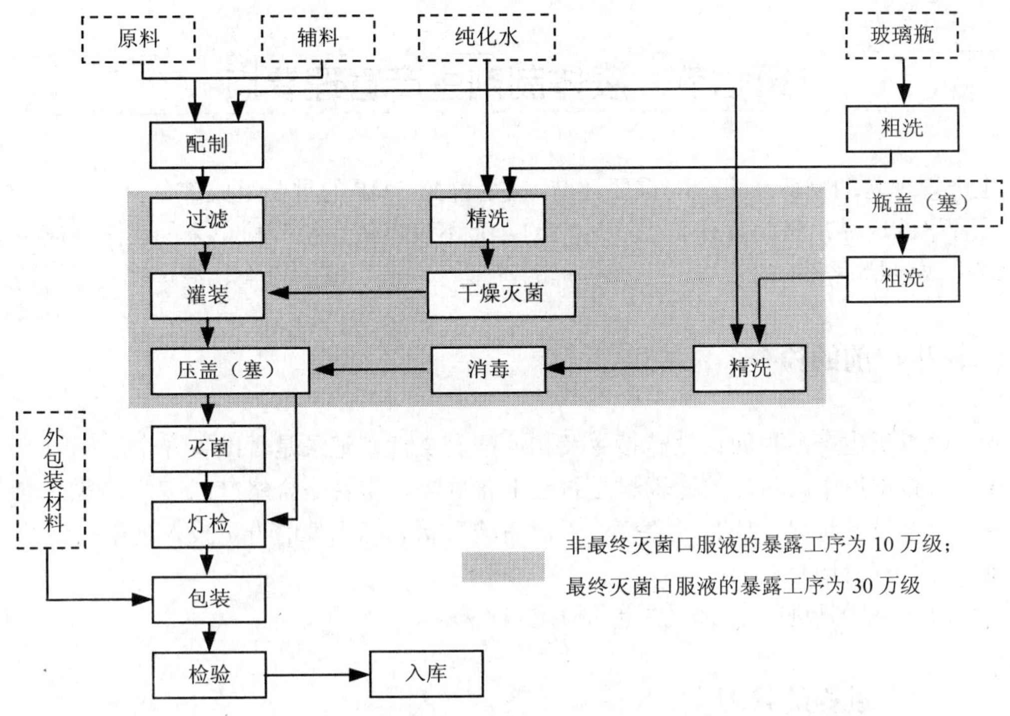

图 7-1　液体制剂工艺流程及区域划分示意图

一、生产车间要求

（1）液体制剂因药物性能不同，生产环境的洁净度级别要求也不同。非最终灭菌口服液的暴露工序为 10 万级；最终灭菌口服液的暴露工序为 30 万级。

（2）各工序应有独立的生产操作间；配备足够的辅助用房。

二、生产设备要求

（1）应具备与生产品种相适应的设备，如纯化水处理设备、乳化机、均质机、配料罐、过滤设备、搅拌设备、定量分装机、干燥灭菌设备、高压灭菌柜等。

（2）主要设备容器应有明显的状态标志，标明生产产品名称、批号等。

第七节 液体制剂生产管理要点

生产管理是动物药品生产的重要环节，也是兽药GMP的重要组成部分。按照兽药GMP要求，合格的产品质量是设计和生产出来的，而不仅仅依靠检验检出来的。液体制剂的生产管理主要包括生产前的检查、生产过程的管理、物料平衡的检查、清场和记录等方面。

一、生产前的检查

- ❖ 检查所生产品种的批生产指令及相应配套文件，记录是否准备齐全；
- ❖ 检查本批生产所需的原辅料是否已准备妥当，是否是合格产品；
- ❖ 检查设备状况，挂有“合格”、“已清洁”状态标志牌的方可投入使用；
- ❖ 是否有清场合格证；
- ❖ 对计量器具进行校零，并定期检定。

二、生产过程的管理

（一）称量、配料

- ❖ 进入备料室的原辅料或中间产品，必须除去外包装或经净化处理；
- ❖ 生产混悬液的原料，其不溶性药物的颗粒度应达到规定要求；
- ❖ 称量人核对原辅料、中间产品的品名、批号、合格证等，确认无误后，按规定的方法和生产指令的定额量称量、记录、签名；
- ❖ 称量必须复核，复核人核对称量后的原辅料、中间产品的品名、数量，确认无误后记录、签名；
- ❖ 需计算后称量的原辅料、中间产品，计算结果先经复核无误后再称量；
- ❖ 配好的批量原辅料、中间产品装入洁净密闭容器中，附上标志，注明品名、批号、规格、数量、称量人、日期等；
- ❖ 剩余原辅料、中间产品包装好，附上标志，放入备料室，记录、签名。

（二）配制

- ❖ 浸出药剂配制使用的纯化水，应符合工艺用水的要求；
- ❖ 按工艺规程规定的工艺条件进行配制，配制好的药液应作性状、pH、相对密度、定性、定量等质量检验；

- 液体制剂中若加附加剂，其品种与用量应符合国家标准的有关规定，不得影响产品的稳定性；
- 合剂若加蔗糖作为附加剂，除另有规定外，其含蔗糖量不得高于20%（g/mL）；
- 配制中添加防腐剂、抑菌剂的品种和用量应当无害、不影响疗效和降低制剂的生物利用度，对质量标准规定的检验方法无干扰。

（三）过滤

- 按工艺要求选用适宜的滤材及过滤方法；
- 过滤效果应经验证确认；
- 过滤后药液贮于洁净密闭容器中，通气口应有过滤装置，容器上附有标志，注明品名、规格、批号、数量、操作日期、班次、操作者等，经含量、澄清度等检查合格后方可供灌装用。

（四）洗瓶、干燥

- 根据瓶子的规格、形状，选用适宜的清洁及清洗方法，粗洗时应洗净瓶子内外壁；
- 清洗效果经验证确认；
- 瓶子以纯化水精洗后及时干燥（灭菌），干燥后的瓶子应有防止再污染的措施，瓶子存放时间应经验证确定；
- 直接接触药液的内塞，用清洁剂，饮用水洗净后，用纯化水精洗，以适宜的消毒方法消毒或以酒精浸泡后使用。

（五）灌装、压盖

- 先用纯化水冲洗灌装管道，灌装机上的容器、管件、软管应选用不脱落微粒的材质；
- 开机灌装初期应检查装量，调整至灌装量符合要求后，正式开始灌装操作；
- 配制好的药液一般应在当天灌装完毕，否则应将药液在规定条件下保存，确保药液不变质；
- 压盖时检查瓶盖的紧密度，质量符合要求后正式操作；
- 操作过程中随时检查装量和压盖质量，剔除不合格品；
- 中间产品容器中应有标志，注明品名、规格、批号、日期、班次、设备号、操作者等。

（六）灭菌

- 宜采用双扉式灭菌柜或采取其他能防止灭菌前后中间产品混淆的措施；
- 药液从过滤到灭菌，其间隔不得超过工艺规定的时间；
- 灭菌的工艺技术参数应经验证确认；
- 严格执行岗位 SOP，并按要求做好记录；
- 灭菌后中间产品按灭菌柜编号分开存放，必须逐柜取样，分别做微生物检验。

（七）灯检

- 应按规定标准及方法灯检；
- 同一灯检室内，若同时灯检两个以上品种或两个批号以上的同一品种，必须设有有效的隔离；
- 灯检后中间产品置于专用容器中，每个容器上附有标志，注明品名、批号、规格、灯检日期、班次、灯检员等，由专人按规定逐盘抽查，并做好记录，不符合要求及时返工重检；
- 灯检剔除的不合格产品，应有明显的红色不合格标志或待返工标志，注明品名、规格、批号、数量等，由专人负责返工，并记录。

（八）包装

- 必须是灯检合格的中间产品，方可贴签、包装；
- 贴签、包装、装箱过程中随时检查包装质量和数量，药品零头只限两个批号为一合箱，箱外标明全部批号，并建立合箱记录；
- 车间用标签和批号印，应由专人、专柜上锁保管，并做好领、发、退记录；
- 包装结束后，应准确统计标签的数量，做到领用数等于实用数、残损数、剩余数之和，印有批号的标签退库后，专人负责销毁，并做好销毁记录；
- 包装好的成品入车间待检库，检验合格后入库。

三、物料平衡的检查

生产过程中，各产品每一阶段的收率是否正常，应有检查、控制和处理方法并记录。

四、清场

生产结束或在换批号和更换品种及规格时，应按有关清场管理的规定进行清场处理，清场合格后应挂标示牌和出具清场合格证。

五、记录

每批结束时，应由专人负责各工序操作记录的收集、记录并审稿、汇编成批生产记录和批包装记录。

第八节 液体制剂质量控制要点

制剂的质量控制包括以下五个方面：❶原辅料、包装材料、标签的质量控制；❷生产过程的质量控制；❸批生产记录和批检验记录的管理；❹产品出厂后的质量监控；❺档案管理。液体制剂的质量控制工序、质量控制点及质量控制项目见表 7-1。

表 7-1 液体制剂的质量控制要点

工序	质量控制点	质量控制项目		频次
		生产过程	中间产品	
配料	称量	原辅料标志、合格证		每批
	配料	数量与品种的复核		
配制	配液	配制用纯化水及配制工艺条件	药液性状、pH、相对密度、定性、定量	每批
	过滤	滤材及过滤方法	药液澄清度	
洗瓶、盖	洗涤	水质、水温、水压	清洁度	定时
	干燥（灭菌）	温度、时间	干燥程度、微生物数	
灌装	灌装	速度、位置	装量	随时
	压盖	速度、压力	紧密度、外观	
灭菌		标志、装量、排列层次、温度、时间	性状、微生物数	每柜
灯检			无异物、封口严密	定时
包装	贴签		牢固、位正、外壁清洁	随时
	装盒		数量、批号、说明书	
	装箱		数量、装箱单、封箱牢固	每箱
待检库	成品	清洁卫生、温度、湿度	分区、分批、分品种、货位卡、状态标志	定时

复习思考题

1. 液体药剂与散剂和预混剂相比，有何优缺点？
2. 液体药剂常用的溶剂和附加剂有哪些？各有何作用？
3. 对于一些在水中溶解度较低的药物，可以通过哪些途径增加其溶解度？
4. 混悬剂的稳定剂，根据其用途有哪几类？请各举几例。
5. 如何制备混悬剂？
6. 何谓乳剂？乳剂有哪些制备方法？
7. 制备乳剂常用的乳化剂有哪些？

第八章　浸出制剂

【教学目标】

- 理解浸出药剂的概念、分类和特点；
- 掌握浸出原理和浸出药剂的制备方法；
- 了解常用的浸出制剂；
- 掌握浸出制剂的生产车间、设备要求及生产管理与质量控制要点。

第一节　概　述

一、浸出药剂的概念与特点

（一）浸出制剂的概念

浸出制剂指采用适当的溶剂和方法，从药材（动、植物）中浸出有效成分，直接制得或再经一定的制备工艺过程而制得的一类供灌服或外用的制剂。通常包括汤剂、酊剂、流浸膏与浸膏剂、合剂与口服液等。

（二）浸出制剂的特点

- 具有原药材各浸出成分的综合作用，有利于发挥某些成分的多效性；
- 作用缓和持久，毒性较低；
- 用量减少、便于给药（与原药材相比）；
- 贮存中易产生沉淀、变质，影响外观和药效。

二、浸出原理

（一）浸出过程

1．浸润、渗透阶段

当药材粉粒与浸出溶剂混合时，浸出溶剂首先附着于粉粒表面使之润湿，然后通过毛细管和细胞间隙进入细胞组织中。溶剂润湿药材，渗入细胞，使细胞膨胀。

2．解吸、溶解阶段

当溶剂进入细胞后，可溶性成分逐渐溶解，胶体物质由于胶溶作用，亦转入溶液中，或膨胀成凝胶。浸出溶剂种类不同，溶解的成分不同。

组织中溶液的形成促使细胞内渗透压升高，因而使更多的浸出溶剂渗入其中，并使细胞膨胀而破裂，从而造成浸出的有利条件。

3．扩散阶段

浸出溶剂溶解有效成分后，在细胞内形成浓溶液，具有较高的渗透压。由于细胞内浓度高、渗透压高，因此成分由细胞内向细胞外扩散。

4．置换浸出阶段

浸出的关键在于保持最大的浓度梯度。因此用新鲜溶剂或低浓度浸出液随时置换药材粉粒周围的高浓度浸出液，提高浓度梯度，可加快浸出速度。

（二）浸出溶剂

1．水

水为最常用的浸出溶剂之一，它对极性物质如生物碱盐、苷类、水溶性有机酸、鞣质、糖类、蛋白质等都有较好的溶解性能。一般应使用纯化水。水价廉易得，无生理活性，但其选择性差，易霉变。

2．乙醇

乙醇亦为常用的浸出溶剂，乙醇具有防腐作用，选择性好，不同浓度乙醇可选择浸出不同有效成分，但与水相比，价格高，且本身具有一定的生理活性。

3．其他溶剂

氯仿、乙醚、石油醚为非极性有机溶剂，在实验室提取少量成分时采用，工业生产中用得较少。

为了提高溶剂的浸出效果，有时亦应用一些浸出辅助剂。如适当用酸可促进生物碱的浸出，适当用碱可促进某些酸性成分的浸出。

（三）影响浸出的因素

1．浸出溶剂

溶剂的用量、溶解性能等理化性质对浸出的影响较大。制备浸出制剂时对溶剂的要求：❶浸出有效成分多，无效成分少；❷安全无毒，价廉易得。

2．药材的粉碎粒度

实践证明，粉碎需有适当的限度，细粉虽有较大的面积，但过细的粉末并不适于浸出。当用渗漉法时，粉粒过细溶剂流通阻力增大，甚至会引起堵塞，致使浸出困难或降低浸出效率。

3．浸出时间

一般浸出时间与浸出量成正比，但当扩散达到平衡时，时间即不再起作用。

4．浸出温度

一般而言，温度越高，有效成分溶解越大，扩散越快，浸出效果越好。但温度升高蛋白质易凝固，酶易被破坏，制剂稳定性下降。另外，对热敏感的药材，浸提温度不宜高。

5．浓度梯度

浓度梯度是指药材组织内的浓溶液与外面周围溶液的浓度差。浓度梯度越大，浸出速度越快。

6．浸提压力

提高浸提压力可加速溶剂对药材的浸润与渗透过程，使药材组织内更快地充满溶剂，并形成浓浸液，使开始发生溶质扩散过程所需的时间缩短。

7．新技术的应用

近年来利用新技术改善浸出效率的探索值得注意，利用超声波能提高浸出效能，如用 500 kMHz 的超声浸出颠茄叶中的生物碱，可将渗漉法浸出 48 h 缩短为 3 h。其他的强化浸出方法，如流化浸出、电磁场浸出、电磁振动浸出、脉冲浸出等也都得到较好的效果。

三、浸出方法

浸出的基本方法有煎煮法、浸渍法、渗漉法，有时为了达到有效成分的有效分离，常采用大孔树脂吸附分离技术及超临界萃取技术进行有效成分的精制操作。

（一）煎煮法

煎煮法系用水作溶剂，将药材加热煮沸一定的时间，去渣取汁，以提取其所含成分的一种方法。适用于有效成分能溶于水，且对湿、热较稳定的药材。煎煮法是制备中药制剂的基本方法之一。但用水煎煮，浸提液中除有效成分外，往往杂质较多，尚有少量脂溶性成分，给精制带来不便；且煎出液易霉败变质，应及时处理。

1．操作方法

将药材适当粉碎加水浸泡适宜时间，加热至沸，并保持微沸一定时间，用纱布过滤，滤液保存，药渣再依法煎煮，至煎出液味淡为止。合并各次煎出液，供进一步制成所需制剂。根据煎煮时加压与否，可分为常压煎煮法和加压煎煮法。常压煎煮法适用于一般性药材的煎煮，加压煎煮法适用于药材成分在高温下不易被破坏，或在常压下不易被煎煮的药材。生产上常用蒸汽进行加压煎煮。

2．常用设备

煎煮法常用设备有一般提取器和多功能提取罐。

（1）一般提取器。小量生产常用敞口倾斜式夹层锅，也可用不锈钢罐。

（2）多功能提取罐。目前中药生产中普遍采用的一类可调节压力、温度的密闭间歇式提取或蒸馏等多功能设备（图 8-1）。它有许多特点：可进行常压常温提取，也可加压高温提取，或减压低温提取，无论水提、醇提、提油、蒸制还是回收药渣中溶剂等均能使用；采用气压自动排渣，操作方便，安全可靠；提取时间短，生产效率高；设有集中控制台控制各项操作，大大减轻劳动强度，有利于流水线生产。

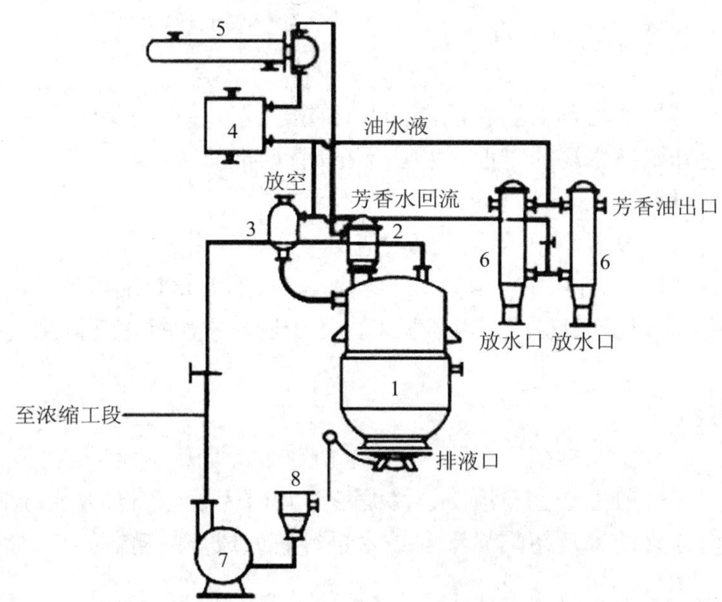

1. 提取罐；2. 泡沫捕集器；3. 气液分离器；4. 冷却器
5. 冷凝器；6. 油水分离器；7. 水泵；8. 管道过滤器

图 8-1 多功能提取罐示意图

（二）浸渍法

浸渍法系用定量的溶剂，在一定的温度下，将药材浸泡一定的时间，以提取药材成分的一种方法。

1. 操作方法

取药材粗粉或碎块，置有盖容器中，加入定量的溶剂，密盖，时时振摇，在常温暗处浸渍 3～5 d 或规定的时间，使有效成分充分浸出，倒出上清液，用纱布过滤，残渣用力压榨，使残液尽可能压出，滤液合并，静置 24 h，滤过。

2. 常用设备

浸渍法所用的主要设备为浸渍器和压榨器，前者为药材浸渍的盛器，后者用于挤压药渣中残留的浸出液。

（1）浸渍器。工业生产中常用不锈钢罐、搪瓷罐，亦有采用陶瓷者。浸渍器下部有出液口，为防止药材残渣堵塞出口，应设有多孔的假底。假底上铺滤布，供放置药材和起过滤作用。

（2）压榨器。浸渍法中，药渣所吸附的药液浓度总是和浸出液相同，浸出液的浓度越高，由药渣吸附浸液所引起的成分损失就越大。采用压榨法，将药渣的压榨液与滤液合并，静置，过滤后使用。小量生产时可用螺旋压榨机，大量生产时宜采用水压机。

3. 应用特点

浸渍法适用于黏性药物、无组织结构的药材、新鲜及易于膨胀的药材，价格低廉的芳香性药材。不适用于贵重药材、毒性药材及高浓度的制剂。因为溶剂的用量大，且呈静止状态，溶剂的利用率较低，有效成分浸出不完全。

（三）渗漉法

渗漉法是将药材粗粉置渗漉器内，溶剂连续地从渗漉器的上部加入，渗漉液不断地从其下部流出，从而浸出药材中有效成分的一种方法。渗漉筒装置见图 8-2。操作流程如下：

药材→粉碎→润湿→装于渗漉器→浸渍→渗漉→滤过→浓缩

因其在渗漉器上部连续添加浸出溶剂，自下部收集浸出液，为动态浸出，效果好。且溶剂用量少，适用于贵重、含量低的药材。慢速浸出一般速度为 1～3 mL/min，快速浸出一般速度为 3～5 mL/min。

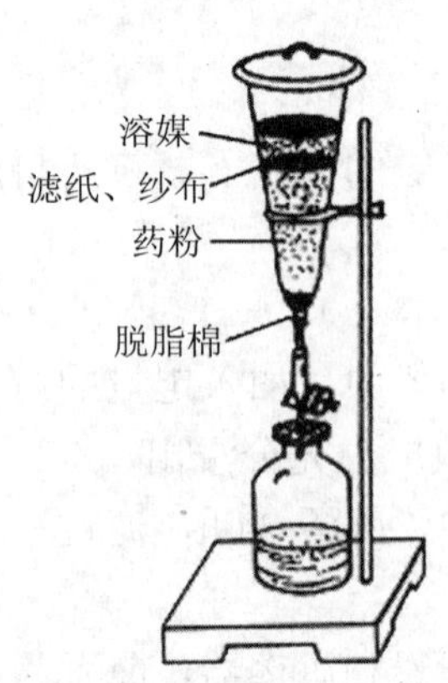

图 8-2 渗漉筒装置

（四）超临界萃取技术

超临界萃取技术是利用超临界流体（SCF）对药材中天然产物具有特殊溶解性来达到分离提纯的技术。SCF 是超过临界温度和临界压力的非凝缩性高密度流体，它的性质介于气体和液体之间，兼具两者的优点。SCF 对物质的溶解能力与其密度成正比关系，而密度可通过压力的变化在较大范围内变化，从而可有选择地溶解目的成分，而不溶解其他成分，从而达到分离纯化水所需成分的目的。

用超临界萃取方法提取分离天然产物时，一般用 CO_2 作为萃取剂，首先将原料装入萃取槽，将加压后的超临界 CO_2 送入萃取槽进行萃取，然后在分离槽中通过调节适当的压力、温度、萃取时间、CO_2 流量四个操作条件，达到分离出高质量的目的产物。与传统提取方法相比，超临界 CO_2 萃取法具有显著优点，既避免高温破坏，又没有有机溶剂残留，因而在许多天然物质的提取分离方面备受重视。

第二节　常用的浸出制剂

一、酊剂

（一）概述

酊剂指用规定浓度的乙醇浸出或溶解制成的澄清液体制剂，亦可用流浸膏稀释制成。用水稀释、久置可产生沉淀，在乙醇、有效成分含量符合规定时，可滤去沉淀再使用。

酊剂应有含量标准和测定方法，以确保其质量。对于已知药材有效成分的和毒性药品的酊剂，应按《中国兽药典》或有关标准进行含量测定；但对有效成分尚不清楚，《中国兽药典》或有关标准未作含量规定的酊剂，应按规定的原料质量要求及用量、溶剂、制法、含醇量、含药物浓度等严格控制。

（二）制备方法

按药物不同，酊剂可用溶解法、稀释法、浸渍法或渗漉法制备。

1．溶解法或稀释法

溶解法或稀释法指取药物粉末或流浸膏，加规定浓度的乙醇适量，溶解或稀释，静置，必要时滤过，即得。

2．浸渍法

浸渍法指取适当粉碎的药材，置有盖容器中，加入溶剂适量，密盖，搅拌或振摇，浸渍规定的时间为3～5 d，倾取上清液，再加入溶剂适量，依法浸渍至有效成分充分浸出，合并浸出液，加溶剂至规定量后，静置24 h，滤过，即得。

3．渗漉法

渗漉法为制备酊剂的常用方法，许多中药材多采用此法制备。按渗漉法用适量溶剂渗漉，收集渗漉液至流出液达到规定量后，静置，滤过，即得。

（三）应用举例

碘酊

【处方】	碘	20 g
	碘化钾	15 g
	乙醇	500 mL
	水	适量
	制成	1 000 mL

【制法】取碘化钾，加水20 mL溶解后，加碘及乙醇，搅拌使溶解，再加适量水使成1 000 mL，即得。

【功能】消毒防腐。

【用法】外用。

二、流浸膏剂和浸膏剂

（一）概述

流浸膏剂或浸膏剂是指药材用适宜的溶剂浸出有效成分，蒸去部分或全部溶剂，并调整浓度至规定标准而制成的两种剂型。蒸去部分溶剂呈液状者为流浸膏剂；蒸去全部溶剂呈粉状或膏状者为浸膏剂。

流浸膏剂和浸膏剂除另有规定外，流浸膏剂每 1 mL 相当于原药材 1 g，浸膏剂每 1 g 相当于原药材 2～5 g。

流浸膏剂应符合各制剂含药量规定，成品中至少含 20%以上的乙醇，应装于棕色避光容器内。浸膏剂应符合各制剂含药量规定，应在避光容器中密闭贮藏。

流浸膏剂与浸膏剂除少数品种可直接供临床应用外，大多作为配制其他制剂的原料。

（二）制备方法

流浸膏剂，除另有规定外，多采用渗漉法制备，其制备工艺流程为：浸渍→渗漉→浓缩→调整含量→成品。

浸膏剂的制备方法，一般多采用渗漉法、煎煮法。

三、合剂与口服液

（一）概述

合剂指用水或其他溶剂，采用适宜方法提取，经浓缩制成的内服液体剂型。单剂量包装又称“口服液”。

中药合剂与口服液是在原有汤剂的基础上改进和发展起来的中药剂型。一般是选用疗效可靠、应用广泛的方剂制备。其特点是：能综合浸出药材中的多种有效成分，保证制剂的综合疗效；吸收快，奏效迅速；可大量生产，免去临用煎药的麻烦，应用方便；经浓缩工艺，服用量减少，且可加入矫味剂，口感好，易被动物接受；成品中多加入适宜的防腐剂，并经灭菌处理，密封包装，质量稳定，服用量准确。但中药合剂制备时生产设备、工艺条件要求高，如配制灌装等环境应在 10 万级洁净条件下进行，灌装容器应无菌、洁净、干燥等。

（二）制备方法

中药合剂的一般制备工艺流程为：浸提→净化→浓缩→分装→灭菌→成品。

在分装前，药液中加入一定量的矫味剂、防腐剂等附加剂。通过粗滤、精滤后，灌装于洁净干燥的容器中，或者按单剂量灌装于指形管或适宜容器中，密封。一般采用煮沸灭菌法或流通蒸汽灭菌法或热压灭菌法进行灭菌。

第三节　浸出制剂的生产车间与生产设备要求

浸出制剂生产工艺流程及洁净区域划分见图 8-3。

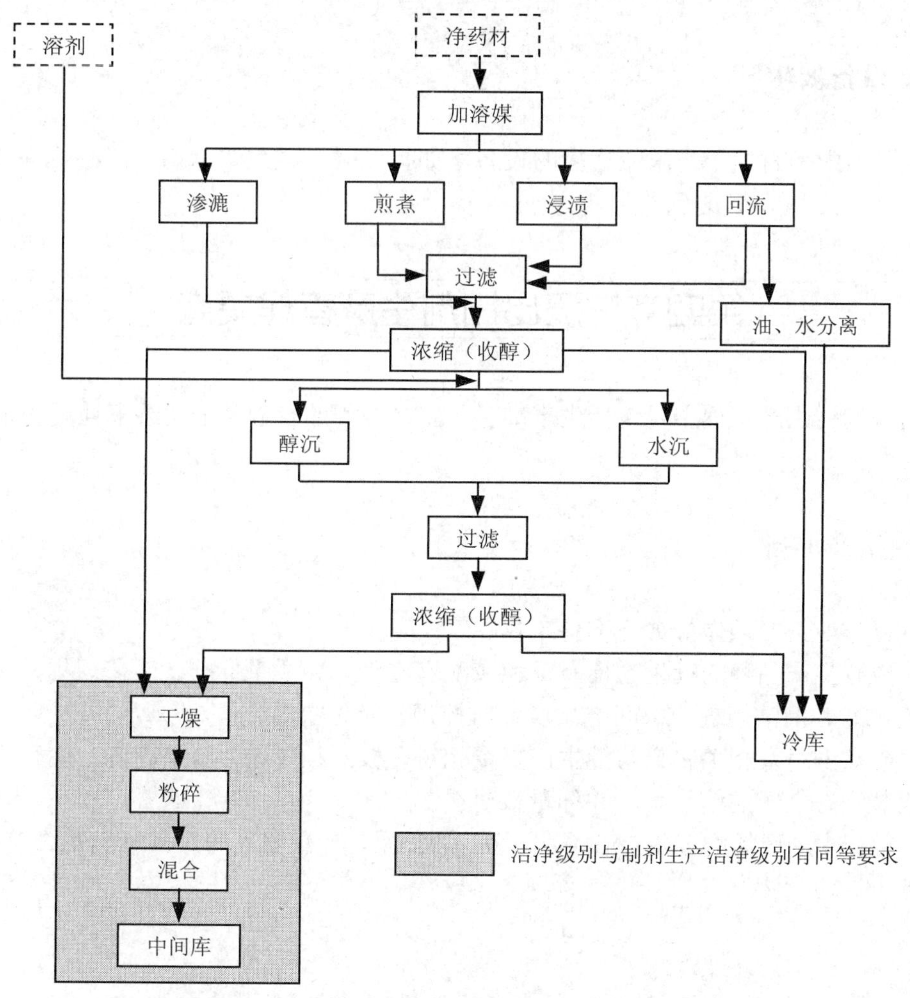

图 8-3　浸出制剂生产工艺流程及洁净区域划分

一、生产车间要求

（1）中药材的提取与浓缩，必须有独立的生产厂房，需与制剂在厂房设施、生产设备、生产操作及人物流向等方面严格分开。

（2）有良好的排风、排湿、排水及防止污染和交叉污染的设施。

（3）有机溶媒提取浓缩厂房应符合防火、防爆等要求。

（4）直接用于有洁净级别要求的制剂生产的干膏粉碎及喷雾干燥收粉等的生产区域，与制剂生产洁净级别有同等要求。

二、设备要求

需配备与中药材加工需求相适应的设备，如提取罐、减压浓缩罐、离心机、渗漉器、浸渍器、过滤器、干燥机等。

第四节　浸出制剂生产管理要点

浸出制剂的生产管理主要包括生产准备、生产过程的管理、生产结束处理和中间库的管理等方面。

一、生产准备

生产操作前，必须做好如下准备工作。

（1）应有生产品种的批生产指令及相应配套文件，如质量标准、工艺规程、岗位操作法或岗位 SOP、清洁规程、中间产品质量监控规程及记录等。

（2）确认药材及相关物料与批生产指令相符，核对领（送）料单内容，检查合格证及物料外包装完好性、清洁状况，并称量核对。

（3）检查生产现场的卫生、清场、设备、容器具、计量器具等及其标志是否符合要求，并确认无上次遗留物。

二、生产过程

（一）称量、配料

1．称量

❶提取用中药材应是净药材（净料），并根据工艺要求加工成不同规格的炮制品，以适应不同提取工艺需要；❷称量人核对净药材的名称、编号、炮制批号、规格、合格证等，确认无误后，按规定的称量方法和指令的定额量称量、记录；❸称量必须复核，复核人核对称量后药材的名称、数量，确认无误后记录；❹称量人、复核人均需在记录上签名，注明日期；❺生产中所需贵重药材、毒性药材、中药饮片，需按规定监控投料，并有记录、监控人签名；❻剩余药材应附有标志，注明名称、规格、数量、批号、日期等，包装完好，放备料室，并记录、签名。

2．提取

❶煎煮。应控制好煎煮的温度、压力、时间、加水量及次数，煎煮液过滤后合并入贮罐；❷渗漉。药材粗粉充分浸润后装筒，分层加料，松紧均匀，表面压平后加覆盖物，添加溶剂，浸润规定时间后开始收集渗漉液，控制流速、流量，并不断补充溶剂，不使药材外露，直至符合工艺规定量；❸浸渍。根据工艺要求采用冷浸或温浸，掌握好浸渍次数及每次溶剂加入量，浸渍时容器上加盖，浸至规定时间后取上清液，过滤，最后药渣压滤，合并滤液；❹回流。回流中应经常检查温度、压力等，提取挥发油时注意速度和时间，油、水分离后，挥发油密封备用，同时收集药液，过滤入贮罐。

3．浓缩

❶含醇药液浓缩前先回收乙醇；❷浓缩的工艺技术参数应经验证确认；❸浓缩时控制好温度、压力、进液速度等；❹根据工艺规定浓缩至规定浓度的浸膏装洁净容器，每件容器均应附有标志，注明品名、规格、批号、数量、生产日期、操作者等。经质量检验合格后交下道工序或入冷库。

4．精制（转溶）

转溶前常将药液浓缩至一定浓度，常用的转溶方法有醇沉、水沉两种。

❶水提醇沉。浓缩液在搅拌状态下加入一定数量的乙醇，使药液含醇量达到规定要求，静置规定时间，取上清液，沉淀用乙醇洗涤后过滤，滤液合并入上清液中；❷醇提水沉。除溶剂互换外，操作同水提醇沉。

5．过滤

过滤常采用常压、加压、减压、离心、静止等方法，应根据药液性能选用合适的滤材及过滤方法。

❶过滤工艺技术参数应经验证确认；❷每次过滤前应检查滤器、滤材，符合要求后方可操作，使用后应及时清洗；❸滤渣及废弃物应按规定及时处理。

6. 干燥

干燥常采用烘箱干燥、真空干燥、喷雾干燥等方法。

❶干燥工艺技术参数应经验证确认；❷干燥用空气应经净化处理，干燥设备进风口设有过滤装置，出风口应有防止空气倒流装置；❸干燥时要经常检查温度，控制好每箱装量及干燥时间；❹真空干燥应严格控制蒸汽流量、真空度、温度及每箱装量，防止浸膏泡溢；❺喷雾干燥应控制好浸膏（浓缩液）浓度、进出口温度、进料速度、离心转速或喷料压力，防止物料黏壁或焦结；❻喷雾干燥出粉口环境应洁净，其生产操作应参照洁净区管理；❼干燥后物料降至室温后，装入洁净容器，每件容器均应附有标志，注明品名、规格、批号、数量、操作日期、操作者等，经质量检验合格后交下道工序或入中间库。

7. 粉碎、混合

❶干膏的配料、粉碎、过筛、混合等生产操作应参照洁净区管理；❷粉碎、过筛、混合等设备应有捕吸尘装置，并有防止异物混入和交叉污染的有效措施；❸粉碎、过筛、混合的工艺技术参数应经验证；❹过筛前后应严格检查筛网情况，确保药粉细度符合工艺要求；❺混合设备应密闭性好，内壁光滑，混合均匀，易于清洗，并能适应批量要求；❻混合后的药粉装入洁净、密闭容器中，每件容器均应附有标志，注明品名、批号、规格、数量、日期、操作者等；❼经质量检验合格后交下道工序或入药粉库，配料前应做微生物检查。

三、生产结束

（1）中药材提取和浓缩使用的提取、浓缩、过滤、精制、干燥、粉碎、混合等设备必须彻底清洗与清洁，不得有遗留物。

（2）浓缩后浸膏、干燥后干膏或干粉等按规定计算收率，应在合理的偏差范围内。

（3）生产现场卫生、清场、设备、容器具、计量器具等及其标志符合要求，并确认无上次遗留物。

四、中间库

中药材提取的中间库主要有干膏粉库和冷库。

（1）干膏粉的环境要求与生产相适应。

（2）冷库内应按工艺规定控制浸膏冷藏温度，并应有消毒设施，定期对冷库环境进行消毒。

（3）中间产品在中间库必须按品种、批号间距存放，并有明显的状态标志和货位卡。

（4）有可能互相影响质量或有混药可能的中间产品，宜分室存放或采取有效隔离措施，防止混药。

（5）中间产品出入中间库必须办理出入库手续并填写出入库记录，做到账卡物相符。

（6）中间库中的不合格品或待处理品必须按有关规定限时处理。

第五节　浸出药剂质量控制要点

浸出药剂的质量控制工序、质量控制点及质量控制项目见表8-1。

表8-1　浸出药剂的质量控制要点

工序	质量控制要点	质量控制项目		频次
		生产过程	中间产品	
配料	称量	核对物料标志、合格证		每批
	配料	数量与品种的复核		
提取	煎煮	溶剂浓度、加入量，煎煮温度、时间、次数	药液数量性状	每批
	渗漉	溶剂浓度、加入量，浸润时间、温度、次数	渗漉液数量、性状、澄明度	
	浸渍	溶剂浓度、加入量、浸渍时间、温度、次数	浸渍液数量、性状	
	回流	溶剂浓度、加放量，回流温度、时间、速度	回流液数量、性状，芳香油数量、性状，定性、定量	
精制	水提醇沉 醇提水沉	转溶溶剂浓度、用量，静置时间、温度	药液含醇量	每次
过滤	常压、加压、减压	滤材清洁度，孔径均匀度，过滤时间、压力或真空度	药液数量、澄明度、性状	随时/每批
	离心	转速、进料速度、离心时间		
浓缩	真空浓缩	真空度、蒸汽压力、温度、进料速度、时间	浓度/温度、数量、pH、性状	随时/每批
	多效浓缩	每次真空度，蒸汽压力、温度，进料速度，时间		

工序	质量控制要点	质量控制项目		频次
		生产过程	中间产品	
干燥	烘箱	温度、时间、装量、热风循环	性状、水分	随时/每批
	真空干燥	真空度、温度、时间、装量	性状、水分	
	喷雾干燥	进出口温度、喷液速度、雾化温度、压力	性状、水分、细度	
粉碎过筛		粉碎速度、筛网	性状、水分、细度	
混合		转速、装量、时间	均匀度	
中间库		清洁卫生、温度、湿度	分区、分品种、分批、货位卡、状态标志	定时

复习思考题

1. 何谓浸出制剂？浸出制剂有何特点？
2. 常用的浸出溶媒有哪些？水和乙醇用作溶媒各有何优缺点？
3. 常用的浸出方法有哪几种？各有何优缺点？
4. 简述渗漉法的制备工艺流程。
5. 浸出药剂的质量控制要点有哪些？

第九章　片剂和颗粒剂

【教学目标】

- 熟悉片剂和颗粒剂处方的一般组成，片剂辅料的分类、作用及常用的辅料，熟悉片剂和颗粒剂的质量要求；
- 理解湿法压片的一般过程；
- 了解粉末直接压片等其他制片方法，影响片剂质量的因素和压片过程中可能发生的问题及原因分析；
- 掌握片剂和颗粒剂的生产管理要点与质量控制要点。

第一节　概　述

一、片剂的定义和种类

（一）片剂的定义

片剂指药物与辅料均匀混合后经制粒或不经制粒而成的片状或异型片状制剂，主要供内服之用。

（二）片剂的种类

根据给药途径可分为：口服片剂、皮下给药片、外用片剂等；根据药物释放的速度，可分为分散（速效）片、控释（长效）片、肠溶包衣片等。

二、片剂的特点与质量要求

（一）片剂的特点

片剂具有许多优点：如能适应医疗预防用药的多种要求、性质稳定、携带与使用方便、机械化程度高、成本低、产量高、分剂量准确、片面可以压上主药的名称和含量的标记，也可用不同颜色着色便于识别或增加美观。其不足之处是：需加入辅料、经压缩后生物利用度偏低、含挥发性成分久贮含量会有所下降。

（二）片剂的质量要求

《中国兽药典》（2005 版）规定，片剂应色泽均匀、完整光洁、硬度适宜、重量差异小、含量准确、崩解时限等符合规定。

第二节　片剂辅料

片剂由药物和辅料组成。辅料指片剂内除药物以外的一切附加物料的总称，亦称赋形剂。不同辅料可提供不同功能，即填充作用、黏合作用、吸附作用、崩解作用和润滑作用等，根据需要还可加入着色剂、矫味剂等。

片剂的辅料必须具备较高的化学稳定性，不与主药发生任何物理化学反应，对人体无毒、无害、无不良反应，不影响主药的疗效和含量测定。根据各种辅料所起的作用不同，将辅料分为五大类进行讨论。

一、填充剂（稀释剂）

填充剂（稀释剂）主要用于调节片剂的体积。有些小剂量药物如不加适量的物料，就难以制成颗粒和压片，这些物料称作填充剂或稀释剂。填充剂除了用以调节片剂的体积外，尚需适当考虑其黏合性和流动性。除上述的复合辅料外，常用的填充剂可分为可溶性和不溶性两类（表 9-1）。

表 9-1　常用填充剂的类型

可溶性辅料	不溶性辅料
乳糖	硫酸钙二水物
蔗糖	磷酸二钙（磷酸氢钙）
葡萄糖	磷酸三钙
甘露醇	碳酸钙
山梨醇	淀粉
改性淀粉（羧甲基淀粉，预胶化淀粉等）	

二、湿润剂和黏合剂

润湿剂指本身没有黏性，但能诱发待制粒物料的黏性，以利于制成软材、颗粒。在制粒过程中常用的润湿剂有蒸馏水和乙醇。湿润剂是将药物等干粉混合后以水、乙醇等润湿剂制粒。

黏合剂指对无黏性或黏性不足的物料给予黏性，从而使物料聚结成粒的辅料。常用的黏合剂有淀粉浆和纤维素衍生物等。黏合剂是先溶解制成黏稠溶液后与药物一起混合。

常用的黏合剂与参考用量见表 9-2。

表 9-2　常用于湿法制粒的黏合剂与参考用量

黏合剂	溶剂中质量浓度（*w*/*v*）/%	制粒用溶剂
淀　粉	5～10	水
预胶化淀粉	2～10	水
明　胶	2～10	水
蔗糖、葡萄糖	30～50	水
甲基纤维素	2～10	水
羟丙基甲基纤维素	2～10	水或乙醇溶液
羧甲基纤维素钠（低黏度）	2～10	水
乙基纤维素	2～10	乙醇
聚乙二醇（4000，6000）	10～50	水或乙醇
聚 乙 烯 醇	5～20	水

三、崩解剂

崩解剂是指促使片剂在胃肠道中迅速裂解成细小颗粒的辅料。为使片剂在投服后及时发挥药效，制备时必须加入一定量的崩解剂。

常用崩解剂及其用量见表 9-3。

表 9-3　常用崩解剂及其用量

传统崩解剂	质量分数（*w/w*）/%	最新崩解剂	质量分数（*w/w*）/%
干淀粉（玉米，马铃薯）	5～20	羧甲基淀粉钠	1～8
微晶纤维素	5～20	交联羧甲基纤维素钠	5～10
海藻酸	5～10	交联聚维酮	0.5～5
海藻酸钠	2～5	羧甲基纤维素钙	1～8
泡腾酸-碱系统	3～20	低取代羟丙基纤维素	2～5

崩解剂加入到片剂处方中有三种方法：❶与处方的各种物料混合制成颗粒；❷与已干燥的颗粒混合后压片；❸一部分与处方物料混合在一起制成颗粒，另一部分加在已干燥的颗粒中，然后混合压片。以第三种方法较为理想，至于在制粒后加入的量，可视具体品种情况而定，一般为先加三份，后加一份。

四、润滑剂、助流剂和抗黏剂

药物颗粒（或粉末）在压片时，有时会出现黏冲现象，有时颗粒不能顺畅地流入模孔内。因此在压片前的颗粒中，必须加入一定量的具有润滑作用的物料，以增加颗粒的流动性，减少与冲模的摩擦力，使片面光洁美观。此类物料，一般称作润滑剂。润滑剂除了矿物油等，大多数兼具抗黏和助流作用。

（一）润滑剂

润滑剂的作用主要是降低压片和推出片时药片与冲模壁之间的摩擦力，以保证压片时应力分布均匀，防止裂片等。

固体润滑剂的用量一般不超过 1%，与颗粒的混合时间 2～3 min 即可，使之均匀地黏附于颗粒的表面。由于大多数润滑剂为疏水性物质，若过多地黏附于颗粒表面，往往会影响片剂的崩解和药物的溶出，过多的润滑剂存在，还会阻碍颗粒之间的结合，将降低片剂的硬度。

润滑剂可以分为两类：❶水不溶性润滑剂，如硬脂酸金属盐等，片剂生产中大部分应用这类润滑剂，用量少，效果好；❷水溶性润滑剂，主要用于需要完全溶解于水的片剂（例如泡腾片等）。

润滑剂的粉末细度必须小于200目，在加入到颗粒中时，应过100目筛。有些润滑剂如聚乙二醇，可先配制成醇溶液、混悬液或乳液等，然后一起制粒压片，润滑效果不变。但粉末润滑剂不宜在制粒前加入，否则将影响黏合剂的作用。

（二）助流剂

助流剂的主要作用是增加颗粒的流动性，使之顺利地通过加料斗，进入冲模，用于直接压片时，还可防止粉末的分层现象。

助流剂的作用机制可能为：❶由于其附着于颗粒的表面，改善了颗粒的表面性质，使之光滑，从而减小了粒与粒之间的摩擦力；❷静电荷传布于颗粒表面；❸减弱颗粒间的范德华力；❹能优先吸附颗粒中的气体。

常用的助流剂有滑石粉和微粉硅胶。

（三）抗黏剂

抗黏剂主要用于有黏性药物的处方，如维生素E含量较高的多种维生素片，压片时常有黏冲现象，可用微粉硅胶作抗黏剂加以改善。

此外如滑石粉、玉米淀粉等都有较好的抗黏功能，水溶性润滑剂亮氨酸，亦具有良好的抗黏效果。

一些片剂的润滑剂、助流剂及抗黏剂见表9-4，水不溶性润滑剂见表9-5，水溶性润滑剂见表9-6。

表9-4　常用的片剂润滑剂、助流剂及抗黏剂

类型	名称	兼具性能
不溶性润滑剂	硬脂酸钙	助流剂
	硬脂酸镁	助流剂
	硬脂酸锌	助流剂
	滑石粉	
可溶性润滑剂	聚乙二醇4000	
	苯甲酸钠	
助流剂	气相微粉硅胶（Cab-o-sil）（Aerosil）	抗黏剂
	合成微粉硅胶（65，72，244，246）（Syloid）	

表 9-5　常用的水不溶性润滑剂及用量

品名	常用量/%
硬脂酸盐（镁、钙、锌）	0.25～2
硬脂酸	0.25～2
Sterotex	0.25～2
滑石粉	1～5
石蜡	1～5

表 9-6　常用的水溶性润滑剂及用量

品名	常用量/%	品名	常用量/%
硼酸	1	硫酸月桂酯钠	1～5
硫酸月桂酯镁	1～2	氯化钠	5
苯甲酸钠+醋酸钠	1～5	油酸钠	5
亮氨酸	1～5	苯甲酸钠	5
聚乙二醇 4000	1～5	醋酸钠	5
聚乙二醇 6000	1～5		

氧化镁与硅胶配合可以起到辅助助流作用，特别是对一些易于吸湿的颗粒或含水量较高的颗粒，氧化镁能吸湿而保持颗粒干燥和流动性。

五、吸附剂

某些物料粉末能吸附一定量的液体而仍呈粉末状态，如吸附一些油状物、浸膏后与其他成分混合，再制粒压片。二氧化硅是一种优良的吸附剂，能吸附其本身重量 50%的水分而仍保持良好的流动性。

第三节　片剂的生产

片剂工艺流程及环境区域划分见图 9-1。

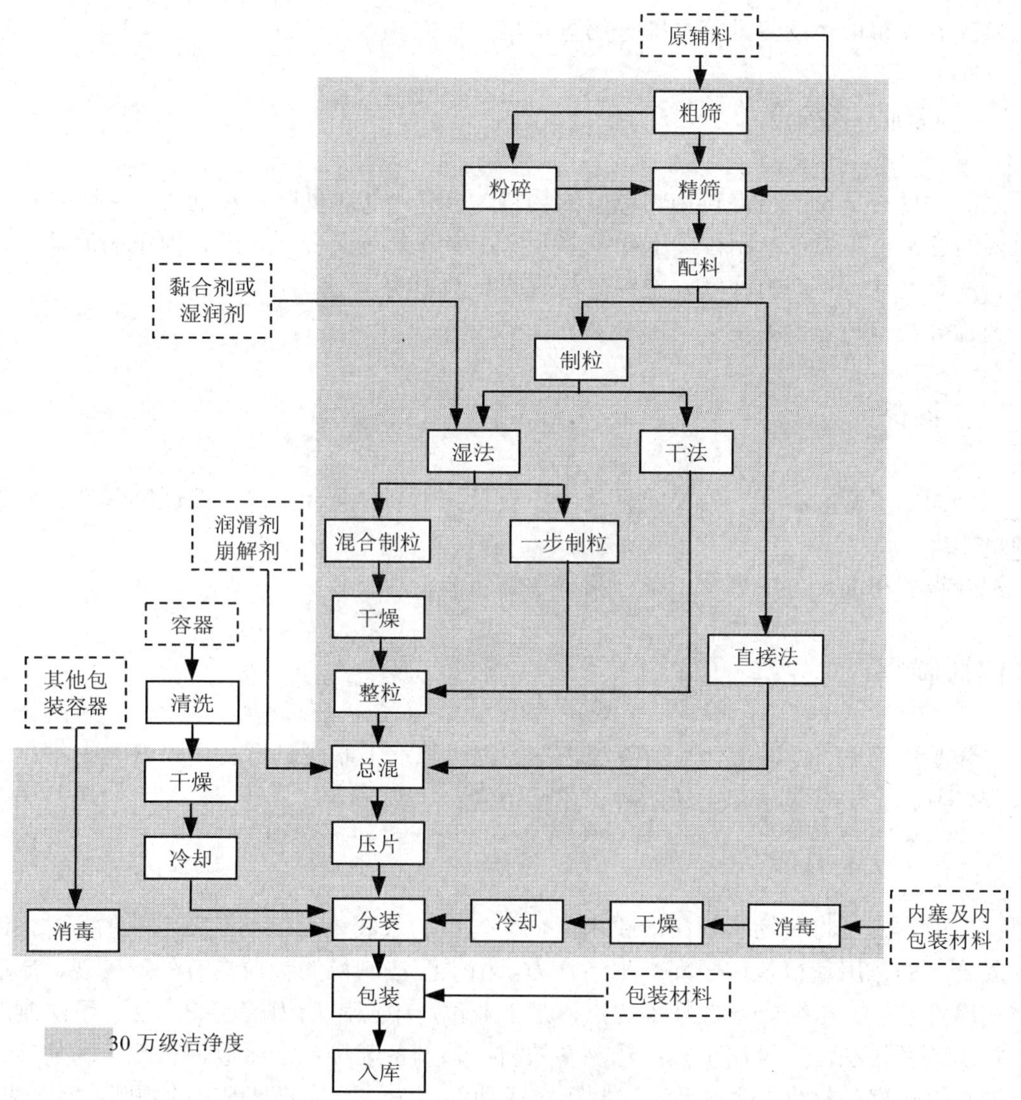

图 9-1　片剂工艺流程及环境区域划分示意图

一、粉碎

粉碎的目的是减少粒径，增加比表面积。其意义：❶提高难溶性药物的溶出度和生物利用度；❷提高制剂质量；❸有利于制剂中各成分的混合均匀；❹有助于从天然药材中提取有效成分等。

粉碎方式和粉碎设备见第二部分第五章第二节。

二、过筛（筛分）

过筛的目的是为了获得较均匀粒度的物料。这对片剂质量以及片剂生产的顺利进行都有重要的意义。在混合、制粒、压片等单元操作中筛分对混合均匀度、粒子的流动性、充填性、片重差异、片剂的硬度、裂片等具有明显的影响。

药筛分类和筛分设备见第二部分第五章第三节。

三、混合

混合的结果影响制剂的外观质量及内在质量。理想的混合操作是保证制剂产品质量的重要措施之一。

混合设备和混合方法见第二部分第五章第四节。

四、制粒

制粒是把粉末、熔融液、水溶液等物态的物料经加工制成具有一定形状与大小粒状物的操作。制粒方法有湿法和干法两种。常用前者。

（一）湿法制颗粒

湿法制颗粒是将药物和辅料的粉末混合均匀后加入液体黏合剂制备颗粒的方法。该方法靠黏合剂的作用使粉末粒子间产生结合力。由于湿法制粒的颗粒具有外形美观、流动性好、耐磨性较强、压缩成形性好等优点，是工业生产中应用最为广泛的方法。湿法制颗粒常用挤压制颗粒法，其操作步骤：❶制备软材；❷制备湿颗粒。将原辅料混合均匀后，制得干湿程度恰好的软材；软材是湿法制颗粒成功的关键。软材干湿程度的判断：握之成团，压之即散。

（二）干法制颗粒

干法制颗粒是将药物和辅料的粉末混合均匀，压缩成大片状或板状后，粉碎成所需大小颗粒的方法。其制备方法有压片法和滚压法，这里不一一介绍。

五、干燥

干燥是利用热能使物料中的湿分（水分或其他溶剂）汽化，并利用气流或真空带走汽化了的湿分，从而获得干燥产品的操作。干燥的目的是使物料便于加工、运输、贮藏和使用，保证药品的质量和提高药物的稳定性。并不是干燥后水分含量越低越好，应根据情况适当控制水分含量。

干燥温度由原料性质而定，一般为 50～60℃，一些对湿热稳定的药物为了缩短干燥时间，干燥温度可适当增高到 80～100℃。干燥时温度应逐渐升高。

颗粒一般应有适宜的含水量，含水量太多，易发生黏冲，太低则不利于压片。

六、整粒

在对制得的颗粒进行干燥的过程中，颗粒之间可能发生粘连，甚至结块。整粒的目的是使干燥过程中结块、粘连的颗粒分散开，以得到大小均匀的颗粒一般采用过筛的方法进行整粒，应采用质硬的金属筛网，由于颗粒干燥后体积缩小，故整粒时药筛的孔径一般比制粒时用的要小一级。整粒常用药筛一般为 12～20 目。

七、压片

（一）压片前干颗粒的处理

1．压片前应对干颗粒进行处理

对于含挥发油或挥发性物质的处方，挥发油可加在润滑剂与颗粒混合后筛出的部分细粒中或加入直接从干颗粒中筛出的部分细粉中，再与全部干颗粒混匀。若挥发性药物为固体（如薄荷脑）或量较少时，可用适量乙醇溶解，或与其他成分混合研磨共溶后喷入干颗粒中，混匀后，密闭数小时，使挥发性物质渗入颗粒中。

2．加润滑剂与崩解剂

润滑剂常在整粒后用细筛筛入干颗粒中混匀。崩解剂应先干燥过筛，再加入干颗粒中（外加法）充分混匀，也可将崩解剂及润滑剂与干颗粒一起加入混合器中进行总混合。

（二）片重计算

1．按主药含量计算片重

由于药物在压片前经历了一系列的操作，其含量有所变化，所以应对颗粒中主药的实际含量进行测定，然后按照公式（9-1）计算片重。

$$片重=\frac{每片含主药量（标示量）}{颗粒中主药的百分含量（实测值）} \tag{9-1}$$

[举例] 某片剂中含主药量为 0.2 g，测得颗粒中主药的百分含量为 50%，则每片所需颗粒的重量应为：0.2/0.5=0.4 g，即片重应为 0.4 g，若片重的重量差异限度为 5%，本品的片重上下限为 0.38～0.42 g。

2．按干颗粒总重计算片重

在中药的片剂生产中成分复杂，没有准确的含量测定方法时，根据实际投料量与预定片剂个数按公式（9-2）计算：

$$片重=\frac{干颗粒重+压片前加入的辅料量}{预定的应压片数} \tag{9-2}$$

（三）压片方法

1．湿法制粒压片法

湿法制粒压片法是将湿法制得的颗粒经干燥后压片的方法，其工艺流程如下：

药物粉碎、过筛→混合→制软材→制湿颗粒→湿粒干燥→整粒→混合→压片→包装

2．干法制粒压片法

干法制粒压片法是将干法制得的颗粒进行压片的方法。干法制粒压片法常用于热敏性物料、遇水易分解的药物，方法简单，省工省时。

3．半干式颗粒压片法

半干式颗粒压片法是将药物粉末和预先制好的辅料颗粒（空白颗粒）混合进行压片的方法。该法适用于对湿热敏感、不宜制粒，而且压缩成型性差的药物，也可用于含药较少物料。这些药物可借助辅料的优良压缩特性顺利制备片剂。

4．直接粉末压片法

直接粉末压片法是不经过制粒过程直接把药物和辅料的混合物进行压片的方法。粉末直接压片法避开了制粒过程，因而具有节能、工艺简便、工序少，适用于对湿热不稳定的药物等突出特点，但也存在粉末的流动性差、片重差异大、粉末压片容易造成裂片等弱点，致使该工艺的应用受到了一定的限制。

（四）压片机

常用压片机按其结构分为单冲压片机和旋转压片机：按压制片形分为圆形片压片机和异形片压片机；按压缩次数分为一次压制压片机和二次压制压片机；按片层分为双层压片机、有芯片压片机等。下面着重介绍撞击式单冲压片机和旋转式多冲压片机。

1．撞击式单冲压片机

单冲压片机（图 9-2）的主要组成如下：❶加料器——加料斗、饲粉器；❷压缩部件——上、下冲和模圈；❸各种调节器——压力调节器、片重调节器、出片调节器。

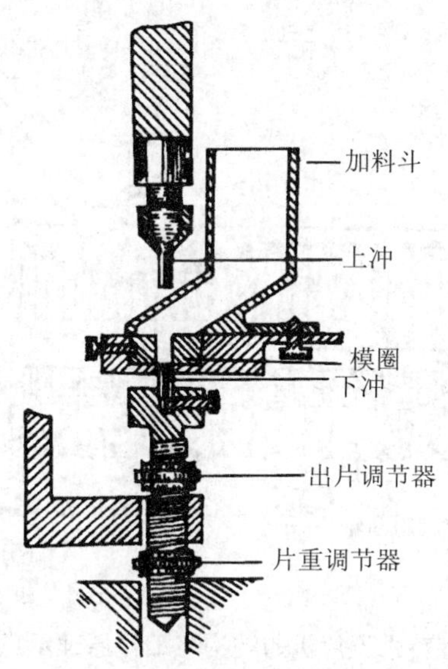

图 9-2　单冲压片机主要构造示意图

单冲压片机的产量为 80～100 片/min，多用于新产品试制或少量生产。由于单冲压片机为单侧加压（上冲加压），压力分布不够均匀，因此易出现裂片，且噪声较大。

2．旋转式多冲压片机

旋转式多冲压片机的主要工作部分有：机台、压轮、压力调节器、片重调节器、加料斗、饲粉器、吸尘器、保护装置等。机台分为三层，上层装有若干上冲，在中层的对应位置上装有模圈，在下层的对应位置装有下冲。旋转式压片机加料方式合理，片重差异小：由上、下冲同时加压，压力分布均匀，能量利用合理，生产效率较高。可生产 900～1 600 片/min。旋转式压片机的结构与工作原理见图 9-3。

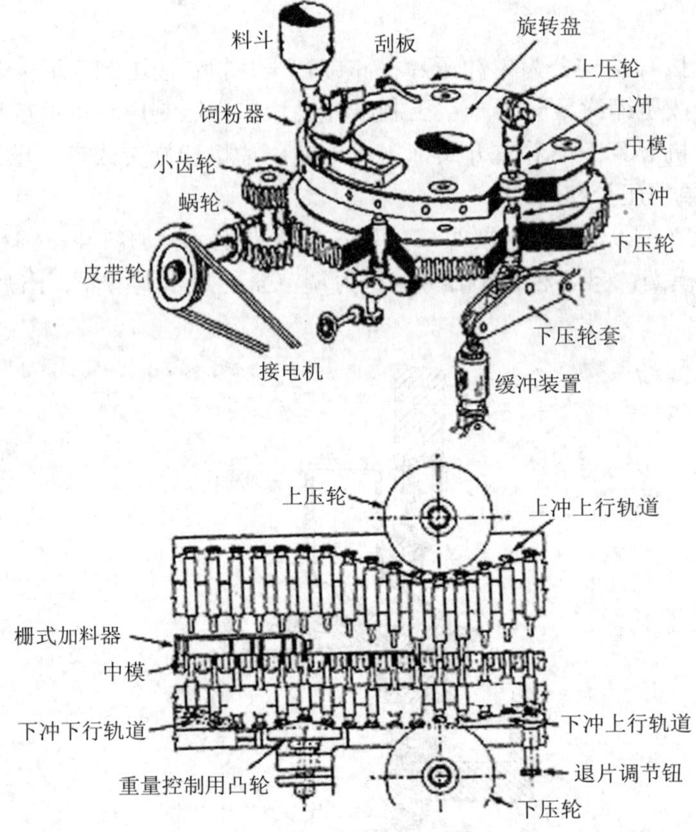

图 9-3　旋转式压片机的结构与工作原理示意图

（五）压片过程中可能出现的问题和解决方法

1．松片

片剂硬度不够，受振动易松散破碎的现象。解决方法：❶调整压力；❷增加黏合剂用量。

2．裂片

片剂受到振动或贮存时有从腰间裂开的现象或从片子顶部或底部剥落一层的现象。解决方法：❶重新选择黏合剂；❷除去部分细粉；❸降低压力等。

3．黏冲

冲头或冲模上黏着细粉导致片面粗糙不平或有凹痕的现象。解决方法：❶控制颗粒含水量；❷选择合适的润滑剂；❸检查冲头表面是否粗糙；❹检查压片车间湿度是否符合要求。

4．崩解迟缓

指片剂不能在兽药典规定的时间内完全崩解或溶解。解决方法：❶调整崩解剂和润滑剂用量；❷选择黏性稍低的黏合剂；❸适当降低压力。

5．片重差异过大

片重差异超过兽药典规定限度。解决方法：检查颗粒大小是否均匀、下冲升降是否灵活。

6．变色或色斑

片剂表面的颜色发生改变或出现色泽不一的斑点，导致外观不符合要求。解决方法：❶检查颗粒是否过硬；❷物料是否均匀。

7．麻点

片剂表面出现许多小凹点。解决方法：❶调整崩解剂和润滑剂用量；❷检查压片车间湿度是否符合要求；❸检查颗粒大小是否均匀、冲头表面是否粗糙等。

8．叠片

两个药片叠压在一起的现象。解决方法：❶调节出片调节器；❷检查上冲是否黏片等。

八、片剂的包装

1．多剂量包装

几十片甚至几百片装入一个容器的叫多剂量包装。容器多为玻璃瓶和塑料瓶，也有用软塑料薄膜、纸塑复合膜等制成的药袋。

2．单剂量包装

主要分为泡罩式和窄条式两种包装形式，均将片剂单个包装，使每个药片均处于密封状态，提高对产品的保护作用，也可杜绝交叉污染。

第四节　颗粒剂

一、概述

颗粒剂是将药物与适宜的辅料配合而制成的颗粒状制剂，根据颗粒剂在水中的溶解情况，可分为可溶性颗粒剂、混悬型颗粒剂和泡腾性颗粒剂。

颗粒剂特点是可以直接投喂，也可以冲入水中供饮，应用和携带比较方便，溶出和吸收速度较快。

二、颗粒剂的制备

颗粒剂的制备工艺与片剂的制备工艺相似（图 9-4），但不需压成药片，而是将制得的颗粒直接装入容器中。具体操作如下：

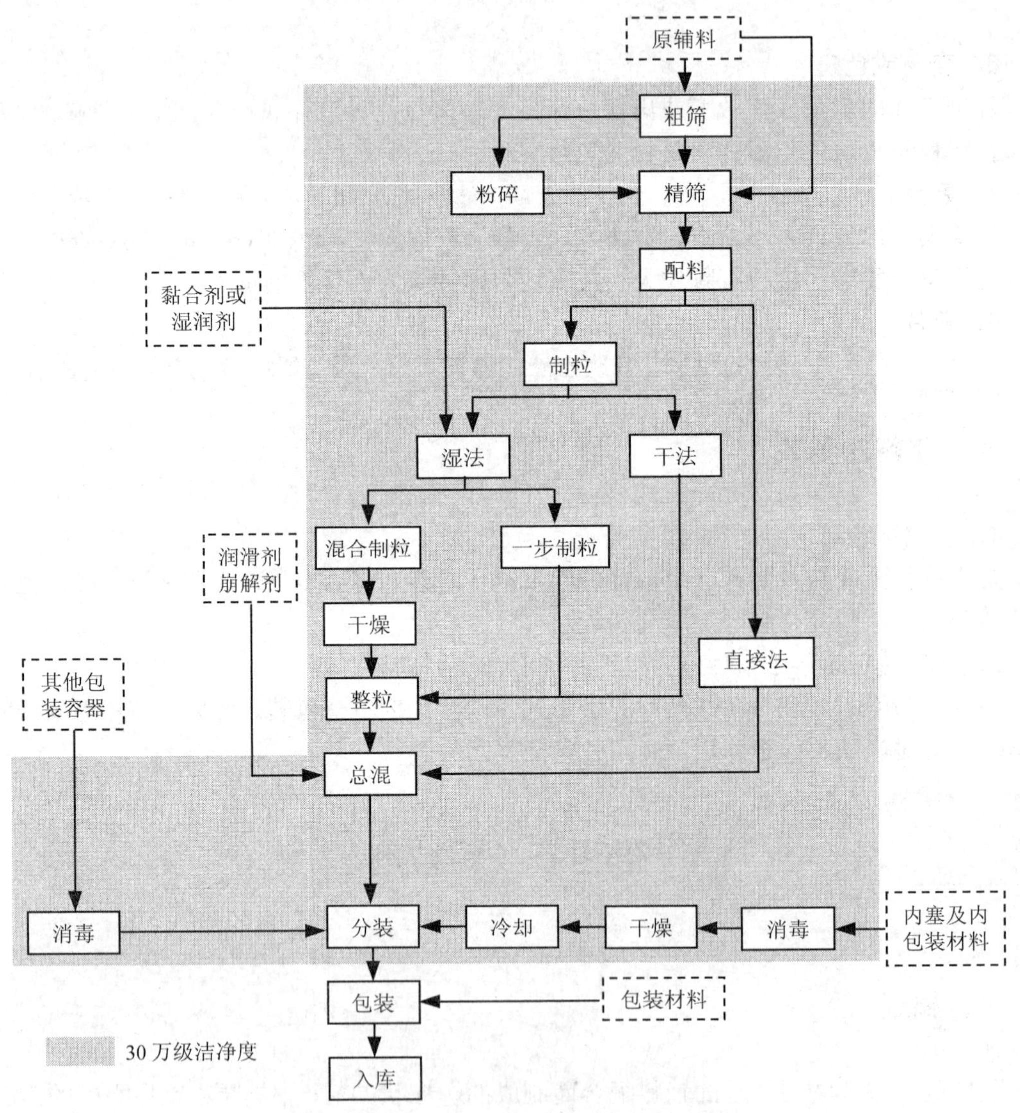

图 9-4　颗粒剂工艺流程及环境区域划分图

1. 制软材

将药物与适当的稀释剂，必要时加入崩解剂充分混匀，加入适量的水或其他黏合剂制软材。黏合剂的加入量可根据经验以“手握成团，轻压即散”为准。

2. 制湿颗粒

颗粒的制备常采用挤出制粒法。将软材用机械挤压通过筛网，即可制得湿颗粒。除了这种传统的过筛制粒法外，近年来有许多新的制粒设备和方法应用于生产实践，其中应用最广的就是沸腾制粒，沸腾制粒可在一台机器内完成混合、制粒、干燥，因此称为“一步制粒法”。

3. 湿颗粒的干燥

除了流化（或喷雾制粒法）制得的颗粒已被干燥外，用其他制得的湿颗粒必须用适宜的方法加以干燥，以除去水分，防止结块或受压变形。常用的干燥方法有箱式干燥、流化床干燥等。

4. 整粒与分级

在干燥过程中，某些颗粒可能发生粘连，甚至结块，因此，要对干燥后的颗粒给予适当的整理，以使结块、粘连的颗粒散开，获得具有一定粒度的均匀颗粒。一般采用过筛的办法进行整粒和分级。

5. 质量检查与分剂量

将制得的颗粒进行含量检查与粒度测定等，按剂量装入适宜袋中。颗粒剂的贮存基本与散剂相同，但应注意均匀性，防止多组分颗粒的分层和吸潮。

三、颗粒剂的质量检查

颗粒剂的质量检查，除主药含量外，《中国兽药典》（2005 版）还规定了外观、粒度、干燥失重、溶化性以及装量等检查项目。

1. 外观

颗粒应干燥、均匀、色泽一致，无吸潮、软化、结块、潮解等现象。

2. 粒度

除另有规定外，一般取单剂量包装的颗粒剂 5 包或多剂量包装颗粒剂 1 包，称重，置药筛内轻轻筛动 3 min，不能通过 1 号筛和能通过 5 号筛的颗粒和粉末总和不得超过供试量的 15%。

3. 干燥失重

取供试品照兽药典方法测定，除另有规定外，在 105℃干燥至恒重，含糖颗粒应在 80℃减压干燥，减失重量不得超过 2.0%。

4．溶化性

取供试颗粒剂 10 g，加热水 200 mL，搅拌 5 min，可溶性颗粒应全部溶化或可允许有轻微混浊，但不得有焦屑等异物。混悬型颗粒剂应能混悬均匀，泡腾性颗粒剂应立即产生二氧化碳气体，并呈泡腾状。

5．装量

单剂量包装的颗粒剂的装量按最低装量检查法检查，应符合规定（见第三部分第十五章第四节）。

第五节　片剂和颗粒剂生产管理要点

片剂和颗粒剂的生产管理主要在生产前准备、称量和预处理、配料、制粒、干燥、整粒与混合、设中间站、压片和包装等。

一、生产前准备

先核对生产指令，检查所准备的生产文件、批生产记录、物料是否与生产指令相符，并确认生产现场清场清洁状况。设备状态及设备、器具清洁已符合要求，方可进行下一步工作。

二、称量和预处理

- 物料经缓冲区脱去外包装或经适当清洁处理后才能进入备料室；
- 称量器具在使用前应校正，并由计量部门定期校验；
- 原辅料使用前要目检、核对毛重并过筛，液体原料必要时应过滤、除去异物；
- 过筛前核对物料品名、规格、批号和重量等，过筛后的原辅料应在盛器内、外附上标签，写明品名、规格、重量、代号、批号、日期和操作者等，作好相关记录；
- 过筛后应粉碎至规定细度，筛网和滤网每次使用前后，应检查其磨损破裂状况，发现问题及时更换。

三、配料

- 配料前应按领料单先核对原辅料品名、规格、代号、批号、生产厂、包装情况；
- 处方计算、称量及投料必须复核，操作者及复核者均应在记录上签名；

- 配好的物料装在清洁的容器内，容器内、外都应有标签，写明物料品名、规格、批号、重量、日期和操作者姓名。

四、制粒

使用的容器、设备和工具应洁净，无异物。

制粒时，必须按规定将原辅料混合均匀，加入黏合剂和适量的水。工艺用水符合“第五章第一节制药工艺用水”的要求，对主药含量小或有剧毒药物的品种应按药物的性质用适宜的方法使药物均匀度符合规定，一个批号分几次制粒时，颗粒的松紧要一致。

采用高速湿法混合颗粒机制粒时，按工艺要求设定干混、湿混时间以及搅拌桨和制粒刀的速度与加入黏合剂的量。当混合制粒结束时，彻底将混合器的内壁、搅拌桨和盖子上的物料擦刮干净，以减少损失，消除交叉污染的风险。

对黏合剂的品种、温度、浓度、数量、流化喷雾法制粒的喷雾、颗粒翻腾状态以及干压制粒的压力等技术条件，必须按品种特点制定必要的技术参数，严格控制操作。

流化法制粒时应注意防爆。

五、干燥

- 按品种制定参数以控制干燥盘中的湿粒厚度、数量，干燥过程中应按规定翻料，并记录；
- 严格控制干燥温度，防止颗粒熔融、变质，并定时记录温度；
- 采用流化床干燥时所用的空气应净化除尘，排出的气体要有防止交叉污染的措施。操作中随时注意流化室温度，颗粒流动情况，应不断检查有无结料现象，更换品种时必须洗净或更换滤袋；
- 应定期检查干燥温度的均匀性。

六、整粒与混合

- 整粒机必须装有除尘装置；
- 整粒机的落料漏斗应装有金属探测器，除去意外进入颗粒中的金属；
- 宜采用 V 型混合机或多向运动混合机进行总混，每混合一次为一个批号；
- 混合机内的装量一般不宜超过该机总容积的 2/3；
- 混合好的颗料装在洁净的容器内，容器内、外均加有标签，写明品名、规格、批号、重量、日期和操作者等，及时送中间站。

七、中间站

必要时，可按工艺要求设中间站，其环境区域洁净度为 30 万级。中间站的职责范围包括：

（1）制定各工序半成品的入站、移交、验收、贮存及发放制度，各工序容器保管、发放制度。

（2）中间站必须有专人负责验收、保管半成品。按品种、规格、批号明显标志，加盖分区存放，并按作业计划向各工序发放，做好记录。

（3）统一管理车间半成品的各种周转容器及盛具。各工具使用后的容器及盛具退回中间站后要检查，清洗并烘干后才能再使用。

八、压片

压片室与外室保持相对负压，粉尘由吸尘装置排除。压片工段应设冲模室，由专人负责冲模的核对、检测、维修、保管和发放。建立冲模使用档案和冲模清洁保养管理制度，保证冲模质量，提高冲模使用率。冲模使用前后均应检查品名、规格、光洁度，检查有无凹槽、卷皮、缺角、爆冲和磨损，发现问题应追查原因并及时更换。为防止片重和厚度差异，必须控制冲头长度。宜采用刻字冲头，使用前必须核对品名、规格。冲头应字迹清晰、表面光洁。

压片前应试压，并检查片重、硬度、厚度、崩解度、脆碎度和外观，必要时可根据品种要求，增测含量、溶出度或均匀度。符合要求后才能开启压片机。压片过程中应定时（最长不超过 30 min）抽样检查平均片重。

压片机的加料宜采用密闭加料装置，减少粉尘飞扬。压片机应有吸尘装置，除去粉尘。压制好的半成品放在清洁干燥的容器中，容器内、外都应有标签，写明品名、规格、批号、重量、操作者姓名，然后送中间站。压片过程中取出的供测试或其他目的药片不应放回成品中。

九、包装

（1）包装材料在使用前应经预处理：玻璃瓶用饮用水洗干净，最后用纯化水冲洗并经高温干燥灭菌，清洁贮存，贮存时间不得超过 3 d，超过规定时间应重洗。

塑料瓶、袋、铝塑材料等的外包装应严密，内部清洁干燥。必要时采取适当方法清洁消毒。直接接触药品的内包装材料应与药品不起作用并采取适当方法清洁消毒，消毒后干燥密封保存。

（2）旋转式分装机和铝塑包装机上部都应有吸尘装置，排除粉尘。

（3）数片用具应专人检查、保管和发放。

（4）对包装标签的品名、规格、批号、有效期等必须复核校对。包装结束后，应准确统计标签的实用数、损坏数和剩余数，与领用数相符。剩余标签和报废标签按规定处理。

（5）包装全过程应随时检查包装质量。要求贴签端正、批号正确、封口纸平整严密、PVP 泡罩和铝箔热压熔合均匀、装箱数量准确及外箱文字内容清晰正确。

十、清场

现场生产在换批号和更换品种、规格时，每一生产工序需进行彻底清场。清场合格后应挂标示牌。清场合格证应纳入批生产记录。

十一、生产记录

各工段应即时填写本工段的生产记录，并由车间质量管理员按批及时汇总，审核后交质量管理部门放入批档案，以便进行批成品质量审核及评估，符合要求者出具成品合格证书，放行出厂。

第六节　片剂和颗粒剂质量控制要点

片剂和颗粒剂的质量控制工序主要在粉碎、配料、制粒、烘干、压片、洗瓶和包装等，质量控制点、质量控制及控制频次详见表 9-7。

表 9-7　片剂和颗粒剂质量控制要点

工序	质量控制点	质量控制	控制频次
粉碎	原辅料	异物	每批
	粉碎过筛	细度、异物	每批
配料	投料	品种、数量	1 次/班
制粒	颗粒	黏合剂浓度、温度	1 次/批、班
		纯化水	
		筛网	
		含量、水分	

工序	质量控制点	质量控制	控制频次
烘干	烘箱	温度、时间、清洁度	随时/班
	沸腾床	温度、滤袋完好、清洁度	随时/班
压片	药片	平均片重	定时/班
		片重差异	3～4 次/班
		硬度、崩解时限、脆碎度	1 次以上/班
		外观	随时/班
		含量、均匀度、溶出度（指规定品种）	每批
		装量差异	3～4 次/班
		崩解时限	1 次以上/班
		外观	随时/班
		含量、均匀度	每批
洗瓶	纯化水	《中国兽药典》（2005 版）全项	1 次/月
	瓶子	清洁度	随时/班
		干燥	随时/班
包装	在包装品	装量、封口、瓶签、填充物	随时/班
	装盒	数量、说明书、标签	随时/班
	标签	内容、数量、使用记录	每批
	装箱	数量、装箱单、印刷内容	每箱

复习思考题

1. 片剂常用辅料有哪些？它们的主要作用是什么？
2. 简述湿法制粒压片的一般过程。
3. 片剂压片过程中可能出现的问题有哪些？如何加以解决？
4. 简述颗粒剂的制备过程。
5. 颗粒剂的质量检查包括哪些项目？
6. 片剂和颗粒剂的质量控制要点有哪些？

第十章　注射剂

【教学目标】

- 了解注射剂的特点、分类及给药途径；
- 了解注射剂热原的污染途径、去除及检查方法；
- 了解注射剂常用的溶媒及附加剂；
- 掌握注射剂的生产工艺流程及制备技术；
- 掌握注射剂生产管理要点和生产质量控制要点。

第一节　概　述

一、注射剂的概念

注射剂简称针剂，是指将药物制成的供注入机体内的无菌溶液、混悬液、乳浊液，以及临用前能配成溶液或混悬液的无菌粉末或浓缩液的制剂。

注射剂是供直接注入动物体内而迅速发挥药效的一类制剂，它有如下特点：

- ❖ 药效迅速，作用可靠。药液直接注入组织或血管，吸收快，作用迅速，并不受消化液等干扰因素的干扰，因此作用可靠。
- ❖ 剂量准确，注射剂是严格的分剂量制剂。
- ❖ 可产生局部定位作用。比如局部麻醉药盐酸普鲁卡因注射剂的局部麻醉作用。
- ❖ 不宜消化道给药的药物适宜制成注射剂。经消化道即遭破坏或不易被肠黏膜吸收的药物，如青霉素钾、链霉素等适宜制成注射剂给药，效果较好。
- ❖ 注射给药相对较为方便，适用于各种动物的给药，但注射时较为疼痛。
- ❖ 注射剂生产过程较为复杂，且要求较高，生产费用大，成本较高。

二、注射剂的分类和给药途径

（一）注射剂的分类

1．溶液型

易溶于水且在水溶液中比较稳定的药物可制成水溶液型注射剂，如葡萄糖注射剂、氯化钠注射剂等。由于水无显著生理作用，又适用于各种注射途径，所以注射剂绝大部分是水溶液型。不溶于水而溶于油的药物可制成油溶液型注射剂。

2．混悬型

水难溶性药物或注射后要求延长药效作用的药物，可制成水或油的混悬液型。《中国兽药典》（2005 版）规定，药物的细度应控制在 15 μm 以下，15～20 μm（个别 20～50 μm）者不应超过 10%。

3．乳浊型

水不溶性液体药物，根据临床需要可以制成乳剂型注射剂。

4．注射用无菌粉末

注射用无菌粉末又称粉针，是指采用无菌操作法或冻干技术制成的注射用无菌粉末或块状制剂，如青霉素等。

（二）给药途径

（1）静脉注射。药液直接注入静脉内，且多为水溶液。油溶液、混悬液一般不能静脉给药。除另有规定外，凡添加抑菌剂、易导致红细胞溶解或使蛋白质沉淀的药液，均不得静脉注射。

（2）肌肉注射。药液直接注入肌肉组织内。除水溶液外，油溶液、混悬液等均可肌肉注射。

（3）皮下注射。药液注射于真皮和肌肉组织之间松软组织内。皮下注射剂主要是水溶液型。

（4）皮内注射。药液注射于表皮和真皮之间。皮内注射一般用于过敏性试验或疾病诊断。

（5）脊椎腔注射。药液注入硬膜外腔内，比如局部麻醉时注射盐酸普鲁卡因等。

（6）穴位注射。少量药液注入特定穴位内，以产生特殊疗效。

第二节　热　原

一、热原的概念

凡能引起人或动物（恒温）体温异常升高的物质称为热原。热原是微生物的代谢产物，属内毒素，主要是由脂多糖（致热活性物质）、磷脂和蛋白质构成的高分子复合物，其分子量一般为 1×10^6 左右，且分子量越大，致热活性就越强。

二、热原的性质

1．致热性

热原能引起人或恒温动物体温异常升高，升温幅度取决于致热活性的大小。

2．耐热性

热原的耐热性能强，在 60℃加热 1 h 不受影响，100℃也不发生热解，120℃加热 4 h 仅能破 98%，80～200℃加热 2 h 以上或 250℃加热 30 min 以上才能彻底破坏，在 650℃时使其彻底破坏还需 1 min。在注射剂灭菌的通常条件下，往往不足以使热原破坏。

3．水溶性与不挥发性

热原可溶于水，呈分子状态，似真溶液，其浓缩的水溶液呈现乳光；热原本身并不具有挥发性，但在制备蒸馏水时可随水气微粒雾滴而被夹带进入蒸馏水中，造成污染。

4．滤过性

热原体积小，在 1～5 nm，因而能通过一般滤器，也能通过微孔滤膜。但热原能够被活性炭所吸附，也能被石棉为滤材的滤器所吸附。

5．能被强酸、强碱或氧化剂等破坏

热原能被盐酸、硫酸、氢氧化钠、高锰酸钾等物质所破坏。另外，超声波及某些表面活性剂也能使热原失活。

三、污染热原的途径

1．从溶媒中带入

这是注射剂污染热源的主要途径。比如，制备注射用水时，蒸馏水器结构不合理、操作不当或注射用水贮藏时间过久等都会污染热原。为此，必须选用合格的注射溶媒（注射

用水)，同时需使用新鲜的注射用水。

2. 从原料中带入

原料质量不合格或包装不好，都有可能污染了热原或微生物。

3. 从容器、用具、管道和装置中带入

由于没有及时洗净或灭菌，都可能会污染热原。为此，在生产中，对这些容器、用具、管道等物必须认真处理，合格后方可使用。

4. 生产过程中的污染

生产过程中，生产车间内卫生条件差，生产时间过长，装置不密闭或灭菌不完全等都有可能污染了热原或微生物。

5. 使用过程中带入

注射剂(输液剂)本身是合格产品，但使用后机体出现热原反应，这很可能是注射器、注射针头、输液胶管或注射时注射部位未消毒等而引起。

四、热原的去除方法

1. 高温法

注射器、针头、输液瓶或其他玻璃器皿等，在洗涤烘干后，于 250℃干热灭菌 30 min，即可破坏热原。

2. 酸碱法

由于热原能被强酸、强碱或强氧化剂等破坏，所以玻璃容器、用具等可使用重铬酸钾硫酸清洗液浸洗或用 2%氢氧化钠溶液处理。

3. 吸附法

配制注射液时常加入活性炭，用以除去热原，一般用量为溶液总量的 0.1%～0.5%，特别适用于药物浓度高、溶解度大的药液。活性炭的吸附没有特异性，同时兼有脱色作用，使用时应加以考虑。有时，将活性炭与白陶土合用来除去热原。

4. 离子交换法

离子交换树脂具有很大的吸附作用，可除去热原。

5. 其他

利用反渗透法通过三醋酸纤维膜或聚酰胺膜来除去热原。

虽然除去热原有上述方法，但都各具局限性。因此，在注射剂生产的整个过程中，应尽量减少微生物的污染，即减少热原污染的机会。

五、热原检查

热原检查的方法有家兔发热试验法和鲎试验法。《中国兽药典》（2005 版）规定采用家兔发热试验法，即将一定剂量的供试品，静脉注入家兔体内，在规定时间内，观察家兔体温升高的情况，以决定供试品中所含热原的限度是否符合规定的一种方法。具体检查方法见第三部分第十五章第五节。

第三节 注射剂的溶媒

注射剂的溶媒对肌体应无不良影响，性质稳定，无菌、无热原。并且与主药不发生反应。其用量应不影响药物疗效，且能被组织吸收。

一、注射用水

（一）注射用水的质量要求

注射用水是最常用的水性溶媒，也可用氯化钠注射液、复方氯化钠注射液或其他适宜的水溶液为溶媒。一切水性溶媒均应符合《中国兽药典》（2005 版）热原检查项中的规定要求。注射用水为纯化水经蒸馏所得的水，要求无色、澄明、无臭、无味；pH、氨、氯化物、硫酸盐与钙盐、硝酸盐与亚硝酸盐、二氧化碳、易氧化物、不挥发物与重金属、细菌内毒素、微生物限度等均应符合规定，并要求在制备后 24 h 内使用完。

（二）注射用水的制备

注射用水的制备工艺详见第二部分第五章第一节工艺用水有关内容。

二、注射用油

根据药物的性质或需要在机体内延长药效时，注射可用注射用油作溶媒。常用的油有精制的麻油、花生油或茶油等。注射用油除符合药典有关规定外，应符合下列质量标准：

- 无异臭、无酸败味、色泽不得深于黄色 6 号标准比色液；10℃时应保持澄明。
- 皂化值应为 185～200；碘值应为 79～128；酸值应小于等于 0.56。

其他植物油如果符合上述要求，在使用量范围内对机体安全无害，不影响主药疗效，并能被机体吸收，均可选用为注射用油如杏仁油、橄榄油等。

三、其他注射用溶媒

乙醇、甘油、丙二醇、聚乙二醇（PEG）等，为常用的亲水性溶媒。一般均用其低浓度的水溶液为复合溶媒，用于增加主药的溶解度，防止水解，增加溶液中稳定性。亲脂性溶媒有油酸乙酯、三乙酸甘油酯和二甲基亚砜（DMSO）等，常与注射用油合用降低油的黏滞性。使用40%二甲基亚砜水溶液配制注射液，有明显的抗冻作用。

第四节 注射剂的附加剂

注射剂中除主药、溶媒外，还需加入一些辅助物质，用以达到增溶、助溶、抗氧化、抑菌、调节渗透压及 pH 等目的，这些附加的辅助物质统称为注射剂的附加剂。附加剂必须在其有效浓度内，对机体安全无害，对主药疗效和检测无影响。

一、增溶助溶剂

有些药物溶解度较小，其饱和溶液的浓度远小于制剂所需浓度，不能满足兽医临床需求。为此，必须采用适宜的方法来增加药物溶解度，这类附加剂为增溶剂和助溶剂。

（一）增溶剂

增溶剂在水溶液中能形成微小的胶团，被增溶物进入胶团内部而溶解。常用的增溶剂主要为无毒性的非离子型表面活性剂，广泛应用于各种油溶性、水难溶性药物的增溶，如挥发油、脂溶性维生素、甾体类激素、生物碱类、甙类等的增溶（表 10-1）。

（二）助溶剂

有些难溶性药物因加入第三种物质，能在溶液（通常指水溶液）中形成配合物、复盐等而增加其溶解度，这个过程称为助溶，第三种物质称为助溶剂。例如，复方碘溶液就是应用碘化钾作为助溶剂来增大碘的溶解度；苯甲酸钠可作为咖啡因在水中的助溶剂（形成苯甲酸钠咖啡因，即安钠咖）。

表 10-1　几种水难溶性药物及常用的增溶剂

药　物	增溶剂
维生素 A、D、E、K	吐温类（吐温-20，40，60，80）
维生素 A、D、E	月桂酸蔗糖酯、卖泽-49、卖泽-51、卖泽-53
黄体酮	月桂醇硫酸钠、吐温类
丙酸睾丸素	吐温类、油酸钠
强地松	吐温-80、吐温-20
尼泊金类（对羟基苯甲酸脂类）	卖泽类、吐温-80
薄荷油、桂皮油、桉叶油	吐温-80、吐温-20
利血平	吐温-80
煤酚、桉叶油、氯代二甲酚	肥皂
苯巴比妥	吐温-80

二、抗氧剂

药物的氧化反应是引起注射剂不稳定的主要因素之一。例如维生素 C、肾上腺素等制成注射剂后极易氧化变质，能够使注射液发生变色、分解、沉淀、降低疗效，甚至能产生有毒物质。为了防止或延缓注射剂中药物的氧化变质，可采用在溶液中添加抗氧剂、金属配合物和惰性气体的方法来克服。

（一）抗氧剂

注射剂中的抗氧剂本身就是极易氧化的还原性物质，当其与易氧化药物同时存在于药液中时，空气中的氧首先与还原性物质发生反应，从而保护了药物不被氧化。选择抗氧剂应以还原性强、使用量小、对机体安全无害、不影响主药稳定性和疗效为准。常用的抗氧剂和使用浓度见表 10-2。

表 10-2　常用的抗氧剂和使用浓度

药物名称	使用浓度	应用范围
焦亚硫酸钠	0.1%～0.2%	水溶液呈弱酸性，适用于偏酸性药液
亚硫酸氢钠	0.1%～0.2%	水溶液呈弱酸性，适用于偏酸性药液
亚硫酸钠	0.1%～0.2%	水溶液呈中性或弱碱性，适用于偏碱性药液，如磺胺类药物的钠盐
硫代硫酸钠	0.1%	水溶液呈中性或弱碱性，适用于偏碱性药物，不可与重金属盐类配伍
抗坏血酸	0.05%～0.2%	水溶液呈酸性，适用于 pH 为 4.5～7.0 的药物水溶液，常与焦亚硫酸钠合用
焦性没食子酸酯	0.05%～0.1%	主要用于油溶性药物

（二）金属配合物

微量金属离子对氧化反应具有催化作用，尤以 Cu^{2+}、Fe^{2+}、Pb^{2+}、Mn^{2+}等离子作用最强。注射液中的微量金属离子常由原辅料、溶媒中带入。如果在这些药液中加入金属配合物，使其与药液中存在的微量金属离子生成稳定的、几乎不解离的配合物，就可消除金属离子对药物氧化的催化作用。常用的金属配合物有乙二胺四乙酸二钠，使用浓度为0.005%～0.05%，与抗氧剂合用。

（三）惰性气体

注射液中的药物氧化反应过程极为复杂，但主要根源在于溶媒中和容器空间的氧气。在配制易氧化药物的注射液时，除加入抗氧剂、金属配合物外，还可通入惰性气体以驱除注射用水中溶解的氧和容器空间的氧，效果较好。常用的惰性气体有氮气和二氧化碳两种气体。

三、pH 调节剂

调整 pH 的附加剂，又叫 pH 调节剂，其作用主要是增加机体组织对药物的吸收、增加注射剂的稳定性以及减少注射液对机体组织的不良作用等。注射剂的 pH 通常要求在 4～9。常用的 pH 调节剂有：盐酸、枸橼酸、硫酸及其盐；氢氧化钠、碳酸氢钠、磷酸二氢钠和磷酸氢二钠等。选择适宜的 pH 调节剂，主要根据药物的性质来确定。

四、抑菌剂

抑制微生物生长繁殖的化学物质称为抑菌剂（或防腐剂）。凡采用低温灭菌、过滤除菌或无菌操作法制备的注射剂，以及多剂量装的注射剂，均应加入适宜的抑菌剂。抑菌剂的加入量应能抑制注射液内微生物的生长，同时应对动物机体无毒害作用，抑菌剂本身不因受热或 pH 改变而降低抑菌效能，也不影响主药疗效和稳定性。常用的抑菌剂和使用浓度见表 10-3。

表 10-3　常用的抑菌剂和使用浓度

药物名称	使用浓度	应用范围
苯酚	0.25%～0.5%	适用于偏酸性注射液，在碱性溶液中抑菌效果会降低
甲酚	0.25%～0.3%	适用于药物油液，不宜与铁盐或生物碱类配伍
三氯叔丁醇	0.25%～0.5%	适用于偏酸性药液，在高温及碱性溶液中易分解，从而降低抑菌能力
苯甲醇	1%～3%	适用于偏碱性药液，但有一定的溶血性能，并具有局部止痛作用
尼泊金酯类	0.1%左右	其水溶液呈中性，使用范围较广，但不宜与荧光素钠吐温类配合使用

五、渗透压调节剂

凡和血浆或组织液等具有相同渗透压的溶液称为等渗溶液，例如 0.9%氯化钠注射液、5%葡萄糖注射液等。高于体液渗透压的溶液为高渗溶液，低于体液渗透压的溶液为低渗溶液。高渗溶液会使机体组织细胞发生萎缩（细胞内脱水），甚至引起死亡；低渗溶液会使机体组织细胞发生体积膨胀，甚至破裂而死亡。为此，注射液一般均应调成等渗溶液。常用的调整渗透压的附加剂有氯化钠、葡萄糖、磷酸盐或枸橼酸盐等。

第五节　注射剂的制备

注射剂生产工艺过程主要包括原辅料的准备、称量、配制、过滤、灌封、灭菌、质量检查、包装等。我们以具有代表性的最终灭菌小容量注射剂为例，介绍注射剂的制备方法。最终灭菌小容量注射剂是指装量小于 50 mL，采用湿热灭菌法制备的灭菌注射剂。

最终灭菌小容量注射剂生产工艺流程与环境区域划分见图 10-1。

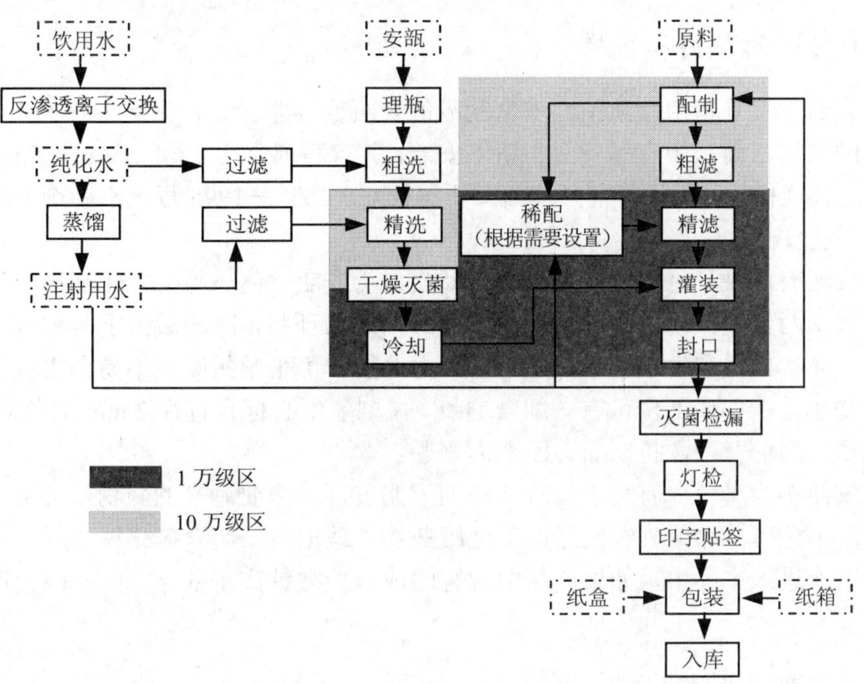

图 10-1　最终灭菌小容量注射剂生产工艺流程与环境区域划分

一、原辅料的准备

供注射用的原辅料，必须符合《中国兽药典》（2005 版）所规定的各项杂质检查与含量限度。某些品种，可另行制定内控标准。在大生产前，应做小样试制，检验合格方可使用。

配制前，应正确计算原料的用量，称量时应两人核对。若在制备过程中（如灭菌后）药物含量易下降，应酌情增加投料量。含结晶水药物应注意其换算。

成品标示量百分数通常为 100%，有些产品因灭菌或储藏期间含量会有所下降，可适当增加投料量（即提高成品标示量的百分数）。

原料（附加剂）理论用量＝实际配液量×成品含量%

实际配液量＝实际灌注量＋实际灌注时损耗量

二、注射容器的处理

（一）安瓿的种类和式样

注射容器一般是指由硬质中性玻璃制成的安瓿或容器（如青霉素小瓶等）。

安瓿的式样目前采用有颈安瓿与粉末安瓿，其容积通常为 1 mL、2 mL、5 mL、10 mL、20 mL 等几种规格，此外还有曲颈安瓿。新国标 GB 2637—1995 规定水针剂使用的安瓿一律为曲颈易折安瓿。

易折安瓿有两种，色环易折安瓿和点刻痕易折安瓿。色环易折安瓿是将一种膨胀系数高于安瓿玻璃两倍的低熔点粉末熔固在安瓿颈部成为环状，冷却后由于两种玻璃的膨胀系数不同，在环状部位产生一圈永久应力，用力一折即可平整折断，不易产生玻璃碎屑。点刻痕易折安瓿是在曲颈部位可有一细微刻痕，在刻痕中心标有直径 2 mm 的色点，折断时，施力于刻痕中间的背面，折断后，断面应平整。

目前安瓿多为无色，有利于检查药液的澄明度。对需要遮光的药物，可采用琥珀色玻璃安瓿。琥珀色可滤除紫外线，适用于光敏药物。琥珀色安瓿含氧化铁，痕量的氧化铁有可能被浸取而进入产品中，如果产品中含有的成分能被铁离子催化，则不能使用琥珀色玻璃容器。

（二）安瓿的检查

为了保证注射剂的质量，安瓿必须按药典要求进行一系列的检查，包括物理和化学检查。物理检查内容主要包括：安瓿外观、尺寸、应力、清洁度、热稳定性等；化学检查内容主要有容器的耐酸、碱性和中性检查等。装药试验主要是检查安瓿与药液的相溶性，证明无影响方能使用。

（三）安瓿的切割与圆口

安瓿需先经过切割，使安瓿颈具有一定的长度，便于灌药与安装。切割后的安瓿应瓶口整齐，无缺口、裂口、双线，长短符合要求。切口不好，玻璃碎屑易掉入安瓿，增加洗瓶的难度，影响澄明度。安瓿割口后，颈口截面粗糙，再相互碰撞及洗涤时玻璃屑容易落入安瓿内，因此需要圆口。圆口是利用强烈火焰喷烘颈口截面，使熔融光滑。

（四）安瓿的洗涤

安瓿一般使用离子交换水灌瓶蒸煮，质量较差的安瓿需用0.5%的醋酸水溶液，灌瓶蒸煮（100℃，30 min）热处理。蒸瓶的目的是使得瓶内的灰尘、沙砾等杂质经加热浸泡后落入水中，容易洗涤干净，同时也是一种化学处理，让玻璃表面的硅酸盐水解，微量的游离碱和金属盐溶解，使安瓿的化学稳定性提高。

目前国内药厂使用的安瓿洗涤设备有三种。

1．喷淋式安瓿洗涤机组

这种机组由喷淋机、甩水机、蒸煮箱、水过滤器及水泵等机件组成。喷淋机主要由传送带、淋水板及水循环系统组成。这种生产方式的生产效率高，设备简单，曾被广泛采用。但这种方式存在占地面积大、耗水量多而且洗涤效果欠佳等缺点。

2．气水喷射式安瓿洗涤机组

这种机组适用于大规格安瓿和曲颈安瓿的洗涤，是目前水针剂生产上常用的洗涤方法。气水喷射式洗涤机组主要由供水系统、压缩空气及其过滤系统、洗瓶机三大部分组成。洗涤时，利用洁净的洗涤水及经过过滤的压缩空气，通过喷嘴交替喷射安瓿内外部，将安瓿洗净。整个机组的关键设备是洗瓶机，而关键技术是洗涤水和空气的过滤，以保证洗瓶符合要求。

3．超声波安瓿洗涤机组

利用超声技术清洗安瓿是国外制药工业近二十年来新发展起来的一项新技术。在液体中传播的超声波能对物体表面的污物进行清洗。它具有清洗洁净度高、清洗速度快等特点。特别是对盲孔和各种几何状物体，洗净效果独特。目前国内已有引进和仿制的超声波洗瓶机。但有报道认为，超声波在水浴槽中易造成对安瓿边缘的污染或损坏玻璃内表面而造成脱片，应值得注意。

（五）安瓿的干燥与灭菌

安瓿洗涤后，一般置于 120～140℃烘箱内干燥。需无菌操作或低温灭菌的安瓿在 180℃干热灭菌 1.5 h。大生产中多采用隧道式烘箱，主要由红外线发射装置和安瓿传送装置组成，温度为 200℃左右，有利于安瓿的烘干、灭菌连续化。若用煤气加热，易引起安瓿污染。为防止污染，有一种电热红外线隧道式自动干燥灭菌机，附有局部层流装置，安瓿经 350℃的高温洁净区干热灭菌后仍极为洁净。近年来，安瓿干燥已广泛采用远红外线加热技术，一般在碳化硅电热板的辐射源表面涂远红外涂料，如氧化钛、氧化锆等，便可辐射远红外线，温度可达 250～300℃，具有效率高、质量好、干燥速度快和节约能源等特点。

三、注射液的配制与过滤

（一）注射液的配制

1．配制用具的选择与处理

常用装有搅拌器的夹层锅配液，以便加热或冷却。配制用具的材料有：玻璃、耐酸碱搪瓷、不锈钢、聚乙烯等。配制浓的盐溶液不宜选用不锈钢容器；需加热的药液不宜选用塑料容器。配制用具使用前要用硫酸清洁液或其他洗涤剂洗净，并用新鲜注射用水荡洗或灭菌后备用。操作完毕后立即刷洗干净。

2．配制方法

分为浓配法和稀配法两种。将全部药物加入部分溶剂中配成浓溶液，加热或冷藏后过滤，然后稀释至所需浓度，此谓浓配法，此法可滤除溶解度小的杂质。将全部药物加入所需溶剂中，一次配成所需浓度，再行过滤，此谓稀配法，可用于优质原料。

3．注意事项

（1）配制注射液时应在洁净的环境中进行，一般不要求无菌，但所用器具及原料和附加剂尽可能无菌，以减少污染。

（2）配制剧毒药品注射液时，严格称量与校核，并谨防交叉污染。

（3）对不稳定的药物更应注意调配顺序（先加稳定剂或通惰性气体等），有时要控制温度与避光操作。

（4）对于不易滤清的药液可加 0.1%～0.3%活性炭处理，小量注射液可用纸浆混炭处理。活性炭常选用一级针用炭或“767”型针用炭，可确保注射液质量。使用活性炭时还应注意其对药物（如生物碱盐等）的吸附作用，要通过加炭前后药物含量的变化，确定能否使用。活性炭在酸性溶液中吸附作用较强，最高吸附能力可达 1∶0.3，在碱性溶液中有时出现“胶溶”或脱吸附，反而使溶液中杂质增加，故活性炭最好用酸碱处理并活化后使用。

配制油性注射液，常将注射用油先经150℃干热灭菌1～2 h，冷却至适宜温度（一般在主药熔点以下20～30℃），趁热配制、过滤（一般在60℃以下），温度不宜过低，否则黏度增大，不易过滤。溶液应进行半成品质量检查（如 pH、含量等），合格后方可过滤。

（二）注射液的过滤

注射液的过滤靠介质的拦截作用，其过滤方式有表面过滤和深层过滤。表面过滤是过滤介质的孔道小于待滤液中颗粒的大小，过滤时固体颗粒被截留在介质表面，如滤纸与微孔滤膜的过滤作用。深层过滤是介质的孔道大于待滤液中颗粒的大小，但当颗粒随液体流入介质孔道时，靠惯性碰撞、扩散沉积以及静电效应被沉积在孔道和孔壁上，使颗粒被截留在孔道内。

1．影响过滤的因素

- 操作压力越大，滤速越快；
- 孔径越窄，阻力越大，滤速越慢；
- 过滤速度与滤器的表面积成正比（这是在过滤初期）；
- 黏度愈大，滤速愈慢；
- 滤速与毛细管长度成反比，因此沉积的滤饼量愈多，滤速愈慢。

根据以上因素，增加滤速的方法有：❶加压或减压以提高压力差；❷升高滤液温度以降低黏度；❸先进行预滤，以减少滤饼厚度；❹设法使颗粒变粗以减少滤饼阻力等。

2．过滤介质与助滤剂

过滤介质亦称滤材，为滤渣的支持物。过滤介质的种类很多，其性质不同，用途及效率也不同。过滤介质应由惰性材料制成，既不与滤液起反应，也不吸附或很少吸附待滤液中的有效成分；耐酸、耐碱、耐热，适用于过滤各种溶液；过滤阻力小、滤速快、反复应用易清洗；应具有足够的机械强度；价廉、易得。常用的过滤介质有以下几种。

（1）滤纸。分为普通滤纸和分析用滤纸，其致密性与孔径大小相差较大。普通滤纸孔径为1～7 μm，常用于少量液体制剂的过滤。经环氧树脂和石棉处理的为α-纤维素滤纸，其强度和过滤性能均有所提高。

（2）脱脂棉。过滤用的脱脂棉应为长纤维，否则纤维易脱落，影响滤液的澄清，适用于口服液体制剂的过滤。

（3）织物介质。包括棉织品（纱布、帆布等）常用于精滤前的预滤；丝织品（绢布），既可用于一般液体的过滤，也可用于注射剂的脱碳过滤；合成纤维类（尼龙、聚酯等）耐酸碱性强，不易被微生物污染，常用做板框压滤机的滤布。

（4）烧结金属过滤介质。系将金属粉末烧结成多孔过滤介质，用于过滤较细的微粒。如以钛粉末烧结的滤器，用于注射剂的初滤。

（5）多孔塑料过滤介质。将聚乙烯、聚丙烯等用烧结法制备的管状滤材，优点是化学性质稳定、耐酸碱、耐腐蚀，缺点是不耐热。孔径有 1 μm、5 μm、7 μm 等，其中 1 μm 可用于注射剂的过滤。

（6）垂熔玻璃过滤介质。将中性硬质玻璃烧结而成的孔隙错综交叉的多孔型滤材。广泛用于注射剂的过滤。

（7）多孔陶瓷。用白陶土或硅藻土等烧结而成的筒式滤材，有多种规格，主要用于注射剂的精滤。

（8）微孔滤膜。微孔滤膜是高分子薄膜过滤材料，厚度为 0.12～0.15 μm，孔径为 0.01～14 μm，有多种规格。包括醋酸纤维素酯膜、硝酸纤维素酯膜、醋酸纤维酯和硝酸纤维酯的混合膜、聚氯乙烯膜、聚酰胺膜、聚碳酸酯膜和聚四氟二烯膜等。微孔滤膜主要用于注射剂的精滤和除菌过滤。特别适用于一些不耐热产品。此外还可用于无菌检查，灵敏度高，效果可靠。

若待滤液中含有极细微粒时，在过滤介质上形成一致密的滤饼而堵塞孔道，使过滤无法进行；另外在待滤液中含有黏性或高度可压缩性颗粒时，形成的滤饼对滤液的阻力很大。此时可将某种质地坚硬的，能形成疏松滤渣层的另一种固体颗粒加入滤浆中，或将其制成糊状物铺于过滤介质表面，用以形成较疏松的滤饼，使滤液得以畅流，此固体颗粒称为助滤剂。其作用就是减少过滤的阻力。

常用的助滤剂：❶硅藻土，主要成分为二氧化硅，有较高的惰性和不溶性，是最常用的助滤剂；❷活性炭，常用于注射剂的过滤，有较强的吸附热原、微生物的能力，并具有脱色作用。但它能吸附生物碱类药物，应用时应注意其对药物的吸附作用；❸滑石粉，吸附性小，能吸附溶液中过量不溶性的挥发油和色素，适用于含黏液、树胶较多的液体，在制备挥发油芳香水剂时，常用滑石粉作助滤剂。但滑石粉很细，不易滤清；❹纸浆，有助滤和脱色作用，中药注射剂生产中应用较多，特别适用于处理某些难以滤清的药液。

3．过滤装置

过滤装置主要有以下几种。

（1）普通漏斗。常用的有玻璃漏斗和布氏漏斗，常用滤纸、长纤维的脱脂棉以及绢布等做过滤介质，适用于少量液体制剂的预滤，如脱碳过滤等。

（2）垂熔玻璃滤器。分为垂熔玻璃漏斗、滤器及滤棒三种。按过滤介质的孔径分为 1～6 号，生产厂家不同，代号亦有差异。国内几家厂家生产的垂熔玻璃滤器规格见表 10-4。

表 10-4　国产垂熔玻璃滤器规格比较

上海玻璃厂		长春玻璃厂		天津滤器厂	
滤器号	滤板孔径/μm	滤板号	滤板孔径/μm	滤棒号	滤棒孔径/μm
1	80～120	G1	20～30	1G1	80～120
2	40～80	G2	10～15	1G2	40～80
3	15～40	G3	4.9～9	1G3	15～40
4	5～15	G4	3～4	1G4	5～15
5	2～5	G5	1.5～2.5	1G5	2～5
6	<2	G6	<1.5	1G6	<2

3 号和 G2 号多用于常压过滤，4 号和 G3 号多用于减压或加压过滤，6 号以及 G5 号、G6 号作无菌过滤用。

垂熔玻璃滤器的优点：❶化学性质稳定（强碱和氢氟酸除外）；❷吸附性低，一般不影响药液的 pH；❸易洗净，不易出现裂漏，碎屑脱落等现象。

缺点：价格高，脆而易破。使用时可在垂熔漏斗内垫上一绸布或滤纸，可防污物堵塞滤孔，也有利于清洗，可提高滤液的质量。

这种滤器，操作压力不得超过 98.06 kPa，可热压灭菌。垂熔漏斗使用后要用水抽洗，并以 1%～2%硝酸钠硫酸液浸泡处理。

（3）砂滤棒。国产的主要有两种，一种是硅藻土滤棒，另一种是多孔素瓷滤棒。硅藻土滤棒质地疏松，一般适用于黏度高、浓度大的药液。根据自然滤速分为粗号（500 mL/min 以上）、中号（500～300 mL/min）、细号（300 mL/min 以下）。注射剂生产常用中号。多孔素瓷滤棒质地致密，滤速比硅藻土滤棒慢，适用于低黏度的药液。

砂滤棒的优点：砂滤棒价廉易得，滤速快，适用于大生产中粗滤。

缺点：砂滤棒易于脱砂，对药液吸附性强，难清洗，且有改变药液 pH 现象，滤器吸留滤液多。砂滤棒用后要进行处理。

（4）板框式压滤机。由多个中空滤框和实心滤板交替排列在支架上组成，是一种在加压下间歇操作的过滤设备。此种滤器的过滤面积大，截留的固体量多，且可在各种压力下过滤。

板框式压滤机：可用于黏性大、滤饼可压缩的各种物料的过滤，特别适用于含少量微粒的待滤液。在注射剂生产中，多用于预滤用。

缺点：装配和清洗麻烦，容易滴漏。

（5）微孔滤膜过滤器。以微孔滤膜作过滤介质的过滤装置称为微孔滤膜过滤器。常用的有圆盘形和圆筒形两种，圆筒形内有微孔滤膜过滤器若干个，过滤面积大，适用于注射剂的大生产。

微孔滤膜过滤器的优点：❶微孔孔径小，截留能力强，有利于提高注射剂的澄明度；❷孔径大小均匀，即使加快速度，加大压力差也不易出现微粒“泄漏”现象；❸在过滤面积相同、截留颗粒大小相同的情况下，微孔滤膜的滤速比其他滤器（垂熔玻璃漏斗、砂滤棒）快40倍；❹滤膜无介质的迁移，不会影响药液的pH，不滞留药液；❺滤膜用后弃去，不会造成产品之间的交叉感染。

缺点：易堵塞，有些滤膜化学性质不理想。

（6）其他。另外还有超滤装置、钛滤器、多孔聚乙烯烧结管过滤器等。

在注射剂生产中，一般采用二级过滤，先将药液用常规的滤器如砂滤棒、垂熔玻璃漏斗、板框压滤器或加预滤膜等办法进行预滤后才能使用滤膜过滤，即可将膜滤器串联在常规滤器后作末端过滤之用。但还不能达到除菌的目的，过滤后还需灭菌。

四、注射液的灌封

滤液经检查合格后进行灌装和封口，即灌封。封口有拉封与顶封两种，拉封对药液的影响小。如注射用水加甲红试液测pH为6.45，灌装于10 mL安瓿中，分别用拉封与顶封，再测pH时，拉封pH为6.35，顶封pH为5.90。故目前都主张拉封。粉针用安瓿或具有广口的其他类型均采用拉封。

灌封操作分为手工灌封和机械灌封两种。手工灌封常用于小试，动物药品企业多采用全自动灌封机，安瓿自动灌封机因封口方式不同而异，但它们灌注药液均由下列动作协调进行：安瓿传送至轨道，灌注针头上升、药液灌装并充气，封口，再由轨道送出产品。灌液部分装有自动止灌装置，当灌注针头降下而无安瓿时，药液不再输出而污染机器与浪费。我国已有洗、灌、封联动机和割、洗、灌、封联动机，生产效率有很大提高。但灭菌包装还没有联动化。

灌装药液时应注意：❶剂量准确，灌装时可按《中国兽药典》（2005版）附录要求适当增加药液量，以保证注射用量不少于标示量。根据药液的黏稠程度不同，在灌装前，必须用精确的小量筒校正注射器的吸液量，试装若干支安瓿，经检查合格后再行灌装。❷药液不沾瓶，为防止灌注器针头“挂水”，活塞中心带有毛细孔，可使针头挂的水滴缩回并调节灌装速度，过快时药液易溅至瓶壁而沾瓶。❸通惰性气体时既不使药液溅至瓶颈，又使安瓿空间空气除尽。一般采用空安瓿先充惰性气体，灌装药液后再充一次效果较好。有些药厂在通气管路上装有报警器以检查充气效果，也可用CY-2型测氧仪检测残余氧气。

在安瓿灌封过程中可能出现的问题有：剂量不准，封口不严（毛细孔）、出现大头、焦头、瘪头、爆头等。焦头主要因安瓿颈部沾有药液，封口时炭化而致。灌药室给药太急，溅起药液在安瓿瓶壁上；针头往安瓿里灌药时不能立即回缩或针头安装不正；压药与打药行程不配合等都会导致焦头的产生。充 CO_2 时容易发生瘪头、爆头。对于出现的各个问题，应逐一分析原因，然后予以解决。

五、注射液的灭菌与检漏

（一）灭菌

除采用无菌操作生产的注射剂外，一般注射液在灌封后必须尽快进行灭菌，以保证产品的无菌。注射液的灭菌要求是杀灭所有微生物，以保证用药安全。但应注意避免药物的降解，以免影响药效。灭菌与保持药物稳定性是矛盾的两个方面，灭菌温度高、时间长，容易把微生物杀灭，但却不利于药液的稳定，因此选择适宜的灭菌法对保证产品质量甚为重要。在避菌条件较好的情况下生产可采用流通蒸汽灭菌，1～5 mL 安瓿多采用流通蒸汽（100℃，30 min）；10～20 mL 安瓿常用 100℃、45 min 灭菌。

（二）检漏

灭菌后的安瓿应立即进行漏气检查。若安瓿未严密熔合，有毛细孔或微小裂缝存在，则药液易被微生物与污物污染或药物泄漏，污损包装，应检查剔除。检漏一般采用灭菌和检漏两用的灭菌锅将灭菌、检漏结合进行。灭菌后稍开锅门，同时放进冷水淋洗安瓿使温度降低，然后关紧锅门并抽气，漏气安瓿内气体亦被抽出，当真空度为 85 326～90 657 Pa 时，停止抽气，开色水阀，至颜色溶液（0.05%曙红或亚甲蓝）盖没安瓿时止，开放气阀，再将色液抽回储器中，开启锅门、用热水淋洗安瓿后，剔除带色的漏气安瓿。也可在灭菌后，趁热立即放颜色水于灭菌锅内，安瓿遇冷内部压力收缩，颜色水即从漏气的毛细孔进入而被检出。深色注射液的检漏，可将安瓿倒置进行热压灭菌，灭菌时安瓿内气体膨胀，将药液从漏气的细孔挤出，使药液减少或成空安瓿而剔除。还可用仪器检查安瓿隙裂。

第六节　注射剂生产管理要点

下面以最终灭菌小容量注射剂为例介绍注射剂的生产管理要点。

一、生产前的检查与确认

- 检查确认生产场所是否还留存有前批生产的产品或物料，生产场所是否已清洁，并取得“清场合格证”；

- 检查确认生产现场的机器设备和器具是否已清洁并准备完毕和挂上“合格”标示牌；
- 检查确认所使用的原辅材料是否准备齐全，是否有相关质检报告单，合格品才能使用；
- 检查确认与生产品种相适应的批生产指令、相应配套文件及有关记录是否已准备齐全；
- 检查确认生产场所的温度与湿度是否在规定范围之内（除特殊规定以外，洁净室温度应控制在18～26℃，相对湿度控制在30%～65%）。

二、工艺用水

参见第二部分第五章第一节工艺用水有关内容。

三、安瓿的洗涤及干燥灭菌

安瓿在准备室脱去外包装后送入粗洗室粗洗，然后送入精洗室洗涤。无论采取何种洗涤方式，外壁应冲洗，内壁至少用纯化水洗两次，每次必须除去残水。最后用经过孔径为0.45 μm滤膜滤过的澄明度合格的注射用水洗净，干燥、灭菌、冷却。

灭菌后的安瓿应立即使用或清洁存放。贮存不得超过 2 d，如已超过，则必须重新灭菌或重新洗涤灭菌。洗涤后的瓶子应进行清洁度及澄明度检查。

四、配制工序的管理

（一）称量管理

- 只有质量部门批准放行的原辅材料，方可配料使用。称量前应核对原辅料品名、批号、生产厂、规格等，应与检验报告单相符。调换原辅料供应商时应将小样试验合格单或已经过验证的报告。
- 称量时必须有复核人，操作人和复核人均应在称量原始记录上签名。
- 剩余的原辅料应密封贮存，并在容器外标明品名、批号、日期、剩余量及使用人姓名。
- 称量前，称量器必须每次校零，并定期由计量部门专人校验，做好记录。
- 处方必须复核，原料的使用量应根据原料的实际含量或效价，含水量等因素进行换算，按处方量的100%投料。

（二）配制

- 每一个配制罐必须标明配制液的品名、规格、批号和配制量；
- 配制时，每一种原辅料的加入和调制，必须由核对人确认并做好记录；
- 配制过程中的温度调节和配制的最后定量均要有复核人确认，并有操作人和复核人签字；
- 药液配制完毕后，需进行中间体含量、pH 等检查，调整含量后需经复核。

（三）粗滤及精滤

- 药液的粗滤和精滤应分别在不同洁净级别的不同房间进行；
- 砂滤棒按品种专用，用于同一品种连续生产时要每天清洗、煮沸消毒；
- 凡接触药液的设备、管道和容器等，应根据品种制定清洗要求，定期用清洁剂进行处理，更换品种时必须用清洁剂处理，处理后应用注射用水洗涤至清洁；
- 药液经含量、pH 检验合格后方可精滤，精滤药液经澄明度检查合格后才能灌装；
- 药液的精滤用孔径 0.22～0.80 μm 的滤膜进行过滤，使用时先用注射用水漂洗或压滤至无异物脱落，并在使用前后做起泡点试验；
- 精滤药液的盛装容器应封闭，并标明药液的品种、规格、批号；
- 在精滤过程中，如发现过滤压力突然下降或过滤速度突然加快，则应重新测试滤膜的完好性；
- 药液自配制至灭菌一般应在 24 h 内完成，特殊品种另行规定。

五、灌封

- 灌装管道、针头等使用前用注射用水洗净并煮沸灭菌，必要时应干燥灭菌；软管的应选用不落微粒者；特殊品种应专用；
- 盛装药液的容器应密闭，置换入的空气要经过滤；
- 直接与药液接触的惰性气体、压缩空气，使用前需净化处理，其纯度（只指惰性气体）及所含微粒量应符合规定要求；
- 充惰性气体的品种在灌装操作过程中要注意气体压力变化，保证充填足够的惰性气体；
- 为了保证做到灌注规定的量，按《中国兽药典》（2005 版）规定注射液灌装的增加量必须保证；
- 灌装后，应及时抽取少量半成品检查澄明度、装量、封口等质量状况；
- 半成品盛器内应标明产品名称、规格、批号、日期、灌封机号及顺序号，操作者姓名。

六、灭菌

- 宜选用双扉式灭菌柜，如采用单门灭菌柜时，应有防止待灭菌品与已灭菌品相混淆的措施。
- 不同品种、规格产品的灭菌条件，应按确认达到无菌的方法加以验证。验证后的灭菌程序，如温度、时间、柜内放置数量和排列层次等，不得随意更改。并定期对灭菌程序进行再验证。
- 每批产品灭菌前，应核对品名、批号、数量，按规定的灭菌标准操作程序操作。
- 灭菌时应及时做好记录，并密切注意温度、压力、时间，如有异常情况应及时处理。
- 灭菌后的产品应进行检漏；检漏的真空度必须在－8 kPa。
- 灭菌后需逐柜取样，按柜编号做无菌试验。
- 灭菌结束出料后，仔细清除灭菌柜中遗漏的半成品，以防混入下一批。
- 灭菌柜应定期进行再验证，校核温度计、压力表，测定柜内温度的均一性。
- 灭菌产品的存放应按品种、规格分开，并制定措施，严防灭菌前后产品混淆。

七、灯检

- 应按澄明度检验标准和方法逐支目检；
- 检查员视力应在 0.9 以上，视力状况每年检查一次，连续灯检时间不宜过长；
- 检查后的半成品应注明检查者的姓名或标记，由专人抽查，不符合要求时应返工重检；
- 灯检不合格产品应及时分类记录，标明品名、规格、代号、批号，置于盛器内移交专人处理；
- 每批结束后做好清场工作。

八、印字包装

- 操作前应校对半成品的名称、规格、批号及数量是否与领用的包装材料、标签、说明书一致；
- 印字、包装、装箱过程中应随时检查品名、规格、批号及各层次包装是否相符；
- 包装结束后应统计标签的实用数、损坏数及剩余数，与领用数做物料平衡检查，并按标签管理 SOP 规定处理剩余标签和报废标签；

- 包装结束后待检，检验合格后入库。

九、物料平衡检查

生产加工包装过程中，各产品每一阶段的收率是否正常，应有检查、控制和处理的方法。

十、清场

生产现场在换批号和更换品种及规格时，应按有关清场管理的规定进行清场处理，清场合格后应挂标示牌和出具清场合格证。合格证的正证纳入批生产记录，副证纳入下批次产品生产记录。

十一、记录

每批产品生产结束时，应由专人负责各工序操作记录的收集、汇总并审核，汇编成批生产记录和批包装记录。

第七节　注射剂质量控制要点

下面以最终灭菌小容量注射剂为例介绍注射剂的质量控制要点。最终灭菌小容量注射剂质量控制要点见表 10-5。

表 10-5　最终灭菌小容量注射剂质量控制要点

工　序	质量控制要点	质量控制项目	频　次
制　水	纯化水	电导率	1 次/2 h
		《中国兽药典》（2005 版）全项	1 次/周
	注射用水	电导率、pH、氯化物、铵盐、澄明度	1 次/2 h
		《中国兽药典》（2005 版）全项	1 次/周
理　瓶	原包装安瓿	检验报告单、清洁度	定时/班
洗　瓶	隧道烘箱（或箱式烘箱）	温度	定时/班
	洗净后安瓿	清洁度	定时/班

工　序	质量控制要点	质量控制项目	频　次
配　药	药液	批号划分与编制、主药含量、pH、澄明度、色泽、过滤器材的检查（如起泡点等）	每批
灌　封	烘干的安瓿	清洁度	随时/班
	药液	色泽	随时/班
		澄明度	随时/班
	封口	长度、外观	随时/班
	灌封后半成品	药液装量、澄明度	随时/班
灭　菌	灭菌柜	标记、装量、温度、时间、记录、真空度	每锅
	灭菌前后半成品	外观清洁度、标记、存放区	每批
灯　检	灯检品	抽查澄明度	定时/班
		每盘标记、灯检者代号、存放区	随时/班
包　装	在包装品	每盘标记、灯检者代号	每　盘
	印字	批号、内容、字迹	随时/班
	装盒	数量、说明书、标签	随时/班
	标签	内容、数量、使用记录	每　批
	装箱	数量、装箱单、印刷内容、装箱者代号	每　箱

复习思考题

1. 注射剂的概念、分类和给药途径是什么？
2. 热原的污染途径有哪些？如何除去热原？检查方法如何？
3. 注射用水的质量要求有哪些？
4. 常见注射剂的溶媒和附加剂有哪些？
5. 简述注射剂的生产工艺流程。

第十一章　其他剂型

【教学目标】

- 了解胶囊剂的特点、种类；
- 了解软膏剂、眼膏剂常用基质及其性质；
- 掌握胶囊剂的制备工艺；
- 了解胶囊剂的生产管理要点和生产质量控制要点。

第一节　胶囊剂

一、概述

胶囊剂指药物或加有辅料充填于空心胶囊或软质囊材中的制剂。空胶囊主要原料是明胶。近年来也可用甲基纤维素、海藻酸钙、聚乙烯醇（PVA）以及其他高分子材料。

（一）胶囊剂的特点

胶囊剂一般供内服之用。胶囊剂不仅外观整洁、美观、较散剂易吞服，而且有以下特点：

（1）胶囊剂适合于犬、猫等小动物服用可掩盖药物不适的苦味。如奎宁、鱼肝油等制成胶囊后便于服用。

（2）药物的生物利用度较丸剂、片剂高。胶囊剂不像丸剂和片剂那样在制备时需要加黏合剂和压力，所以在胃肠中吸收快。

（3）提高药物稳定性。对光敏感的药物、遇湿热不稳定的药物，可装入不透光的胶囊中，以防止湿气和空气中的氧、光线对药物的作用，从而提高药物的稳定性。如维生素、抗生素等。

（4）弥补其他固体剂型的不足。如含油量高因而不易制成丸、片剂的药物，可制成胶囊剂。

（5）可定时定位释放药物。如将药物先制成颗粒，然后用不同释放速度的包衣材料进行包衣按需要的比例混合。装入胶囊中即可达到长效性的目的。

药物的水溶液或稀乙醇溶液，因能使胶囊溶化，不宜制成胶囊剂。易溶性的药物如溴化物、碘化物、氯化物等亦不宜制成胶囊剂，因为胶囊剂在胃中溶解后，局部浓度较高而刺激胃黏膜。

（二）胶囊剂的种类

胶囊剂分硬胶囊剂、软胶囊剂和肠溶胶囊剂。

1．硬胶囊剂

指将一定量的药物加辅料制成均匀的粉末或颗粒，充填于空心胶囊中制成，或将药物直接充填于空心胶囊中制成。

2．软胶囊剂

指将一定的药液密封于球形或椭圆形的软质囊材中，可用滴制法或压制法制备。软质囊材是由胶囊用明胶、甘油或其他药用材料制成。

3．肠溶胶囊剂

指硬胶囊或软胶囊经药用高分子材料处理或用其他适宜方法加工而成。其囊壳不溶于胃液，但能在肠液中崩解而释放活性成分。

二、胶囊剂的制备

制备胶囊所用的主要原料为明胶。明胶质量的好坏，直接影响胶囊的质量，如易脆裂，弹性差。为了增加胶囊的坚韧性与可塑性，可适当加入少量附加剂如羧甲基纤维素钠或油酸酰胺磺酸钠、山梨醇、β-萘酚等，以改善其吸湿性与防止脆裂。也可加入适量的甘油以保持一定水分防止脆裂。适当的蔗糖或蜂蜜可增加胶囊的硬度，也可起到矫味作用。为了防止胶囊的腐败，还常加入适量防腐剂，如对羟基苯甲酸酯类等。

（一）硬胶囊剂的制备

1．空胶囊的选择

由于药物填充多用容积控制，而各种药物的比重、晶形、细度以及剂量不同，所占的体积也不同。故必须选用适宜大小的空胶囊。

2．药物的填充

小量配制时，一般以手工法操作。先将固体药物的粉末置于纸或玻璃板上，用药刀铺成一层并轻轻压紧，厚度为下节胶囊高度的1/4～1/3倍，然后持下节胶囊，口向下插入粉层中，使药物嵌入囊内，如此压装数次至胶囊被填满，然后称取重量，如重量达标，即将上节胶囊套上。在填装过程中所施加的压力应均匀，使每一胶囊计量准确，并应随时加以校准。大量生产时，使用胶囊填充机操作，多在药厂生产时使用，这里不详细叙述。

（二）软胶囊剂的制备

软胶囊剂多由制药厂供应，是一种球形或椭圆形的弹性胶囊，又称胶丸（或胶囊丸）。囊心多填充以各种油类或对明胶无溶解作用的液体药物或混悬液，也有填充固体粉末者。其制备方法有两种。

1．模压法

模压法是用钢板模进行。钢板模包括两块可以复合的钢板，每板上均有一定数目与大小相同的圆形或椭圆形穿孔。操作时，先将明胶、甘油和蒸馏水加热熔化制成均匀的胶液涂于钢板上，以90℃表面水分蒸发，制成韧性适宜的胶片备用。后将钢板模的两面加温，先取胶片一张，向钢板模面先涂适量油（亚油酸乙酯与豆油为3∶1混合）润滑防黏，再平铺于钢板模的下模上，然后将计算量的药液倒于胶片上，使成一均匀薄层，再取胶片一张覆盖于药液之上，在其背后亦涂以适量的润滑油，盖上上模板，置于油压机或水压机中加压，将胶片切断，包裹药物的胶片即被压入上下模孔内成丸，将胶丸取出，即成。大生产时可采取自动旋转扎丸机连续操作。

2．滴制法

利用滴丸机来制备。如鱼肝油丸的制备。

三、胶囊剂的生产管理要点

胶囊剂生产工艺流程及环境区域划分见图11-1。

1．生产前准备

先核对生产指令，检查所准备的生产文件、批生产记录、物料是否与生产指令相符，并确认生产现场清场清洁状况。设备状态及设备、器具清洁已符合要求，方可进行下一步工作。

2．称量和预处理

（1）物料经缓冲区脱去外包装或经适当清洁处理后才能进入备料室。

（2）称量器具在使用前应校正，并由计量部门定期校验。

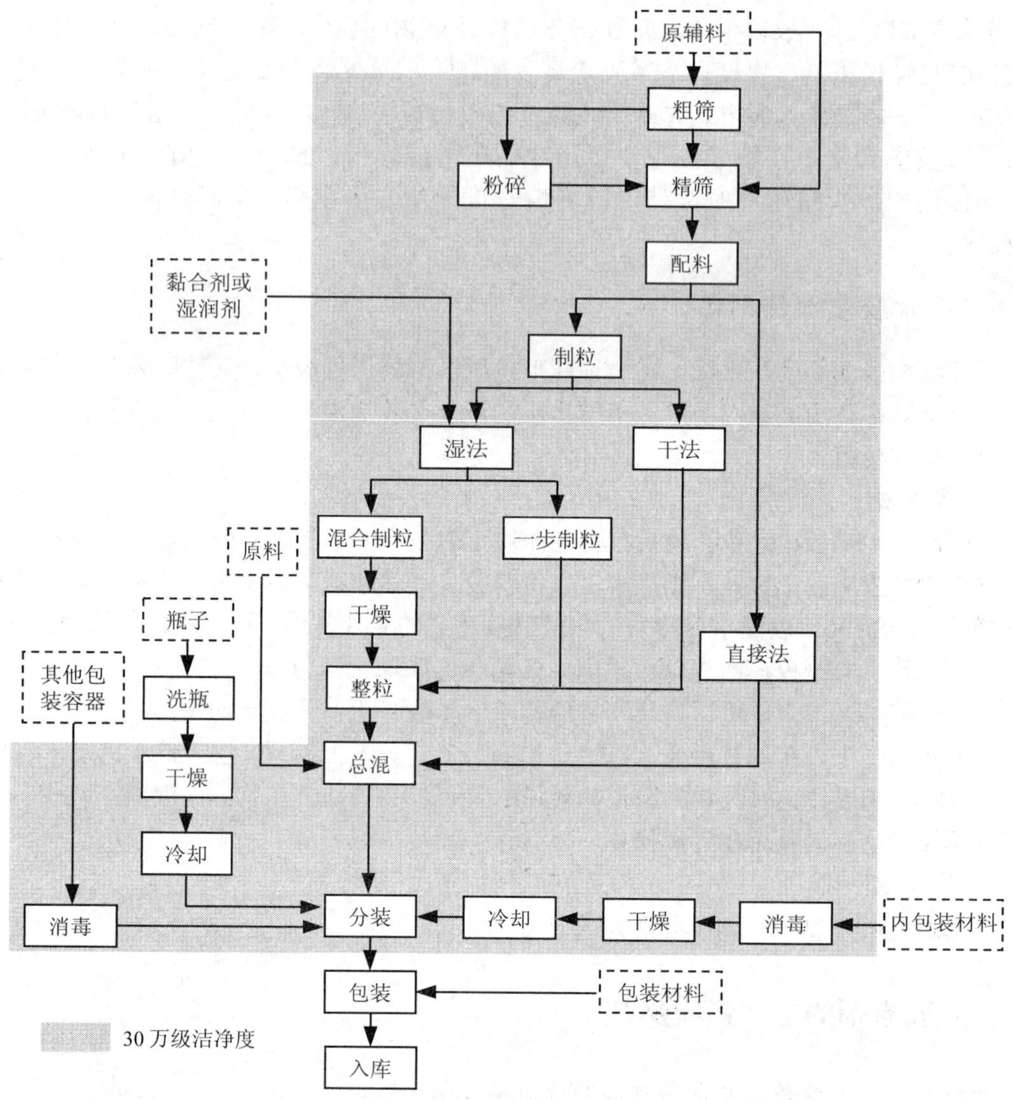

图 11-1　胶囊剂生产工艺流程及环境区域划分

(3) 原辅料使用前要目检、核对毛重并过筛。液体原料必要时应过滤、除去异物。

(4) 过筛前核对物料品名、规格、批号和重量等。过筛后的原辅料应在盛器内外附上标签，写明品名、规格、重量、代号、批号、日期和操作者等，做好相关记录。

(5) 过筛后应粉碎至规定细度。筛网和滤网每次使用前后，应检查其磨损破裂状况，发现问题及时更换。

3. 配料

配料前应按领料单先核对原辅料品名、规格、代号、批号、生产厂、包装情况。处方计算、称量及投料必须复核，操作者及复核者均应在记录上签名。

配好的物料装在清洁的容器内。容器内、外都应有标签，写明物料品名、规格、批号、重量、日期和操作者姓名。

4. 制粒

使用的容器、设备和工具应洁净，无异物。制粒时，必须按规定将原辅料混合均匀，加入黏合剂和适量的水。工艺用水符合 GMP 规定。对主药含量小或有剧毒药物的品种应按药物的性质用适宜的方法使药物均匀度符合规定，一个批号分几次制粒时，颗粒的松紧要一致。

采用高速湿法混合颗粒机制粒时，按工艺要求设定干混、湿混时间以及搅拌桨和制粒刀的速度与加入黏合剂的量。当混合制粒结束时，彻底将混合器的内壁、搅拌桨和盖子上的物料擦刮干净，以减少损失，消除交叉污染的风险。

对黏合剂的品种、温度、浓度、数量、流化喷雾法制粒的喷雾、颗粒翻腾状态以及干压制粒的压力等技术条件，必须按品种特点制定必要的技术参数，严格控制操作。流化法制粒时应注意防爆。

5. 干燥

按品种制定参数以控制干燥盘中的湿粒厚度、数量，干燥过程中应按规定翻料，并记录。严格控制干燥温度，防止颗粒熔融、变质，并定时记录温度。

采用流化床干燥时所用的空气应净化除尘，排出的气体要有防止交叉污染的措施。操作中随时注意流化室温度，颗粒流动情况，应不断检查有无结料现象。更换品种时必须洗净或更换滤袋。应定期检查干燥温度的均匀性。

6. 整粒与混合

整粒机必须装有除尘装置。整粒机的落料漏斗应装有金属探测器，除去意外进入颗粒中的金属。

宜采用 V 型混合机或多向运动混合机进行总混，每混合一次为一个批号。混合机内的装量一般不宜超过该机总容积的 2/3。混合好的颗粒装在洁净的容器内，容器内、外均加有标签，写明品名、规格、批号、重量、日期和操作者等，及时送中间站。

7. 中间站

必要时，可按工艺要求设中间站，其环境区域洁净度为 30 万级。中间站的职责范围包括：

（1）制定各工序半成品的入站、移交、验收、贮存及发放制度，各工序容器保管、发放制度。

（2）中间站必须有专人负责验收、保管半成品。按品种、规格、批号明显标志，加盖分区存放，并按作业计划向各工序发放，做好记录。

（3）统一管理车间半成品的各种周转容器及盛具。各工具使用后的容器及盛具退回中间站后要检查，清洗并烘干后才能再使用。

8．胶囊剂灌装

❶生产作业场所与室外保持相对负压，粉尘由吸尘装置排除。室内应根据工艺要求控制温度和相对湿度。❷在灌装前核对颗粒的品名、规格、批号、重量，并检查颗粒的外观质量和空胶囊壳规格、颜色是否与工艺要求相符。❸灌装前应试车，并检查胶囊的装量、崩解度。符合要求后才能正常开车。开车后应定时抽样检查装量。❹已灌装的胶囊，筛去附在胶囊表面的细粉，拣去瘪头等不合格品，并用干净的不脱落纤维的织物将胶囊表面的细粉揩净。盛于清洁的容器内，标明品名、规格、批号、重量等。

9．包装

包装材料在使用前应经预处理：玻璃瓶用饮用水洗干净，最后用纯化水冲洗并经高温干燥灭菌，清洁贮存，贮存时间不得超过 3 d，超过规定时间应重洗。

塑料瓶、袋、铝塑材料等的外包装应严密，内部清洁干燥。必要时采取适当方法清洁消毒。直接接触药品的内包装材料应与药品不起作用并采取适当方法清洁消毒，消毒后干燥密封保存。

旋转式分装机和铝塑包装机上部都应有吸尘装置，排除粉尘。对包装标签的品名、规格、批号、有效期等必须复核校对。包装结束后，应准确统计标签的实用数、损坏数和剩余数，与领用数相符。剩余标签和报废标签按规定处理。包装全过程应随时检查包装质量。要求贴签端正、批号正确、封口纸平整严密、PVP 泡罩和铝箔热压熔合均匀、装箱数量准确及外箱文字内容清晰正确。

10．清场

现场生产在换批号和更换品种、规格时，每一生产工序需进行彻底清场。清场合格后应挂标示牌。清场合格证应纳入批生产记录。

11．生产记录

各工段应即时填写本工段的生产记录。并由车间质量管理员按批及时汇总，审核后交质量管理部门放入批档案，以便进行批成品质量审核及评估，符合要求者出具成品合格证书，放行出厂。

四、胶囊剂生产的质量控制要点

胶囊剂生产的质量控制要点见表 11-1。

表 11-1　胶囊剂生产的质量控制要点

<table>
<tr><th>工序</th><th>质量控制要点</th><th>质量控制</th><th>控制频次</th></tr>
<tr><td rowspan="2">粉碎</td><td>原辅料</td><td>异物</td><td>每批</td></tr>
<tr><td>粉碎过筛</td><td>细度、异物</td><td>每批</td></tr>
<tr><td>配料</td><td>投料</td><td>品种、数量</td><td>1 次/班</td></tr>
<tr><td rowspan="4">制粒</td><td rowspan="4">颗粒</td><td>黏合剂浓度、温度</td><td rowspan="4">1 次/批、班</td></tr>
<tr><td>纯化水</td></tr>
<tr><td>筛网</td></tr>
<tr><td>含量、水分</td></tr>
<tr><td rowspan="2">烘干</td><td>烘箱</td><td>温度、时间、清洁度</td><td>随时/班</td></tr>
<tr><td>沸腾床</td><td>温度、滤袋完好、清洁度</td><td>随时/班</td></tr>
<tr><td rowspan="5">灌装</td><td rowspan="5">硬胶囊</td><td>温度、湿度</td><td>随时/班</td></tr>
<tr><td>装量差异</td><td>3～4 次/班</td></tr>
<tr><td>崩解时限</td><td>1 次以上/班</td></tr>
<tr><td>外观</td><td>随时/班</td></tr>
<tr><td>含量、均匀度</td><td>每批</td></tr>
<tr><td rowspan="3">洗瓶</td><td>纯化水</td><td>《中国兽药典》（2005 版）全项</td><td>1 次/月</td></tr>
<tr><td rowspan="2">瓶子</td><td>清洁度</td><td>随时/班</td></tr>
<tr><td>干燥</td><td>随时/班</td></tr>
<tr><td rowspan="4">包装</td><td>在包装品</td><td>装量、封口、瓶签、填充物</td><td>随时/班</td></tr>
<tr><td>装盒</td><td>数量、说明书、标签</td><td>随时/班</td></tr>
<tr><td>标签</td><td>内容、数量、使用记录</td><td>每批</td></tr>
<tr><td>装箱</td><td>数量、装箱单、印刷内容</td><td>每箱</td></tr>
</table>

第二节　软膏剂

一、概述

软膏剂指药物与适宜基质制成具有适当稠度的膏状外用制剂。其中用乳剂型基质的亦称乳膏剂。

软膏剂主要是发挥局部作用。多用于皮肤及黏膜，具有滋润皮肤，防止干燥，皲裂，防止细菌侵入，对创伤或病变皮肤起防腐、杀菌、消炎、收敛以及促进肉芽生长和伤口愈合的作用。一般不要求软膏中药物透过皮肤而产生全身吸收作用。但由于皮肤病灶深浅不同，要求发生作用的部位也不同。某些含有化学药品、有毒气体或液体的软膏有时能透过皮肤吸收而产生局部或全身毒性，应当引起注意。

二、软膏剂的基质

软膏剂的组成可分为主药与基质两部分。基质为主药的赋形剂，使软膏具有一般的稠度、黏着性及涂展性。有时，基质的性质也往往能影响主药疗效的发挥，例如基质中，如含有乳化剂可以乳化一定量的水分而形成乳剂基质，使某些药物能更容易为皮肤吸收。

（一）软膏基质的种类

目前常用的基质可分为油脂性基质、乳剂型基质及水溶性基质三类。

1．油脂性基质

包括烃类、类脂及动、植物油脂等。此类基质的共同特点是滑润，无刺激性，对皮肤有保护、软化作用，一般不与药物发生配伍禁忌，不易长霉。其缺点是释放药物性能差，油腻性强，不易洗除。

油脂性基质以烃类基质凡士林为最常用，类脂中以羊毛脂应用较多。其余的几乎全用于调节软膏剂的软硬度。

（1）烃类。为石油蒸馏后得到的各种烃的混合物，其中大部分属于饱和烃。

❶凡士林是液体烃类与固体烃类形成的半固体混合物，有黄、白两种，白色的由黄凡士林脱色而成。熔点 38～60℃；有适宜的黏性和涂展性，不刺激皮肤和黏膜，化学性质稳定，呈中性，能与蜂蜡、脂肪、植物油以及其他烃类物质混合。但不能渗透皮肤，也不能较快地释放药。故其只能起到局部的覆盖作用。因其阻碍伤患处分泌物的排泄，故临床上不适用于渗出性的伤患处，以免引起发炎。本品仅能吸收约为 5%的水，常可加入部分羊毛脂来改善其吸水性。

❷石蜡为固体烃类的混合物，熔点 47～65℃。可与蜂蜡、鲸蜡等熔合，用以调节软膏硬度及增高熔点使用。

❸液状石蜡是石蜡的分馏产物——330℃以上蒸馏出的液体烃的混合物。能与多数脂肪油或挥发油混合，主要用于调节软膏的稠度或用以研磨药物粉末以利于与基质混合。

❹硅酮是有机硅的聚合物，主要含直链二甲基硅氧烷。软膏用的液状硅酮通称硅油或甲基硅油，疏水性强，故包括在油脂性基质中。

本品常与油脂性基质合用制成防护性软膏，用于防止浓性物质及酸、碱液等的刺激或腐蚀，也可制成乳剂型基质应用，本品对眼有刺激性，不宜做眼膏基质。

（2）油脂类。油脂类指从动、植物而得的高级脂肪酸甘油酯及其混合物计此类基质不如烃类基质化学性质稳定，在贮存过程中易受温度、光线、氧气等的影响引起分解、氧化和酸败，产生的过氧化物及低级脂肪酸，有刺激性并可引起药物分解变质。为防止氧化变质，可加入抗氧剂和防腐剂。

❶豚脂有适宜的稠度，熔点36～42℃。豚脂中含有少量胆固醇，与人皮脂相近，并有一定的吸水性，可吸收约15%的水分及适量甘油或乙醇。有良好的涂展性和穿透性。其缺点为易受光、热、空气、湿气等的影响而酸败。酸败了的豚脂，对皮肤、黏膜有较强的刺激作用。为了防止酸败，可以加入安息香约2%作为安息香豚脂应用。

❷植物油为不饱和脂肪酸的甘油三酯，一般在常温下为液体，也能酸败。但比动物脂肪油略佳。常用者为麻油，棉籽油、花生油等，对皮肤的渗透性比豚脂小，通常不单独作为软膏基质，而与其他基质以溶合物状态应用。例如单软膏即以蜂蜡330 g和植物油670 g在水浴上加热熔合而成，可作基质应用。

（3）类脂。多系高级脂肪酸与高级一元醇化合而成的酯，其物理性质与脂肪有相似之处，但大多数能吸收较多量的水而形成油包水型乳剂。

❶羊毛脂指无水羊毛脂，为附着在羊毛上的脂肪状物质，从洗羊毛水中提取精制而得的淡棕黄色黏稠的半固体，有微臭。

❷含水羊毛脂，含水量为30%，系W/O型乳剂，黏性较羊毛脂小，易取用。

❸蜂蜡，又称黄蜡（蜂蜡由黄蜡漂白精制而成为黄色硬块，熔点为62～67℃）。

❹鲸蜡，主要成分为棕榈酸鲸蜡醇酯，并含少量其他脂肪酸酯。熔点为42～50℃。具有很强的吸水性，不易酸败。

2. 乳剂型基质

乳剂型基质是由水相、油相和乳化剂三种成分组成，所用油相物质为半固体或固体，故形成半固体状态的乳剂型基质。W/O型乳剂基质较不含水的油性基质容易涂布，油腻性小，且水分从皮肤表面蒸发时有冷却作用。这类基质常用的乳化剂有羊毛脂、胆固醇、司盘、锌皂等。O/W型乳剂基质对某些药物的释放性能强，能吸水，易洗除，但易干燥，发霉，故要加入保温剂和防腐剂。这类基质常用的乳化剂有硬脂酸钾、硬脂酸钠、三乙醇胺、十二烷基硫酸钠或吐温类等。

（二）软膏基质对药物透皮吸收的影响

由于皮肤具有类脂膜结构特性，软膏中药物的穿透、吸收、除与药物的脂溶性和油水分配率有关外，软膏基质对药物的穿透、吸收亦有一定影响，一般来说，乳剂基质>动物油脂>植物油脂>凡士林、石蜡和液状石蜡。目前所用的一些水溶性基质中药物的释放虽然快，但对药物的穿透作用影响不大。均应根据药物性质与皮肤情况（如药物在受损皮肤、薄的皮肤及大面积烫伤部位均易吸收甚至引起中毒）等因素加以选用。

软膏基质中含有其他附加剂也可能影响透皮吸收。例如含少量不溶性药物的软膏，可先用少量二甲基亚砜将药物溶解后，再与基质混匀，可增加药物的穿透性。有时还可加适量表面活性剂以增加药物的分散，并增强基质的吸水性及可洗性。其他如用塑料薄膜覆盖，局部密封用药部位，亦可增加药物的穿透性。

三、软膏剂的制备

（一）研磨法

1．用软膏板、软膏刀研磨法

软膏板用玻璃或瓷制的板制成。软膏刀为钢质或竹制成，前者有较大弹性便于操作，但易与某些药物起作用；竹质者无此缺点，且较实用，尤其对酸类、碘、鞣酸、汞盐等调制软膏时，应用竹质刀为宜。本法适用于小量油脂性软膏的调制。

2．用乳钵、杵棒研磨法

本法适用于用软膏板调制有困难或液体与基质的混合。

3．机器研磨法

此法适用于大量的调制。常用的机器为三滚筒研磨机。

（二）熔融法

熔融法是用蒸发皿或蒸汽夹层锅进行。适用于软膏中含有的基质熔点不同，在常温下不能均匀混合者。在熔融操作时，一般先将熔点高的物质先熔化，再加熔点低的物质，最后加入液体成分，以避免低熔点物质受高温分解。在熔融过程中以及冷凝过程中，均应不断加以搅拌，使成品较均匀光滑。

（三）乳化法

将油溶性物质在一起加热至 80℃左右使熔化，另将水溶性成分溶于水，加热至较油相温度略高时（防止油相中的组分过早析出或凝结），将水相溶液逐渐加入油相中，边加边搅，待乳化完全后，搅拌至冷凝。

乳化法中，水、油两相的混合方法有 3 种：

- ❖ 两相同时加入，大批量的操作用此法；
- ❖ 分散相加到连续相中，适合于含小体积分散相的乳剂系统；
- ❖ 连续相加到分散相中，适用于多数乳剂系统。在混合过程中能引起乳剂的转型，从而生产更为细小的分散相粒子。例如，制备 O/W 型乳剂基质时，将水相在搅拌下缓缓加到油相中，开始时水相的比例低于油相的比例，形成 W/O 型乳剂；随后，当更多的水相加入时，则发生乳剂转型而成为 O/W 型乳剂。这样，可使分散相（油相）得以更快地分散。

第三节 眼膏剂

一、概述

眼膏剂指药物与适宜的基质制成供眼用的软膏剂。药物制成眼膏剂后较一般滴眼剂的疗效持久，并能减轻眼睑对眼球的摩擦。

眼膏剂使用的基质与药物必须纯净而极细腻，基质应无刺激性。眼膏剂应均匀、细腻，易涂布眼部，且不为微生物污染。主药不溶于水或不易用水溶解的，需制成极细粉末，全部通过 8 号筛，而后与基质研和。眼膏剂常用的基质为凡士林 8 份、液状石蜡和羊毛脂各 1 份的混合物，可根据季节气候适当增减液状石蜡的用量。基质应熔化后滤过，并经 150 ℃灭菌至少 1 h。此种基质较单用凡士林易与泪液及水溶性药液混合，也易附着于黏膜上并能促进药物渗透。

二、眼膏剂的制备

眼膏剂的制备应在清洁、避菌的环境中进行，注意防止微生物的污染。

眼膏剂的制备方法与普通软膏剂基本相同，凡主药易溶于水且性质稳定的，可先用少量灭菌蒸馏水溶解，再加入适量灭菌基质或羊毛脂研和，吸尽水液，再分次逐渐加入其余基质，研匀即可。若主药不溶于水或不宜用水溶解亦不溶于基质时，可用适宜的方法先将药物处理成一定要求的微粉，用少量灭菌液状石蜡研匀，再分次逐渐加入其余基质研匀，其最大颗粒不应超过 75 μm。

复习思考题

1. 胶囊剂有何特点？可分为哪几个种类？
2. 简述胶囊剂的制备工艺流程。
3. 软膏剂的制备方法有哪些？
4. 软膏剂、眼膏剂常用基质有哪些？

第十二章　动物药品新剂型

【教学目标】

- 掌握脂质体、微型胶囊制备方法；
- 了解缓释、控释制剂的特点、种类以及释药原理和方法。

第一节　脂质体制剂

一、概述

脂质体又称类脂小球，是一种类似生物膜结构的双分子层微小囊泡，也就是将药物包封于类脂质双分子层形成的薄膜中间所制成的超微型球状体制剂。

（一）脂质体的种类与特点

1．脂质体按结构种类分三种类型

（1）单室脂质体。药物的溶液只被一层类脂质双分子层所包封，球径约小于 25 nm（图 12-1）。

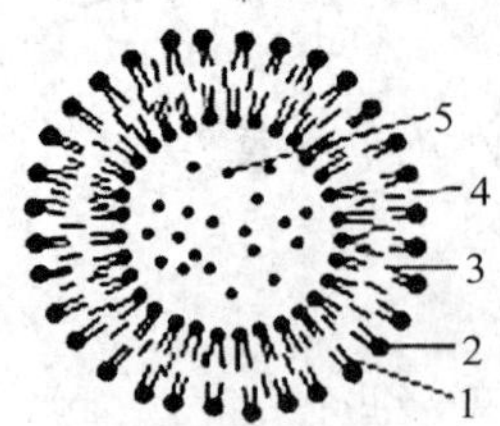

1．亲油基团；2．亲水基团；3．类脂质双分子层；4．脂溶性药物；5．水溶性药物

图 12-1　单室脂质体结构示意图

（2）多室脂质体。药物的溶液被有几层类脂质双分子层所隔开，形成不均匀的聚集体，球径约小于 5 μm，（图 12-2）。

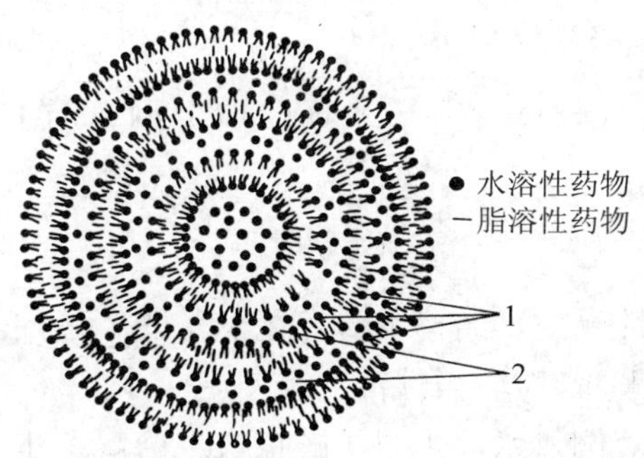

1．类脂质双分子层（三层）；2．水膜

图 12-2　多室脂质体结构示意图

（3）大多孔脂质体。为细胞的良好模型，比单室脂质体多包蔽 10 倍的药物，在电子显微镜下观察可发现在大小不同的区域内有球形的囊状结构。脂质体直径比微型胶囊剂小，最大不超过 5 μm，目前主要用作抗癌药物、抗菌类药物、酶制剂、抗寄生虫药物等的载体。

2．脂质体的特点

脂质体是一种具有独特作用的新剂型，其具有下列特点：

（1）降低药物毒性。药物被脂质体包封后，减轻变态反应和免疫反应，增加药物对细胞的通透性。可明显降低药物毒性。

（2）缓释性。脂质体具有缓慢释放药物的作用，使某些药物在体内缓慢释放，延长药物的作用时间。

（3）靶向性。由于肿瘤细胞中含有比正常细胞较高浓度的磷酸酶及酰胺酶，因此将抗肿瘤药物制成脂质体，不仅因酶解使药物容易释出，而且也可使药物在肿瘤细胞部位特异性地蓄积，并能延迟抗肿瘤药物从局部组织向血液、脏器扩散和移行的作用。

（4）提高药物的稳定性。不稳定的药物被脂质体包封后受到脂质体双层膜的保护，可提高稳定性。

（二）脂质体的组成与结构

脂质体是用类脂质作为成膜材料凝集而成的微粒，其主要膜材是磷脂类（作为骨架膜材料）和胆固醇（胆固醇为附加剂，还有十八胺、磷脂酸等，以改变脂质体的流动性、通透性及表面电荷性质等）。

磷脂类如卵磷脂、脑磷脂、大豆磷脂等的通式表示为：

$$
\begin{array}{l}
\left.\begin{array}{l} \mathrm{CH_2OCO\cdot(R')} \\ | \\ \mathrm{CHOCO\cdot(R'')} \end{array}\right\} \text{亲油基团} \\
| \qquad\qquad\quad \mathrm{O^-} \\
\underbrace{\mathrm{CH_2—O—\overset{+}{P}—OCH_2CH_2CH_2N^+(CH_3)_3}}_{\text{亲水基团}} \\
\qquad\qquad\quad \mathrm{O}
\end{array}
$$

上式说明磷脂类为两性物质，结构上含有亲水基团、亲油基团。分子中磷酸部分极性很强，溶于水；但烃链 R′与 R″为非极性部分，不溶于水。

如果把类脂质的醇溶液倒入水面上时，醇很快地溶解于水中，亲油的非极性部分则伸向空中（图 12-3Ⅰ）。当极性类脂质分子被水完全包围时，其极性基团面向两侧的水相，而非极性的烃链则彼此面对面缔合成双分子层（图 12-3Ⅱ）或形成球状体（图 12-3Ⅲ）。

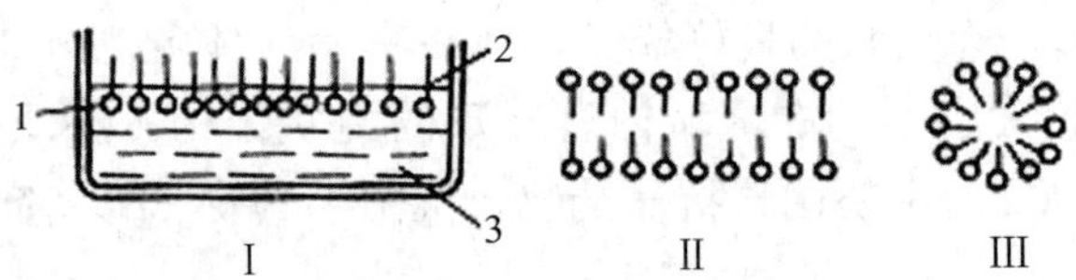

1．亲水基团；2．亲油基团；3．水

图 12-3　磷脂类在水中的排列形式示意图

胆固醇也属于两亲性物质。

二、脂质体的制备

（一）薄膜分散法

将磷脂、胆固醇等类脂质及脂溶性药物溶于氯仿（或其他有机溶媒）中，然后将氯仿溶液在烧瓶中旋转蒸发，使在烧瓶内壁形成一薄膜，将水溶性药物溶于磷酸盐缓冲液中，加入烧瓶中不断搅拌，即得脂质体。

（二）逆相蒸发法

逆相蒸发法是将磷脂等膜材溶于有机溶剂，如氯仿、乙醚等，加入待包封的药物水溶液进行短时超声，直到形成稳定 W/O 型乳状液。然后减压蒸馏除去有机溶剂，达到胶状后，滴加缓冲液，旋转帮助器壁上的凝胶脱落，在减压下继续蒸馏，制得水性混悬液，通过凝胶色谱法或超速离心法，除去未包入的药物，即得大单层脂质体。

（三）冷冻干燥法

本法对不稳定的药物较为适宜。例如，取二棕榈酰磷脂酰胆碱 59.6 mg，溶解于 3 mL 40℃的丁醇中，将溶液分装于容器中进行冷冻干燥。所得脂质体混悬于 10 mL 蒸馏水中，加热至 70℃即得 3-氢-21-棕榈酸脂质体混悬液。

（四）注入法

将磷脂与胆固醇等类脂质及脂溶性药物共溶于有机溶媒中（一般多采用乙醚），然后将此药物溶液经注射器缓缓注入加热至 50℃（并用磁力搅拌）的磷酸盐缓冲液（或含有水溶性药物）中，加完后，不断搅拌至乙醚除尽为止，即制得大多为孔脂质体，粒径较大，不适宜静脉注射。如将此脂质体混悬液通过高压乳匀机两次，所得的成品，大多为单室脂质体，少数为多室脂质体。

（五）超声波分散法

超声波分散法是在薄膜分散法的基础上，经超声波处理而制得脂质体的方法。经超声波处理的大多为单室脂质体，所以多室脂质体只要经超声波进一步处理就能得到均匀的单室脂质体。

第二节　微型胶囊

一、概述

微型胶囊是近 40 年来应用于药物的新工艺、新技术，其制备过程通称微型包囊术，简称微囊化。系利用天然的或合成的高分子材料作为囊膜壁壳，将固态药物或液态药物包裹而成药库型的微囊。微囊的粒径属微米级。

目前，尽管微囊化的药物制剂还不多，但药物微囊化技术的研究却是突飞猛进。微囊化技术的进展可分为几个阶段。20 世纪 80 年代前主要应用粒径为 5 μm～2 mm 的小丸，20 世纪 80 年代发展了粒径小（0.01～10 μm）的第二代产品，第三代产品主要是纳米级胶体粒子的靶向制剂。

二、制备方法

微囊的制备方法可归纳为物理化学法、物理机械法和化学法三大类。根据药物、囊材的性质和微囊的粒径、释放要求以及靶向性要求，选择不同的制备方法。

物理化学法

物理化学法是在囊心物与囊材的混合物中，加入一种物质或不良溶剂，或者采用其他方法，使囊材溶解度降低，从溶液中凝聚出来而产生一种新的相的方法，故又称相分离法。

1．单凝聚法

以高分子化合物为囊材，使囊心物分散其中，再加入凝聚剂（如乙醇、甘油等亲水性非电解质或硫酸钠、硫酸胺溶液等强亲水性电解质），由于水与凝聚剂结合，使体系中的囊材溶解度降低而凝聚成微囊。

影响囊材胶凝的因素有浓度、温度、电解质。浓度增加，促进胶凝；温度升高，不利于胶凝；电解质的影响主要是阴离子在起作用，硫酸根最强，氯离子次之，而硫氰根阻止胶凝。制备微胶囊过程中需在 37℃以上温度进行，凝聚成囊后应在低温下进行胶凝。

2．复凝聚法

复凝聚法指使用带相反电荷的两种高分子材料做复合囊材，将囊心物分散在囊材的水溶液中，在一定的条件下，具有相反电荷的高分子材料相互交联后，溶解度降低，自溶液中凝聚析出而形成微囊。复凝聚法是经典的微囊化方法，它操作简便，容易掌握，适合于难溶性药物的微囊化。

3．溶剂—非溶剂法

溶剂—非溶剂法是在囊材溶液中，加入一种对囊材不溶的非溶媒的液体，引起相分离，而将囊心物包裹成为微囊。此外，还有改变温度法、液中干燥法。

物理机械法主要有：喷雾干燥法、喷雾凝结法、空气悬浮法、多孔离心法以及锅包衣法等。

化学法主要有：界面缩聚法、辐射交联法等。

第三节　缓释、控释制剂

一、概述

缓释制剂指用药后能在较长时间内持续释放药物以达到长效作用的制剂。控释制剂指药物能在预定的时间内自动以预定速度释放，使血药浓度长时间恒定维持在有效浓度范围的制剂。

缓释、控释制剂近年来有很大的发展，主要是由于其具有以下特点：

- ❖ 减少给药次数，长效制剂用药后能在机体内较长时间维持一定的血药浓度，因而提高了工作效率；
- ❖ 使血药浓度平稳，避免峰谷现象，有利于降低药物的毒副作用；
- ❖ 可减少用药的总剂量，因此可用最小剂量达到最大药效。

虽然缓释、控释制剂有其优越性，但并不是所有药物都适合，如剂量很大（>1 g）、半衰期很短（<1 h）、半衰期很长（>24 h）、不能在小肠下端有效吸收的药物，一般情况下不适于制成口服缓释剂。

二、缓释、控释制剂类型

缓释、控释制剂主要有骨架型和贮库型两种。药物以分子或微晶、微粒的形式均匀分散在各种载体材料中，则形成骨架型缓、控释制剂；药物被包裹在高分子聚合物膜内，则形成贮库型缓释、控释制剂。

三、缓释、控释制剂释药原理和方法

缓释、控释制剂所涉及的释药原理主要有溶出、扩散、渗透压和离子交换作用等。

（一）溶出

由于药物的释放受溶出速度的限制，溶出速度慢的药物显示出缓释的性质，通过减小药物的溶解度，增大药物的粒径，以降低药物的溶出速度，达到长效的目的。

具体方法主要有：制成溶解度小的盐或酯、与高分子化合物生成难溶盐、控制粒子大小等。

（二）扩散

以扩散为主的缓释、控释制剂，药物首先溶解成溶液后再从制剂中扩散出来进入体液，其释药受扩散速率的控制。

利用扩散原理达到缓释、控释作用的方法主要有：包衣、制成微囊、制成不溶性骨架片剂、增加黏度以减少扩散速度、制成植入剂、乳剂等。

（三）渗透压

利用渗透压制成的控释制剂，能均匀恒速地释放药物，比骨架型缓释制剂更为优越。但造价贵，不适合动物药品。

（四）离子交换作用

由水不溶性交联聚合物组成的树脂，其聚合物链的重复单元上含有成盐基团，药物可结合于树脂上。当带有适当电荷的离子与离子交换基团时，通过交换将药物游离释放出来。

$$\text{树脂}^{+} - \text{药物}^{-} + X^{-} \rightarrow \text{树脂}^{+} - X^{-} + \text{药物}^{-}$$
$$\text{树脂}^{-} - \text{药物}^{+} + Y^{+} \rightarrow \text{树脂}^{-} - Y^{+} + \text{药物}^{+}$$

X^{-}和Y^{+} 为消化道中的离子，交换后，游离的药物从树脂中扩散出来。

复习思考题

1. 简述脂质体的种类和特点。
2. 脂质体的制备方法有哪些？
3. 微囊的制备方法主要有哪些？
4. 简述缓释、控释制剂的释药原理。

第三部分　动物药品检测

第十三章　动物药品检测概述

【教学目标】

- 了解动物药品检测的基本概念和主要任务;
- 掌握动物药品检验工作的依据和程序。

第一节　动物药品检测的性质和任务

动物药品检测是研究鉴定动物药品的化学组成和测定动物药品组分含量的原理和方法的一门应用科学。动物药品检测的研究对象是动物药品，它包括化学结构已经明确的天然药物和化学合成药物及其制剂，也包括合成动物药品的原料、中间体和副产品，还包括各种制剂的赋形剂和附加剂，以及动物药品的降解产物和体内代谢产物。

动物药品检测的主要内容是检测药品的性状、鉴定药品的化学组成、检查药品的杂质限量和测定药品的含量。分析动物药品的方法主要是化学分析法、生物检定法和仪器分析法，也涉及物理常数测定法。

动物药品检测的主要任务是根据动物药品质量标准及动物药品生产质量管理规范的有关规定，全面控制动物药品的质量，保证用药的安全有效。因此，在动物药品的生产、保管、供应、调配以及兽医临床使用过程中都应该经过严格的分析检测。如在动物药品生产中，为了提高成品的质量，必须对药品的原料、中间体及成品的质量进行检测。在研究改进生产工艺时也需要对药品的原料、中间体及成品的质量进行检测，并应用检测技术控制反应程度，选择各种条件，以使生产不断向优质方向发展，对质量不稳定的产品及新产品需做留样观察。在动物药品的经销、贮存中，药品必须经过检测合格才能销售等。

随着科学技术的发展，动物药品检测技术也在不断向前发展。动物药品检测方法将更加准确、灵敏和专属，仪器的联用、自动化、智能化，将使动物药品检测工作的质量和效率进一步提高，各种新方法、新技术的发展将会为动物药品检测工作者提供更广阔的空间。这无疑也大大促进了动物药品质量的提高，进一步确保动物药品的安全性，有效地防治畜禽等动物疾病，促进畜牧业的快速发展和维护人体健康。

第二节　动物药品检测工作的依据和程序

一、动物药品检测工作的依据

动物药品在进行常规检测时，以现行《中国兽药典》、兽药规范、部颁进口兽药标准等为依据。动物药品生产企业为了保证产品质量，往往以自订企业内控质量标准为检测依据。但在仲裁时应以国家标准为依据。进出口动物药品应由口岸兽药监察所按有关质量标准或合同规定进行检测。

二、动物药品检测工作的程序

动物药品检测是动物药品质量控制的一个重要环节，其检测工作的程序一般分为取样、检验和出具检验报告等。

（一）取样

进行任何药品检测，首先要保证所取样品应具有科学性、真实性和代表性。

（1）样品的取样环境应与生产环境相一致。如生产有洁净要求的药品，取样时应在具有相应净化级别的取样室进行。

（2）样品的取样量应符合动物药品质量标准的要求。取样量一般规定：样品按批取样。设总件数为 N，当 $N \leqslant 3$ 时逐件取样；当 $N \leqslant 300$ 时，按 $\sqrt{N}+1$ 取样量随机取样；当 $N>$

300 时，按 $\frac{\sqrt{N}}{2}+1$ 取样量随机取样。

（3）取样用具及容器应清洁、干燥，在使用或贮藏过程中防止受潮或异物混入。

（4）取样时必须填写取样记录，内容应包括品名、规格、批号、数量、来源、编号、取样日期、必要的取样说明和取样人签名等。每件取样容器和被取样包装上都应贴有取样标志。

（二）检验

动物药品检验工作应按照动物药品质量标准进行。药品质量标准主要包括药物性状、鉴别、检查、含量测定等方面的内容。

1．性状

根据动物药品质量标准中有关性状的规定，注意观察、记录供试品的外观、色、嗅、味，并测定有关物理常数。这些观测结果不仅对药品具有鉴别意义，而且也反映药品的纯度，是检定药品质量的主要指标之一。

2．鉴别

根据动物药品质量标准中鉴别项下的规定试验方法，逐项检验来判断药物的真伪。通常，某一鉴别试验只能体现药物的某一特性，绝不能将某一鉴别试验作为判断的唯一根据，而应结合性状等其他有关项目全面考察一个药物，才不至于得出错误的结论。

3．检查

供试品的性状观测和鉴别结果符合规定后，根据动物药品质量标准中检查项下的规定，对检查项目逐项地进行检查。动物药品质量标准的检查项主要是检查药物的纯度，即检查药物在生产和贮存过程中引入的杂质是否超过了限量。此外还有动物药品制剂的检查以及药物有效性和安全性的检查。

4．含量测定

根据动物药品质量标准中含量测定项下规定的含量测定方法进行测定。通常采用的含量测定方法主要有化学测定法、仪器分析法和生物检定法。

在药品检验中应做好原始记录。原始记录应保持整洁，实验数据不能任意涂改。原始记录应妥善保存，备查。

（三）填写检验报告书

检验结束后，应根据检验的结果出具检验报告书。检验报告书应有检验样品的名称、规格、批号、数量、检验依据、检验项目、检验结果、所依据的药品质量标准、结论等（表13-1）。

表 13-1　江苏倍康药业有限公司成品检验报告书

检验报告书号：bk-C-01-2005-001

品　　名	盐酸环丙沙星注射液		规　　格	10 mL：环丙沙星 200 mg、葡萄糖 500 mg	
包装情况	完　好	批　　号	050218-1	数　　量	68 000 支
请验部门	生产部	取样日期	2005 年 02 月 19 日	有效期	2007 年 02 月
检验项目	全　项	检验日期	2005 年 02 月 20 日	报告日期	2005 年 03 月 02 日
检验依据	农业部《兽药质量标准》（2003 版）				

检验项目	标准规定	检验结果	单项判断
【性状】	应为微黄绿色澄明液体	微黄绿色澄明液体	符合规定
【鉴别】			
❶	应呈正反应	呈正反应	符合规定
❷	应呈正反应	呈正反应	符合规定
❸	应至 277、315 nm 波长处有最大吸收，在 328nm 波长处有一肩峰	在 277、315 nm 波长处有最大吸收，在 328 nm 波长处有一肩峰	符合规定
【检查】			
❶pH	应为 3.5～5.0	4.1	符合规定
❷颜色	应符合规定	符合规定	符合规定
❸热原	应符合规定	符合规定	符合规定
❹装量	应符合规定	符合规定	符合规定
❺澄明度	漏检率应不得超过 7.5%	6.0%	符合规定
❻无菌	应符合规定	符合规定	符合规定
【含量测定】			
❶环丙沙星	含环丙沙星应为标示量的 90.0%～110.0%	99.8%	符合规定
❷葡萄糖	含葡萄糖应为标示量的 95.0%～105.0%	98.4%	符合规定
【结　论】	本品按农业部《兽药质量标准》（2003 版）检验，结果符合规定。		
检验人	复核人	负责人	

复习思考题

1. 试述动物药品检测的定义、研究对象、主要内容和主要任务。
2. 动物药品检验的依据是什么？
3. 动物药品检验的程序是什么？
4. 动物药品检验包括哪些内容？
5. 某动物药品厂刚进同一批次原料药 9 件，应如何进行取样检验？

第十四章　药物鉴别

【教学目标】

- 了解药物鉴别的目的和特点；
- 熟悉药物检测中常用的鉴别方法；
- 掌握常见有机药物的一般鉴别试验原理和方法技术。

第一节　常用鉴别方法

一、药物鉴别的目的和特点

（一）鉴别目的

药物鉴别是利用物理的、化学的、物理化学或生物学的手段来辨别药物真伪的试验。药品质量标准鉴别项下的试验方法，仅适用于鉴别药物的真伪，一般不能用于鉴别未知药物。

（二）特点

（1）为已知药物的确证试验。根据药品质量标准鉴别药物时，供试品都是已知物。

（2）鉴别试验是个别分析，而不是系统分析。其试验项目比较少，有的药品只做一、两项试验就可以作出明确结论。

（3）通常选用化学鉴别法、仪器分析法、生物检定法等不同方法鉴别同一种供试品，综合分析试验结果，作出判断。

二、常用鉴别方法

（一）化学鉴别法

1．最常用的鉴别方法

药物鉴别最常用的方法就是化学鉴别法，即根据药物与化学试剂在一定条件下发生离子反应或官能团反应产生不同颜色，生成不同沉淀，放出不同气体，呈现不同荧光，从而作出定性分析结论。如《中国兽药典》（2000 版）一部中用化学鉴别法的药品有 379 种，其中用化学鉴别法作出结论的有 169 种。可见化学鉴别法在动物药品检测中是最常用的鉴别方法。

2．有一定的专属性和灵敏度

应用化学鉴别法鉴别的药物有一定的专属性，即在特定的条件下，鉴别法仅对一种成分产生检测信号，共存的药物或附加剂应不干扰鉴别试验。同时，应用化学鉴别法鉴别的药物也必须有一定的灵敏度。灵敏度可用两个相关联的量来表示，即最低检出量和最低检出浓度。最低检出量是指在一定条件下，某种反应可能检出某种物质的最小质量。最低检出量越小，则反应越灵敏。最低检出浓度是指某一反应，在一定条件下能够测出供试品并给出肯定结果的最低浓度，若低于此浓度便不能被检出。在药物鉴别试验中可采用各种方法来提高反应的灵敏度，如富集、改进观测方法等。

（二）分光光度法

1．红外分光光度法

红外分光光度法是一种专属性很强、应用广泛的鉴别方法，主要用于组成单一、结构明确的原料药的鉴别，特别是结构复杂、用化学方法不易鉴别的药物。用本法鉴别药物时，《中国兽药典》要求供试品的红外光吸收图谱应与对照品的图谱一致。如《中国兽药典》（2000 版）一部中用本法鉴别的药物有 106 种。

红外分光光度法的专属性虽然很强，但绘制图谱时受药物粉末细度、吸水程度、试样的处理和制备等多种外界条件的影响较大，图谱易发生变异。

为确保鉴别结果准确无误，《中国兽药典》一般不单独用本法进行鉴别，常与其他理化方法联合进行鉴别。如《中国兽药典》（2005 版）一部苯酚鉴别项下规定：取本品 0.1 g，加水 10 mL 溶解后，照下述方法试验。

（1）取溶液 5 mL，加三氯化铁试液 1 滴，即显蓝紫色。

（2）取溶液 5 mL，加溴试液，即生成瞬即溶解的白色沉淀，但溴试液过量时，即生成持久的沉淀。

（3）本品的红外光吸收图谱应与对照的图谱一致。苯酚的红外光吸收图谱如图 14-1 所示。

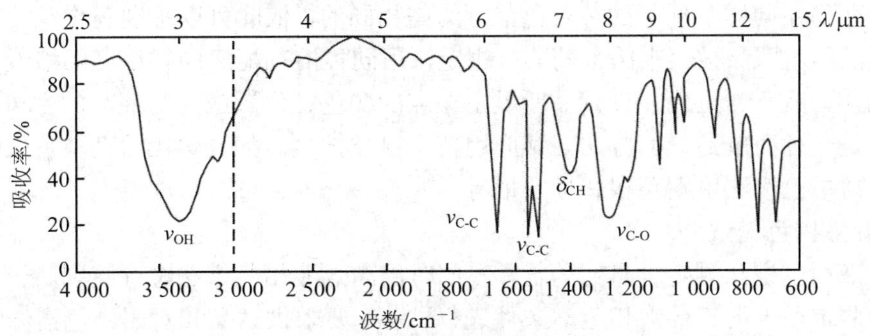

图 14-1 苯酚的红外光吸收图谱

2. 紫外分光光度法

紫外分光光度法也是《中国兽药典》中常用的一种鉴别方法。此法用作鉴别的专属性远不如红外分光光度法。制剂的鉴别一般不采用红外分光光度法，而采用紫外分光光度法比较方便。一般可采用测定特定波长处的吸收度比值，以提高专属性，或采用同时测定供试液的最大和最小吸收波长，以及在最大吸收波长处的吸收度等。如《中国兽药典》（2005 版）二部连翘中连翘甙的紫外吸收图谱（图 14-2）。

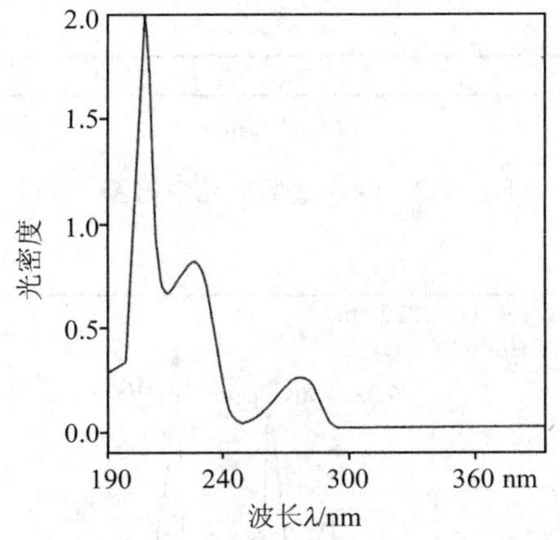

图 14-2 连翘甙的紫外吸收图谱

（三）色谱法

色谱法采用供试品与对照品在相同色谱条件下，进行色谱分离，比较保留值，若检测结果与保留行为都相互一致，可作为鉴别药物真伪的依据。常用于鉴别试验的色谱法为薄层色谱法和高效液相色谱法。

1. 薄层色谱法

同一种药物在同样条件下的薄层色谱行为是相同的，依此可以鉴别药物及其制剂的真伪。将供试品和对照品按《中国兽药典》规定，用同种溶剂配成同样浓度的溶液，在同一薄层板上点样、展开、显色，供试品所显主斑点的颜色、位置应与对照品的主斑点相同。薄层色谱法是一种简单易行的方法，其应用范围日益扩大。如《中国兽药典》（2005 版）二部中利用薄层色谱法鉴别葛根和板蓝根等。

2. 高效液相色谱法

用高效液相色谱法测定含量的药物，多同时用高效液相色谱法进行鉴别。一般规定按供试品含量测定项下的高效液相色谱条件进行试验。要求供试品和对照品色谱峰的保留时间（t_R）应一致（图 14-3、图 14-4）。

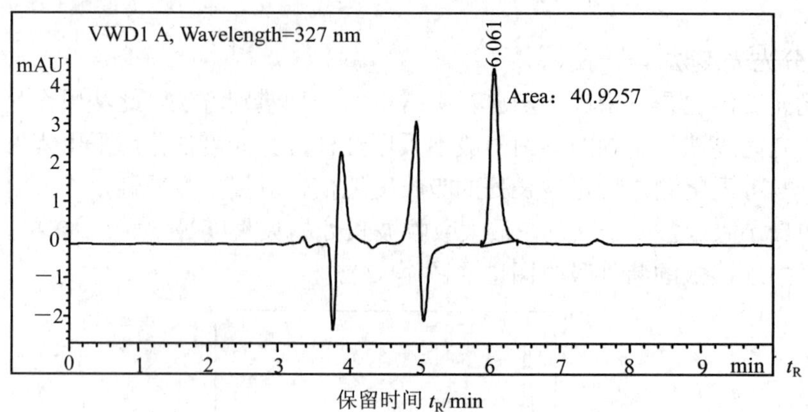

图 14-3　绿原酸标准品色谱图

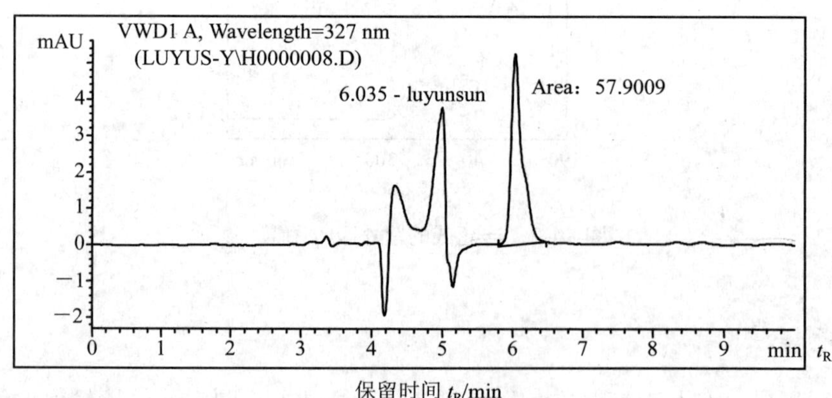

图 14-4　样品色谱图

第二节　一般鉴别试验

一般鉴别试验是根据某一类药物的化学结构及其物理化学性质，通过化学反应来鉴别其真伪的方法。《中国兽药典》（2005 版）一部附录收载的一般鉴别试验有 35 项，其中绝大多数属无机阴阳离子的鉴别试验。无机阴阳离子的鉴别试验在此不再叙述，以下着重介绍常见有机鉴别反应及其原理。

一、水杨酸盐

1．与三氯化铁的反应

水杨酸盐在中性或弱酸性条件下与三氯化铁试液生成配位化合物，在中性时呈红色，弱酸性时呈紫色。在强碱性溶液中，配位化合物即行分解，生成游离水杨酸。目前反应机制尚未确定，一般多以下式表示：

$$6\,C_6H_4(OH)COO^- + 4Fe^{3+} \longrightarrow \left[\left[C_6H_4(O^-)COO^-\right]_2 \cdot Fe\right]_3 Fe + 6H^+$$

本反应极为灵敏，如取用量大，颜色很深时，可加水稀释后观察。

《中国兽药典》（2005 版）的鉴别方法为：取供试品的稀溶液，加三氯化铁试液 1 滴，即显紫色。

2．其他鉴别反应

水杨酸盐加稀盐酸，即有白色的水杨酸沉淀析出。分离，沉淀在乙酸铵试液中溶解。由于水杨酸在水、乙醚和氯仿中的溶解度分别是 1∶460、1∶3 及 1∶42；如水杨酸盐溶于水后，加盐酸即析出游离水杨酸，并能溶于乙醚或氯仿中，且其酸性大于乙酸，故能分解乙酸铵而溶于水。反应式为：

$$C_6H_4(OH)COOH + CH_3COONH_4 \longrightarrow C_6H_4(OH)COO^- + NH_4^+ + CH_3COOH$$

《中国兽药典》（2005 版）的鉴别方法为：取供试品溶液，加稀盐酸，即析出白色水杨酸沉淀；分离，沉淀在乙酸铵试液中溶解。

二、丙二酰脲类

苯巴比妥、司可巴比妥、异戊巴比妥等原料及其制剂的化学结构均以丙二酰脲为母体，都能在弱碱性溶液中与硝酸银作用生成二银盐的白色沉淀；也能与铜吡啶试液作用而显紫色。

1．与银盐的反应

丙二酰脲类在碳酸钠试液中形成钠盐而溶解，再与硝酸银试液起作用，先生成可溶性的一银盐，继而产生不溶性的二银盐沉淀。反应式为：

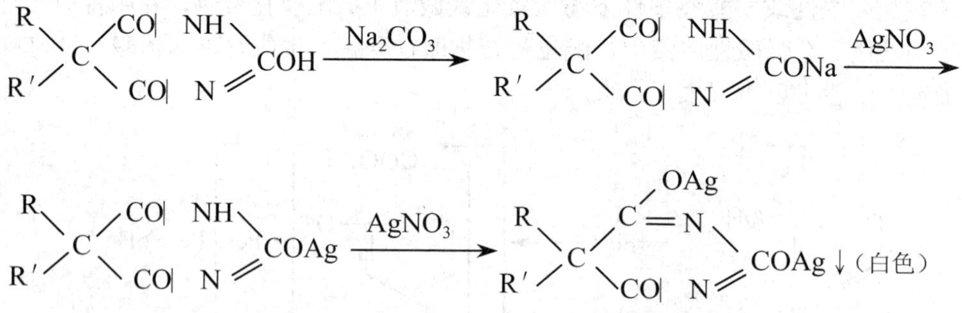

R, R′ — C — CO, CO — NH, N = C—OH $\xrightarrow{Na_2CO_3}$ R, R′ — C — CO, CO — NH, N = C—ONa $\xrightarrow{AgNO_3}$

R, R′ — C — CO, CO — NH, N = C—OAg $\xrightarrow{AgNO_3}$ R, R′ — C — C(OAg)=N, CO — N = C—OAg↓（白色）

一银盐　　　　二银盐

《中国兽药典》（2005 版）的鉴别方法为：取供试品约 0.1 g，加碳酸钠试液 1 mL 与水 10 mL，振摇 2 min，滤过，滤液中逐滴加入硝酸银试液即发生白色沉淀，振摇沉淀溶解；继续滴加过量的硝酸银试液，沉淀不再溶解。

2．与铜盐的反应

丙二酰脲分子中具有—CONHCONHCO—的结构，与铜盐作用，能产生类似双缩脲的显色反应，与吡啶和硫酸铜作用，显紫色。反应式为：

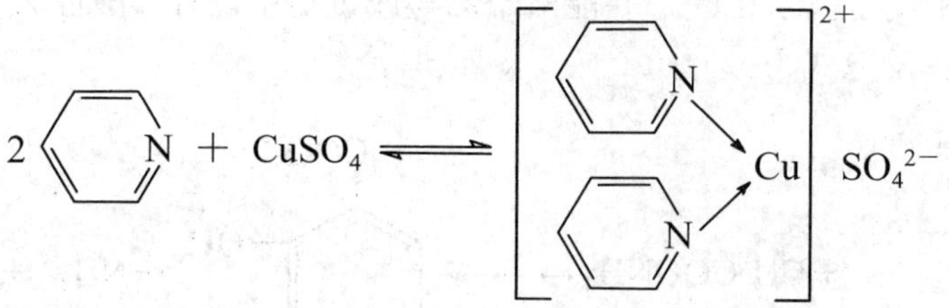

2 (pyridine, N) + $CuSO_4$ ⇌ $[(C_5H_5N)_2Cu]^{2+}$ SO_4^{2-}

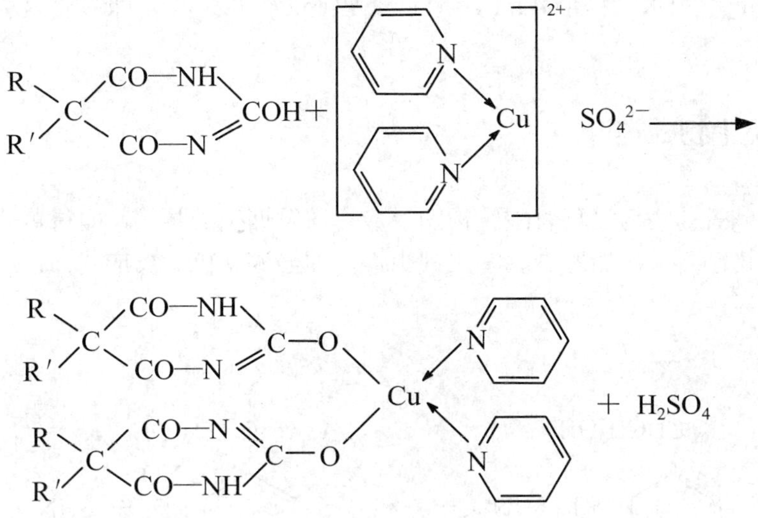

《中国兽药典》（2005 版）的鉴别方法为：取供试品约 50 mg，加吡啶溶液（1→10）5 mL，溶解后，加铜吡啶试液 1 mL，即显紫色或生成紫色沉淀。

三、有机氟化物

有机氟化物经氧瓶燃烧法破坏，为碱性水溶液吸收后，即成无机氟化物。

在 pH 为 4.3 时茜素氟蓝试液与 Ce^{3+}以 1∶1 结合为红色的螯合物，当有 F^{-}存在时则以 1∶1∶1 结合成蓝紫色的螯合物。反应式为：

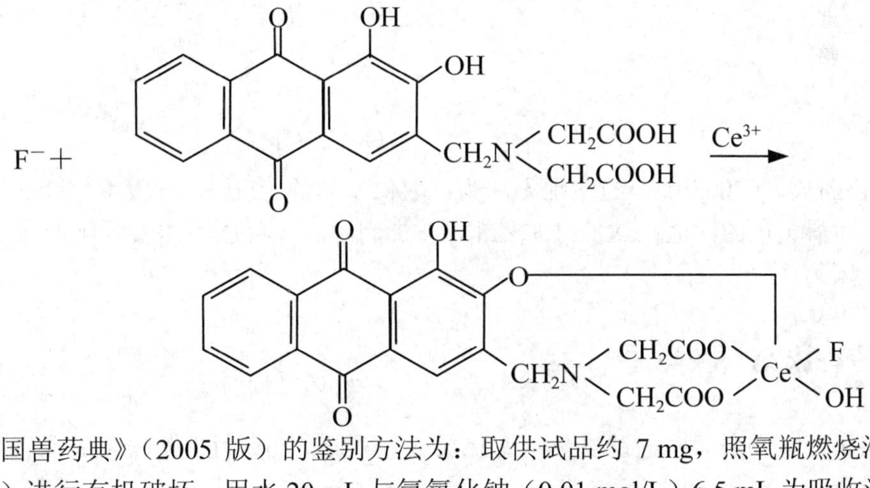

《中国兽药典》（2005 版）的鉴别方法为：取供试品约 7 mg，照氧瓶燃烧法（见“硒检查法”）进行有机破坏，用水 20 mL 与氢氧化钠（0.01 mol/L）6.5 mL 为吸收液，待燃烧完毕后，充分振摇；取吸收液 2 mL，加茜素氟蓝试液 0.5 mL，再加含有 12%乙酸钠的稀

乙酸溶液 0.2 mL，用水稀释至 4 mL，加硝酸亚铈试液 0.5 mL，即显蓝紫色；同时做空白对照试验。

四、托烷生物碱类

托烷生物碱类药物均显莨菪酸结构的反应，与发烟硝酸共热，即得黄色的三硝基（或二硝基）衍生物，冷后，加醇制氢氧化钾少许，即显深紫色。反应式为：

$$C_6H_5-CH(CH_2OH)COOH + 3HNO_3 \longrightarrow (O_2N)_3C_6H_2-CH(CH_2OH)COOH + 3HNO_3$$

$$(O_2N)_3C_6H_2-CH(CH_2OH)COOH + KOH \longrightarrow HOCH_2CH{=}C_6H_2(NO_2)_2{=}N(O)OK + H_2O + CO_2$$

《中国兽药典》（2005 版）的鉴别方法为：取供试品约 10 mg，加发烟硝酸 5 滴，置水浴上蒸干，即得黄色的残渣，放冷，加乙醇 2～3 滴湿润，再加固体氢氧化钾 1 小粒，即显深紫色。

五、芳香族第一胺类

芳香族第一胺类遇亚硝酸钠发生重氮化反应，重氮盐与碱性β-萘酚形成偶氮染料。反应式为：

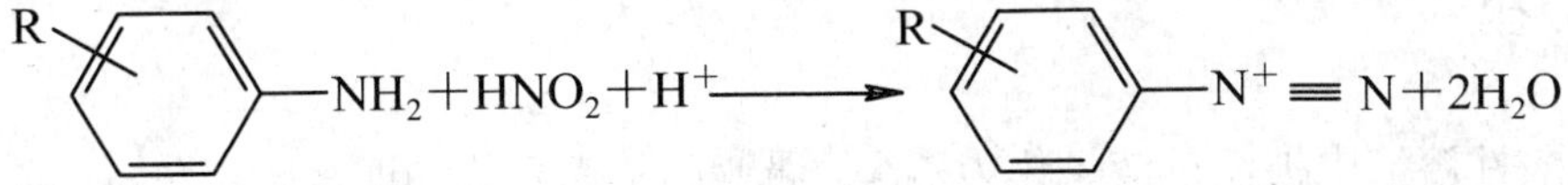

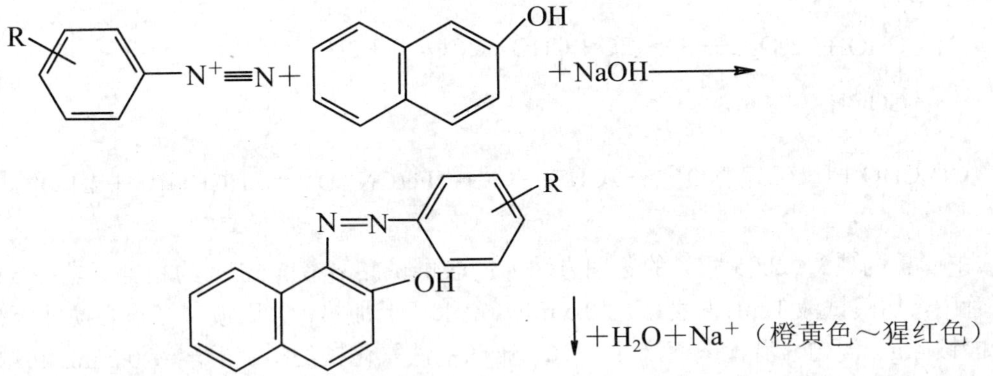

$$R-C_6H_4-NH_2 + HNO_2 + H^+ \longrightarrow R-C_6H_4-N^+\equiv N + 2H_2O$$

$$R-C_6H_4-N^+\equiv N + C_{10}H_7OH + NaOH \longrightarrow R-C_6H_4-N=N-C_{10}H_6OH\downarrow + H_2O + Na^+$$（橙黄色～猩红色）

《中国兽药典》（2005 版）的鉴别方法为：取供试品约 50 mg，加稀盐酸 1 mL，必要时缓缓煮沸使溶解，放冷，加亚硝酸钠溶液（0.1 mol/L）数滴，滴加碱性β-萘酚试液数滴，视供试品不同，生成橙黄色到猩红色沉淀。如供试品为酰化芳香第一胺类，取供试品约 0.1 g，加稀盐酸 2 mL，煮沸水解，放冷，再照上法试验。

六、苯甲酸盐

苯甲酸盐在中性溶液中与三氯化铁生成有色的铁盐沉淀，其主要组成为：

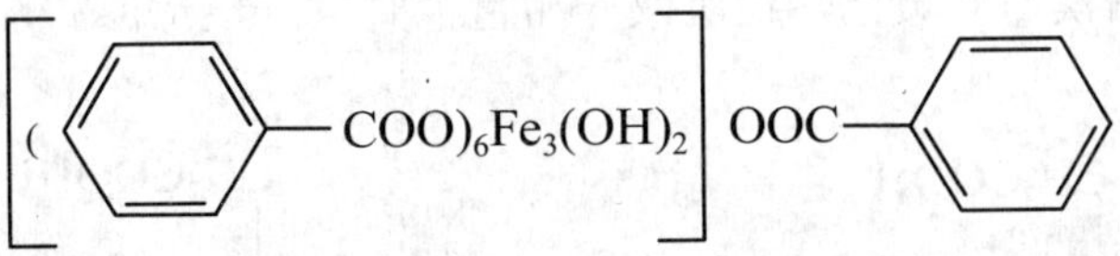

$$[(C_6H_5COO)_6Fe_3(OH)_2]OOCC_6H_5$$

《中国兽药典》（2005 版）的鉴别方法为：

（1）取供试品的中性溶液，加三氯化铁试液，即生成赭色沉淀。加稀盐酸，变为白色沉淀。加稀盐酸后，铁盐沉淀分解苯甲酸游离成白色沉淀析出。

（2）取供试品，置干燥试管中，加硫酸后，加热，不炭化，但析出苯甲酸，在试管内壁凝结成白色升华物（熔点 121～123℃）。

七、乳酸盐

乳酸盐在酸性溶液中被溴试液氧化为乙醛，遇亚硝基铁氰化钠即呈暗绿色。反应式为：

$$2\ \begin{array}{l} CH_3 \\ | \\ CHOH \\ | \\ COOH \end{array} + O_2 \longrightarrow 2CH_3CHO + 2CO_2\uparrow + 2H_2O$$

$$CH_3CHO + [Fe(CN)_5NO]^{2-} + 2OH^- \longrightarrow \underset{\text{（暗绿色）}}{[Fe(CN)_5ON{=}CHCHO]^{4-}} + 2H_2O$$

《中国兽药典》（2005 版）的鉴别方法为：取供试品溶液 5 mL（约相当于乳酸 5 mg），置试管中，加溴试液 1 mL 与稀硫酸 0.5 mL，置水浴上加热，并用玻璃棒小心搅拌至褪色，加硫酸铵 4 g，混匀，沿管壁逐滴加入 10%亚硝基铁氰化钠的稀硫酸溶液 0.2 mL 和浓氨试液 1 mL，使成两液层，在放置 30 min 内，两液层的接界面处出现一暗绿色的环。

八、枸橼酸盐

枸橼酸盐被高锰酸钾氧化为丙酮二羧酸，与硫酸汞形成汞复盐沉淀；与溴试液产生五溴丙酮，均为白色沉淀。

高锰酸钾的用量应加以控制，若加入高锰酸钾过多，丙酮二羧酸可被进一步氧化为二氧化碳和水，因而加硫酸汞和溴水后均得不到正反应。

进行五溴丙酮反应时，在加入溴水时应边摇边逐滴加入，如加入量过大或加入速度过快，则由于沉淀吸附溴而呈黄色，在所取样品量少时只产生浑浊。反应式为：

$$\begin{array}{l} CH_2COOH \\ | \\ C(OH)COOH \\ | \\ CH_2COOH \end{array} + [O] \longrightarrow CO_2 + H_2O + \begin{array}{l} CH_2COOH \\ | \\ C = O \\ | \\ CH_2COOH \end{array}$$

$$2HgSO_4 + 2H_2O \longrightarrow Hg_2(OH)_2SO_4 + H_2SO_4$$

$$\mathrm{O_2S(OHgOH)_2} + (\mathrm{HOOC{-}CH_2})_2\mathrm{C{=}O} \longrightarrow \mathrm{O_2S(OHg{-}O{-}CO{-}CH_2)_2C{=}O}\downarrow\text{（白色）} + 2H_2O$$

$$\mathrm{(CH_2COOH)_2C{=}O} + 5Br_2 \longrightarrow 2CO_2 + 5HBr + \mathrm{CHBr_2{-}C({=}O){-}CBr_3}\downarrow\text{（白色）}$$

《中国兽药典》（2005 版）的鉴别方法为：取供试品溶液 2 mL，加稀硫酸数滴，加热至沸，加高锰酸钾试液数滴，振摇，紫色即消失，将溶液分成两份，一份中加硫酸汞试液 1 滴，另一份中逐滴加入溴水，均有白色沉淀生成。

九、酒石酸盐

（1）取供试品的中性溶液，置洁净的试管中，加氨制硝酸银试液数滴，置水浴中加热，银即游离并附在管内壁形成银镜。反应式为：

$$2Ag(NH_3)_2OH + \mathrm{HOCHCOOH{-}HOCHCOOH} \xrightarrow{\triangle} \mathrm{HO{-}C(COONH_4){=}C(COONH_4){-}OH} + 2Ag\downarrow + 2NH_3 + 2H_2O$$

（2）取供试品溶液，加乙酸成酸性后，加硫酸亚铁试液 1 滴，过氧化氢试液 1 滴，俟溶液褪色后，再用氢氧化钠试液碱化，溶液显紫色。反应式为：

$$\mathrm{HO{-}CHCOOH{-}HO{-}CHCOOH} + H_2O_2 \longrightarrow \mathrm{HO{-}C(COOH){=}C(COOH){-}OH} + 2H_2O$$

$$\mathrm{HO{-}C(COOH){=}C(COOH){-}OH} + Fe(CH_3COO)_3 + 6NaOH \longrightarrow \left[\mathrm{Fe(OOC{-}C(OH){=}C(OH){-}COO)_3}\right]Na_3 + 3CH_3COONa$$

本试验必须严格控制条件，过氧化氢、硫酸亚铁和氢氧化钠的量不能太多，否则由于进一步氧化而得负反应或形成红褐色氢氧化铁沉淀而掩盖了现象。

复习思考题

1. 鉴别药物的目的是什么？有哪些特点？

2. 《中国兽药典》（2005 版）鉴别药物常用的方法有哪些？

3. 什么叫做化学鉴别法？化学鉴别法的优点是什么？常用的有机鉴别反应有哪几种？

4. 为什么可用薄层色谱法鉴别药物？

5. 水杨酸盐如何鉴别？简述其反应原理。

6. 什么药物可以用丙二酰脲鉴别试验进行鉴别？

7. 丙二酰脲类药物具有哪些鉴别反应？

8. 如何将有机氟化物转变为氟离子？简述其反应原理。

9. 在中性溶液中与三氯化铁生成赭色沉淀的是下列哪种物质？

（1）水杨酸盐　　（2）苯甲酸盐　　（3）乳酸盐

10. 什么基团的药物具有芳香第一胺类鉴别反应？

11. 在下列结构中何种结构具有芳香第一胺类的鉴别反应。

（1）$H_2N-C_6H_4-SO_2NH-C_4H_2N_2-OCH_3$

（2）$HO-C_6H_4-NHCOCH_3$

（3）$HO-C_6H_4-CH_2-NHCOCH_3$

12. 用反应式说明以溴试液和亚硝基铁氰化钠试液鉴别乳酸盐的反应原理。

13. 用反应式说明以硫酸汞试液或溴试液鉴别枸橼酸盐的反应原理。

14. 用反应式说明以硫酸亚铁、过氧化氢及氢氧化钠鉴别酒石酸盐的反应原理。

第十五章　药物纯度检查

【教学目标】

- 了解动物药品中杂质的来源，掌握杂质限量的有关计算；
- 了解常见一般杂质检查的原理、方法，学会常见一般杂质检查操作技术；
- 了解特殊杂质的来源和检查方法；
- 掌握制剂通则的常规检查项目和检查方法。

第一节　概　述

药物的质量可以从三个方面进行考查，即真实性、纯度和品质优良度。真实性是通过来源、性状和鉴别项目来考查的；纯度是通过有关检查项目来考查的；品质优良度是由含量测定来衡量的。药物的纯度反映了药物质量的优劣，药物的纯度主要是通过检查药物中的杂质来评定。所谓杂质，是指药物中存在的无治疗作用或影响疗效甚至对动物健康有害的物质。当药物中含有超限量的杂质时，药物理化常数也可能会有变动，含量也可能下降，所以药物的杂质检查是表明药物纯度的一个最重要的方面。

药物的来源是多方面的，可从动物、植物或矿物质中提取，也可用化学合成法或生物合成法制取。同时，药物本身和外界条件也是处于相互影响和变化中的，因此药物中很可能会存在杂质。由于药物是直接作用于畜禽机体的物质，对危害畜禽健康，影响疗效，影响药物稳定性，影响药物纯度的杂质要严格控制。

药物的杂质大体上分为一般杂质和特殊杂质。杂质检查法也相应分为一般杂质检查法和特殊杂质检查法。一般杂质是指那些自然界分布较广，或者在制备过程中和贮存过程中较易引入的杂质，因而《中国兽药典》对这些杂质大都在附录中加以规定，称为一般杂质检查法，如氯化物、硫酸盐、铁盐、重金属、砷盐、酸碱度、澄清度、溶液颜色、炽灼残渣等。特殊杂质是指某一药物中特殊存在的杂质，是在制备过程中或贮存过程中可能产生的某些杂质，而非其他药物均能产生的。这种杂质在《中国兽药典》中列入每种药品的有关物质项下，如原料、中间体、降解物、异构体、副产物等。

第二节　药物杂质检查方法及限量计算

一、药物杂质检查方法

杂质虽然是无效甚至是有害的，但药物中仍然允许有少量的杂质存在，这是因为要完全除掉药物中的杂质，既不可能也没有必要。所以，在不影响疗效和不发生毒性的前提下，对于药物中可能存在的杂质，允许有一定的量。药物中所含杂质的最大允许量，叫做杂质限量。药物中杂质的检查，一般也不要求测定其含量，而只检查杂质的量是否超过限量。这种杂质检查的方法叫做杂质的限量检查。

兽药质量标准中的杂质检查按操作方法不同，常分为以下三种类型。

（一）对照法

对照法是兽药质量标准中常用的杂质检查方法。进行限量检查时，取一定量与被检杂质相同的纯品或对照品配成标准溶液，与一定量药物供试品溶液，在相同条件处理下，比较反应结果，从而确定杂质是否超过限量规定。如《中国兽药典》（2005 版）葡萄糖中氯化物的检查：取本品 0.6 g，依法检查（见氯化物检查法），与标准氯化钠溶液 6.0 mL 制成的对照液比较，不得更浓（0.01%）。

（二）灵敏度法

灵敏度法是指在供试品溶液中加入试剂，在一定反应条件下，不得有正反应出现，从而判断供试品中所含杂质是否符合限量规定。如《中国兽药典》（2005 版）溴化钠中溴酸盐的检查：取本品 1.0 g，加新沸过的冷水 10 mL 溶解后，加 10%碘化钾溶液 0.1 mL，淀粉指示剂 1 mL 与稀硫酸 0.15 mL，摇匀，放置 5 min，不得显蓝色或紫色。本法的特点是以该检测条件下的灵敏度来控制杂质限量，不需对照品。

（三）吸收度限量法

吸收度限量法也是兽药质量标准中较为常用的一种杂质检查方法。进行限量检查时，取一定量的供试品依法检查，测得待检杂质的吸收度与规定的限量比较，不得更大。如《中国兽药典》（2005 版）肾上腺素中酮体的检查：取本品，加盐酸溶液（9→2 000）制成每 1 mL

中含 2.0 mg 的溶液，照分光光度法，在 310 nm 的波长处测定，吸收度不得超过 0.05。本法的特点是，准确测得杂质的吸收度与规定限量比较，不需对照品。

二、限量计算

杂质限量可用下式计算：

$$杂质限量\%=\frac{允许杂质存在的最大量}{供试品量}\times 100\%$$

由于供试品（S）中杂质的量是通过与一定量标准溶液进行比较，所以杂质量在数值上应是标准溶液的体积（V）与标准溶液的浓度（c）的乘积。因此，杂质限量（L）又可用下式表示：

$$杂质限量\%=\frac{标准溶液体积\times 标准溶液浓度}{供试品量}\times 100\%$$

即

$$L\%=\frac{V\cdot c}{S}\times 100\%$$

【例题 15-1】 对乙酰氨基酚中氯化物的检查：取本品 2.0 g，加水 100 mL，加热溶解后，冷却、滤过，取滤液 25 mL 依法检查[《中国兽药典》(2005 版）]，结果与标准氯化钠溶液（每 1 mL 中含 Cl^- 0.01 mg）5.0 mL 制成的对照液比较，不得更浓。问氯化物的限量为多少？

$$\begin{aligned}氯化物限量(L)\% &= \frac{V\cdot c}{S}\times 100\% \\ &= \frac{5\times 0.01}{2\times 1\,000\times \frac{25}{100}}\times 100\% \\ &= 0.01\%\end{aligned}$$

【例题 15-2】 葡萄糖中重金属的检查：取葡萄糖 4.0 g，按《中国兽药典》(2005 版）重金属检查法第一法检查时，重金属不得超过 5×10^{-6}，问应取标准铅溶液多少 mL（每 1 mL 含铅 10 μg）？

$$L=\frac{V\cdot c}{S}\times 10^{6}$$

$$V=\frac{L\times 10^{-6}\times S}{c}=\frac{5\times 10^{-6}\times 4.0}{10\times 10^{-6}}=2\text{ mL}$$

【例题 15-3】 葡萄糖中砷盐的检查：取每 1 mL 含砷 1 μg 的标准砷溶液 2 mL 制备标准砷斑，规定含砷量不得超过 1×10^{-6}，问应取供试品（S）多少 g？

$$L=\frac{V\cdot c}{S}\times10^{6}$$

$$S=\frac{V\cdot c}{L}\times10^{6}=\frac{2\times1\times10^{-6}}{1}\times10^{6}=2\text{ g}$$

第三节　一般杂质检查

药物中的一般杂质是指在自然界分布较广泛，在多种药物的生产和贮存过程中易引入的杂质，如酸、碱、水分、氯化物、硫酸盐、铁盐、重金属盐、砷盐等。下面就常见的一般性杂质的检查原理、操作方法及注意事项加以介绍。

一、氯化物检查法

由于氯化物广泛存在于自然界中，因此，在药品的原料中或生产过程中极易引入。微量的氯化物杂质对人体虽然无害，但可用以考察药品的纯净程度，可以间接考核生产、贮存过程是否正常，因此是一种“指示性杂质”。

（一）检查原理

利用药品中的杂质氯化物在硝酸酸性条件下，与硝酸银反应，生成氯化银的胶体微粒而显白色浑浊，在纳氏比色管中，与一定量的标准氯化钠溶液在相同条件下生成的氯化银浑浊程度相比较，以判定供试品中氯化物杂质的限量。

$$Cl^{-}+Ag^{+}\xrightarrow{HNO_3}AgCl\downarrow\ \text{（乳状浑浊）}$$

（二）操作方法

《中国兽药典》（2005 版）操作方法为：除另有规定外，取各药品项下规定量的供试品，加水溶解使成 25 mL（溶液如显碱性，可滴加硝酸使成中性），再加稀硝酸 10 mL；溶液如不澄清，应滤过；置入 50 mL 纳氏比色管中，加水使成约 40 mL，摇匀，即得供试品溶液。另取各药品项下规定量的标准氯化钠溶液，置入 50 mL 纳氏比色管中，加稀硝酸 10 mL，加水使成 40 mL，摇匀，即得对照溶液。于供试品溶液与对照溶液中，分别加入硝酸银试液 1.0 mL，用水稀释使成 50 mL，摇匀，在暗处放置 5 min，同置黑色背景上，从比色管上方向下观察、比较，即得。

供试品溶液如带颜色，除另有规定外，可取供试品溶液两份，分别置入 50 mL 纳氏比色管中，一份中加硝酸银试液 1.0 mL，摇匀，放置 10 min，如显浑浊，可反复滤过，至滤液完全澄清，再加规定量的标准氯化钠溶液与水适量使成 50 mL，摇匀，在暗处放置 5 min，作为对照溶液；另一份中加硝酸银试液 1.0 mL 与水适量使成 50 mL，摇匀，在暗处放置 5 min，按上述方法与对照溶液比较，即得。

标准氯化钠溶液的制备：称取氯化钠 0.165 g，置 1 000 mL 量瓶中，加水适量使溶解并稀释至刻度，摇匀，作为贮备液。

临用前，精密量取贮备液 10 mL，置 100 mL 量瓶中，加水稀释至刻度，摇匀，即得（每 1 mL 相当于 10 μg 的 Cl）。

（三）注意事项

（1）在选择纳氏比色管时，应选择玻璃质量较好、配对、无色、管的直径大小相等、管上的刻度高低一致的纳氏比色管进行试验。

（2）供试液与对照液应同时操作，加入试剂的顺序应一致。

（3）供试品溶液如不澄清，可预先用含硝酸的水洗净滤纸中的氯化物，再滤过供试品溶液，使其澄清。

（4）温度对产生氯化银的浑浊度有影响，因此，试验时一定要在相同温度条件下进行。

（5）操作时，应将标准与供试样先制成 40 mL 水溶液后，再加硝酸银试液，以免在较高浓度的氯化物下局部产生浑浊，影响比浊。

（6）加入稀硝酸可使氯化银产生最好的乳浊，并加速沉淀的形成。但酸度不宜过大，否则所显浑浊度降低，本法酸度以 50 mL 中含稀 $HNO_3$10 mL 为宜。

（7）最后摇匀后在暗处放置 5 min，是为了避免阳光直接照射。

（8）比浊时，应在黑色背景下自上而下观察。

（9）测定有干扰的药物，需处理后检查，如碘中氯化物的检查，加锌粉将碘还原为无色的碘离子，加入氨试液与硝酸银溶液，利用碘化银不溶于氨溶液，而氯化银在氨溶液中生成银氨配位离子，滤去沉淀，滤液加硝酸又析出氯化银，与一定量的标准氯化钠溶液生成的浑浊比较，即得。

（10）检查溴化物中氯化物时，因溴离子也可与银离子生成溴化银沉淀，要除去溴离子的干扰可利用溴离子比氯离子易于氧化的性质，用硝酸和 30%过氧化氢溶液氧化溴离子成游离的溴，加热除去溴，再依法测定供试品中氯化物的限度。

（11）比色管用完后应立即冲洗，不宜用毛刷等硬物刷洗。

二、硫酸盐检查法

广泛存在于自然界中的硫酸盐，也是在药品的生产、贮存等过程中容易引入的。因此，药品中存在的微量硫酸盐杂质，也是一种“指示性杂质”。

（一）检查原理

药物中微量杂质硫酸盐在稀盐酸酸性条件下，与氯化钡反应，生成硫酸钡的微粒而显白色浑浊，在纳氏比色管中，与一定量的标准硫酸钾溶液和氯化钡在相同条件下产生的硫酸钡浑浊程度相比较，以判定药品中硫酸盐杂质的限量。

$$Ba^{2+} + SO_4^{2-} \xrightarrow{HCl} BaSO_4 \downarrow \text{（白色浑浊）}$$

（二）操作方法

《中国兽药典》（2005 版）操作方法为：除另有规定外，取各药品项下规定量的供试品，加水溶解使成约 40 mL（溶液如显碱性，可滴加盐酸使成中性）；溶液如不澄清，应滤过；置入 50 mL 纳氏比色管中，加稀盐酸 2 mL，摇匀，即得供试品溶液。另取各药品项下规定量的标准硫酸钾溶液，置入 50 mL 纳氏比色管中，加水使成约 40 mL，加稀盐酸 2 mL，摇匀，即得对照溶液。于供试品溶液与对照品溶液中，分别加入 25%氯化钡溶液 5 mL，用水稀释使成 50 mL，充分摇匀，放置 10 min，同置黑色背景上，从比色管上方向下观察，比较即得。

供试品溶液如带颜色，除另有规定外，可取供试品溶液两份，分别置入 50 mL 纳氏比色管中，一份中加 25%氯化钡溶液 5 mL，摇匀，放置 10 min，如显浑浊，可反复滤过，至滤液完全澄清，再加规定量的标准硫酸钾溶液与水适量使成 50 mL，摇匀，放置 10 min，作为对照溶液；另一份中加 25%氯化钡溶液 5 mL 与水适量使成 50 mL，摇匀，放置 10 min，按上述方法与对照溶液比较，即得。

标准硫酸钾溶液的制备：称取硫酸钾 0.181 g，置 1 000 mL 量瓶中，加水适量使溶解并稀释至刻度，摇匀，即得（每 1 mL 相当于 100 μg 的 SO_4）。

（三）注意事项

（1）供试品溶液与对照品溶液应在尽可能一致的条件下操作。

（2）操作中如用滤纸滤过，应用盐酸的酸性水洗过的无硫酸根离子的滤纸。

（3）氯化钡试液存放过久，有沉淀析出，即不能使用。存放时间越久，所显的浑浊度越浅，但因供试品与标准品在同一条件下操作，影响不大，可取上清液使用。

（4）氯化钡溶液的浓度和反应温度对测定有影响，一般氯化钡溶液浓度为 25%，温度控制在 30～35℃时，测定结果比较稳定。

（5）溶液的酸度能影响硫酸钡的溶解度，故应严格控制。在 50 mL 总量中加入稀盐酸 2 mL，使溶液的 pH 为 1 左右较适宜。

三、铁盐检查法

药品中铁盐的限度检查，有硫氰酸盐法、巯基乙酸法和磺基水杨酸法。《中国兽药典》（2005 版）采用硫氰酸盐法。

（一）检查原理

三价铁盐在盐酸酸性溶液中与硫氰酸盐作用生成红色可溶性的硫氰酸铁配位化合物，与一定量标准铁溶液用同法处理后进行比色。

$$Fe^{3+} + 6SCN^{-} \xrightarrow{HCl} [Fe(SCN)_6]^{3-}$$

（二）操作方法

除另有规定外，取各药品项下规定量的供试品，加水溶解使成 25 mL，移置 50 mL 纳氏比色管中，加稀盐酸 4 mL 与过硫酸铵 50 mg，用水稀释使成约 35 mL 后，加 30%硫氰酸铵溶液 3 mL，再加水适量稀释成 50 mL，摇匀；如显色，立即与标准铁溶液一定量制成的对照溶液（取各药品项下规定量的标准铁溶液，置入 50 mL 纳氏比色管中，加水使成 25 mL，加稀盐酸 4 mL 与过硫酸铵 50 mg，用水稀释使成约 35 mL，加 30%硫氰酸铵溶液 3 mL，再加水适量稀释成 50 mL，摇匀）比较，即得。

如供试管和对照管色调不一致时，可分别移至分液漏斗中，各加正丁醇 20 mL 提取，待分层后，将正丁醇层移置 50 mL 纳氏比色管中，再用正丁醇稀释至 25 mL，比较，即得。

标准铁溶液的制备：精密称取硫酸铁铵[$FeNH_4(SO_4)_2 \cdot 12H_2O$]0.863 g，置入 1 000 mL 量瓶中，加水溶解后，加硫酸 2.5 mL，用水稀释至刻度，摇匀，作为贮备液。

临用前，精密量取贮备液 10 mL，置入 100 mL 量瓶中，加水稀释至刻度，摇匀，即得（每 1 mL 相当于 10 μg 的 Fe）。

（三）注意事项

（1）铁盐与硫氰酸根的作用为可逆反应，加入过量试剂，可提高反应灵敏度。

（2）反应在盐酸酸性溶液中进行，可防止 Fe^{3+}离子水解，并可避免弱酸盐如乙酸盐、砷酸盐、磷酸盐等的干扰，以 50 mL 内加稀盐酸 4 mL 生成的淡红色最深。由于硝酸有氧化性，可使 SCN^-离子受到破坏，故不能在硝酸酸性条件下进行。

（3）加入氧化剂过硫酸铵 $[(NH_4)_2S_2O_3]$ 能将供试品中 Fe^{2+}离子氧化成 Fe^{3+}离子，同时，可防止由于光照使硫氰酸铁还原或分解而褪色。

（4）硫氰酸铁配位化合物受温度影响，温度越高，褪色越快，应注意供试品溶液与标准溶液在相同条件下进行。

（5）SCN^-离子能和其他许多金属离子发生反应而干扰，如与高汞、锌、锑等金属离子形成配位化合物而减低硫氰酸铁配位离子的颜色。

$$Hg^{2+} + 4SCN^- \longrightarrow Hg(SCN)_4^{2-}$$

此外，存在 S^{2-}离子、SO_3^{2-}离子、I^-离子及亚硝酸，对此法也有一定的影响。

四、重金属检查法

重金属是指在规定实验条件下能与显色剂作用显色的金属盐类杂质。常用的显色剂有硫代乙酰胺和硫化钠等。其限量以铅为代表。《中国兽药典》（2005 版）重金属检查法根据检品处理方法的不同可分为 4 种，各种方法所显示的结果均为重金属硫化物微粒均匀混悬在溶液中所呈现的颜色。下面仅介绍常用重金属检查法的第一法。

（一）检查原理

硫代乙酰胺在弱酸条件下水解，产生硫化氢，与重金属离子（以铅为代表）生成棕色至黑色硫化物的均匀混悬液。与一定量的标准铅溶液经同法处理后所显颜色进行比较，判断供试品中重金属杂质的限量。

$$Pb^{2+} + S^{2-} \xrightarrow{\text{乙酸}} PbS\downarrow \text{（褐色）}$$

（二）操作方法

除另有规定外，取 25 mL 纳氏比色管两支，甲管中加标准铅溶液一定量与乙酸盐缓冲液（pH 为 3.5）2 mL 后，加水或各药品项下规定的溶剂稀释成 25 mL，乙管中加入按各药品项下规定方法制成的供试液 25 mL；若供试液带颜色，可在甲管中滴加少量的稀焦糖溶液或其他无干扰的有色溶液，使之与乙管一致；再在甲乙两管中分别加硫代乙酰胺试液各 2 mL，摇匀，放置 2 min，同置白纸上。自上向下透视，乙管中显示的颜色与甲管比较，不得更深。

如在甲管中滴加稀焦糖溶液仍不能使颜色一致时，可取该药品项下规定的两倍量的供试品和试液，加水或各该药品项下规定的溶剂使成 30 mL，将溶液分成甲乙两等份，乙管中加水或该药品项下规定溶剂稀释成 25 mL；甲管中加入硫代乙酰胺试液 2 mL，摇匀，放置 2 min，经滤膜（孔径 3 μm）滤过，然后甲管中加入标准铅溶液一定量，加水或各该药品项下规定溶剂使成 25 mL，再分别在乙管中加硫代乙酰胺试液 2 mL，甲管中加水 2 mL。照上述方法比较，即得。

供试品如含高铁盐影响重金属检查时，可取该药品项下规定方法制成的供试液，加抗坏血酸 0.5～1.0 g，并在对照液中加入相同量的抗坏血酸，再照上述方法检查。

配制供试品溶液时，如使用盐酸超过 1.0 mL（或与盐酸 1.0 mL 相当的稀盐酸）氨试液超过 2 mL 或加入其他试剂进行处理者，除另有规定外，对照液中应取同样用量的试剂，置瓷皿中蒸干后加乙酸盐缓冲液（pH 为 3.5）2 mL 与水 15 mL，微热溶解后，移置纳氏比色管中，加标准铅溶液一定量，再用水稀释成 25 mL。

标准铅溶液的制备：称取硝酸铅 0.160 g，置入 1 000 mL 量瓶中，加硝酸 5 mL 与水 50 mL 溶解后，用水稀释至刻度，摇匀，作为贮备液。

临用前，精密量取贮备液 10 mL，置入 100 mL 量瓶中，加水稀释至刻度，摇匀，即得（每 1 mL 相当于 10 μg 的 Pb）。

（三）注意事项

（1）配制与贮存用的玻璃容器均不得含铅。

（2）因硝酸铅容易水解，从而造成误差，贮存时间过久，显色愈浅。而 $Pb(NO_3)_2$ 贮备液[10 μg（Pb）/mL]则可放置较长时间。因此，标准铅溶液应在临用前将贮备液稀释而成。

（3）硫代乙酰胺试液与重金属反应的最佳 pH 为 3.0～3.5，故配制乙酸盐缓冲液（pH 为 3.5），要用酸度计调节；硫代乙酰胺试液加入量以 2 mL 为宜；显色时间一般为 2 min。

（4）含有 Pb 的中性或弱酸性溶液，经滤纸滤过时，因滤纸对 Pb 有吸附，造成 Pb 损失而导致错误判断。

（5）微量 Fe^{3+}离子存在时，能在弱酸性溶液中氧化硫化氢使硫析出，产生浑浊而影响重金属的比色，测定时可加抗坏血酸少量使微量的高铁离子还原成亚铁离子。

五、砷盐检查法

药品中砷盐的检查方法，《中国兽药典》（2005 版）采用第一法（古蔡氏法）和第二法（二乙基二硫代氨基甲酸银法）。根据需要可任意选用。下面介绍砷盐检查法中常用的古蔡氏法。

（一）检查原理

古蔡氏法检查砷的原理是利用金属锌和酸作用所产生的新生态氢，与药物中微量砷盐反应，生成具有挥发性的砷化氢气体，遇溴化汞试纸，产生黄色至棕色的砷斑。与同条件下一定量标准砷溶液所生成的砷斑比较，以判定砷盐的限量。反应式如下：

$$AsO_3^{3-}+3Zn+9H^+\longrightarrow AsH_3\uparrow+3Zn^{2+}+3H_2O$$

$$As^{3+}+3Zn+3H^+\longrightarrow AsH_3\uparrow+3Zn^{2+}$$

$$AsH_3+2HgBr_2\longrightarrow 2HBr+AsH(HgBr)_2\text{（黄色）}$$

$$AsH_3+3HgBr_2\longrightarrow 3HBr+As(HgBr)_3\text{（棕色）}$$

（二）操作方法

1．仪器装置

古蔡氏法检查砷的装置如图 15-1 所示。测试时，于导气管 C 中装入乙酸铅棉花 60 mg（装管高度为 60～80 mm），再于有机玻璃旋塞 D 的顶端平面上放一片溴化汞试纸（试纸大小以能覆盖孔径而不露出平面外为宜），盖上旋塞盖 E 并旋紧，即得。

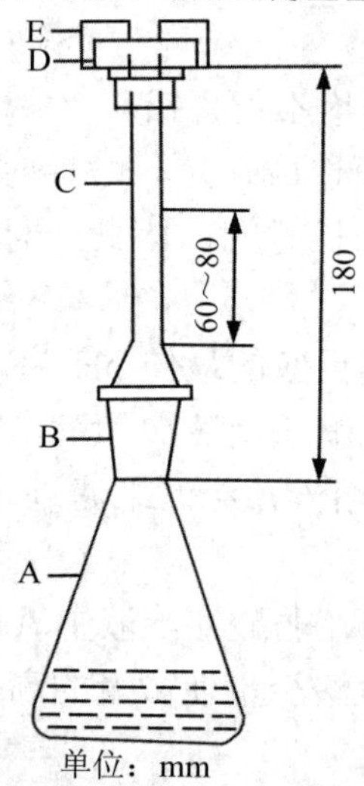

A．砷化氢发生瓶；B．中空磨口塞；C．导气管；

D．具孔有机玻璃旋塞；E．具孔有机玻璃旋塞盖

图 15-1　古蔡氏法检砷装置

2．标准砷斑的制备

精密量取标准砷溶液 2 mL 置入 A 瓶中，依次加入盐酸 5 mL 与水 21 mL，再加碘化钾试液 5 mL 与酸性氯化亚锡试液 5 滴，在室温放置 10 min 后，加入锌粒 2 g。立即将预

先装妥乙酸铅棉花与溴化汞试纸的导气管 C 密塞于 A 瓶上，并将 A 瓶置入 25～40℃的水浴中，反应 45 min，取出溴化汞试纸，得黄色至棕色的砷斑。

3．供试砷斑的制备

取照各药品项下规定方法制成的供试品溶液，置 A 瓶中，照标准砷斑的制备，自“再加碘化钾试液 5 mL”起，依法操作。

4．比较砷斑

将生成的砷斑与标准砷斑比较，不得更深。

（三）注意事项

（1）所用仪器与试剂用本法检查，均不生成砷斑，或经空白试验至多生成仅可辨认的斑痕。

（2）新购的仪器装置，在使用前应检查是否符合要求。选用的标准品与供试品的仪器应力求一致，也就是要注意选择导气管的长短，自锥形瓶液面到溴化汞试纸之间的距离相同，管的内径相同，以免生成的色斑大小不等，对砷斑比较不利。

（3）因为 2 μg 砷所产生的砷斑色度适中，清晰，便于分辨，所以最好是取 2 mL 标准砷溶液来作对照，可按规定改变供试品的取用量，来与标准砷斑比较，但不宜改变标准砷的量来与供试品比较，因标准砷斑过深或过浅都会影响砷斑比较的准确性。

（4）乙酸铅棉花用量过多或塞得过紧会影响砷化氢的通过，《中国兽药典》（2005 版）规定用乙酸铅棉花 60 mg，装管高度 60～80 mm，是为了控制乙酸铅棉花填充的松紧度，以免试验所产生的硫化氢气体干扰，同时又可使砷化氢在反应中保持干燥。

（5）酸性氯化亚锡试液以新鲜配置为好，且配好后放置时间不宜过长。否则不能把反应中生成的碘还原，影响了砷斑的色调，通常以加入 1～2 滴碘后，颜色立刻褪去为宜。

（6）反应温度应在 25～40℃，防止温度太低或太高使作用过慢或过快。

（7）锌粒大小影响反应速度，为使反应速度及产生砷化氢气体适宜，选 2 mm 左右粒径的锌粒。

（8）溴化汞试纸一般宜现用现制。

（9）制备标准砷斑或标准砷对照液，均应与供试品检查同时进行。

（10）药品中如含有铁、铋、锑等盐类对砷的测定有干扰。

六、炽灼残渣检查法

（一）检查原理

炽灼残渣指药物（多为有机药物）经炽灼炭化，再加硫酸炽灼（700～800℃）至完全灰化，使有机质破坏分解变为挥发性物质逸出，残留药的非挥发性无机杂质（多为金属的氧化物或无机盐类）成为硫酸盐残渣。称重，判断是否符合限量规定。炽灼残渣的计算见下式：

$$炽灼残渣=\frac{残渣及坩埚重-空坩埚重}{供试品重}\times 100\%$$

（二）操作方法

取供试品 1.0～2.0 g 或各药品项下规定的重量，置于已炽灼至恒重的坩埚中，精密称定，缓缓炽灼至完全炭化，放冷至室温；除另有规定外，加硫酸 0.5～1 mL 使湿润，低温加热至硫酸　蒸汽除尽后，在 700～800℃炽灼使完全灰化，移置干燥器内，放冷至室温，精密称定后，再在 700～800℃炽灼至恒重，即得。

（三）注意事项

（1）需将残渣留作重金属检查时，则炽灼温度必须控制在 500～600℃。

（2）在电炉上炭化时应缓缓加热，以避免检品因骤热膨胀而逸出，故必须将坩埚斜置于泥三角上，火焰从周围小心加热，检品部分逐渐炭化，切不可直接加热埚底部使检品全部受热引起泡沸。

（3）坩埚从高温炉取出时，温度极高，应放在炉门口稍冷后再置于干燥器中，不能把刚出炉的坩埚置于冷处，以免坩埚骤冷而炸裂。

（4）在高温炉内时间一般第一次为 30～60 min，第二次在 30 min 左右，两次在干燥器内放置的时间应一致（通常为 30 min）；放置的位置应一定；称量的先后顺序应一致。坩埚放入干燥器内后 1 min 左右，应将干燥器盖子稍稍推开放气，以免形成负压。

（5）在高温炉内，为保持空气流通，坩埚盖应斜盖，使空气仍可流通。

（6）所用坩埚，为避免混淆，应在坩埚上编上标记。可采用蓝墨水与 $FeCl_3$ 溶液的混合液涂写烘烤供瓷坩埚编号。

七、干燥失重测定法

（一）检查原理

干燥失重测定法是指在规定的条件下，经干燥后所减失的量，以百分率表示。《中国兽药典》（2005 版）干燥失重检查法主要检查水分和其他具挥发性的物质，如残留的挥发性有机溶剂等。

（二）操作方法

取供试品，混合均匀（如为较大结晶，应先迅速捣碎使成 2 mm 以下的小粒）分取约 1 g 或各药品项下规定的重量，置于与供试品同样条件下干燥至恒重的扁形称瓶中，精密称定。除另有规定外，照各药品项下规定的条件干燥至恒重，从减失的重量和取样量计算供试品的干燥失重。

$$干燥失重(\%)=\frac{水分重量}{供试品重量}\times 100\%$$

常见的干燥失重测定法有三种，即恒温干燥法、干燥剂干燥法和减压干燥法。

1．恒温干燥法

将供试品置烘箱内，在规定温度下干燥至恒重。本法适用于受热较稳定的药品。干燥温度一般为 105℃，根据含水量多少，一般在达到指定温度后，干燥 2～4 h，再称至恒重为止。有的药品 105℃水分不易除去，可提高干燥温度，如某些药品含水很多，或带有结晶水，则可先在低温下干燥，使大部分水分除去后，再于规定温度干燥。如 $Na_2S_2O_3$ 先在 40～50℃干燥，后在 105℃干燥至恒重。

如供试品为膏状物，可先在称量瓶中置入洗净并干燥至恒重的粗沙粒和一小玻璃棒，称入一定量的供试品，用玻璃棒搅匀，进行干燥，并在干燥过程中不断搅拌，以促进水分挥发至恒重。

2．干燥剂干燥法

供试品置入干燥器内，利用干燥器内存放的干燥剂，吸收供试品中的水分，干燥至恒重。本法适用于受热易分解或挥发的药物，如 $NaNO_2$ 等。

常用的干燥剂有 P_2O_5、无水 $CaCl_2$、硅胶等，但干燥剂必须处于有效状态。

3．减压干燥法

在一定温度下减压干燥的方法。在减压条件下，可降低干燥温度及缩短干燥时间。本法适用于受热不稳定及较难排除水分的药品，如肾上腺素等。减压干燥时，可用减压干燥箱，或恒温减压干燥器，除另有规定外，压力一般为 2.67 kPa，如果压力太低，会有爆破危险。恒温减压干燥器中常用的干燥剂为 P_2O_5。

（三）注意事项

（1）供试品干燥时，应平铺在扁形称量瓶中，厚度不超过 5 mm，如为疏松物质，厚度不得超过 10 mm，放入烘箱或干燥器时，应将瓶盖取下，置于称量瓶旁，或将瓶盖半开进行干燥。取出时，须将称量瓶盖好。置入烘箱内干燥的供试品，应在干燥后取出置于干燥器中放冷至室温，然后称定重量。

（2）供试品如未达到规定的干燥温度即熔化时，应先将供试品于较低的温度下干燥至大部分水分除去后，再按规定条件干燥。

（3）遇热稳定熔点较高的检品，除用烘箱干燥外，也可以在红外灯下干燥。红外线具有穿透力、热辐射力强，使内部受热均匀升温快的特点。同时，因为红外线能量较低，在干燥过程中不致使检品发生氧化、分解、变质等现象。一般在烘箱中 105℃干燥 2 h 的检品，在红外灯（250 W、220 V）下适当距离处，20 min 即可干燥。因此在使用前，要先测出不同灯距、时间和温度变化的数据，以便实验时选用适当灯距，控制时间，达到干燥目的。

（4）使用真空干燥器，应加厚布包好，防止减压干燥器破碎时造成事故。

（5）使用真空干燥器，干燥后，在开盖时，一定要先缓缓旋开活塞，勿使气流太快将称量瓶中的供试品吹散。供试品取出后，应立即将活塞关闭。

八、水分测定法

《中国兽药典》(2005 版)用费休氏法和甲苯法两种方法测定药品中的结合水和吸湿水，其中费休氏水分测定法是国际通用的水分测定法之一，它具有操作简便，专属性高、准确性好等优点。所以应用范围较广，这里着重介绍费休氏法。

（一）检查原理

费休氏水分测定法所用的标准滴定液称费休氏试液，是由碘、二氧化硫、吡啶和甲醇按一定比例组成的溶液。其滴定的基本原理是利用碘氧化二氧化硫时，需要一定量的水参加反应，从消耗碘的量即可测得水的含量。

$$I_2+SO_2+H_2O \rightleftharpoons 2HI+SO_3$$

（二）操作方法

精密称取供试品适量（消耗费休氏试液 1～5 mL），除另有规定外，溶剂为甲醇，用水分测定仪直接测定；或将供试品置入干燥的具塞玻璃瓶中，加无水甲醇 2～5 mL，在不断振摇（或搅拌）下用费休氏试液滴定至溶液由浅黄色变为红棕色，或用永停滴定法指示终点；另做空白试验，按下式计算即得。

$$供试品中水分含量(\%)=\frac{(A-B)F}{W}\times 100\%$$

式中：A——供试品所消耗费休氏试液的体积，mL；

B——空白所消耗费休氏试液的体积，mL；

F——每 1 mL 费休氏试液相当于水的重量，mg；

W——供试品的重量，mg。

（三）注意事项

（1）费休氏试液不够稳定，放置过程中可能吸收少量水分使浓度少许变化，每次临用前应标定浓度。

（2）所用的全部试剂均须脱水，所用的全部仪器均应在 140℃干燥。测定时可在滴定管口倒扣一小烧杯，以避免空气中水分的侵入。

（3）测定操作宜在干燥处进行，操作应迅速，否则误差较大。阴雨天或空气湿度太大时应避免做水分测定。

（4）费休氏试液的浓度主要决定于碘的量。配制、贮存都要用干燥无水的容器，且应遮光。

（5）本法虽与水作用的灵敏度和专属性甚高，是较理想的水分测定方法，它可适用于遇热易分解的物质或含有挥发性成分供试品的水分测定，但它不适用于易被碘所氧化的物质。

（6）本法可用费休氏试液本身作为指示剂，通常可观察费休氏试液使供试液发生的颜色变化来确定终点，即终点前滴定液显淡黄色，到达终点时，溶液变成淡红棕色；也可用永停滴定法指示终点（极化电压 70 mV，灵敏度 10^{-8}，门限值 60 格）。

第四节　特殊杂质检查

药物除检查一般性杂质外，还需检查可能存在的特殊杂质，在药品质量标准中列入各种药品的检查项下。由于药物品种的不同，在生产过程中使用着不同的原料和试剂，同一种药物可采用不同的生产路线、药物在贮存过程中也有不同的分解变化产物等，所以特殊杂质是指在该药物在生产和贮存过程中由于其生产工艺或性质有可能引入的杂质。如原料、中间体、降解物、异构体、副产物、残留溶剂等，其中有些严重影响用药安全有效的杂质，是质量控制中的主要检查内容，应严格控制其杂质含量。

一、特殊杂质检查种类

特殊杂质的种类很多，也因药物而异。特殊杂质检查种类将其归纳为有关物质、其他甾体、其他生物碱、酮体、吸收度等。如肾上腺素、去甲肾上腺素、盐酸去氧肾上腺素、盐酸异丙肾上腺素等药物在合成过程中都是经过酮体氢化还原而得，若氢化不完全，可能引入酮体杂质，所以《中国兽药典》规定应检查酮体。甾体激素类药物是用其他甾体化合物或结构类似的甾体激素经结构改造而成的，因而可能带来其他甾体杂质，《中国兽药典》规定应检查“其他甾体”。生物碱类药物多数是从植物药中提取或经提取合成的，产品中常混有其他生物碱，《中国兽药典》列出“其他生物碱”项目检查这类特殊杂质。副产物往往是生产过程中的一些副反应的产物，如由于原料不纯，原料中的异构体、同系物也与试剂反应，最后的产物混入产品中，这些杂质与药品本身较相似，一般需经分离检查。药物在贮存过程中，由于外界条件的影响，如温度、日光、空气和微生物等，可能导致水解、氧化、分解、聚合、异构化、潮解和发霉等变化而产生杂质，因此，《中国兽药典》规定应检查杂质吸收度等项目。

二、特殊杂质检查方法

特殊杂质检查方法因杂质性质不同而各异。随着分离检测技术的提高，人们对药物纯度考察能力也进一步提高。特殊杂质的检查方法一般有化学测定法、紫外可见分光光度法、旋光度法、薄层色谱法、高效液相色谱法、气相色谱法等。这里不再逐一讲述。

第五节　药物制剂检查

为了更好地发挥药物的疗效，降低毒性，减少副作用，便于贮藏与运输，需将原料药和辅料等经过加工制成多种药物剂型，如片剂、注射剂、溶液剂和散剂、膏剂等。为了严格控制药品的质量，药物制剂除了进行一般的质量检验外，还必须对制剂进行常规项目检查。如片剂，《中国兽药典》（2005 版）规定的常规检查项目有重量差异限度检查、崩解时限检查等。以下着重介绍几种药物制剂常规检查法。

一、重量差异限度检查法

重量差异限度检查法适用于片剂。

（一）检查方法

取药片 20 片，精密称定总重量，求得平均片重后，再分别精密称定各片的重量。每片重量与平均片重相比较（凡无含量测定的片剂，每片重量应与标示片重相比较），超出重量差异限度的药片不得多于 2 片，并不得有 1 片超出限度的一倍。

（二）规定

《中国兽药典》（2005 版）对片剂重量差异限度作了如下规定（表 15-1）。

表 15-1 重量差异限度

平均重量或标示片重/g	重量差异限度/%
0.30 以下	±7.5
0.30 或 1.0 以下	±5.0
1.0 或 1.0 以上	±2.0

（三）应用实例

以盐酸左旋咪唑片的重量差异限度检查为例，重量差异限度检查方法步骤如下：
取盐酸左旋咪唑片 20 片，精密称重：

	6.353 1	器皿重＋20 片重（g）
—）	4.308 8	器皿重（g）
	2.044 3	20 片重（g）

盐酸左旋咪唑片的平均片重为 0.102 2 g。按表 15-1 规定，平均片重在 0.3 g 以下，其重量差异限度为±7.5%，因此盐酸左旋咪唑片的重量差异限度为：

上限　0.102 2＋0.102 2×7.5%=0.109 9 g

下限　0.102 2－0.102 2×7.5%=0.094 5 g

只要每片片重不超过上限，不低于下限，超出重量差异限度的药片不得多于 2 片，并不得有 1 片超出限度的一倍，即表明该片的重量差异限度符合规定。

二、崩解时限检查法

崩解指固体制剂在检查时限内全部崩解溶散或成碎粒，除不溶性包衣材料或破碎的胶囊壳外，应通过筛网。崩解时限检查法系用于检查固体制剂在规定条件下的崩解情况。下面着重介绍片剂的崩解时限检查法。

（一）仪器装置

《中国兽药典》（2005 版）规定采用升降式崩解仪，主要结构为一能升降的金属支架与下端镶有筛网的吊篮（图 15-2），并附有挡板（图 15-3）。升降的金属支架上下移动距离为

55 mm±2 mm，往返频率为 30～32 次/min。

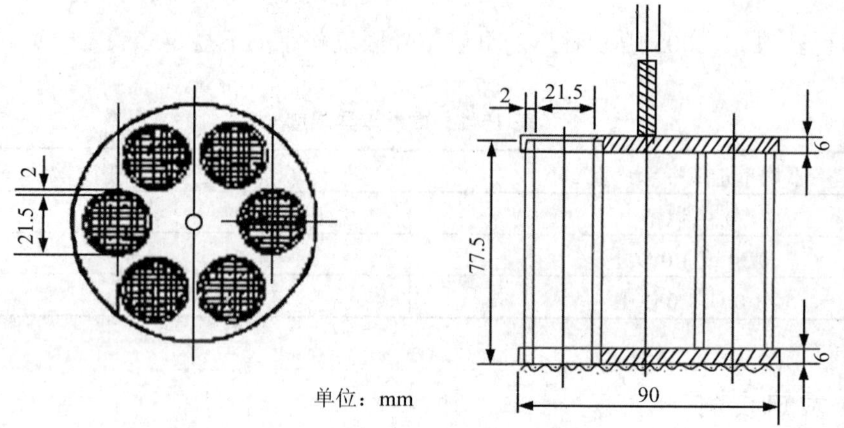

图 15-2　吊篮

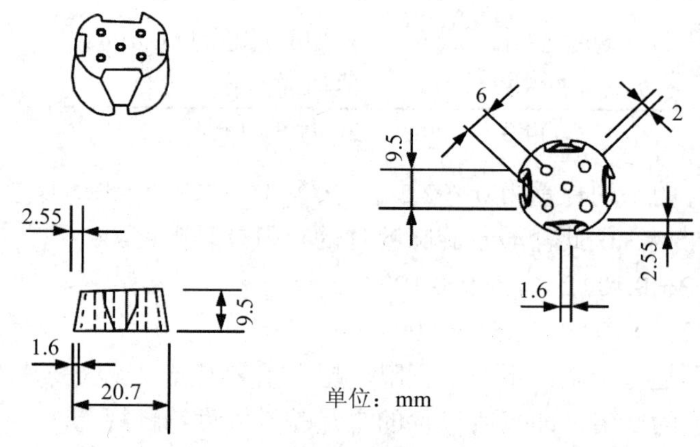

图 15-3　挡板

（二）检查方法

将吊篮通过上端的不锈钢轴悬挂于金属支架上，浸入 1 000 mL 烧杯中，并调节吊篮位置使其下降时筛网距烧杯底部 25 mm，烧杯内盛有温度为 37℃±1℃的水，调节水位高度使吊篮上升时筛网在水面下 15 mm 处。

除另有规定外，取药片 6 片，分别置入上述吊篮的玻璃管中，启动崩解仪进行检查，各片均应在 15 min 内全部崩解。如有 1 片崩解不完全，应另取 6 片，按上述方法复试，均应符合规定。

三、最低装量检查法

最低装量检查法适用于固体、半固体和液体制剂。

（一）检查法

重量法（适用于标示装量以重量计者） 除另有规定外，取供试品 5 个（50 g 以上者 3 个），除去外盖和标签，容器外壁用适宜的方法清洁并干燥，分别称定重量，除去内容物，容器用适宜的溶剂洗净并干燥，再分别称定空容器的重量，求出每个容器内容物的装量与平均装量，均应符合规定。如有 1 个容器装量不符合规定，则另取 5 个（或 3 个）复试，应全部符合规定。

容量法（适用于标示装量以容量计者） 除另有规定外，取供试品 5 个（50 mL 以上者 3 个），开启时注意避免损失，将内容物置于相应体积并预先经标化的干燥容器内，黏稠液体倾出后，将容器倒置 15 min，尽量倾净。读出每个容器内容物的装量，并求其平均装量，均应符合规定。如有 1 个容器装量不符合规定，则另取 5 个（或 3 个）复试，应全部符合规定。

（二）规定

除制剂通则中规定检查重（装）量差异与装量的剂型外，其最低装量限度应符合下列规定（表 15-2）。

表 15-2 最低装量限度

标示装量/g（mL）	固体、半固体、液体		黏稠液体（容量法）	
	平均装量	每个容器装量	平均装量	每个容器装量
20 以下	不少于标示装量	不少于标示装量的 93%	不少于标示装量的 90%	不少于标示装量的 85%
20～50	不少于标示装量	不少于标示装量的 95%	不少于标示装量的 95%	不少于标示装量的 90%
50～500	不少于标示装量	不少于标示装量的 97%	不少于标示装量的 95%	不少于标示装量的 93%
500 以上	不少于标示装量	不少于标示装量的 98%	不少于标示装量的 95%	不少于标示装量的 93%

四、澄明度检查法

（一）仪器装置

采用伞棚式装置，两面或单面光源采用日光灯，无色溶液注射剂于光照度 1 000 ～1 500 lx 的位置。塑料容器或有色溶液注射剂于光照度 2 000～3 000 lx 的位置，目检，背景为黑色，在背部右侧和底部为白色（供检查有色物质）。检品至人眼距离为 20～25 cm。

（二）检查方法

1．水针剂安瓿

将检品如数抽取，擦净安瓿（瓶）外壁污痕（或保持外壁清洁），集中放置，检查时按规定拿取支数连续操作，于伞棚边缘处，手持安瓿（瓶）颈部使药液轻轻翻转，目检。

2．粉针剂

取检品，擦净容器外壁，用适当方法，按各品种的规定加入规定量溶剂使药粉全部溶解后，于伞棚边沿处轻轻旋转使容器内药液形成旋流，随即目检。

（三）判断标准

按以上方法检查，除特殊规定的品种外，药液澄清，未发现有明显易见的异物者，作合格论。

药厂出厂的针剂经相关部门检验澄明度，如发现有生产时漏检的白块、玻璃屑、纤维、色点、色块或混浊等异物，其不合格总支数不超过检验支数的 7.5%时，即应判断本批针剂澄明度合格。贮存期内针剂不合格的总支数，不超过检验支数的 10%时，即应判断本批澄明度合格。

如检查结果超过合格规定时，应另行加倍抽样复查（检查时限也相应加倍）复查结果不超过规定时，仍按合格判断。

出厂时 7.5%及贮存期 10%以内的不合格品，并不意味允许存在而是检查方法的误差。

检品按照规定方法检查，不合格品率不超过规定时，结论为“符合农业部规定”，超过规定时，结论为“不符合农业部规定”。

（四）注意事项

1．抽样数量

1～20 mL 每批检查 200 支，需要复检者，应另行加倍抽样进行检验。50～100 mL 每批检查 100 支，250 mL 以上每批检查 20 瓶。

2. 检查时限

按规定检查支数，每批检查时限应符合下列规定（表 15-3）。

表 15-3　注射液检查时限

规格/ mL	检查时限/ min	规格/ mL	检查时限/ min
1～2	10	20	18
5	12	50～100	11
10	14	250 以上	每瓶约 8 s

五、无菌检查法

无菌检查法系用于检查兽药典要求无菌的兽药制剂、原料、辅料、兽医医疗器具及其他品种是否无菌的一种方法。无菌检查应在环境洁净度 1 万级下的局部洁净度 100 级的单向流空气区域内或隔离系统中进行，其全过程应严格遵守无菌操作，防止微生物污染。单向流空气区与工作台面及环境应定期按《医药工业洁净室（区）悬浮粒子、浮游菌和沉降菌的测试方法》的现行国家标准进行洁净度验证。隔离系统按相关的要求进行验证，其内部环境的洁净度须符合无菌检查要求。

（一）检查法

无菌检查法包括直接接种法和薄膜过滤法。前者适用于非抗菌作用的供试品；后者适用于有抗菌作用或大容量的供试品。操作时，用适当的消毒液对供试品容器表面或外包装浸没或擦拭消毒后，以无菌的方法取内容物。凡无菌检查中，均应取相应溶剂和稀释剂同法操作，作阴性对照。若供试品符合无菌检查法的规定，仅表明供试品在该检验条件下未发现微生物污染。

1. 直接接种法

（1）供试品准备。供试品如为注射液或灭菌溶液，按表 15-4 或表 15-5 规定量取供试品，混合。

供试品如为注射用无菌粉末或无菌冻干品或供直接分装成注射用的无菌粉末原料，按表 15-4 或表 15-5 规定量取供试品，加入无菌水或 0.9%无菌氯化钠溶液，或该药品项下规定的溶剂用量制成一定浓度的供试品溶液。

供试品如为外科敷料，取供试品 4 个包装，以无菌操作拆开包装，于不同部位分别剪取约 100 mg 或 1 cm×3 cm 的供试品 11 份，接种于足以浸没供试品的适量培养基中。

供试品如为青霉素类药，按表 15-4 或表 15-6 规定量取供试品，分别加入足够使青霉素灭活的无菌青霉素酶溶液适量，摇匀，混合。亦可按薄膜过滤法检查。

表 15-4　出厂产品检验量

类　型	每批产品数量/个	最低检验量/个
注射剂	≤100	10%或最少 4
	100～500	10 瓶（支）
	＞500	2%或最多 20
眼用及其他非注射产品	≤200	5%或最少 2
	＞200	10
桶装固体原料	≤4	每个容器
	5～50	20%或最少 4
	＞50	2%或最少 10

表 15-5　上市抽验样品检验量

供试品装量/ mL	每管接种量/mL	直接接种法培养基量/mL	薄膜过滤法接种培养基量/mL	取供试品数/瓶（支）
1 以下或 1	全量	15		11
2 至 5 以下	半量	15		11
5 至 20 以下	2	15		11
20 至 50 以下	5	40		11
50 至 100 以下（静脉）	全量	—	100	5
100 至 500	全量	—	100	5
500 以上	500	—	100	5
无菌粉针剂				11
无菌粉末原料				6 份各 0.5 g

表 15-6　抗生素类药品上市抽验样品检验量

供试品装量/ mL	薄膜过滤法接种培养基量/mL		取供试品数/支
	封闭式过滤器	薄膜过滤器	
2 以下	100	50	6
2 至 5 以下	100	50	6
5 至 50 以下	100	50	6
50 以上	100	50	6
无菌粉针剂	100	50	6
无菌粉末原料	100	50	6 份各 0.5 g

（2）操作方法。取上述备妥的供试品，以无菌操作将该供试品分别接种于需气菌、厌气菌培养基 6 管，其中 1 管接种金黄色葡萄球菌对照用菌液 1 mL，作阳性对照，另接种于真菌培养基 5 管。轻轻摇动，使供试品与培养基混合。需气菌、厌气菌培养基管置 30～35℃、真菌培养基管置 20～25℃培养 14 d。在培养期间逐日观察并记录是否有菌生长。阳性对照管在 24 h 内应有菌生长，如在加入供试品后，培养基出现浑浊，培养 14 d 后，不能从外观上判断有无微生物生长，可取该培养液适量转种至同种新鲜培养基中或斜面培养

基上继续培养，细菌培养 2 d，真菌培养 3 d，观察是否再出现浑浊或斜面有无菌生长，或用接种环取培养液涂片，染色，用显微镜观察是否有菌。

2. 薄膜过滤法

操作方法　如供试品有抗菌作用，按表 15-4 或表 15-6 规定量取供试品，按该药品项下规定的方法处理后，加入 0.9%无菌氯化钠溶液或其他适宜的溶剂至少 100 mL 中，混合后，通过装有孔径不大于 0.45 μm 的薄膜过滤器，然后用 0.9%无菌氯化钠溶液或其他适宜的溶液冲洗滤膜至阳性对照菌正常生长。将需气菌、厌气菌培养基，真菌培养基及阳性对照管用培养基分别加至薄膜过滤器内（封闭式过滤器），或取出滤膜分成 3 等份，分别加入上述两种培养基中，按规定温度和时间培养。阳性对照管应根据供试品的特性加入相应的对照菌液 1 mL（抗细菌药物，以金黄色葡萄球菌为对照菌；抗厌氧菌药物，以生孢梭菌为对照菌；抗真菌药物，以白色念珠菌为对照菌），阳性对照管细菌应在培养 24~48 h，真菌应在培养 24～72 h 有菌生长。

（二）结果判断

当阳性对照管显浑浊并确有菌生长，阴性对照管呈阴性时，可根据观察所得的结果判定：如需气菌、厌气菌及真菌培养基管均为澄清或虽显浑浊但经证明并非有菌生长，均应判为供试品合格；如需气菌、厌气菌及真菌培养基管中任何 1 管显浑浊并确证有菌生长，应重新取两倍量供试品，分别依法复试，除阳性对照管外，其他各管均不得有菌生长，否则应判为供试品不合格。

六、含量均匀度检查法

含量均匀度指小剂量固体口服制剂、粉雾剂或注射用无菌粉末中的每片（个）含量偏离标示量的程度。除另有规定外，片剂、胶囊剂或注射用无菌粉末，每片（个）标示量小于 10 mg 或主药含量小于每片（个）重量 5%者；其他制剂，每个标示量小于 2 mg 或主药含量小于每个重量 2%者，均应检查含量均匀度。复方制剂仅检查符合上述条件的组分。凡检查含量均匀度的制剂，不再检查重（装）量差异。

除另有规定外，取供试品 10 片（个），照各药品项下规定的方法，分别测定每片以标示量为 100 的相对含量 X，求其均值 $\overline{X}$ 和标准差 $S\left[S=\sqrt{\dfrac{\Sigma(X-\overline{X})^2}{n-1}}\right]$ 以及标示量与均值之差的绝对值 A（$A=|100-\overline{X}|$）；如 $A+1.80S \leqslant 15.0$，即供试品的含量均匀度符合规定；若 $A+S > 15.0$，则不符合规定；若 $A+1.80S > 15.0$，且 $A+S \leqslant 15.0$，则应另取 20 片（个）复试。根据初、复试结果，计算 30 片（个）的均值 $\overline{X}$ 、标准差 S 和标示量与均值之差

的绝对值 A；如 $A+1.45S\leqslant15.0$，即供试品的含量均匀度符合规定；若 $A+1.45S>15.0$，则不符合规定。

如该药品项下规定含量均匀度的限度为±20%或其他百分数时，应将上述各判断式中的15.0改为20.0或其他相应的数值，但各判断式中的系数不变。

在含量测定与含量均匀度检查所用方法不同时，而且含量均匀度未能从响应值求出每片含量情况下，可取供试品10片（个），照该药品含量均匀度项下规定的方法，分别测定，得仪器测定法的响应值 Y（可为吸收度、峰面积等），求其均值 $\overline{Y}$。另由含量测定法测得以标示量为100的含量 X_A，由 X_A 除以响应值的均值 $\overline{Y}$，得比例系数 K（$K=X_A/\overline{Y}$）。将上述诸响应值 Y 与 K 相乘，求得每片标示量为100的相对含量（%）X（$X=KY$），同上法求其均值 $\overline{X}$ 和 S 以及 A，计算，判定结果，即得。

七、热原检查法

本法系将一定剂量的供试品，静脉注入家兔体内，在规定时间内，观察家兔体温升高的情况，以判定供试品中所含热原的限度是否符合规定。

（一）供试用家兔

供试用的家兔应健康合格，体重1.7～3.0 kg，雌兔应无孕。预测体温前7 d即应用同一饲料饲养，在此期间内，体重应不减轻，精神、食欲、排泄等不得有异常现象。未经使用于热原检查的家兔；或供试品判定为符合规定，但组内升温达0.6℃的家兔；或3周内未曾使用的家兔，均应在检查供试品前3～7 d预测体温，进行挑选。挑选试验的条件与检查供试品时相同，仅不注射药液，每隔30 min测量体温1次，共测8次，8次体温均在38.0～39.6℃，且最高体温与最低体温的差数不超过0.4℃的家兔，方可供热原检查用。用于热原检查后的家兔，如供试品判定为符合规定，至少应休息2 d方可供第2次检查用。如供试品判定为不符合规定，则组内家兔不再使用。每一家兔的使用次数，用于一般药品的检查，不应超过10次。

（二）试验前的准备

在做热原检查前1～2 d，供试用家兔应尽可能处于同一温度的环境中，实验室和饲养室的温度相差不得大于5℃，实验室的温度应在17～25℃，在试验全部过程中，应注意室温变化不得大于3℃，应避免噪音干扰。家兔在试验前至少1 h开始停止给食并置于适宜的装置中，直至试验完毕。家兔体温应使用精密度为±0.1℃的肛温计，或其他同样精确的测温装置。肛温计插入肛门的深度和时间各兔应相同，深度一般约6 cm，时间不得少于1 min 30 s，每隔30 min测量体温1次，一般测量2次，两次体温之差不得超过0.2℃，以此两次体温的平均值作为该兔的正常体温。当日使用的家兔，正常体温应在 38.0～39.6℃，且各兔间正常体温之差不得超过 1℃。

试验用的注射器、针头及一切与供试品溶液接触的器皿，应置入烘箱中用 250℃加热 30 min，也可用其他适宜的方法除去热原。

（三）检查法

取试用的家兔 3 只，测定其正常体温后 15 min 以内，自耳静脉缓缓注入规定剂量并温热至约 38℃的供试品溶液，然后每隔 30 min 按前法测量其体温 1 次，共测 6 次，以 6 次体温中最高的一次减去正常体温，即为该兔体温的升高温度（℃）。如 3 只家兔中有 1 只体温升高 0.6℃或 0.6℃以上，或 3 只家兔体温升高均低于 0.6℃，但体温升高的总和达 1.4℃或 1.4℃以上，应另取 5 只家兔复试，检查方法同上。

（四）结果判断

在初试 3 只家兔中，体温升高均低于 0.6℃，并且 3 只家兔体温升高总和低于 1.4℃；或在复试的 5 只家兔中，体温升高 0.6℃或 0.6℃以上的家兔仅有 1 只，并且初试、复试合并 8 只家兔的体温升高总和为 3.5℃或 3.5℃以下，均认为供试品的热原检查符合规定。

在初试 3 只家兔中，体温升高 0.6℃或 0.6℃以上的家兔数超过 1 只；或在复试的 5 只家兔中，体温升高 0.6℃或 0.6℃以上的家兔超过 1 只；或在初试、复试合并 8 只家兔的体温升高总和超过 3.5℃，均认为供试品的热原检查不符合规定。

当家兔升温为负值时，均以 0℃计。

试验记录格式如下：

检品名称	检品分类	
供样单位	规格	
生产单位	包装	
批号	失效日期	
检验目的	检品数量	
检验依据	验讫数量	
检验日期	报告日期	
	室温	湿度
检验员	校对者	

实验日期

动物　　来源　　性别　　体重

溶液配制

注射速度

结果

结论

热原检查兔史记录卡

兔号

实验次数	使用日期	室温/℃	新兔体温/℃	体重/kg	检品名称	批号	注射前平均温/℃	升降温/℃	备注

八、细菌内毒素检查法

本法系用鲎试剂与细菌内毒素产生凝集反应的机理，以判断供试品中细菌内毒素的限量是否符合规定的一种方法[①]。内毒素的量用内毒素单位（EU）表示。细菌内毒素国家标准品系自大肠杆菌提取精制而成，用于标定、复核、仲裁鲎试剂灵敏度和标定细菌内毒素工作标准品的效价。细菌内毒素工作标准品系以细菌内毒素国家标准品为基准标定其效价，用于试验中鲎试剂灵敏度复核、干扰试验及设置的各种阳性对照。细菌内毒素工作标准品中每 1 ng 细菌内毒素的效价应不小于 2 EU，不大于 50 EU。细菌内毒素检查用水系指与灵敏度为 0.03 EU/mL 或更高灵敏度的鲎试剂在 37℃±1℃条件下 24 h 不产生凝集反应的灭菌注射用水。

（一）试验准备

试验所用器皿需经处理，除去可能存在的外源性内毒素，常用的方法是 250℃干烤至少 1 h，也可用其他适宜的方法，并应确证不干扰细菌内毒素的检查。试验操作过程应防止微生物的污染。

1．鲎试剂灵敏度复核试验

鲎试剂灵敏度定义为在本检查法规定的条件下能检测出内毒素标准溶液或供试品溶液中的最低内毒素浓度，用 EU/mL 表示。

根据鲎试剂灵敏度的标示值（λ），将细菌内毒素国家标准品或细菌内毒素工作标准品用细菌内毒素检查用水溶解，在旋涡混合器上混匀 15 min，然后制成 2.0 λ、1.0 λ、0.5 λ 和

[①] 利用鲎试剂来检测的主要是由革兰氏阴性菌产生的内毒素。

0.25 λ 4 个浓度的内毒素标准溶液，每稀释一步均应在旋涡混合器上混匀 30 s，按检查法项下试验，每一浓度平行做 4 支，同时用细菌内毒素检查用水做 2 支阴性对照管，如最大浓度 2.0 λ管均为阳性，最低浓度 0.25 λ管均为阴性，阴性对照管均为阴性，按下式计算反应终点浓度的几何平均值，即为鲎试剂灵敏度的测定值（λ_c）。

$$\lambda_c=\lg^{-1}（\Sigma X/4）$$

式中：X——反应终点浓度的对数值，lg。反应终点浓度是系列浓度递减的内毒素溶液中最后一个呈阳性结果的浓度。

当λ_c在 0.5～2.0 λ（包括 0.5 λ和 2.0 λ）时，方可用于细菌内毒素检查，并以λ为该批鲎试剂的灵敏度。每批新的鲎试剂在用于试验前都要进行灵敏度的复核。

【举例】 设待复核鲎试剂的灵敏度为 0.125 EU/mL。实验结果如下：

内毒素浓度/（EU/mL）		0.25	0.125	0.062 5	0.031	Nc	反应终点浓度 X
重复管数	1	＋	＋	－	－	－	0.125
	2	＋	－	－	－	－	0.25
	3	＋	＋	＋	－		0.062 5
	4	＋	＋	＋	－		0.062 5

$\lambda_c=\lg^{-1}（\Sigma X/4）$

$=\lg^{-1}[（\lg0.125+\lg0.25+\lg0.062\,5+\lg0.062\,5）/4]$

$=0.105$（EU/mL）

λ_c在 0.5～2.0 λ，符合规定。并且使用该鲎试剂时，其灵敏度为标示灵敏度 0.125 EU/mL。

2．供试品干扰试验

按鲎试剂灵敏度复核试验项下，用细菌内毒素检查用水和未检出内毒素的供试品溶液或其不超过最大有效稀释倍数（*MVD*）的稀释液分别将同一支（瓶）细菌内毒素工作标准品制成含细菌内毒素工作标准品 2.0 λ、1.0 λ、0.5 λ和 0.25 λ4 种浓度的内毒素溶液。用细菌内毒素检查用水和用供试品溶液或其稀释液制成的每一浓度平行做 4 支，另取细菌内毒素检查用水和供试品溶液或其稀释液各做 2 支阴性对照管。如最大浓度 2.0 λ管均为阳性，最低浓度 0.25 λ管均为阴性，阴性对照管均为阴性时，按下式计算用细菌内毒素检查用水制成的内毒素标准溶液的反应终点浓度的几何平均值（E_s）和用供试品溶液或其稀释液制成的内毒素溶液的反应终点浓度的几何平均值（E_t）。

$$E_s=\lg^{-1}（\Sigma X_s/4）$$

$$E_t=\lg^{-1}（\Sigma X_t/4）$$

式中 X_s、X_t分别为细菌内毒素检查用水和供试品溶液或其稀释液制成的内毒素溶液的反应终点浓度的对数值（1g）。

当 E_s 在 0.5～2.0 λ（包括 0.5 λ和 2.0 λ）时，且当 E_t 在 0.5 E_s 和 2.0 E_s（包括 0.5 E_s 和 2.0 E_s）时，则认为供试品在该浓度下不干扰试验，否则使用更灵敏的鲎试剂，对供试品进行更大倍数稀释或采用其他适合排除干扰作用的方法。当鲎试剂、供试品的来源、供试品的配方或生产工艺有变化时，须重新进行干扰试验。

供试品的最大有效稀释倍数（*MVD*）按下式计算：

$$MVD=c \cdot L/\lambda$$

式中：L——供试品的细菌内毒素限值；

c——供试品溶液的浓度。

其中当 L 以 EU/mL 表示时，c 为 1.0 mL/mL；当 L 以 EU/mg 或 EU/u 表示时，c 的单位为 mg/mL 或 U/mL。

（二）检查法

取装有 0.1 mL 鲎试剂溶液的 10 mm×75 mm 试管或复溶后的每支 0.1 mL 规格的鲎试剂原安瓿 5 支，其中 2 支加入 0.1 mL 按最大有效稀释倍数稀释的供试品溶液作为供试品管，1 支加入 0.1 mL 用细菌内毒素检查用水将细菌内毒素工作标准品制成 2.0 浓度的内毒素溶液作为阳性对照管，1 支加入 0.1 mL 细菌内毒素检查用水作为阴性对照管，1 支加入 0.1 mL 供试品阳性对照溶液[用被测供试品溶液将同一支（瓶）细菌内毒素工作标准品制成 2.0 λ浓度的内毒素溶液]作为供试品阳性对照管。将试管中溶液轻轻混匀后，封闭管口，垂直放入 37℃±1℃适宜恒温器中，保温 60 min±2 min。保温和拿取试管过程应避免受到振动造成假阴性结果。

（三）结果判断

将试管从恒温器中轻轻取出，缓缓倒转 180° 时，管内凝胶不变形，不从管壁滑脱者为阳性，记录为（＋）；凝胶不能保持完整并从管壁滑脱者为阴性，记录为（－）。供试品管 2 支均为（－），应认为符合规定；如 2 支均为（＋），应认为不符合规定；如 2 支中 1 支为（＋），1 支为（－），按上述方法另取 4 支供试品管复试，4 支中 1 支为（＋），即认为不符合规定。阳性对照管为（－）或供试品阳性对照管为（－）或阴性对照管为（＋），试验无效。

复习思考题

1. 药物的质量可以从哪三方面考查？它们在质量标准中又是通过哪些项目来衡量的？

2. 药物中的杂质可分为哪两类？

3. 最常做的一般杂质检查项目有哪些？最常做的特殊杂质检查项目有哪些？

4. 试述检查氯化物、硫酸盐的反应原理和反应条件。说明为什么要检查这些杂质？

5. 葡萄糖中氯化物的检查：取本品 0.6 g，加水溶解使成 25 mL，依法检查[《中国兽药典》(2005 版)]，结果与标准氯化钠溶液（每 1 mL 中含 Cl^- 10 μg）6.0 mL 制成的对照液比较，不得更浓。问氯化物的限量为多少？

6. 取葡萄糖 2 g，按《中国兽药典》(2005 版）砷盐检查法第一法制备标准砷斑时，砷盐限量为 $1/10^{-6}$，问应取每 1 mL 含砷 1 μg 的标准砷溶液多少毫升？

7. 用反应式说明铁盐检查法的基本原理。

8. 用反应式说明以硫代乙酰胺在酸性溶液中检查重金属的反应原理。

9. 简述古蔡氏法检查砷盐的原理。

10. 古蔡氏法检查砷盐时加入乙酸铅棉花的目的是什么？

11. 炽灼残渣的化学成分是什么？炽灼温度是多少？

12. 常见的干燥失重法有哪几种？

13. 简述费休氏水分测定法的基本原理。

14. 片剂的常规检查项目主要有哪些？

15. 注射剂的常规检查项目主要有哪些？

第十六章　药物含量测定

【教学目标】

- 了解药物含量的基本方法;
- 掌握化学测定法、生物检定法和仪器分析法的基本原理和操作技术。

动物药品的含量测定，是判定药物纯度的重要手段。药物定量分析方法可分三类，即化学测定法、生物检定法和仪器分析法。现就常用的药物含量测定法作一简要介绍。

第一节　化学测定法

以物质的化学反应为基础的测定方法称为化学测定法。由于该分析方法历史悠久，所以又称经典分析法。化学测定法的应用范围广泛，所用仪器简单，结果准确。但化学测定不够灵敏，对于试样中极微量的杂质的定量分析受到一定的限制。常见的化学测定法主要有以下几种。

一、酸碱滴定法

酸碱滴定法是以水溶液中的质子转移为基础的滴定分析方法。

本法是药物分析中应用最广泛的容量分析法，有统计表明约有一半以上药物可用酸碱滴定法测定其含量。其常见测定方法有以下 4 种类型。

（一）直接用标准碱液滴定（酸量法）

1. 原理

本法通常以水或乙醇为溶剂，直接用标准碱液滴定的方法，也称为酸量法。

2．适用范围

在水溶液中 $cK_a \geq 10^{-8}$，显示较强酸性的药物，如一些具有羧酸结构的药物可直接用碱标准溶液滴定。如水杨酸、乙酰水杨酸、苯甲酸、烟酸等的测定。

3．注意事项

（1）当测定弱酸或强酸弱碱盐，到达化学计量点时，前者由于滴定反应生成的强碱弱酸盐易水解；后者由于游离弱碱的存在，都使溶液偏碱性，故应选择偏碱性区域变色的指示剂以指示终点。通常用酚酞指示剂，但也可用混合指示剂。

（2）本法以酚酞为指示剂，以粉红色出现并在 30 s 内不褪即为终点。

4．应用实例——《中国兽药典》（2005 版）阿司匹林的含量测定

（1）测定原理。将本品溶于中性乙醇后，以酚酞为指示剂，用 0.1 mol/L 氢氧化钠液直接滴定。

（2）测定方法。取本品约 0.4 g，精密称定，加中性乙醇（对酚酞指示液显中性）20 mL 溶解后，加酚酞指示液 3 滴，用氢氧化钠液（0.1 mol/L）滴定。每 1 mL 氢氧化钠滴定液（0.1 mol/L）相当于 18.02 mg 的 $C_9H_8O_4$。

（3）数据处理。

$$C_9H_8O_4\% = \frac{\frac{c}{0.1} \times V \times \frac{18.02}{1\,000}}{W} \times 100\%$$

式中：c ——氢氧化钠滴定液的实际浓度，mol/L；

V ——消耗氢氧化钠滴定液的体积，mL；

W ——所称供试品的重量，g。

（4）注意事项。

❶由于本品微溶于水（1∶300），易溶于乙醇（1∶5），因此测定时以乙醇为溶剂溶解供试品。

❷由于该滴定反应的实质为酸与碱的反应，故溶剂的酸碱性会对测定结果产生影响，本试验中用中性乙醇，其处理方法是 95%乙醇加酚酞指示液，用 NaOH（0.1 mol/L）滴定至微红色，即得。

❸温度对测定影响较大，测定时温度不宜超过 10℃，以防止本品水解，使测定水解结果偏大。

（二）直接用标准酸液滴定（碱量法）

1. 测定原理

本法通常以水或乙醇为溶剂，直接用标准酸液滴定的方法，也称为碱量法。

2. 适用范围

在水溶液中 $cK_b \geqslant 10^{-8}$，显示较强碱性的药物，如碳酸氢钠、硼砂等药物的测定。

3. 注意事项

当测定弱碱或强碱弱酸盐，到达化学计量点时，前者由于滴定反应生成的强酸弱碱盐易水解，后者由于游离弱酸的存在，都使溶液偏酸性，故应选择偏酸性区域变色的指示剂（如甲基红、甲基橙等）指示终点。

4. 应用实例——《中国兽药典》（2005 版）碳酸氢钠的含量测定

（1）测定原理。将本品溶于水后，以甲基红—溴甲酚绿为指示剂，用 0.1 mol/L 盐酸液直接滴定。

$$NaHCO_3 + HCl \rightleftharpoons NaCl + H_2CO_3$$

$$H_2CO_3 \longrightarrow CO_2\uparrow + H_2O$$

（2）测定方法。取本品约 1 g，精密称定，加水 50 mL 使溶解，加甲基红—溴甲酚绿混合指示液 10 滴，用盐酸滴定液（0.5 mol/L）滴定至溶液由绿色转变为紫红色，煮沸 2 min，冷却至室温，继续滴定至溶液由绿色变为暗紫色。每 1 mL 盐酸滴定液（0.5 mol/L）相当于 42.00 mg 的 $NaHCO_3$。

（3）数据处理。

$$NaHCO_3\% = \frac{\frac{c}{0.5} \times V \times \frac{42.00}{1\,000}}{W} \times 100\%$$

式中：c——盐酸滴定液的实际浓度，mol/L；

V——消耗盐酸滴定液的体积，mL；

W——所称供试品的重量，g。

（4）注意事项。因滴定中生成的碳酸在溶液中有少量溶解，致使终点提前，可通过煮沸除去 CO_2，再继续滴定至终点。

（三）剩余滴定法

1. 测定原理

在供试品中加入定量的标准酸或标准碱溶液，再用标准碱或酸滴定剩余的酸或碱，根据加入的标准溶液的量和回滴定所消耗的标准溶液的量，可求得样品的含量。一般要做空白试验校正。

2．适用范围

《中国兽药典》（2005 版）中用于乌洛托品、水合氯醛、甘油、氧化镁等药物的测定。

3．应用实例——《中国兽药典》（2005 版）乌洛托品的含量测定

（1）测定原理。乌洛托品在过量酸中加热水解为铵盐和甲醛，加热驱尽甲醛后，剩余的酸可用标准碱液回滴定。水解反应如下式：

$$(CH_2)_6N_4+2H_2SO_4+6H_2O \longrightarrow 2(NH_4)_2SO_4+6HCHO\uparrow$$

（2）测定方法。取本品约 0.5 g，精密称定，置锥形瓶中，加水 10 mL 溶解后，精密加硫酸滴定液（0.25 mol/L）50 mL，摇匀，加热煮沸至不再发生甲醛臭，随时加近沸的水补足蒸发的水分，放冷至室温，加甲基红指示液 2 滴，用氢氧化钠滴定液（0.5 mol/L）滴定，并将滴定的结果用空白试验校正。每 1 mL 的硫酸滴定液（0.25 mol/L）相当于 17.52 mg 的 $C_6H_{12}N_4$。

（3）数据处理。

$$C_6H_{12}N_4\%=\frac{\dfrac{\frac{1}{2}c}{0.25}\times(V_0-V)\times\dfrac{T}{1\,000}}{W}\times100\%$$

式中：c——氢氧化钠滴定液的实际浓度，mol/L；

V_0——未加供试品时消耗氢氧化钠滴定液的体积，mL；

V——加入供试品时消耗氢氧化钠滴定液的体积，mL；

W——所称供试品的重量，g。

（4）注意事项。此法必须将甲醛赶尽，否则影响分析结果。

（四）提取后酸碱滴定法

一些药物的制剂可用与水不相混溶的有机溶剂将主药提取出来，蒸发除去溶剂后，再用直接滴定法或回滴定法测定。若为有机酸或碱的盐类药物，可用酸或碱中和后，再用有机溶媒提取分离。下面以《中国兽药典》中盐酸哌替啶注射液的含量测定说明测定方法。

1．测定原理

本品加氢氧化钠试液使呈强碱性，析出游离哌替啶，加氯化钠使饱和，以降低哌替啶的溶解度，然后用乙醚提取，于乙醚提取液中加硫酸液，使生成硫酸盐，低温蒸去乙醚，过量的硫酸液以氢氧化钠液回滴定，用甲基红作指示剂指示终点。

2. 测定方法

精密量取本品适量（约相当于盐酸哌替啶 0.1 g），加水使成 20 mL，加氢氧化钠试液 3 mL 使成强碱性，加氯化钠使饱和，用乙醚振摇提取 5 次，每次 15 mL，合并乙醚液，用水 5 mL 洗涤 1 次，洗液用乙醚 5 mL 振摇提取，合并前后两次得到的乙醚液，精密加硫酸滴定液（0.01 mol/L）30 mL，振摇后，低温蒸去乙醚，放冷至室温，加甲基红指示液 2 滴，用氢氧化钠滴定液（0.02 mol/L）滴定。每 1 mL 硫酸滴定液（0.01 mol/L）相当于 5.676 mg 的 $C_{15}H_{21}NO_2 \cdot HCl$。

二、非水酸碱滴定法

酸碱滴定一般是在水溶液中进行的。水是常用的溶剂。以水为溶剂比较安全，价廉，许多物质尤其是无机物易溶于水，但是以水为介质进行酸碱滴定有一定的局限性，例如：

❶许多弱酸或弱碱，cK_a 或 cK_b 小于 10^{-8} 不能直接准确地进行；

❷有些有机酸或有机碱在水中溶解度小，使滴定不能直接准确地进行；

❸一些多元酸或碱，混合酸或碱由于 K_a（K_b）值较接近，不能分步或分别滴定。

采用非水溶剂作为介质，往往可以解决以上问题，扩大酸碱的应用范围。

非水滴定法包括的方法很多，但在药物分析中用得较多的是非水酸碱滴定法，本法是利用非水溶媒的特点来改变药物的酸碱相对强度，使在水溶液中不能滴定的弱酸性或弱碱性药物，能在适当的非水溶剂中，使其酸碱性强度增加，可以顺利地用标准酸或碱的非水溶液来滴定。具有碱性基团的化合物，如胺类、氨基酸类、含氮杂环化合物，某些有机碱的盐以及弱酸盐、羧酸类、酚类、含磺酰胺基（$—SO_2—NH—$）等大都能用非水酸碱滴定法测定。非水酸碱滴定法又分为非水碱量法和非水酸量法，这里仅介绍非水碱量法。

（一）非水碱量法原理

某些药物由于在水溶液中显示的碱性较弱，不能进行酸碱滴定。而在非水介质中，就能显示出较强的碱性，可以顺利地进行。多半在冰乙酸或乙酸中进行滴定，滴定剂多为高氯酸的冰乙酸溶液。一般应用电位法指示终点，如采用指示剂时，终点颜色变化应与电位法相符。

（二）测定方法

取适当方法干燥后的供试品适量(其量一般以消耗标准溶液约 8 mL 为度)，加适量(一般为 10～30 mL）冰乙酸溶液（必要时可温热溶解，放冷）。若供试品为氢卤酸盐，应再加 5%乙酸汞冰乙酸溶液 3～5 mL，用 0.1 mol/L 高氯酸滴定液滴定至终点。并将滴定结果用空白试验校正，即得。

（三）注意事项

1．实验中使用的全部仪器应干燥。实验室中亦应防止大量水分的存在。

2．配制高氯酸滴定液所用的冰乙酸和高氯酸均含有水分，而水的存在常常影响滴定突跃，使指示剂变色不敏锐，应除去。除水方法是加入计算量的乙酸酐，使之与水反应生成乙酸。乙酸酐用量计算如下。

（1）冰乙酸除水。含水量为 0.2%的冰乙酸（相对密度为 1.05）除去 1 000 mL 冰乙酸中水应加相对密度为 1.08 含量为 97.0%的乙酸酐体积为：

$$V=\frac{102.09\times 1\ 000\times 1.05\times 0.2\%}{18.02\times 1.08\times 97.0\%}=11.36(\mathrm{mL})$$

（2）高氯酸除水。通常所用的高氯酸含量为 70.0%～72.0%，相对密度为 1.75 的水溶液。其水分同样应加入乙酸酐除去，除水的计算方法与冰乙酸除水方法相同。

3．冰乙酸中含水量可按下述简便方法检查：取 10 mL 冰乙酸加 1 滴 0.1%结晶紫的冰乙酸溶液，冰乙酸中含水量与结晶紫指示剂的颜色变化如表 16-1。

表 16-1　冰乙酸中含水量与结晶紫指示剂的颜色变化

冰乙酸中含水量/%	结晶紫颜色变化
0.1	紫→绿变化敏锐
0.2～0.3	紫→蓝→蓝绿→绿
0.4 以上	以上变化甚模糊

4．高氯酸与乙酸酐混合时，发生剧烈反应，并放出大量热。因此，在配制高氯酸滴定液时应注意，不能将乙酸酐直接加到高氯酸溶液中，应先用冰乙酸将高氯酸稀释后，在不断搅拌下缓缓加入乙酸酐。

5．高氯酸滴定液应盛于磨口玻璃塞的棕色试剂瓶中，密闭于冷暗处保存。若溶液已变黄，表示高氯酸已部分分解，不可再用。

6．滴定速度不要太快，因为冰乙酸比较黏稠，滴定速度太快了，附着在滴定管内壁上部的溶液还未完全流下，到终点时读数易发生较大误差。另外滴定近终点时，应缓慢加入，同时不断振摇，以免滴过终点。

7．空白试验应与供试品同时进行，并将条件控制一致。

8．一般滴定操作均应在常温下进行，因加冰乙酸后加热有的样品易挥发或微量分解，且指示剂在高温和常温下变色范围有些不一致，如加冰乙酸后不易很快溶解的，可用小玻璃棒捣碎。

9．冰乙酸的凝点为 15.1℃，因此在冬天室温低的情况下操作有困难，应在一较小的空间内，设法使温度上升并保持在（20±1）℃，所用的滴定液的溶剂都要放在操作室中，随着温度上升会自然解冻，并当室温恒定后保持大约 30 min 才能使用。

10．由于冰乙酸的膨胀系数较大，标定高氯酸液与滴定供试液时如果温度不一致，则应重新标定或按下式对浓度加以校正。

$$c_1=\frac{c_0}{1+0.0011(t_1-t_0)}$$

式中：t_0——标定时的温度；

t_1——测定时的温度；

c_0——标定时的浓度；

c_1——测定时的浓度；

0.001 1——冰乙酸的膨胀系数。

11．定量操作中，应尽可能减少暴露在空气中的时间，以免吸收空气中的水分，影响含量测定结果的准确度。

12．在测定生物碱的氢卤酸盐时，由于在乙酸溶液中可释出酸性相当强的氢卤酸，能影响滴定终点。一般的处理方法是加入定量的乙酸汞的冰乙酸液，使其生成在乙酸中难以解离的卤化汞，以免除其干扰。

$$2[B]\cdot HX+Hg(CH_3COO)_2\longrightarrow 2[B]\cdot CH_3COOH+HgX_2$$

乙酸汞量不足时，可影响滴定终点而使测定结果偏低，过量的乙酸汞（1～3 倍）并不影响结果。

13．有机碱的硫酸盐、磷酸盐，可按常法滴定，但目视终点的灵敏度较差。以高氯酸溶液按电位法滴定其硫酸盐时，电位突跃也不够明显。如以较大量的醋酐代替冰乙酸为溶剂时（易酰化的供试品除外）可以提高终点的灵敏度。

14．确定终点的方法：指示终点的方法常用电位法和指示剂法。

（1）电位法。电位法一般多采用玻璃——甘汞电极系统，以玻璃电极为指示电极，以饱和甘汞电极（玻璃套管内装氯化钾的饱和无水甲醇或乙醇溶液）为参比电极。

（2）指示剂法。指示剂的种类很多，常用的有结晶紫、溴麝香草酚蓝、亮绿、百里酚蓝、喹哪啶红等。由于某些指示剂在滴定过程中颜色的多变性，首次使用时，需用电位法同时加入指示剂，以对照观察确定终点的颜色变化，待熟练后，才可单独采用指示剂法。在药物分析中该法应用较广。

（四）应用实例——《中国兽药典》（2005 版）盐酸左旋咪唑片的含量测定

1．测定原理

盐酸左旋咪唑为有机碱的盐酸盐，左旋咪唑在水溶液中碱性弱，在冰乙酸中显示较强的碱性，用高氯酸液进行滴定，以结晶紫为指示剂，滴定至纯蓝色为终点。盐酸左旋咪唑片加氢氧化钠液碱化，用氯仿提取左旋咪唑后进行非水滴定，因无卤离子，故不需加乙酸汞试液。

2．测定方法

取本品 20 片，精密称定，研细，精密称取适量（约相当于盐酸左旋咪唑 0.2 g）置于分液漏斗中，加水 10 mL，振摇使盐酸左旋咪唑溶解，加氢氧化钠试液 5 mL，稍振摇后，精密加入氯仿 50 mL，振摇提取，静置分层后，分取氯仿液，经干燥滤纸滤过，弃去初滤液，精密量取续滤液 25 mL，加冰乙酸 15 mL、乙酸酐 2 mL 与结晶紫指示液 1 滴，用高氯酸滴定液（0.1 mol/L）滴定，至溶液显蓝色，并将滴定的结果用空白试验校正。每 1 mL 高氯酸滴定液（0.1 mol/L）相当于 24.08 mg 的 $C_{11}H_{12}N_2S \cdot HCl$。

3．数据处理

盐酸左旋咪唑的百分含量为：

$$C_{11}H_{12}N_2S \cdot HCl\% = \frac{\frac{c}{0.1} \times (V - V_0) \times \frac{T}{1\,000}}{W \times \frac{25}{50}} \times 100\%$$

式中：c——滴定时 $HClO_4$ 液的浓度，mol/L；

V——滴定供试品时所消耗 $HClO_4$ 液的体积，mL；

V_0——空白试验时所消耗 $HClO_4$ 液的体积，mL；

T——每 1 mL 高氯酸液（0.1 mol/L）相当于被测物的重量，mg；

W——所称样品的重量，g。

若盐酸左旋咪唑片的规格为 25 mg，则盐酸左旋咪唑的标示百分含量为：

$$C_{11}H_{12}N_2S \cdot HCl\% = \frac{\frac{c}{0.1} \times (V - V_0) \times \frac{T}{1\,000} \times \bar{W}}{W \times \frac{25}{50} \times \frac{25}{1\,000}} \times 100\%$$

式中：c——滴定时 $HClO_4$ 液的浓度，mol/L；

V——滴定供试品时所消耗 $HClO_4$ 液的体积，mL；

V_0——空白试验时所消耗 $HClO_4$ 液的体积，mL；

T——每 1 mL 高氯酸液（0.1 mol/L）相当于被测物的重量，mg；

$\bar{W}$——平均片重，g；

W——所称样品的重量，g。

4．注意事项

盐酸左旋咪唑片剂中，由于含有较多的赋形剂（如硬脂酸镁），这些赋形剂也能与高氯酸作用，所以不能直接滴定，只有用氯仿提取后方可进行滴定。

三、配位滴定法

在药物分析中，配位滴定可用于含金属离子的药物的测定。《中国兽药典》（2005版）收载的用EDTA滴定法测定含量的原料药和制剂共有18种。如氯化钙及其制剂、碱式碳酸铋及其制剂、氧化锌及其制剂等。下面着重介绍EDTA滴定法测定含量的原理和方法。

（一）测定原理

本法利用乙二胺四乙酸二钠在水溶液中能与许多金属离子生成稳定而且可溶于水的配位化合物，利用某些带颜色的染料作专用指示剂（通称金属指示剂）以测定含金属离子药物的含量。最常用的金属指示剂有铬黑T（EBT）、钙指示剂、二甲酚橙（XO）等。本法中，酸度是影响EDTA配位反应的主要条件，对每个具体滴定都必须控制一定的pH。

（二）测定方法

EDTA滴定法测定药物的含量根据滴定方式不同分为两种，即直接滴定法和返滴定法。前者是配位滴定中的基本方法，即将供试品处理成溶液后，调节至所需要的酸度，加入必要的其他试剂和指示剂，直接用EDTA滴定。后者系在供试品溶液中先加入已知量的EDTA溶液，用另一种金属盐类的标准溶液滴定过量的EDTA，根据两种溶液的浓度和用量，即可求得被测物质的含量。

许多含金属的药物都可按本法用EDTA直接滴定而测定其含量，如氯化钙、硫酸锌、硫酸镁、氧化锌、葡萄糖酸钙等药物测定。当被测离子在滴定条件下发生水解或沉淀没有辅助配位剂或配位反应速率较慢时，可采用返滴定法，如氢氧化铝等药物的含量测定。

（三）注意事项

（1）金属指示剂本身与它形成的金属配位化合物的颜色应有显著不同。

（2）金属指示剂与金属离子形成的配位化合物的稳定性，应小于乙二胺四乙酸二钠与金属离子所形成的配位化合物的稳定性。

（3）反应溶液的pH有较大的影响，如pH低时，EDEA与金属离子生成的配位化合物不稳定，反应不易进行完全；pH 太高时，许多金属离子可水解生成氢氧化物沉淀。因此，根据不同的金属离子，在具体的滴定中应控制在一定的 pH 下进行。

（4）返滴定剂生成的配位化合物应有足够的稳定性，但不宜超过被测离子配位化合物的稳定性太多，否则在滴定过程中，返滴定剂会置换出被测离子，引起误差，而且终点不敏锐。

（四）应用实例——《中国兽药典》（2005 版）中氢氧化铝的含量测定

1．测定原理

利用 Al^{3+}在一定的酸度条件下与 EDTA 配位。剩余的 EDTA 溶液再用标准锌滴定液进行回滴从而计算含量。

2．测定方法

取本品约 0.6 g，精密称定，加盐酸与水各 10 mL，加热溶解后，放冷至室温，滤过，滤液置 250 mL 量瓶中，滤器用水洗涤，洗液并入量瓶中，用水稀释至刻度，摇匀；精密量取 25 mL，加氨试液中和至恰析出沉淀，再滴加稀盐酸至沉淀恰溶解为止，加乙酸—乙酸铵缓冲液（pH 为 6.0）10 mL，再精密加乙二胺四乙酸二钠液（0.05 mol/L）25 mL，煮沸 3～5 min，放冷至室温，加二甲酚橙指示液 1 mL，用锌液（0.05 mol/L）滴定，至溶液自黄色转变为红色，并将滴定的结果用空白试验校正。每 1 mL 的乙二胺四乙酸二钠液（0.05 mol/L）相当于 2.549 mg 的 Al_2O_3。

3．数据处理

氢氧化铝按 Al_2O_3 计算，百分含量为：

$$Al_2O_3\% = \frac{\frac{c}{0.05}\times(V_0 - V)\times\frac{2.549}{1\,000}}{0.6\times\frac{25}{250}}\times 100\%$$

式中：c —— 乙二胺四乙酸二钠滴定液的浓度，mol/L；

V_0 —— 未加供试品时消耗锌液的体积，mL；

V —— 加入供试品时消耗锌液的体积，mL。

4．注意事项

Al^{3+}离子的测定，由于存在下列问题，故不宜采用直接滴定法。

❶Al^{3+}离子对二甲酚橙等指示剂有封闭作用。

❷Al^{3+}离子与 EDTA 配合缓慢，需要加过量的 EDTA 并加热煮沸，配位反应才比较完全。

❸在酸度不高时，Al^{3+}离子水解生成一系列多核氢氧基配位化合物，即使酸度提高至

EDTA 滴定 Al^{3+}离子的最高酸度后也不能避免多核配位化合物的形成。铝的多核配位化合物与 EDTA 反应较缓慢，配位比不恒定，故对滴定不利。

为了避免发生上述问题，可采用返滴定法。

四、氧化还原滴定法

氧化还原滴定法的方法很多，应用范围广。不仅能测定本身具有氧化还原性质的物质，也能间接地测定本身不具有氧化还原性质，但能与某种氧化剂或还原剂发生其他类型有计量关系的化学反应的物质，是药物分析中一种重要的分析方法。

（一）高锰酸钾法

1．测定原理

本法系指利用高锰酸钾的氧化性，以其为滴定液，测定还原性药物含量的分析方法。高锰酸钾的氧化能力与溶液的酸度有关，在强酸性溶液中高锰酸钾有更强的氧化能力，故一般在硫酸酸性条件下进行滴定。

2．测定方法

高锰酸钾法按操作方法不同，又可分为直接滴定法、回滴定法和间接滴定法。直接滴定法是将供试品的硫酸酸性溶液直接以高锰酸钾滴定液滴定，可直接测定一些还原性物质的含量，回滴定法是将供试品的硫酸酸性溶液与过量的草酸标准溶液反应后，剩余的草酸再以高锰酸钾滴定液回滴，可测定一些氧化性物质的含量。间接滴定法是将一些非还原性物质如 Ca^{2+}离子等，先使之成为草酸钙沉淀，然后溶于稀硫酸中，用高锰酸钾滴定液滴定 $C_2O_4^{2-}$离子，由此求出供试品（Ca^{2+}离子）的含量。

3．注意事项

高锰酸钾是较强的氧化剂，它可以直接滴定还原性物质，也可用回滴法测定。但高锰酸钾法在药物分析上用尚有一定的局限性，如药剂中有机质如糖、淀粉等的存在，能还原高锰酸钾，另外，除草酸与少数有机物能直接用本液滴定外，大多数有机化合物需与过量的高锰酸钾在酸性或碱性条件下加热或放置一定时间才能反应完全，但在此情况下，高锰酸钾将自行分解，影响测定的可靠性和准确性。

4．应用实例——《中国兽药典》（2005 版）中硫酸亚铁的含量测定

（1）测定原理。在硫酸酸性条件下，用高锰酸钾滴定液直接滴定溶液中亚铁离子，反应式为：

$$5Fe^{2+} + MnO_4^- + 8H^+ = 5Fe^{3+} + Mn^{2+} + 4H_2O$$

由消耗高锰酸钾滴定液的用量计算硫酸亚铁的含量。

（2）测定方法。取本品约 0.5 g，精密称定，加稀硫酸与水各 15 mL 溶解后，立即用高锰酸钾液（0.02 mol/L）滴定，至溶液显持续的粉红色，即得。每 1 mL 的高锰酸钾液（0.02 mol/L）相当于 27.80 mg 的 $FeSO_4 \cdot 7H_2O$。

（3）数据处理。

$$FeSO_4\ \ 7H_2O\% = \frac{\frac{c}{0.02} \times V \times \frac{27.80}{1\,000}}{W} \times 100\%$$

式中：c——高锰酸钾滴定液的实际浓度，mol/L；

V——消耗高锰酸钾滴定液的体积，mL；

W——所称样品的重量，g。

（4）注意事项。

❶使用不含氧的蒸馏水，由于水中含有氧，它能将 Fe^{2+}离子氧化成 Fe^{3+}离子，使测定结果偏低。

$$4Fe^{2+} + O_2 + 4H^+ = 4Fe^{3+} + 2H_2O$$

经过煮沸后的冷蒸馏水已将溶解氧除去，避免了误差。

试样经溶解后，应及时滴定，避免在空气中氧化。

❷为防止 Fe^{2+}离子在空气中氧化，滴定速率应该快一些。

❸由于生成 Fe^{3+}离子的黄色对终点观察有影响（终点时有稍过量高锰酸盐存在，使终点呈橙色）可在测定时加 2 mL 磷酸进行掩蔽清除。

（二）碘量法

碘量法是以碘作为氧化剂，或以碘化物作为还原剂进行氧化还原滴定的分析方法。碘量法在药物分析中应用相当广泛，由于操作及反应过程不同，又可分为下列几种类型。

1. 直接碘量法

（1）测定原理。直接碘量法系利用碘标准溶液直接滴定被测定物质的方法。凡能被 I_2 直接氧化的物质，只要反应速率够快，都可采用直接碘量法测定含量，如药物维生素 C、二巯丙磺钠、安乃近、硫代硫酸钠等的含量测定。

（2）注意事项。

❶直接碘量法只能在酸性、中性或弱碱性溶液中进行，如果溶液的 pH 大于 9，则发生下列副反应：

$$3I_2 + 6OH^- = IO_3^- + 5I^- + 3H_2O$$

这样会给测定带来误差。因此直接碘量法的应用受到一定的限制。

❷直接碘量法的终点常用淀粉指示剂来确定。用直链淀粉溶液遇 I_2 形成蓝色配合物，根据蓝色的出现判断终点，灵敏度很高。也可用 I_2 溶液自身的黄色作指示剂，但灵敏度较差。

指示剂法，这是较为常用的方法，一是以蓝色出现指示终点；二是以稍过量的碘液的浅黄色指示终点。

❸因淀粉溶液久置遇 I_2 呈红色，褪色慢，导致终点不敏锐。

（3）应用实例——《中国兽药典》（2005 版）中维生素 C 的含量测定。

❶测定原理。维生素 C 具有强还原性，在酸性溶液中可被弱氧化剂碘氧化为去氢维生素 C，当维生素 C 被 I_2 氧化后，微过量的 I_2 可使淀粉指示剂变蓝色，以溶液显蓝色并持续 30 s 不褪色为终点。

CH_2OH H—C—OH O O HO OH $+I_2 \longrightarrow$ CH_2OH H—C—OH O O O O $+2HI$

❷测定方法。取本品约 0.2 g，精密称定，加新沸过的冷水 100 mL 与稀乙酸 10 mL 使溶解，加淀粉指示液 1 mL，立即用碘滴定液（0.1 mol/L）滴定，至溶液显蓝色在 30 s 内不褪，即得。每 1 mL 碘滴定液（0.1 mol/L）相当于 8.806 mg 的 $C_6H_8O_6$。

❸数据处理。

维生素 C 的百分含量为：

$$\text{维生素C\%}=\frac{\frac{c}{0.1}\times V\times\frac{8.806}{1\,000}}{W}\times 100\%$$

式中：c——滴定时碘滴定液的实际浓度，mol/L；

V——所消耗碘滴定液的体积，mL；

W——所称样品的重量，g。

若为维生素 C 片剂时，则维生素 C 的百分标示含量为：

$$\text{维生素C标示量\%}=\frac{\frac{c}{0.1}\times V\times\frac{8.806}{1\,000}\times\overline{W}}{W\times\text{标示量}}\times 100\%$$

式中：c——滴定时碘滴定液的实际浓度，mol/L；

V——所消耗碘滴定液的体积，mL。

$\bar{W}$——平均片重，g；

W——所称样品的重量，g。

❹注意事项。

- 操作中加入 10 mL 稀乙酸使滴定在酸性条件下进行。因为在酸性介质中维生素 C 受空气中氧的氧化速度较慢，但样品溶于稀酸后仍应立即进行滴定。
- 所用蒸馏水应是新沸放冷的蒸馏水，其目的在于减少蒸馏水中溶解氧的影响。
- 有还原性物质如注射液中加有抗氧剂焦亚硫酸钠存在时，焦亚硫酸钠易水解生成亚硫酸氢钠，消耗一定量的碘液，使测定结果偏高。因此用于维生素 C 注射剂测定时，常加丙酮作为抗氧剂的掩蔽剂，以消除焦亚硫酸钠的干扰。

2. 置换滴定碘量法

（1）测定原理。利用药物与 KI 作用，析出 I_2，再用硫代硫酸钠滴定液滴定。凡是能直接被 KI 还原的许多强氧化剂都可用本法测定。另外，亚硝酸钠等能与某些可作标准液的氧化剂作用，剩余的氧化剂与 KI 作用析出定量的 I_2，再用 $Na_2S_2O_3$ 滴定液滴定，故也可用本法测定。

（2）注意事项。在间接碘量法中，为了获得准确的结果，必须注意以下两点：

❶控制溶液的酸度。$S_2O_3{}^{2-}$离子与 I_2 之间的反应很迅速、完全，但必须在中性或弱酸性溶液中进行。用本法测定含氧氧化剂时，一般要在弱酸性条件下进行反应。

如果在碱性溶液中，则会发生如下反应：

$$S_2O_3^{2-} + 4I_2 + 10OH^- = 2SO_4^{2-} + 8I^- + 5H_2O$$

$$I_2 + 2OH^- = IO^- + I^- + H_2O$$

如果在酸性溶液中，则 $Na_2S_2O_3$ 溶液会发生分解，I^-离子易被空气中 O_2 氧化。

❷防止 I_2 的挥发和空气中 O_2 氧化 I^-离子。这两者是碘量法的主要误差来源。为此，应采取适当的措施，以减少误差。防止 I_2 挥发的方法主要有：

- 加入过量的 KI（一般比理论值大 2～3 倍），由于生成了 $I_3{}^-$离子，可减少 I_2 的挥发；
- 反应时溶液的温度不能高，一般在室温下进行；
- 滴定时不要剧烈摇动溶液，最好使用带有玻璃塞的锥形瓶。

防止 I^-被 O_2 氧化的方法：

- 溶液酸度不宜太高，因增高溶液酸度，会增加 O_2 氧化 I^-离子的速率；
- Cu^{2+}、$NO_2{}^-$等离子催化 O_2 对 I^-离子的氧化，故应设法消除其影响，日光亦有催化作用，故应避免阳光直接照射；
- 析出 I_2 后，不能让溶液放置过久；
- 滴定速度宜适当快些。

（3）应用实例——饲料添加剂中硫酸铜原料的含量测定。

❶测定原理。在弱酸性溶液中，铜离子与过量碘化钾作用，生成碘化亚铜沉淀，同时析出等量的碘，生成的碘用硫代硫酸钠滴定液滴定，反应式如下：

$$2Cu^{2+}+4I^{-}=2CuI\downarrow+I_2$$

$$I_2+2S_2O_3{}^{2-}=2I^{-}+2S_4O_6{}^{2-}$$

用淀粉作指示剂，由消耗硫代硫酸钠滴定液的量计算硫酸铜的含量。

❷测定方法。称取试样约 0.5 g，精密称定，置于 250 mL 碘量瓶中，加 50 mL 水溶解，加 4 mL 冰乙酸，加 2 g 碘化钾，摇匀后，置于暗处放置 10 min，用硫代硫酸钠液（0.1 mol/L）滴定至黄色，加 2 mL 淀粉指示液，继续滴定至蓝色刚刚消失为终点。每 1 mL 硫代硫酸钠液（0.1 mol/L）相当于 $CuSO_4$ 15.96 mg 或 $CuSO_4\cdot5H_2O$ 24.97 mg。

❸数据处理。

硫酸铜（$CuSO_4\cdot5H_2O$）百分含量按下式（Ⅰ）计算：

$$CuSO_4\ 5H_2O=\frac{\frac{c}{0.1}\times V\times\frac{24.97}{1\,000}}{W}\times100\% \qquad (Ⅰ)$$

硫酸铜（以 $CuSO_4$ 计）百分含量则按下式（Ⅱ）计算：

$$CuSO_4\%=\frac{\frac{c}{0.1}\times V\times\frac{15.96}{1\,000}}{W}\times100\% \qquad (Ⅱ)$$

式中：c——硫代硫酸钠滴定液的浓度，mol/L；

V——测定时消耗硫代硫酸钠滴定液的体积，mL；

W——所称样品的重量，g。

❹注意事项。在用硫代硫酸钠滴定时，应该在大部分碘被还原后，溶液呈浅黄色时，再加入淀粉指示剂（即临近终点前加入）。如在碘量较大时加入淀粉溶液将会有较多的碘被淀粉胶粒吸附，影响滴定终点的观察，使测定结果偏低。

3. 返滴定碘量法

（1）测定原理。利用碘标准溶液能与某些药物起氧化或取代或沉淀的反应，剩余的碘再用标准溶液滴定的方法。

（2）注意事项。I_2 和 $Na_2S_2O_3$ 的反应须在中性或弱酸性溶液中进行。

（三）亚硝酸钠法

亚硝酸钠法是利用亚硝酸钠与有机芳胺类的氨基发生重氮化反应或亚硝基化反应来测定药物含量的方法。

1. 测定原理

利用亚硝酸钠标准溶液在酸性条件下，与芳伯氨基定量发生重氮化反应或与芳仲胺定量发生亚硝基化反应，由此，测定药物的含量。

$$C_6H_5-NH_2+NaNO_2+2HCl \longrightarrow [C_6H_5-N^+\equiv N]Cl^-+NaCl+2H_2O$$

$$C_6H_5-NH-R+NaNO_2+HCl \longrightarrow C_6H_5(R)N-NO+NaCl+H_2O$$

本法适用范围很广，是常用的方法，也是目前各国药典测定含芳伯氨基或潜在芳伯氨基药物含量的通法。

2. 测定条件

HNO_2 和重氮盐是不稳定的，同时重氮化反应的反应速率也受很多因素的影响，所以在操作中应注意以下条件：

（1）反应速率与药物化学结构的关系

芳环上有吸电子取代基时，如—NO_2、—SO_3H、羧基、卤素等，则可增加反应速率，尤以对位取代基为甚；芳环上有斥电子取代基时，如烃基、羟基、烃氧基等，则可使反应速率减慢，尤以对位取代基为甚。因此，凡是有斥电子取代基时，为加快反应速率，可加入 KBr 作为催化剂。

（2）酸度

因胺类的盐酸盐较其硫酸盐溶解度大，而且反应速率也较快，所以多采用盐酸。盐酸的用量实际上比理论计算量要大得多，尤其是某些在酸中难溶解的药物，往往更应多加一些酸，因为：❶在强酸性介质中，可加快反应进行；❷重氮化合物在酸性中较为稳定；❸防止生成偶氮氨基化合物，影响结果。反应如下：

$$[C_6H_5-N_2^+]Cl^-+C_6H_5-NH_2 \longrightarrow C_6H_5-N=N-NH-C_6H_5+HCl$$

（3）温度

本滴定不宜在高温下进行，因温度高时，重氮盐易分解，且 HNO_2 易逸出，故一般在较低温度下进行测定，由于低温时反应缓慢，通常测定温度在 15～30℃。

（4）滴定速度

重氮化反应为分子反应，反应速率较慢，滴定速度尤其在临近终点时不宜过快。通常采用“快速滴定法”，滴定时，将滴定管尖端插入液面以下 2/3 处进行滴定，一次将大部分 $NaNO_2$ 液在搅拌下迅速滴定使其尽快反应。至近终点前将滴定管尖提出，并用蒸馏水冲洗尖端，然后再缓慢滴定至终点，这样可缩短滴定时间，且不影响结果。

3. 指示终点的方法

确定本法的终点通常有三种方法，即外指示剂法、内指示剂法和永停滴定法。

（1）外指示剂法

通常用碘化钾淀粉指示液作为指示剂，滴定达终点时，微过量的 $NaNO_2$ 标准溶液在酸性条件下氧化碘化钾，析出的微量碘使淀粉立即变蓝色而指示终点。

$$2NaNO_2 + 2KI + 4HCl \longrightarrow I_2 + 2KCl + 2H_2O + 2NO + 2NaCl$$

❶操作。将点滴板用蒸馏水洗净后，待测定临近终点时，用一玻璃棒蘸取淀粉指示液几滴于点滴板的一凹孔中，再用另一玻璃棒蘸取被测溶液在凹孔中的淀粉指示液上划线，立即呈蓝色即为终点；否则，还需要继续滴定再按上述方法判断终点。但需要注意，应重新蘸取淀粉指示液试验，每次蘸取被测溶液的玻璃棒试验后应洗净，才能再次蘸取被测溶液进行试验。

❷外指示剂法终点判断应为在近终点时，溶液与指示液接触即显蓝色。如过一会儿显色，并非为终点，这是由于碘化钾在酸性溶液中被空气氧化而析出碘所致，重氮盐的存在对此反应可起催化作用。

❸由于滴定液的酸性强，未达终点时，KI 在酸性中遇光被空气缓缓氧化也可游离出碘，与淀粉显蓝色而混淆终点。

（2）内指示剂法

由于外指示剂法有上述缺陷，近年来有选用内指示剂法指示终点的做法。内指示剂主要是带有二苯胺结构的偶氮染料和醌胺类染料两大类。

使用内指示剂法虽操作比较方便，但终点不够敏锐，在实际工作中常采用内外指示剂结合使用的方法，其效果较单独用一种指示剂好。

（3）永停滴定法

在一定的外加电压下，使电极发生电解反应，应用计量点前后电解过程中产生电流变化来指示滴定终点的方法，称永停滴定法。详见本章第三节。《中国兽药典》多采用此法来指示终点。

亚硝酸钠法由于其方法简便、测定结果准确，目前继续被各国药典采纳为测定芳香族伯胺、芳香族仲胺以及具有潜在芳伯氨基药物含量的通法。《中国兽药典》（2005 版）收载的用重氮化法测定的药物有：盐酸普鲁卡因及其注射剂、磺胺二甲嘧啶及其片剂、磺胺甲噁唑及其片剂、磺胺对甲氧嘧啶及其制剂等。

五、银量法

银量法指利用生成难溶性银盐反应来测定药物含量的分析方法。

根据确定终点所用的指示剂不同常分为三种测定方法，即铬酸钾指示剂法（Mohr 法）、铁铵矾指示剂法（Volhard 法）、吸附指示剂法（Fajans 法）。其中吸附指示剂法在药物分析中应用比较广泛，如氯化钠、氯化钾、溴化钠、氯化铵、碘化钾等药物的测定均采用此法。

下面就以《中国兽药典》中 NaCl 含量测定（吸附指示剂法）的原理及方法作一介绍。

1．测定原理

这是一种利用吸附指示剂确定滴定终点的滴定方法，所谓吸附指示剂，就是有些有机化合物吸附在沉淀表面上以后，其结构发生改变，因而改变了颜色。例如，用 $AgNO_3$ 滴定液滴定 Cl^-离子时，常用荧光黄作吸附指示剂，荧光黄是一种有机弱酸，可用 HFIn 表示。其解离式为：

$$HFIn \rightleftharpoons FIn^- + H^+$$

荧光黄阴离子 FIn^-呈黄绿色。在化学计量点以前，溶液中存在着过量的 Cl^-离子，AgCl 沉淀吸附 Cl^-离子而带负电荷，形成 $AgCl \cdot Cl^-$，荧光黄的阴离子不被吸附，溶液呈黄绿色。当滴定到达化学计量点时，1 滴过量的 $AgNO_3$，使溶液出现过量的 Ag^+离子，则 AgCl 沉淀便吸附 Ag^+离子而带正电荷，形成 $AgCl \cdot Ag^+$，它强烈地吸附 FIn^-离子，荧光黄阴离子被吸附之后，结构发生了变化而呈粉红色，从而指示终点到达。

终点前：Cl^-离子过量	$AgCl \cdot Cl^-$	Ag^+
终点时：Ag^+离子过量	$AgCl \cdot Ag^+$	Cl^-
$AgCl \cdot Ag^+$吸附 FIn^-离子 ⟶ （黄绿色）	$AgCl \cdot Ag^+$ （粉红色）	FIn^-

2．测定方法

取本品约 0.12 g，精密称定，加水 50 mL 溶解后，加糊精溶液（1→50）5 mL 与荧光黄指示液 5～8 滴，用 $AgNO_3$ 液（0.1 mol/L）滴定，即得。每 1 mL$AgNO_3$ 液（0.1 mol/L）相当于 5.844 mg 的 NaCl。

3．数据处理

$$NaCl\% = \frac{\frac{c}{0.1} \times V \times \frac{5.844}{1\,000}}{W} \times 100\%$$

式中：c——硝酸银滴定液的浓度，mol/L；

V——测定时消耗硝酸银滴定液的体积，mL；

W——所称样品的重量，g。

4．注意事项

（1）由于颜色变化发生在沉淀的表面上，因此应尽量使沉淀的比表面大一些，即沉淀的颗粒要小一些。所以，在滴定的过程中，应设法防止 AgCl 的凝聚。但在化学计量点时，溶液中的 Ag^+离子和 Cl^-离子都不过量，AgCl 沉淀极易凝聚，为此在滴定前应将溶液稀释，并另加入糊精作为胶体保持剂，以防止 AgCl 沉淀过分凝聚。

（2）电解质能使胶体凝聚，因此应当避免大量电解质的存在。

（3）溶液的浓度不能太低，因为浓度太低时，沉淀很少，观察终点比较困难。用荧光黄作指示剂，用 $AgNO_3$ 滴定 Cl^- 离子时，$[Cl^-]$ 要求在 0.005 mol/L 以上。

（4）用荧光黄作为指示剂时要求溶液呈中性或弱碱性，而 $AgNO_3$ 溶液常稍带酸性，滴定至终点时溶液的 pH 在 5 左右，终点不明显。为使滴定终点时溶液的 pH 在 7～8 附近，可加入约 0.1 g 的碳酸钙或 1%的硼砂溶液 2 mL，此时滴定终点十分明显，结果准确。

但需注意，用 $CaCO_3$ 调节酸度时，由于 $CaCO_3$ 难溶于水，用量多少对终点无影响；用硼砂调节酸度时，用量多少影响终点，不加或多加终点都不敏锐。

（5）避免在强光下进行滴定，因卤化银沉淀对光敏感，很快转变为灰黑色，影响终点的观察。

（6）沉淀对指示剂离子的吸附力，应略小于沉淀对被测离子的吸附力。否则，指示剂将要在化学计量点前变色。

第二节　生物检定法

一、概述

抗生素效价测定的方法是多式多样的，主要分物理学方法、化学方法、生物学方法及两种方法配合等。一般地说，物理学方法和化学方法对于提取精制较纯的及化学结构已经明确的抗生素能很快速和准确地检出效价，并具有较高的专属性。但物理方法需精密仪器。化学方法一定要运用其化学结构上的特殊化学反应，否则不能适用于含有杂质的供试品，而最主要还在于理化方法测定时，当利用各类型抗生素的相同结果部分反应时所测得的结果，往往只能代表含量，并不一定能代表抗生素的效价。抗生素是医疗上广泛使用的药品，为了保证其质量，生产及药检部门都严格地按国家药典对产品进行检验。抗生素药品的医疗作用主要是它的抗菌效力，因此用抗菌效力来检定和表示含量是有实际意义的。根据此原理，利用抗生素对细菌（或霉菌）的杀死或抑制的程度，作为客观指标来衡量抗生素的效力，设计了抗生素效价的生物检定法。

生物检定法的优点是其原理（杀菌或抑菌）与医疗要求基本一致，能直接表示抗生素对微生物（细菌、霉菌）的作用，这是其他物理学方法或化学方法所不能达到的。因此，目前各国药典仍大都采用这一方法。

二、抗生素微生物检定法

（一）测定原理

《中国兽药典》（2005 版）采用管碟扩散法。管碟扩散法测定效价，是利用抗生素的抗菌性质及它在琼脂培养基内的扩散作用，将未知效价供试品液与已知效价的标准溶液，在同一条件下，抗生素在培养基内的扩散到达适当范围内产生了抑制试验菌生长的透明抑菌圈，经比较标准液两者抑菌圈直径或面积的大小，再采用量反应平行线原理的设计，即可推算供试品的效价。

方法设计可分为一剂量法、二剂量法和三剂量法，二剂量法为最常用的一种方法。二剂量法是以标准品作的反应直线与供试品的反应直线互相平行，根据两者距离的差别而求出供试品的含量。由于标准品和供试品各用两个剂量的设计是四点反应，因而又称四点法。下面仅重点介绍二剂量法。

（二）测定方法

1. 双碟的制备

取直径约 90 mm、高 16～17 mm 的平底双碟，分别注入加热融化的培养基 20 mL，使在碟底内均匀摊布，放置水平台上使凝固，作为底层。另取培养基适量加热融化后，放冷至 48～50℃（芽孢可至 60℃），加入规定的试验菌悬液适量（能得到清晰的抑菌圈为度，二剂量法标准品溶液的高浓度所致的抑菌圈直径在 18～22 mm），摇匀。在每 1 双碟中分别加入 5 mL 含试验菌悬液的培养基，使在底层上均匀摊布，作为菌层。放置水平台上冷却后，在每 1 双碟中以等距离均匀安置不锈钢小管（内径 6.0 mm±0.1 mm，高 10.0 mm±0.1 mm，外径 7.8 mm±0.1 mm）4 个（二剂量法），用陶瓦圆盖覆盖备用。

2. 检定法

取照上述方法制备的双碟不得少于 4 个，在每 1 双碟中对角的 2 个不锈钢小管中分别滴装高浓度及低浓度的标准品溶液。其余 2 个小管中分别滴装相应高低两种浓度的供试品溶液；高、低浓度的剂距为 2∶1 或 4∶1。在规定条件下培养后，测量各个抑菌圈的直径（或面积），照生物检定统计法进行可靠性测验及效价计算。

本法计算所得效价，如低于估计效价的 90%或高于估计效价的 110%时，则应调整其估计效价，予以重试。

除另有规定外，本法中试验菌为藤黄微球菌、金黄色葡萄球菌的可信限率不得大于 5%；试验菌为枯草芽孢杆菌、短小芽孢杆菌及大肠杆菌的可信限率不得大于 5%。

（三）数据处理

供试品效价相当于标示量或估计效价的百分数为：

$$P\% = \log^{-1}\left[\frac{T_1 + T_2 - S_1 - S_2}{T_2 + S_2 - T_1 - S_1} \times I\right] \times 100\%$$

式中：S_2——高浓度标准品溶液所致的各抑菌圈直径的总和；

S_1——低浓度标准品溶液所致的各抑菌圈直径的总和；

T_2——高浓度供试品溶液所致的各抑菌圈直径的总和；

T_1——低浓度供试品溶液所致的各抑菌圈直径的总和；

I——高浓度与低浓度比值的对数。

将此百分数乘以供试品估计的效价数，即得供试品每 1 mg 中所含的单位数（U/mg）。

供试品的效价数＝估计效价数×P%

（四）二剂量法测定的基本要点

- 高剂量所致抑菌圈直径应为 18～22 mm（个别抗生素可在 18～24 mm）；
- 高剂量与低剂量所致抑菌圈直径之差应不小于 2 mm；
- 所测抑菌圈的平均直径与测定值之差不超过 0.5 mm；
- 不能出现倒长现象；
- 抑菌圈要圆且边缘清晰；
- 参加试验的碟子不少于 6 个，参加结果计算并符合要求的双碟不少于 4 个。

（五）测定效价的影响因素

1．实验室及仪器的要求

效价试验室需要有半无菌室的设备及避免沾染抗生素，培养基双碟污染杂菌可使结果全部作废，如仪器、用具中沾染微量残留抗生素往往使试验结果处于难以置信的地步。

2．精密与微量的要求

抗生素管碟法测定效价是微量分析的要求，滴加至小钢管的溶液浓度极低，因此样品称量稀释都要求极为精密。

3．培养基的要求

（1）培养基的原材料，特别是蛋白胨、肉浸膏、琼脂都能影响抑菌圈直径的大小与边缘的清晰度。对实验结果的正确性影响极大，因此对培养基的原材料，要预先试验，挑选使用。

（2）制成的培养基倒注双碟，凝固后应透明，不应有沉淀，如有沉淀，应过滤除去。

（3）制备培养基时，调 pH 以一次为宜，最好不要反复加酸碱调节。

（4）制备好的培养基使用期限约为一个月。

4．测量抑菌圈时避免主观误差

每次用游标卡尺测量一个抑菌圈后，必须将游标卡尺退回零点或将游标移动一下，再测量第二个抑菌圈，以免发生主观错觉而影响获得客观的真实数据。

（六）抗生素效价测定技术

1．材料用具与设备

（1）效价测定试验室应为半无菌室，室内有效价测定台，台面要求水平且不受震动。

（2）培养箱温度应稳定，温度差异不超过±0.5℃，放置双碟的搁板应平稳并且水平。

（3）电热恒温干燥箱。

（4）压力蒸汽消毒锅。

（5）电热恒温水浴锅。

（6）双碟。硬质玻璃，碟底内径 90 mm±0.50 mm，碟高 16～17 mm，碟底面应平坦，厚薄均匀，无凹凸现象。检查方法可将双碟底平放在水平台上，每碟加 2 mL 染料液仔细观察碟底反映颜色深浅是否一致，可挑选底部平坦的双碟。洗净后晾干，装在不锈钢筒内，140～160℃干热灭菌 2 h 备用。

（7）陶瓦圆盖。应平坦，无凹凸不平现象。

（8）小钢管。不锈钢制，外径 8.0 mm±1 mm，内径 6.0 mm±0.1 mm，高 10.0 mm±0.1 mm 或外径 7.8 mm±0.1 mm，内径 6.0 mm±0.1 mm，高 10.0 mm±0.1 mm，重量差异应不超过±0.05 g，小钢管内外壁要求光滑，钢管两端要求平坦光滑，管壁厚薄均匀一致。

（9）游标卡尺。精度应不低于 1/20 mm。

（10）毛细滴管。管口应平滑，不得有缺口。

（11）吸管、容量瓶使用前须校正。另外吸培养基的吸管为防止培养基流速太慢而凝固，可在吸管头上截掉一点使成大口吸管。

2．效价测定操作方法的基本要点与注意事项

（1）称量。标准品与供试品的称量均为一次取样称取，不得反复取样称取。标准品称量一般以 20～30 mg 为宜，特殊品种按标准品说明书。应注意称量样品的容器重量最大不超过 10 g。

（2）稀释。❶应尽量用容量瓶稀释。稀释用刻度吸管应从“0”刻度开始放溶液。❷稀释供试品与标准品所用的溶剂数量及溶解时间等应尽量一致。❸从冰箱取出的标准品溶液，必须放置至室温后，方可稀释。

（3）双碟的制备。

❶倒底层。

- 用水平仪，检查台面是否水平，设法调整使达到水平。
- 培养基加热融化后，于室温冷却至 70℃左右并仔细检查琼脂培养基是否均匀，有无凝块。
- 用灭菌吸管或其他灭菌分装器，吸取培养基 20 mL，注入每个双碟内，均匀摊布。
- 用陶瓦盖复盖，待其凝固。冬季室温较低时，倒好的底层双碟可先放入 37℃培养箱内保温，以便倒菌层时，培养基易于摊布。

❷倒菌层。

- 取出试验用菌液，如从冰箱取出，应预先在室温放置，使其温度与室温一致后方可使用。
- 培养基经水浴加热融化后，于室温放置稍冷并到达下列温度时，再加菌液，见表 16-2。

表 16-2　菌层培养基温度表

试验菌液种类	菌层培养基温度/℃
芽孢悬液（枯草杆菌、短小芽孢杆菌、腊样芽孢杆菌）	65
金黄八叠球菌	48～50
藤黄八叠球菌	48～50
黑根霉菌	不超过 48

- 按照抑菌圈大小预测试验，将菌液接种至菌层培养基内，菌液加入量（体积）不超过培养基总体积的 5%，充分摇匀后，用灭菌吸管或其他灭菌分装器，吸取培养基 5 mL，均匀摊布在底层培养基上，置水平台上用陶瓦盖覆盖，待其凝固（必须摊布均匀、水平，此操作为效价测定的关键性步骤）约静置 20 min，即可应用。应注意待菌层培养基凝固后，即可放置小钢管，从加菌层到加小钢管不超过 30 min。

（4）放置小钢管。最好用半自动钢管放置器，如用镊子手工放置时，可用镊子尖端松开撑住小钢管内壁，然后，平稳落在培养基上。

（5）滴定小钢管。❶滴注小钢管用的毛细管须用被滴注的溶液洗。❷每个小钢管应加至管口平满，每个小钢管的装量应一致。❸滴注溶液的次序，最好以一个批号为单位安排，并且标准液与供试品液应轮换滴注。❹滴注完毕后，用陶瓦盖覆盖双碟，置于托盘内，以水平位置平稳搬入恒温培养箱内。

（6）培养。按照表 16-3 内规定的温度与时间培养。❶培养中，恒温培养箱的门应避免开启，以免影响温度。❷放置双碟的培养箱内金属架或玻璃板（有孔的）应保持水平。❸培养终了时，取出双碟前，应检查培养箱温度。

表 16-3　抗生素微生物检定试验设计表

抗生素类别	试验菌	培养基		灭菌缓冲液 pH	抗生素浓度范围/（U/mL）	培养条件	
		编号	pH			温度/℃	时间/h
链霉素（双氢）	枯草芽孢杆菌（63501）	Ⅰ	7.8～8.0	7.8	0.6～1.6	35～37	14～16
卡那霉素	枯草芽孢杆菌（63501）	Ⅰ	7.8～8.0	7.8	0.9～4.5	35～37	14～16
庆大霉素	短小芽孢杆菌（63202）	Ⅰ	7.8～8.0	7.8	2.0～12.0	35～37	14～16
红霉素	短小芽孢杆菌（63202）	Ⅰ	7.8～8.0	7.8	5.0～20.0	35～37	14～16
四环素	藤黄八叠球菌（28001）	Ⅱ	6.5～6.6	6.0	10.0～40.0	35～37	16～18
土霉素	藤黄八叠球菌（28001）	Ⅱ	6.5～6.6	6.0	10.0～40.0	35～37	16～18
多西环素	藤黄八叠球菌（28001）	Ⅱ	6.5～6.6	6.0	4.0～25.0	35～37	16～18
金霉素	藤黄八叠球菌（28001）	Ⅱ	6.5～6.6	6.0	4.0～25.0	35～37	16～18
林可霉素	藤黄八叠球菌（28001）	Ⅱ	7.8～8.0	7.8	2.0～12.0	35～37	16～18

（7）测量抑菌圈，将培养好的双碟取出，启开陶瓦盖，将小钢管倒入盛有 75%酒精或 5%苯酚溶液的消毒容器内，将双碟盖上，按批号排好，准备测量。用卡尺测量时，注意检查抑菌圈是否完整，眼睛视线应与读数刻度垂直，读数要准确。

综合以上操作程序，管碟法效价测定操作流程见图 16-1。

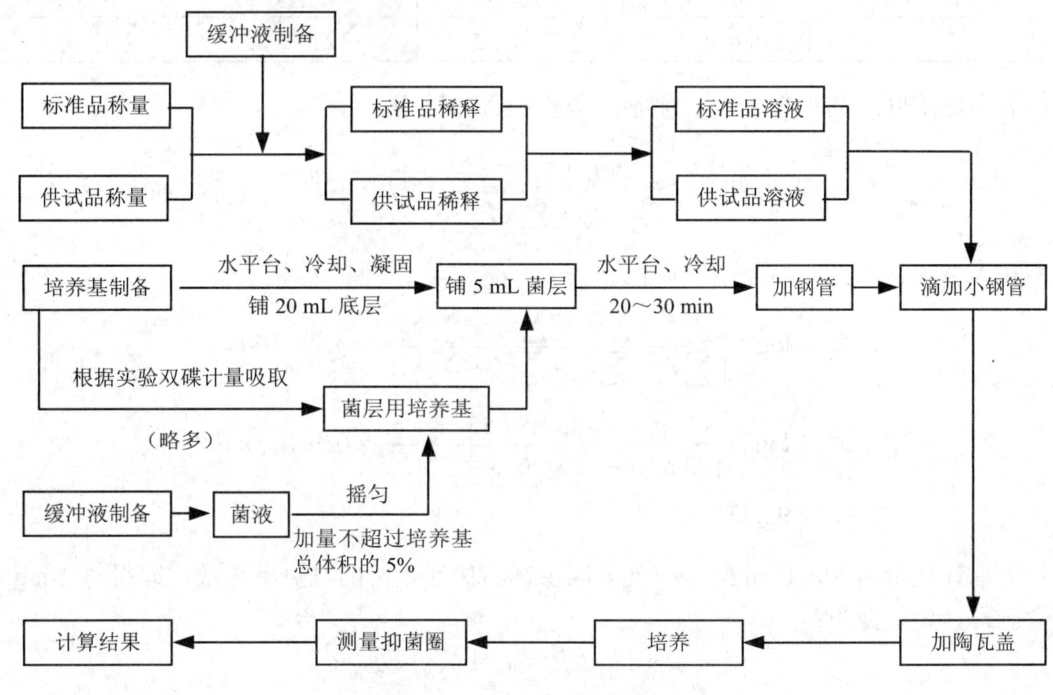

图 16-1　管碟法效价测定操作流程

（七）应用实例——《中国兽药典》（2005 版）中土霉素的效价测定

1．测定方法

取土霉素适量，精密称定，按土霉素每 10 mg 加盐酸液（0.1 mol/L）1 mL，使溶解。再加灭菌水稀释制成每 1 mL 中约含 1 000 单位的溶液，照抗生素微生物检定法测定。1 000 土霉素单位相当于 1 mg 的 $C_{22}H_{24}N_2O_9$。

2．土霉素的测定记录及计算方法

取备妥的双碟四个，每个双碟上放置 4 枚小钢管，在双碟的对角的两管中分别装入高浓度（S_2）及低浓度（S_1）的标准品溶液。另两管中分别装入相应的高浓度（T_2）及低浓度（T_1）的供试品溶液，溶液装妥后，在 35～37℃培养 16～18 h，量取抑菌圈的直径，测定记录示例及计算方法如下表所示：

碟号	S_2	T_2	S_1	T_1
第一碟	21.00	20.75	17.90	17.40
第二碟	21.15	21.05	17.80	17.20
第三碟	21.60	21.00	18.10	17.85
第四碟	21.10	21.05	17.75	17.00
	$\sum S_2$=84.85	$\sum T_2$=83.85	$\sum S_1$=71.55	$\sum T_1$=69.45

若高低浓度的剂距为 2∶1，则估计效价的百分数为：

$$P\% = \log^{-1}\left[\frac{T_1 + T_2 - S_2 - S_1}{T_2 + S_2 - T_1 - S_1} \times I\right] \times 100$$

代入公式计算：

$$P\% = \log^{-1}\left\{\frac{\sum T_1 + \sum T_2 - \sum S_2 - \sum S_1}{\sum T_2 + \sum S_2 - \sum T_1 - \sum S_1} \times \log 2\right\} \times 100$$

$$= \log^{-1}\left\{\frac{69.46+83.85-84.85-71.55}{83.85+84.85-69.45-71.55} \times 0.3010\right\} \times 100$$

$$= 92.53$$

若估计效价为 890 U/mg，将 $P\%$乘以供试品估计效价的毫克单位数，即得每 1 mg 中所含土霉素单位数为：

土霉素实际效价＝估计效价数×$P\%$

＝890 U/mg×92.53%

＝824 U/mg

第三节　仪器分析法

一、分光光度法

分光光度法是通过测定被测物质的特定波长处或一定波长范围内光的吸收度，对该物质进行定性和定量分析的方法。

常见的波长范围为：❶200～400 nm 的紫外光区；❷400～760 nm 的可见光区；❸2.5～25 μm（按波数计 4 000～400 cm^{-1}）的红外光区。所用仪器为紫外分光光度计、可见分光光度计、红外分光光度计。在药物分析中，可见分光光度法和紫外分光光度法应用十分广泛，同时可见和紫外分光光度法所用仪器结构原理相同，往往合并在一个仪器中，总称为紫外—可见分光光度计，测定的方法叫做可见—紫外分光光度法。主要用于药物制剂的含量测定及药物的鉴别。这里就此法简要加以介绍。

（一）可见—紫外分光光度法测定原理

可见—紫外分光光度法定量分析的基础是朗伯—比耳（Lambert－Beer）定律，是说明物质对单色光吸收的强弱与吸光物质的浓度和厚度间关系的定律。单色光辐射穿过被测物质溶液时，该物质吸收度与该物质的浓度和液层厚度（即光路长度）成正比，其关系如下式：

$$A = \log \frac{1}{T} = ECL$$

式中：A——吸收度；

T——透光率；

E——吸收系数，常采用的表示方法是 $E_{1\,cm}^{1\%}$，即指溶液浓度为 1%（g/mL），液层厚度为 1 cm 时的吸光度；

C——100 mL 溶液中含被测物质的质量（按干燥品或无水物计算），g；

L——液层厚度，cm。

故只要选择适宜的波长，测定供试液的吸收度，即可求出供试品的含量。

（二）测定方法

用于含量测定的方法一般有以下几种。

（1）对照品比较法。按各品种项下的方法，分别配制供试品溶液和对照品溶液，对照品溶液中所含被测成分的量应为供试品溶液中被测成分标示量的 100%±10%，所用溶剂也应完全一致，在规定的波长测定供试品溶液和对照品溶液的吸收度后，计算供试品中被测溶液的浓度。

（2）吸收系数法。按各品种项下的方法配制供试品溶液，在规定的波长处测定其吸收度，再以该品种在规定条件下的吸收系数计算含量。用本法测定时，应注意仪器的校正和检定。

（3）计算分光光度法。采用计算分光光度法应慎重。本法有多种，使用时均应按各品种项下规定的方法进行。当吸收度处在吸收曲线的陡然上升或下降的部位测定时，波长的微小变化可能对测定结果造成显著影响，故对照品和供试品测试条件应尽可能一致。若测定时不用对照品，如维生素 A 测定法，则应在测定时对仪器做仔细的校正和检定。

（三）数据处理

1. 对照品比较法

对照品比较法按下式计算供试品中被测溶液的浓度：

$$c_x = \frac{A_x}{A_s} \times c_s$$

式中：c_x——供试品溶液的浓度；

A_x——供试品溶液的吸收度；

c_s——对照品溶液的浓度；

A_s——对照品溶液的吸收度。

2. 吸收系数法

$$\text{供试品（\%）} = \frac{\dfrac{A}{E_{1\,\text{cm}}^{1\%}} \times 1\% \times \text{稀释倍数} \times \text{溶液总体积}}{W} \times 100\%$$

式中：A——测得的吸收度；

$E_{1\,\text{cm}}^{1\%}$——吸收系数；

W——所称样品的重量，g。

（四）注意事项

（1）测定供试品前，应先检查所用溶剂在测定供试品所用的波长附近是否符合要求，用 1 cm 石英吸收池盛溶剂，以空气为参比（即空白光路中不置任何物质）测定其吸收度，在 220～240 nm，溶剂和吸收度不得超过 0.40，在 241～250 nm 不得超过 0.20，在 251～300 nm 不得超过 0.10，在 300 nm 以上时不得超过 0.05。

（2）测定时除另有规定外，应以配制供试品溶液的同批溶剂为参比对照，采用 1 cm

的石英吸收池，在规定的吸收峰波长±2 nm 以内测试点的吸收度以核对供试品的吸收峰波长位置是否正确。除另有规定外，吸收峰波长应在该品种项下规定的波长±1 nm 以内，否则，应以吸收度最大的波长为测定波长。

（3）一般供试品溶液的吸收度读数，以在 0.2～0.7 的误差较小。

（4）用吸收系数法测定时，应注意仪器的校正和检定。

（五）应用实例——维生素 B_2 的含量测定

1．测定原理

维生素 B_2 在波长 444 nm±1 nm 处有最大吸收，通过测定吸收度 A 值，再根据吸收系数，计算维生素 B_2 的含量。

2．测定方法

避光操作。取本品约 75 mg，精密称定，置于烧杯中，加冰乙酸 1 mL 与水 75 mL，加热溶解后，加水稀释，放冷，移置 500 mL 棕色量瓶中，用水稀释至刻度，摇匀；精密量取 10 mL 置于 100 mL 棕色量瓶中，加 1.4%乙酸钠溶液 7 mL，并用水稀释至刻度，摇匀，照分光光度法，在 444 nm 的波长处测定吸收度，按 $C_{17}H_{20}N_4O_6$ 的吸收系数（$E_{1\,cm}^{1\%}$）为 323 计算，即得。

3．数据处理

$$C_{17}H_{20}N_4O_6\% = \frac{\dfrac{A}{E_{1\,cm}^{1\%}} \times 1\% \times \text{稀释倍数} \times \text{溶液总体积}}{W} \times 100\%$$

式中：A ——测得的吸收度；

$E_{1\,cm}^{1\%}$ ——吸收系数；

W ——所称样品的重量，g。

4．注意事项

（1）维生素 B_2 在 224 nm、267 nm、375 nm 及 444 nm 波长处有最大吸收，一般是在 444 nm 波长处测定含量。该方法操作简便，专属性强，但对遇光变质的产品吸收度降低，含量偏低。

（2）供试品加冰乙酸 5 mL，缓缓加水 100 mL 后加热溶解。经试验，用直火加热或置沸水中加热，两种方法加热溶解的测定结果基本一致，置沸水中加热，供试品溶液溶解时间较长，1～2 h，直火加热 15～20 min 即可溶解。

二、色谱法

色谱法（又称层析法）根据其分离原理可分为：吸附色谱、分配色谱、离子交换色谱与排阻色谱等。吸附色谱法是利用被分离物质在吸附剂上被吸附能力的不同，用溶剂或气体洗脱使组分分离；常用的吸附剂有氧化铝、硅胶、聚酰胺等有吸附活性的物质。分配色谱是利用被分离物质在两相中分配系数的不同使组分分离；其中一相被涂布或键合在固体载体上，称为固定相，另一相为液体或气体，称为流动相。常用的载体有硅胶、硅藻土、硅镁型吸附剂与纤维素粉等。离子交换色谱是利用被分离物质在离子交换树脂上交换能力的不同使组分分离；常用的有不同强度的阳离子交换树脂、阴离子交换树脂，流动相为水或含有机溶剂的缓冲液。分子排阻色谱法又称凝胶色谱法，是利用被分离物质分子大小的不同导致在填料上渗透程度不同使组分分离；常用的填料有分子筛、葡聚糖凝胶、微孔聚合物、微孔硅胶或玻璃珠等，根据固定相和供试品的性质选用水或有机溶剂作为流动相。

色谱法又可根据分离方法分为：纸色谱法、薄层色谱法、柱色谱法、气相色谱法、高效液相色谱法等。所用溶剂应与供试品不起化学反应，纯度要求较高。分析时的温度，除气相色谱法或另有规定外，指在室温操作。分离后各成分的检出，应采用各品种项下所规定的方法。采用纸色谱法、薄层色谱法或柱色谱法分离有色物质时，可根据其色带进行区分；分离无色物质时，可在短波（254 nm）或长波（365 nm）紫外光灯下检视，其中纸色谱或薄层色谱也可喷以显色剂使之显色，或在薄层色谱中用加有荧光物质的薄层硅胶，采用荧光猝灭法检视；柱色谱法、气相色谱法和高效液相色谱法可用接于色谱柱出口处的各种检测器检测；柱色谱法还可分步收集流出液后用适宜方法测定。

药物分析中，色谱法应用越来越广泛。《中国兽药典》收载的药物品种随着版本的更新也在不断增加。下面将重点介绍薄层色谱法和高效液相色谱法的测定原理、方法和应用。

（一）薄层色谱法

薄层色谱法是将固定相均匀涂铺在玻璃板上（或其他支持物上，如塑料片或铝制薄板）成一薄层，然后用毛细管或适当点样器将样品液滴加在薄层的起始线上，待溶剂挥散后，放入展开槽内，用一定的溶剂展开，当溶剂前沿到达距离另一端 2～3 cm 处，取出，干燥，定性或定量分析。它是一种简便、快速、灵敏的分离分析方法。其特点是：

- 仪器简单，操作容易，易于控制，薄板易规格化；
- 展开时间短，一般只需十至几十分钟；
- 分离能力强，斑点集中；
- 灵敏度高，供试品用量少；
- 显色方便，使用多样性；
- R_f 值重现性差，层析谱不易保存，制备及处理不及纸层析方便。

1. 原理

本法系利用被测物质在两相中的溶解度不同进行的。当展开剂流经原点时，被测混合物中不同物质即在两相之间进行分配，分配系数小的物质，也就是在流动相中溶解得多的物质，随着流动相移动的距离就较大；反之，分配系数大的物质，移动的距离也就小些。所以，经过一定距离展开后，分配系数不同的物质即逐渐拉开距离，而达到分离的目的。

2．操作要点

薄层色谱法大致有以下五个步骤：❶薄板制备；❷薄板活化；❸点样；❹展开；❺斑点的检出与显色。

（1）薄板制备

薄层板一般可分为无黏合剂的软板和含黏合剂的硬板两种，前者系将吸附剂或载体直接涂于玻璃板上即可利用，该法目前应用较少；后者系在吸附剂或载体中加入一定量的黏合剂，除另有规定外，一般可用10%～15%煅石膏（$CaSO_4$• H_2O 在 140℃烘烤 4 h）混匀后加蒸馏水适量，或用羧甲基纤维素钠水溶液（0.5%～0.7%）适量调成糊状，即用涂铺器涂铺在平光洁净玻璃板上（厚度一般 0.2～0.3 mm），阴干，使成牢固的层析板。

如无涂铺器，也可使用下述方法：将一定量调节好的糊状物倒在平光洁净的玻璃板上，立即轻轻敲击振动，使糊状物淌满玻璃板，即得到一定厚度而平整薄层，然后自然晾干即可。

薄板制备时应注意以下几点：

❶薄层板系将吸附剂或载体涂布于大小适宜的玻璃板（除另有规定外，用 5 cm×20 cm，10 cm×20 cm 或 20 cm×20 cm）上，使成一均匀的薄层。

所用玻璃板要求清洁、光滑、平整。否则涂铺硅胶 G 吸附剂后，易脱落，且影响展开速度。

❷常规薄层色谱法用的吸附剂有：硅胶、氧化铝、硅藻土、纤维素、聚酰胺、离子交换纤维素等。通常分离亲脂性化合物常选择氧化铝、硅胶以及聚酰胺；分离亲水性化合物常选择纤维素、离子交换纤维素、硅藻土及聚酰胺等。

吸附剂或载体的颗粒大小，除另有规定外，一般要求粒径为 5～40 μm。

❸使用的黏合剂，除另有规定外，一般为 10%～15%煅石膏和羧甲纤维素（CMC—Na）。硅胶是最常用的吸附剂，市售硅胶—G（在硅胶中已加入 12%～14%煅石膏），制板时，只要将适量硅胶—G 放在研钵中加水 2.5～3 份，同时研磨调成均匀的糊状，至石膏开始凝固时铺板。但倾出后，应立即洗净乳钵。

❹薄层的厚度，除另有规定外，一般为 0.2～0.3 mm；厚度控制方法，可用控制一定量吸附剂或载体量的方法或用其他适宜的薄层涂布器。

（2）薄层板活化

铺好的薄层板置水平台面上，自然干燥后，即可在 110℃烘箱中加热活化，除另有规定外，一般需 30 min，从烘箱中取出薄层板，保存于干燥器中备用。干燥器内可用无水氯化钙或硅胶作干燥剂。

一个理想的薄层板应符合以下要求：❶均匀、厚度适当；❷具有适当的活性、机械强度；❸具有良好的毛细管状态；❹薄层不致脱落。

（3）点样

在薄层分析中，一般使用微量注射器或毛细管点样。如为定性分析，则可用内径为0.5 mm、管口平整的毛细管或微量注射器，将样品溶液点在基准线上，基准线距底边2.0 cm，距离两侧边以及点间距离为1.0～2.0 cm，样品点通常为圆形，样品直径2～4 mm。点样量一般为几至几十微克，点样量过多则斑点太大、形态不良而产生分离不清或拖尾现象，过少则斑点不易检出。

在进行薄层定量时，要求原点直径一致，点样间距精确，这是保证定量精确度的关键。

点样体积宜在20 μL以下，并需分次点加，以免使原点扩散，直径太大所有原点应在同一水平线上，面积也尽可能一致。

点样时应注意：❶点样的方式、点样量及点样器的选择，决定于分析的目的、样品溶液的浓度及被测物质的检出灵敏度。❷作定性鉴别时点样量不要求很准确，亦可用自控毛细管进行。❸点样时为了防止空气中的水分对薄层吸附力的影响，操作应越快越好，一般不超过10 min。

（4）展开

点样后的薄层，置密闭的玻璃展开槽中，用合适的展开剂展开。展开剂浸入的深度离薄层板底边0.5～1.0 cm，点样处不可接触展开剂，展距除另有规定外，一般为10～15 cm。薄层板在展开槽内的放置角度，除另有规定外，一般无黏合剂板的放置角度与水平成15°～20°角，含黏合剂板的放置角度可大于60°角或接近垂直。

（5）检出或显色

将展开后的薄层从展开槽中取出，挥散尽展开剂，根据药品项下的规定选择适当的方法检出显色或定量。

3．定量分析方法

目前国内常用的定量方法分为两类：一法系薄层展开后，将被测物斑点或区带捕集，用溶剂洗脱，然后再用适当的微量分析法测定含量；二法系指不经洗脱的方法，即直接测量斑点的面积的大小，然后与标准品在同一条件下测得斑点面积大小进行比较，或是用薄层扫描仪测斑点的颜色深度的方法求其含量。

以一法为例：将样品液在薄层板的起始线上点一条状，两边点上已知纯品作为定位剂，样品液必须定量点加，并注意避免任何损失，以减少由于点样而产生的误差。在适当溶剂中展开后，斑点要集中，不应产生拖尾现象。

定位时，不可在薄层上直接喷试剂显色，如果被测物本身有色或在紫外光灯下能辨识斑点或区带位置时，则可置紫外灯下观察定位，无须在两边点加纯品作为定位剂。如果必须喷显色剂时，则应将待测物的薄层部分用玻璃板悬空盖住，再喷显色剂使两边的对照点显色定位。

定位后，如为软板，可将被测物的带状区域用捕集器收集；如为硬板，也可直接用捕集器收集或用刀片将样品片带的吸附剂定量地刮下，再用适当溶剂洗脱后，进行定量分析。

该法操作较复杂、费时，但在缺乏薄层扫描仪的情况下仍是一种实用的、准确的薄层色谱定量方法。

（二）高效液相色谱法

高效液相色谱法（HPLC）是近年来迅速发展起来的一种新颖、快速的分离分析技术。它是在经典液相柱色谱基础上，引入气相色谱的理论，在技术上采用了高压泵、高效填料和高灵敏度检测器，实现了分析速度快，分离效率高和操作自动化。这种柱色谱技术称为高效液相色谱法。高效液相色谱法与一般液相色谱相似，包括液-固色谱、离子交换色谱、分子排阻色谱和液-液色谱。液-液色谱在高效液相色谱中，又发展成为化学键合相色谱，在化学键合相色谱中，特别反相色谱已成为在药物分析或其他分析领域中应用最广泛的一种色谱分析方法。

气相色谱法虽具有分离能力好，灵敏度高，分析速度快等优点，但是受技术条件的限制，沸点太高的物质或热不稳定的物质都难以应用气相色谱法进行分析。而高效液相色谱法，只要求试样能制成溶液，而不需要气化，因此不受试样挥发性的限制。对于挥发性低，热稳定性差，分子量大的高分子化合物以及离子型化合物尤为有利。如氨基酸、蛋白质、生物碱、核酸、甾体、类脂、维生素、抗生素等。

高效液相色谱法具有以下几个突出的优点：

（1）高效。在高效液相色谱中，由于采用小至 5 μm、10 μm 的高效填料，理论塔板数可达几万/m，甚至更高。

（2）高速。由于采用高压泵输液，流动相的流速可控制在 1～10 mL/min，比经典液相色谱法高得多。

（3）高灵敏度。高效液相色谱已广泛采用高灵敏度检测器，如紫外检测器的最小检测量可达 μg 数量级（10^{-9} g）。

（4）适用范围广。只要求样品能制成溶液，不需气化。

（5）流动相选择范围宽。气相色谱中载气选择余地小，选择性取决于固定相，在液相色谱中，液体可变范围很大，可以是有机溶剂，也可以是水溶液，在极性、pH、浓度等方面都可变化。

高效液相色谱法由于具有上述优点，近年来发展特别迅速，美国药典中高效液相色谱法作为含量测定方法已超过容量法及其他仪器分析方法，成为美国药典中使用频率最高的一种分析方法，《中国兽药典》是 1990 年第 1 次收载 HPLC，共 8 个品种。2000 版，已从第 1 次收载 8 个品种至今已上升至 257 个品种，其发展速度相当迅速。高效液相色谱法不仅可用于药品分析，药物制剂分析，还可用于药代动力学，药物体内代谢分析，生化分析，中草药有效成分分析以及临床检验等各种研究领域中。

1. 对仪器的一般要求

所用的仪器为高效液相色谱仪。色谱柱的填充剂和流动相的组分应按各品种项下的规定。常用的色谱柱填充剂有硅胶和化学键合硅胶。后者以十八烷基硅烷键合硅胶最为常用，辛基硅烷键合硅胶次之，氰基或氨基键合硅胶也有使用；离子交换填料，用于离子交换色谱；凝胶或玻璃微球等，用于分子排阻色谱等。除另有规定外，柱温为室温，检测器为紫外吸收检测器。

在用紫外吸收检测器时，所用流动相应符合紫外分光光度法项下对溶剂的要求。

《中国兽药典》正文中各品种项下规定的条件除固定相种类、流动相组分、检测器类型不得任意改变外，其余如色谱柱内径、长度、固定相牌号、载体粒度、流动相流速、混合流动相各组分的比例、柱温、进样量、检测器的灵敏度等，均可适当改变，以适应具体品种并达到系统适用性试验的要求。一般色谱图约于 20 min 内记录完毕。

2. 系统适用性试验

按各品种项下要求对仪器进行适用性试验，即用规定的对照品对仪器进行试验和调整，应达到规定的要求；或规定分析状态下色谱柱的最小理论板数、分离度、重复性和拖尾因子。

（1）色谱柱的理论板数（n）。在选定的条件下，注入供试品溶液或各品种项下规定的内标物质溶液，记录色谱图，量出供试品主成分或内标物质峰的保留时间 t_R（以分钟或长度计，下同，但应取相同单位）和半峰高宽（$W_{h/2}$），按 $n=5.54（t_R/W_{h/2}）^2$ 计算色谱柱的理论板数。如果测得理论板数低于各品种项下规定的最小理论板数，应改变色谱柱的某些条件（如柱长、载体性能、色谱柱充填的优劣等），使理论板数达到要求。

（2）分离度。定量分析时，为便于准确测量，要求定量峰与其他峰或内标峰之间有较好的分离度。分离度（R）的计算公式为：

$$R=\frac{2(t_{R_2}-t_{R_1})}{W_1+W_2}$$

式中：t_{R2}——相邻两峰中后一峰的保留时间，min；

t_{R1}——相邻两峰中前一峰的保留时间，min；

W_1，W_2——此相邻两峰的峰宽。

除另有规定外，分离度应大于 1.5（图 16-2）。

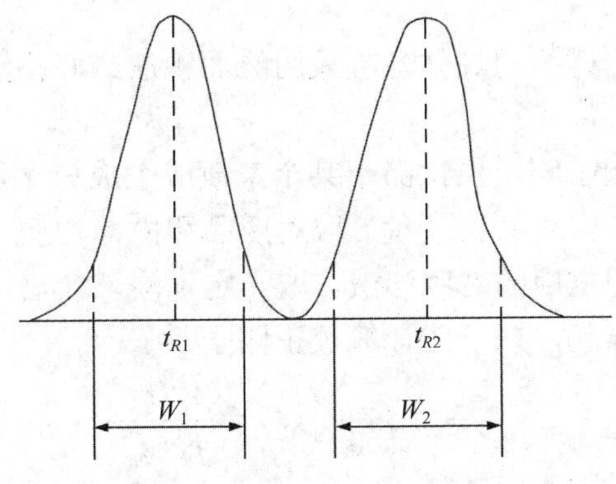

图 16-2　分离度（R）示意图

（3）重复性。取各品种项下的对照溶液，连续进样 5 次，除另有规定外，其峰面积测量值的相对标准偏差应不大于 2.0%。也可按各品种校正因子测定项下，配制相当于 80%、100%和 120%的对照品溶液，加入规定量的内标溶液，配成 3 种不同浓度的溶液，分别进样 3 次，计算平均校正因子，其相对标准偏差也应不大于 2.0%。

（4）拖尾因子。为保证测量精度，特别当采用峰高法测量时，应检查待测峰的拖尾因子（T）是否符合各品种项下的规定，或不同浓度进样的校正因子误差是否符合要求。拖尾因子计算公式为：

$$T = \frac{W_{0.05h}}{2d_1}$$

式中：$W_{0.05h}$——0.05 峰高处的峰宽；

d_1——峰极至峰前沿之间的距离。

除另有规定外，T 应在 0.95～1.05（图 16-3）。

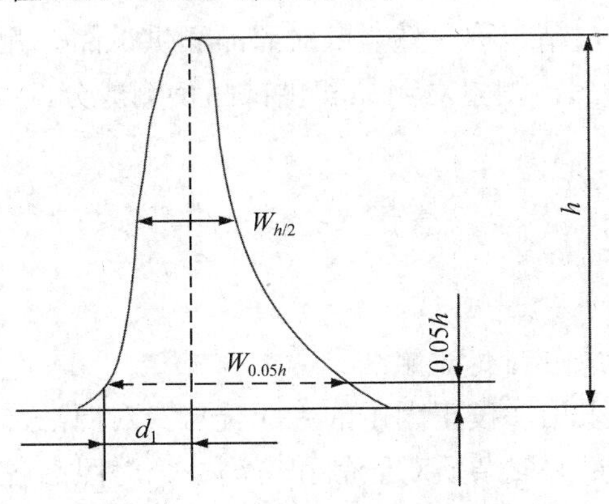

图 16-3　拖尾因子（T）示意图

3. 测定法

定量测定时，可根据样品的具体情况采用峰面积法或峰高法。测定杂质含量时，须采用峰面积法。

（1）内标法加校正因子测定供试品中某个杂质或主成分含量。

按各品种项下的规定，精密称（量）取对照品和内标物质，分别配成溶液，精密量取各溶液，配成校正因子测定用的对照溶液。取一定量注入仪器，记录色谱图。测量对照品和内标物质的峰面积或峰高，按下式计算校正因子：

$$校正因子（f）= \frac{A_S / c_S}{A_R / c_R}$$

式中：A_S——内标物质的峰面积或峰高；

A_R——对照品的峰面积或峰高；

c_S——内标物质的浓度；

c_R——对照品的浓度。

再取各品种项下含有内标物质的供试品溶液，注入仪器，记录色谱图。测量供试品中待测成分（或其杂质）和内标物质的峰面积或峰高，按下式计算含量：

$$含量（c_x）= f \frac{A_x}{A_s / c_s}$$

式中：A_x——供试品（或其杂质）峰面积或峰高；

c_x——供试品（或其杂质）的浓度；

f，A_s，c_s 的意义同上。

当配制校正因子测定用的对照溶液和含有内标物质的供试品溶液使用同一份内标物质溶液时，则配制内标物质溶液不必精密称（量）取。

（2）外标法测定供试品中某个杂质或主成分含量。

按各品种项下的规定，精密称（量）取对照品和供试品，配成溶液，分别精密取一定量，注入仪器，记录色谱图，测量对照品和供试品待测成分的峰面积（或峰高），按下式计算含量：

$$含量（c_x）= c_R \frac{A_x}{A_R}$$

式中：各符号意义同上。

（3）加校正因子的主成分自身对照法。

测定杂质含量时，可采用加校正因子的主成分自身对照法。在建立方法时，按各该品种项下的规定，精密称（量）取杂质对照品和待测成分对照品各适量，配制测定杂质校正因子的溶液，进样，记录色谱图，按上述（1）法计算杂质的校正因子。此校正因子可直接载入各品种正文中，用于校正杂质的实测峰面积。

测定杂质含量时，按各品种项下规定的杂质限度，将供试品溶液稀释成与杂质限度相当的溶液作为对照溶液，进样，调节仪器灵敏度（以噪音水平可接受为限）或进样量（以柱子不过载为限），使对照溶液的主成分色谱峰高达满量程的 10%～25%或其峰面积能准确积分（面积约为通常条件下满量程峰积分值的 10%）。然后，取供试品溶液和对照品溶液适量，分别进样，供试品溶液的记录时间除另有规定外，应为主成分保留时间的若干倍，测量供试品溶液色谱图上各杂质的峰面积，分别乘以相应的校正因子后与对照溶液主成分的峰面积比较，依法计算各杂质含量。

（4）不加校正因子的主成分自身对照法。

在没有杂质对照品时，可采用不加校正因子的主成分自身对照法。同上述（3）法配制对照溶液并调节仪器灵敏度后，取供试品溶液和对照溶液适量，分别进样，前者的记录时间除另有规定外，应为主成分保留时间的若干倍，测量供试品溶液色谱图上各杂质的峰面积并与对照溶液主成分的峰面积比较，计算杂质含量。

若供试品所含的部分杂质未与溶剂峰完全分离，则按规定先记录供试品溶液的色谱图Ⅰ，再记录等体积纯溶剂的色谱图Ⅱ。色谱图Ⅰ上杂质峰的总面积（包括溶剂峰），减去色谱图Ⅱ上的溶剂峰面积，即为总杂质峰的校正面积，然后依法计算。

（5）面积归一化法。

由于峰面积归一法测定误差大，因此本法通常只能用于粗略考察供试品中的杂质含量。除另有规定外，一般不宜用于微量杂质的检查。方法是测量各杂质峰的面积和色谱图上除溶剂峰以外的总色谱峰面积，计算各峰面积占总峰面积的百分率，即得。

由于微量注射器不易精确控制进样量，当采用外标法测定供试品中某杂质或主成分含量时，以定量环进样为好。

4．应用实例——《中国兽药典》（2005 版）二部金银花中绿原酸的含量测定

（1）色谱条件与系统适用性试验。用十八烷基硅烷键合硅胶为填充剂；乙腈-0.4%磷酸溶液（13∶87）为流动相；检测波长为 327 nm，理论塔板数按绿原酸峰计算应不低于 1 000。

（2）对照品溶液的制备。精密称取绿原酸对照品适量，置于棕色量瓶中，加 50%甲醇制成每 1 mL 含 40 μg 的溶液，即得（10℃以下保存）。

（3）供试品溶液的制备。取本品粉末约 0.5 g，精密称定，置于具塞锥形瓶中，精密加 50%甲醇 50 mL，称定重量，超声处理 30 min，放冷，再称定重量，用 50%甲醇补足减失的重量，摇匀，滤过，精密量取续滤液 5 mL，置于 25 mL 棕色量瓶中，加 50%甲醇至刻度，摇匀，即得。

（4）测定法。分别精密吸取对照品溶液与供试品溶液各 5～10 μL，注入液相色谱仪，测定，即得（图 16-4）。

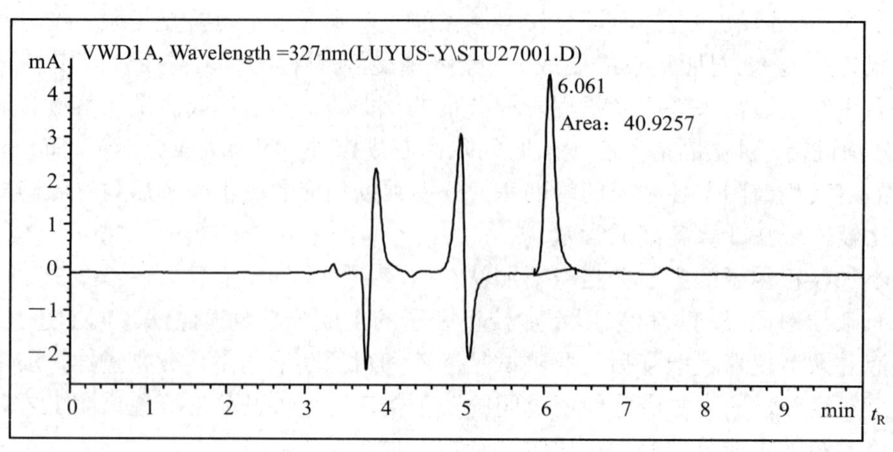

图 16-4　绿原酸标准品色谱图

本品含绿原酸（$C_{16}H_{18}O_9$）不得少于 1.5%。

三、电位滴定法与永停滴定法

电位滴定法与水停滴定法是容量分析中用以确定终点或选择核对指示剂变色域的方法。选择适当的电极系统可以作氧化还原法、中和法、沉淀法、重氮化法或水分测定法等的终点指示。

（一）电位滴定法

1．测定原理

电位滴定法选用 2 个不同的电极。1 支为指示电极，其电极电势随溶液中被分析成分的离子浓度的变化而变化；另 1 支为参比电极，其电极电势固定不变。在到达滴定终点时，因被分析成分的离子浓度急剧变化而引起指示电极的电势突减或突增，此转折点称为突跃点。

2．仪器装置

电位滴定法可用电位滴定仪，酸度计或电位差计。电位滴定法仪器装置简单（图 16-5）。

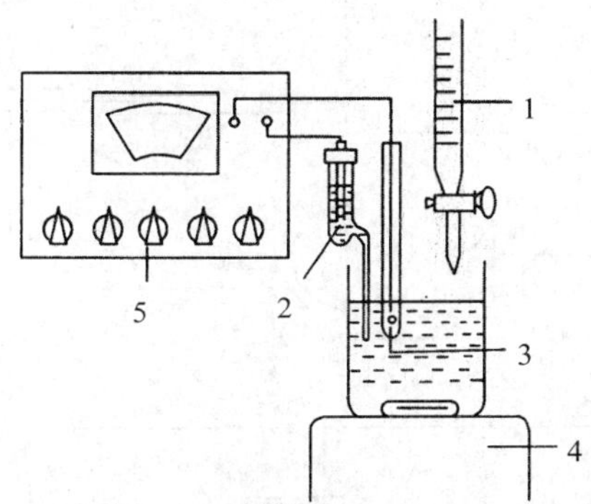

1. 滴定管；2. 参比电极；3. 指示电极；4. 电磁搅拌器；5. pH-mV 计

图 16-5　电位滴定装置

3. 测定法

将盛有供试品溶液的烧杯置电磁搅拌器上，浸入电极，搅拌，并自滴定管中分次滴加滴定液；开始时可每次加入较多的量，搅拌，记录电位；至将近终点前，则应每次加入少量，搅拌，记录电位；至突跃点已过，仍应继续滴加几次滴定液，并记录电位。

4. 终点判断

以电位（E）为纵坐标，以滴定液（V）为横坐标，绘制 E-V 曲线，以此曲线的转折部分的中心为滴定终点，或以 $\Delta E/\Delta V$ 为纵坐标，以 $\Delta E/\Delta V$ 所相应的滴定剂体积取前后两个体积数据的平均值（$\overline{V}$）为横坐标，绘制（$\Delta E/\Delta V$）$-\overline{V}$ 曲线，并以 $\Delta E/\Delta V$ 极大值为滴定终点。

（二）永停滴定法

1. 测定原理

永停滴定法采用 2 支相同的铂电极，当在电极间加一低电压（例如 50 mV）时，若电极在溶液中极化，则在未到达滴定终点时，仅有很小或无电流通过；但当到达终点时，滴定液略有过剩使电极去极化，溶液中即有电流通过，电流计指针突然偏转，不再回复。反之，若电极由去极化变为极化，则电流计指针从有偏转回到零点，也不再变动。

2. 仪器装置

永停滴定法仪器装置如图 16-6 所示。

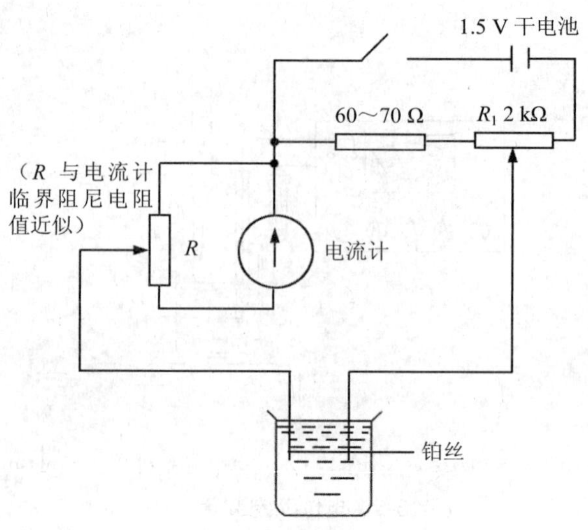

图 16-6 永停滴定装置

3．测定法

用作重氮化法的终点指示时，调节 R_1 使加于电极上的电压约为 50 mV。取供试品适量，精密称定，置烧杯中，除另有规定外，可加水 40 mL 与盐酸溶液（1→2）15 mL，而后置电磁搅拌器上，搅拌使溶解，再加溴化钾 2 g，插入铂-铂电极后，将滴定管的尖端插入液面下 2/3 处，用亚硝酸钠滴定液（0.1 mol/L 或 0.05 mol/L）迅速滴定，随滴随搅拌，至临近终点时，将滴定管的尖端提出液面，用少量水淋洗尖端，洗液并入溶液中，继续缓缓滴定，至电流计指针突然偏转，并不再回复，即为滴定终点。

用作水分测定的终点指示时，可调节 R_1 使电流计的初始电流为 5～10 μA，待滴定到电流突增至 50～150 μA，并持续数分钟不退回，即为滴定终点。

（三）注意事项

（1）如系供指示剂变色域的选择核对，用电位滴定法测定时，应预先加入指示剂，观察终点后的颜色变化，以选定该品种终点时的指示剂颜色。

（2）有关电极的选择。

方　法	电极系统	说　明
水溶液氧化还原法	铂-饱和甘汞	铂电极用加有少量 $FeCl_3$ 的 HNO_3 或用铬酸清洁液浸洗
水溶液中和法	玻璃-饱和甘汞	
非水溶液中和法	玻璃-饱和甘汞	饱和甘汞电极管内装 KCl 的饱和无水甲醇溶液；玻璃电极用过后应立即清洗并浸在水中保存
永停法	铂-铂	铂电极用加有少量 $FeCl_3$ 的 HNO_3 或用铬酸清洁液浸洗
水溶液银量法	银-玻璃	银电极可用稀 HNO_3 迅速浸洗

（四）应用实例——《中国兽药典》（2005版）磺胺对甲氧嘧啶的含量测定

1．测定原理

磺胺对甲氧嘧啶分子中含有芳伯氨基，能与亚硝酸钠定量地完成重氮化反应而生成重氮盐，故可用亚硝酸钠滴定液在酸性条件下，照永停滴定法进行滴定。

$$CH_3O-\text{(嘧啶环)}-NH-SO_2-\text{(苯环)}-NH_2+NaNO_2+2HCl \longrightarrow$$

$$\left[CH_3O-\text{(嘧啶环)}-NH-SO_2-\text{(苯环)}-N^+\equiv N\right]Cl^-+NaCl+2H_2O$$

2．测定方法

取磺胺对甲氧嘧啶约 0.5 g，精密称定，加盐酸溶液（1→2）20 mL 溶解后（必要时加热），加水 50 mL，放冷，照永停滴定法，用亚硝酸钠滴定液（0.1 mol/L）滴定。每 1 mL 亚硝酸钠滴定液（0.1 mol/L）相当于 28.03 mg 的 $C_{11}H_{12}N_4O_3S$。

3．数据处理

$$C_{11}H_{12}N_4O_3S\% = \frac{\frac{c}{0.1}\times V\times\frac{28.03}{1\,000}}{W}\times 100\%$$

式中：c——滴定时亚硝酸钠滴定液的实际浓度，mol/L；

V——所消耗亚硝酸钠滴定液的体积，mL；

W——所称样品的重量，g。

4．注意事项

（1）《中国兽药典》规定用永停滴定法指示重氮化法的终点。电极为铂-铂电极系统，永停法用于重氮化法的终点指示时，应调节极化电压为 50 mV，灵敏度为 10^{-9}，门限值为 60 格。

（2）永停滴定法的具体操作是：取供试品适量，精密称定，置烧杯中，除另有规定外，可加水 50 mL 和盐酸溶液（1→2）20 mL。置电磁搅拌器上，搅拌使溶解，再加溴化钾 2 g。插入铂-铂电极，将滴定管的尖端插入液面下约 2/3 处，用亚硝酸钠液（0.1 mol/L）迅速滴定，随滴随搅拌，至临近终点时，将滴定管的尖端提出液面，用少量水淋洗，洗液并入溶液中，继续缓缓滴定，至电流计指针突然偏转，并不再回复，即为滴定终点。

（3）铂-铂电极可用加有少量三氯化铁的硝酸清洗。

复习思考题

1. 什么是化学测定法？常见的化学测定法有哪些？

2. 用反应式说明酸碱滴定法测定阿司匹林含量的基本原理。

3. 精密称定阿司匹林 0.401 5 g，加中性乙醇（对酚酞指示液显中性）20 mL 溶解后，加酚酞指示液 3 滴，用 0.101 2 mol/L 氢氧化钠液滴定，用去氢氧化钠液 21.22 mL。每 1 mL 氢氧化钠滴定液（0.1 mol/L）相当于 18.02 mg 的 $C_9H_8O_4$，求阿司匹林（$C_9H_8O_4$）的百分含量为多少？

4. 精密称定碳酸氢钠 0.995 6 g，加水 50 mL 使溶解，加甲基红—溴甲酚绿混合指示液 10 滴，用盐酸滴定液（0.501 6 mol/L）滴定至溶液由绿色转变为紫红色，煮沸 2 min，冷却至室温，继续滴定至溶液由绿色变为暗紫色，共消耗盐酸液 23.44 mL。每 1 mL 盐酸滴定液（0.5 mol/L）相当于 42.00 mg 的 $NaHCO_3$。求碳酸氢钠（$NaHCO_3$）的百分含量为多少？

5. 精密称定乌洛托品 0.512 5 g，置锥形瓶中，加水 10 mL 溶解后，精密加硫酸滴定液（0.250 2 mol/L）50 mL，摇匀，加热煮沸至不再发生甲醛臭，随时加进沸的水补足蒸发的水分，放冷至室温，加甲基红指示液 2 滴，用 0.501 2 mol/L 氢氧化钠滴定液滴定，并将滴定的结果用空白试验校正。求乌洛托品（$C_6H_{12}N_4$）的含量为多少（每 1 mL 0.25 mol/L 的硫酸滴定液相当于 17.52 mg 的 $C_6H_{12}N_4$）？

6. 配制高氯酸冰乙酸溶液（0.050 00 mol/L）1 000 mL，需用 70%$HClO_4$ 4.2 mL，所用的冰乙酸含量为 99.8%，相对密度为 1.05，应加含量为 98%，相对密度为 1.087 的乙酸酐多少毫升，才能完全除去其中的水分？

7. 取盐酸左旋咪唑 20 片，精密称定，平均片重为 0.102 5 g。研细，精密称取 1.348 6 g，置分液漏斗中，加水 10 mL，振摇使溶解，加氢氧化钠试液 5 mL，稍振摇后，精密加入氯仿 50 mL，振摇提取，静置分层后，分取氯仿液，经干燥滤纸滤过，弃去初滤液，精密量取续滤液 25 mL，加冰乙酸 15 mL、乙酸酐 2 mL 与结晶紫指示液 1 滴，用 0.100 5 mol/L 高氯酸滴定液滴定，至溶液显蓝色，消耗高氯酸 6.68 mL，并将滴定的结果用空白试验校正，消耗高氯酸 0.02 mL。每 1 mL 高氯酸滴定液（0.1 mol/L）相当于 24.08 mg 的 $C_{11}H_{12}N_2S \cdot HCl$。求盐酸左旋咪唑（$C_{11}H_{12}N_2S \cdot HCl$）的百分含量。若盐酸左旋咪唑片的规格为 25 mg，其标示百分含量为多少？

8. 精密称定氢氧化铝 0.612 5 g，加盐酸与水各 10 mL，加热溶解后，放冷至室温，滤过，滤液置于 250 mL 量瓶中，滤器用水洗涤，洗液并入量瓶中，用水稀释至刻度，摇匀；精密量取 25 mL，加氨试液中和至恰析出沉淀，再滴加稀盐酸至沉淀恰溶解为止，加乙酸—乙酸铵缓冲液（pH 为 6.0）10 mL，再精密加乙二胺四乙酸二钠液（0.050 00 mol/L）25 mL，煮沸 3 ~ 5 min，放冷至室温，加二甲酚橙指示液 1 mL，用锌液（0.050 00 mol/L）滴定，至溶液自黄色转变为红色，消耗锌液 14.32 mL，并将滴定的结果用空白试验校正，消耗锌液 24.88 mL。每 1 mL 的乙二胺四乙酸二钠液（0.05 mol/L）相当于 2.549 mg 的 Al_2O_3。氢氧化铝按 Al_2O_3 计算，百分含量为多少？

9. 精密称定硫酸亚铁 0.502 4 g，加稀硫酸与水各 15 mL 溶解后，用 0.020 12 mol/L 高锰酸钾液滴定，至溶液显持续的粉红色，消耗高锰酸钾液 24.12 mL。每 1 mL 的高锰酸钾液（0.02 mol/L）相当于 27.80mg 的 $FeSO_4 \cdot 7H_2O$。硫酸亚铁按 $FeSO_4 \cdot 7H_2O$ 计算，百分含量为多少？

10. 精密称定维生素 C 0.212 2 g，加新沸过的冷水 100 mL 与稀乙酸 10 mL 使溶解，加淀粉指示液 1 mL，用 0.100 2 mol/L 碘液滴定，至溶液显蓝色在 30 s 内不褪，消耗碘液 24.08 mL。每 1 mL 的碘液（0.1 mol/L）相当于 8.806 mg 的 $C_6H_8O_6$。求维生素 C 的百分含量。

11. 精密称定硫酸铜样品 0.501 5 g，置于 250 mL 碘量瓶中，加 50 mL 水溶解，加 4 mL 冰乙酸，2 g 碘化钾，摇匀后，于暗处放置 10 min，用 0.100 2 mol/L 硫代硫酸钠液滴定至黄色，加 2 mL 淀粉指示液，继续滴定至蓝色刚刚消失，消耗硫代硫酸钠液 25.12 mL。每 1 mL 硫代硫酸钠液（0.1 mol/L）相当于 $CuSO_4$ 15.96 mg。求硫酸铜的含量。

12. 精密称定氯化钠样品 0.121 6 g，加水 50 mL 溶解后，加糊精溶液（1→50）5 mL 与荧光黄指示液 5 ~ 8 滴，用 0.101 1 mol/L$AgNO_3$ 液滴定，消耗 $AgNO_3$ 液 22.38 mL。每 1 mL$AgNO_3$ 液（0.1 mol/L）相当于 5.844 mg 的 NaCl。求氯化钠样品含量。

13. 精密称定维生素 $B_2$782 mg，置烧杯中，加冰乙酸 1 mL 与水 75 mL，加热溶解后，加水稀释，放冷，移置 500 mL 棕色量瓶中，用水稀释至刻度，摇匀；精密量取 10 mL 置 100 mL 棕色量瓶中，加 1.4%乙酸钠溶液 7 mL，并用水稀释至刻度，摇匀，照分光光度法，在 444 nm 的波长处测定吸收度为 0.512，按 $C_{17}H_{20}N_4O_6$ 的吸收系数（$E_{1\,\text{cm}}^{1\%}$）为 323 计算维生素 B_2 的含量。

14. 精密称定磺胺对甲氧嘧啶 0.501 2 g，加盐酸溶液（1→2）20 mL 溶解后（必要时加热），加水 50 mL，放冷，照永停滴定法，用亚硝酸钠滴定液（0.101 5 mol/L）滴定，消耗亚硝酸钠滴定液 25.12 mL。每 1 mL 亚硝酸钠滴定液（0.1 mol/L）相当于 28.03 mg 的 $C_{11}H_{12}N_4O_3S$。求磺胺对甲氧嘧啶的含量。

15. 简述抗生素微生物检定法测定原理。

16. 试述用永停滴定法测定磺胺类药物含量的反应原理和反应条件。

第四部分　实训

第十七章　动物药品制剂实训

实训一　查阅兽药典和兽药规范的方法

一、目的要求

通过查阅《中国兽药典》（2005 版）和《兽药规范》中有关项目和内容的练习，熟悉兽药典和兽药规范的使用方法，正确阅读和查阅兽药典和兽药规范的有关内容并加以理解。

二、实训用品

1.《中国兽药典》（2005 版）一部、二部、三部，兽药规范。
2. 查阅记录。

三、实训内容

按照表 17-1 的各项要求，查阅兽药典或兽药规范写出所在页数并记录查阅结果。

表 17-1　查阅记录

序号	查阅内容	药典页数（部页）	查阅结果
1	密封的含义		
2	热原检查法		
3	细粉		
4	注射用水		
5	葡萄糖制剂		
6	阿司匹林贮藏法		
7	干姜的炮制		
8	大蒜的功能		
9	朱砂散的处方		
10	盐酸多西环素的鉴别		
11	硫化物检查法		
12	注射剂的通则检查项目		
13	眼膏剂的通则检查项目		
14	熔点测定法		
15	洋地黄生物检定法		
16	甘油试药		
17	甲基红指示剂		
18	巴豆的功能		
19	桃花散处方		
20	月季花的用法与用量		
21	冷处的含义		

四、操作要领和注意事项

1．具体药品的查阅项目在该药品的正文中查阅。

2．专有名词可在凡例中查阅，如“密闭”、“最粗粉”等。

3．通则检查、滴定液、试液、指示剂的配制方法及具体检查项目等均在附录中查阅。

五、思考题

1.《中国兽药典》（2005 版）共几部？每部主要包括哪几部分内容？

2．仔细阅读每部药典凡例中的知识点并加以领会。

实训二　粉碎、过筛、混合基本操作

一、目的要求

1．认识粉碎的意义，熟练掌握粉碎的方法和常用粉碎机械的基本操作要求。

2．认识过筛的意义，熟练掌握过筛的方法、药筛规格及过筛的基本操作要领。

3．认识混合的意义，掌握混合的方法及混合机械的使用方法。

二、主要仪器及材料

1．主要仪器。研钵、万能粉碎机、标准筛（1～9 号筛）、普通天平、混合器。

2．主要材料。淀粉、玉米、磷酸氢钙、碳酸钙。

三、实训内容

1．用万能粉碎机将玉米碎成细粉，过 60 目筛。

2．用研钵分别将磷酸氢钙、碳酸钙研细。

3．分别将磷酸氢钙、碳酸钙、玉米、淀粉过筛收集细料。

4．将所有细料混合均匀。

四、操作要领

1．粉碎机启动后，应先空转一定时间，待转速稳定，切断电源后加料，粉碎时注意安全。

2．淀粉、玉米粉、磷酸氢钙、碳酸钙的用量分别为 20 g。

3．所有物料粒度要求在 30～200 目。

4. 物料的混合应均匀，可采用等量递增法进行混合。

五、注意事项

1. 使用粉碎、过筛、混合的仪器设备时，注意安全。
2. 注意区分粉的等级，同时注意筛目的规定。

六、思考题

1. 粉碎的方法、意义和所使用的仪器是什么？
2. 过筛的目的是什么？
3.《中国兽药典》中对粉末等级的规定如何？

实训三　中药炮制实验

一、目的要求

1. 了解中药炮制的方法、目的和意义，掌握炒黄、炒焦和炒炭的炮制方法。
2. 掌握炙法的操作要点。
3. 了解煅法的目的和意义，了解淬法炮制方法。

二、主要仪器及药材

1. 主要仪器。电炉锅、锅铲、量杯、烧杯、玻璃棒、天平、坩埚等。
2. 主要药材。莱菔子、甘草、炼蜜、炉甘石、明矾等。

三、实训内容

1. 炒莱菔子。取净莱菔子，用文火炒至微鼓起，有爆裂声，并有香气时取出，放凉，用时捣碎。

2. 蜜炙甘草。取净甘草，用文火炒至颜色加深时，加入少量开水稀释过的炼蜜，迅速翻动，拌炒均匀，继续用文火炒至微黄色、不黏手时，取出放凉。

炼蜜用量为甘草的6%。成品呈金黄色，光泽明显，味甘微苦。

3．煅炉甘石。取净炉甘石置耐火容器中，煅至红透时，立即倒入冷水中浸淬3～4次，合并混悬液，澄清后，倾去上层清水，干燥，粉碎。

4．明煅法。取净白矾，砸成小块，置锅内，加热熔化，煅至水分完全蒸发，无气体放出，全部泡松呈白色蜂窝状固体时，取出，放凉，碾碎。

四、操作要领及注意事项

（1）注意火候的掌握。炒黄用文火温度控制在160～170℃；炒焦及加辅料炒用中火温度应控制在190～200℃；炒炭及砂炒用武火温度应控制在220～300℃。

（2）药材要经净制处理，炒后称重，计算出损耗率，出锅后应马上摊开，放凉后贮存。

（3）蜜炙须用文火，以免焦化。炼蜜不易过稠，否则黏性太大，不易拌匀。蜜炙药物所需炼蜜用量应视药材性质而定，一般质地疏松，纤维多的药材用蜜量宜大；质地坚硬，黏性较强，油分较重的药材用蜜量宜少。

（4）明矾煅制过程中，不能停火，也不能搅拌，应1次煅透，使其完全失去结晶水。明矾的煅制最佳温度为180～260℃，不得超过600℃，否则，易分解，即：

$$2KAl(SO_4)_2 \xrightarrow{>600℃} Al_2O_3+K_2SO_4+O_2\uparrow+2SO_2+SO_3$$

五、思考题

1．中药炮制的目的主要有哪些？

2．中药炮制方法有哪些？

实训四　浸出药剂的制备

一、目的要求

1．掌握煎煮法、渗漉法操作。

2．掌握酊剂、流浸膏和浸膏的制备。

3．熟悉制备浸出药剂的用具。

二、实验原理

浸出药剂是指用适当的浸出溶剂和方法，从药材（动植物）中浸出有效成分所制成的供内服或外用的药物制剂。药材的浸出物可作为原料供其他制剂应用。

药材中有效成分的浸出过程包括下列几个阶段：浸润、溶解、扩散及置换。常用的浸出方法有煎煮法、浸渍法、渗漉法。

三、主要仪器及药品

1．主要仪器。托盘天平、烧杯、沙锅、量筒、电炉、纱布、有塞广口瓶、圆锥形渗漉筒、接收瓶、蒸馏瓶、球形冷凝管、酒精温度计等。

2．主要药材。龙胆、陈皮、草豆蔻、大黄。

3．主要试剂。60%乙醇。

四、实训内容

1．复方龙胆酊（苦味酊、渗漉法）

【处方】

龙胆	100 g
陈皮	40 g
草豆蔻	10 g
60%乙醇适量	加至 1 000 mL

【制法】取龙胆、陈皮、草豆蔻粉碎成最粗粉，混匀，用 60%乙醇作溶媒，浸渍 24 h 后，以 3～5 mL/min 的速度渗漉，收集漉液 1 000 mL，静置，俟澄清，滤过，即得。

【功能与主治】健脾开胃，主治脾胃不健，食欲不振，消化不良。

【用法与用量】经口投服，马、牛 50～100 mL；羊、猪 5～20 mL；犬、猫 1～4 mL。

2．大黄流浸膏

【处方】

大黄	1 000 g
60%乙醇	适量

【制法】取大黄（最粗粉）1 000 g，用 60%乙醇作溶媒，浸渍 24 h 后，以 1～3 mL/min 速度缓缓渗漉，收集初漉液 850 mL，另器保存，继续渗漉，至渗漉液色淡为止，收集续漉液，浓缩至稠膏状，加入初漉液，混合后，用 60%乙醇稀释至 1 000 mL，静置，俟澄清，

滤过，即得。

【功能与主治】健胃通肠，主治食欲不振、便秘。

【用法与用量】马 10～25 mL；牛 20～40 mL；羊 2～10 mL；猪 1～5 mL；犬、猫 0.5～2 mL。

五、注意事项

（1）供渗漉用的药材粉末不能太细，以免堵塞空隙，妨碍溶媒通过，一般将药材切成薄片或 0.5cm 左右的小段。少量渗漉时可将药材粉碎成 5～20 目细度的粗粉。

（2）药粉在装筒前应加规定量的浸出溶媒均匀湿润，应加盖放置一定时间，使药粉于渗漉前充分膨胀，以免在筒内膨胀而造成堵塞或渗漉不完全。

（3）装筒时药粉的松紧及使用的压力必须均匀，装得过紧易使出口堵塞，溶媒不易通过，无法进行渗漉；装得过松，所占容积增加，溶媒很快流过药粉（接触时间短），使浸出不完全。应分次装筒，逐层压匀，不能过紧或过松。

（4）渗漉筒内药粉装量不宜过多，必须留有一定空间，允许空气和溶媒存在以利于连续渗漉，一般装量为渗漉筒容积的 2/3。

（5）药粉装入渗漉筒后，先打开下部活塞，再自上部加入适量溶媒，置换其中空气并压迫所有气体自下部出口排出。否则，筒内药粉间的空气向上冲，使粉柱原有松紧度改变，妨碍渗漉。在渗漉过程中，必须使药粉自始至终被溶媒均匀浸没，不然易发生干裂，会使溶媒由裂隙间流出，影响渗漉。

（6）渗漉速度需适当。流速太快，药材内有效成分来不及渗漉和扩散，使浸出液浓度低，且耗用溶媒多；流速太慢，则会影响设备利用率和产量。药材质地坚硬，难以浸出的药材，则采用慢漉，即 1～3 mL/min；易浸出的药材，则采用快漉，即 3～5 mL/min。大生产时，每小时流出量相当于渗漉筒使用容积的 1/48～1/24 倍。一份药材用 4～8 份浸出溶媒，即可将有效成分浸出完全。

六、思考题

1．渗漉法操作流程是什么？

2．渗漉法操作应注意哪些事项？

实训五　液体药剂的制备

一、目的要求

1．熟悉液体药剂的种类和特点。

2．掌握溶液型液体药剂、混悬型液体药剂、乳浊液型液体药剂及胶体溶液型液体药剂的制备方法。

二、主要仪器及药品

1．主要仪器。电炉、天平、烧杯、研钵、温度计、胶体磨。

2．主要药品。硫酸新霉素（主料）、司盘—80（助悬剂）、单硬脂酸甘油酯（增稠剂）、植物油、磺胺嘧啶（SD）、NaOH、枸橼酸钠、壳聚糖、注射用水、维生素E、95%酒精、吐温—80、碘、碘化钾、蒸馏水、苯扎溴铵、汞溴红、甲紫、甲酚、植物油（豆油）、氢氧化钠。

三、实训内容

（一）溶液型液体药剂的制备

1．复方碘溶液（卢戈氏液）

【处方】 碘　　50 g

碘化钾　　100 g

蒸馏水　　适量加至 1 000 mL

【制法】溶解法。取碘化钾置容器内，加适量纯化水，搅拌使溶解，加入碘，搅拌溶解后加纯化水至全量，即得。

【作用与用途】调节甲状腺功能，主要用于甲状腺功能亢进的辅助治疗，外用作黏膜消毒药。

【附注】碘化钾在水中的溶解度为 1∶0.7，其近饱和溶液可加速碘的溶解，碘化钾是碘（溶解度 1∶2 950）的助溶剂，生成的配位化合物易溶于水。其反应式为 $KI+I_2 \rightleftharpoons KI_3$。

2. 苯扎溴铵溶液（新洁尔灭溶液）

【处方】 苯扎溴铵 50 g

蒸馏水 适量加至 1 000 mL

【制法】取苯扎溴铵溶于 800 mL 热蒸馏水中，滤过后加蒸馏水使成 1 000 mL，即得。

【作用与用途】防腐消毒药。用于手术器械及皮肤消毒。

【用法与用量】创面消毒一般用 0.01%的溶液；皮肤、手术器械消毒一般用 0.1%的溶液（手术器械消毒加 0.5%亚硝酸钠以防止生锈）。

【附注】（1）本品为阳离子（季铵盐）表面活性杀菌剂，肥皂等阴离子去污剂能使本品杀菌力减弱；

（2）本品不宜用于膀胱镜、眼科器械及合成橡胶制品的消毒；

（3）稀释或溶解时不宜剧烈振摇，以免产生大量气泡；

（4）本品不宜久贮，空气中微生物污染能使其混浊、变质、失效。

（二）混悬液型液体药剂的制备

1. 5%硫酸新霉素混悬剂的制备

【处方】

硫酸新霉素（79%）	5 g
司盘—80	0.5%
单硬脂酸甘油酯	1%
植物油	加至 100 mL
全量	100 mL

【制法】（1）将植物油加热灭菌（150℃，1 h），待用；

（2）取司盘—80 加 20 mL 灭菌油，加热至 70～80℃溶解；

（3）取单硬脂酸甘油酯加 20 mL 灭菌油，加热至 70～80℃溶解；

（4）取硫酸新霉素加 5～10 mL 灭菌油（油温小于 40℃）研磨，加 30 mL 灭菌油搅拌，倒出上清液，再研磨；再加 30 mL 灭菌油搅拌，倒出上清液，反复操作直至粒度合格为止；

（5）将（2）倒入剩余油中，加热溶解不断搅拌；

（6）将（3）倒入（5）中不停搅拌；

（7）将（4）倒入（6）中加油至全量后，过胶体磨；

（8）分装时要不停搅拌。

【注意事项】

（1）油温较高，小心烫手。

（2）加抗生素时，油温应小于 40℃，防止抗生素失效。

（3）整个操作过程要不停地搅拌。

（4）如发现有析出时，要加热溶解后方可再加入。

（5）整个过程不能滴入水。

（6）加热时，烧杯不宜过满，防止溢出。

2．磺胺嘧啶混悬剂的制备

【处方】

SD	5 g
NaOH	0.8 g
枸橼酸钠	1.45 g
壳聚糖	0.5 g
注射用水	加至 500 mL
全量	500 mL

【制法】

（1）蒸馏水加热煮沸待用，除去蒸馏水中的二氧化碳。

（2）取 0.8 g NaOH 加入 13 mL 待用的蒸馏水中，搅拌溶解趁热加入 5 g SD 搅拌溶解（甲液）。

（3）取枸橼酸钠 1.45 g 用待用的蒸馏水 5 mL 溶解（乙液）。

（4）取壳聚糖 0.5 g 加蒸馏水 50 mL，再加冰醋酸 1.5 mL（丙液）。

（5）将甲∶乙=3∶1 的比例交替加入丙液中，边加边搅拌，加水至全量。

【注意事项】

（1）加液时，按比例加，交替加，量不能多，不能快；

（2）边加边搅拌。

（三）乳浊液型液体药剂的制备

维生素 E 乳剂的制备

【处方 1】

维生素 E 油	5 g
吐温—80	2 g
司盘—80	1 g
注射用水	加至 100 mL
全量	100 mL

【处方 2】

维生素 E 油	5 g
吐温—80	2 g
95%乙醇	2 mL
注射用水	加至 100 mL
全量	100 mL

【制法】

处方 1 操作步骤：

❶维生素 E 加上司盘－80 在研钵中进行混合。

❷吐温－80 加上 15 mL 注射用水，加热 70～80℃进行混合。

❸将❶加入❷中，进行高速搅拌 15 min 制成初乳。

❹加注射用水至全量，分装。

处方 2 操作步骤：

❶维生素 E、司盘－80、95%乙醇、20 mL 注射用水在胶体磨中研磨 15 min。

❷取剩余的注射用水（100～120 mL），加入❶研磨。

❸加水至全量，分装，灭菌。

【注意事项】

1．整个过程不停地搅拌，否则分层。

2．灭菌时，水不宜过瓶盖。

（四）胶体溶液型液体药剂的制备

1．汞溴红溶液（红药水）

【处方】

汞溴红	2 g
蒸馏水	适量
共制	1 000 mL

【制法】取汞溴红 2 g，缓缓加入约 80 mL 蒸馏水中搅拌溶解后，再加蒸馏水至 1 000 mL，即得。

【作用与用途】外科消毒药。

【附注】本品为胶体溶液，应缓缓将汞溴红撒入蒸馏水中，振摇溶解。不宜将汞溴红一次倒入蒸馏水中或全部置于容器内再加水，以免形成团块，更不易溶解。如用 5%甘油使其膨胀，再加水则较易溶解。

2．甲紫溶液（紫药水）

【处方】

甲紫	10 g
乙醇	适量
蒸馏水	适量
共制	1 000 mL

【制法】取甲紫 10 g 加适量乙醇溶解，再加蒸馏水使成 1 000 mL，即得。

【作用与用途】外用消毒防腐。防治皮肤、黏膜化脓性感染及治疗口腔，阴道霉菌感染。

【用法】 外用、涂于患处。

3．甲酚皂溶液（来苏儿）

【处方】

甲酚	500 mL
植物油（豆油）	173 g
氢氧化钠	27 g
蒸馏水	适量
共制	1 000 mL

【制法】 取氢氧化钠，加水 100 mL 溶解后，放冷，不断搅拌下加入植物油，使均匀乳化，放置 30 min，慢慢加热（间接蒸汽或水浴），当皂体颜色加深。呈透明状时再进行搅拌；并可按比例配成小样，检查未皂化物，如合格，则认为皂化完成；趁热加甲酚搅拌至皂块全溶，放冷，再加水适量，使总量成 1 000 mL，即得。

【作用与用途】 防腐消毒药，用于手、器械、畜舍的消毒以及处理污物等。

【用法与用量】 1%～2%溶液用于消毒手等；5%～10%溶液用于消毒器械、处理污物等。

【附注】

1．豆油与氢氧化钠溶液反应，生成钠肥皂，作为甲酚的增溶剂。

2．处方中的植物油可用中、低碳脂肪酸代替。

四、思考题

1．液体药剂的类型及制备方法有哪些？

2．乳浊型液体药剂有几种类型？如何鉴别？

实训六　粉散剂的制备

一、目的要求

1. 通过实验掌握可溶性粉和散剂制备的基本工艺过程。

2. 熟悉“等量递加混合法”及其运用。

3. 熟悉散剂质量检查和包装。

二、原理

粉剂指药物或与适宜的辅料经粉碎、均匀混合制成的粉末状制剂，可供内服或外用。

散剂指一种或多种药物均匀混合制成的粉末状制剂，可供内服或外用。

粉散剂的生产工艺一般包括粉碎、过筛、混合、分剂量、质量检查以及包装等。个别散剂因成分或数量的不同，可将其中几步操作结合进行。对中草药散剂，可用适当的方法提取有效成分或制成浸膏、酊剂等再与其他成分混合，制成散剂。

三、主要仪器及药品

1. 主要仪器。天平、研钵、药筛（80 目）、粉碎机、量筒、烧杯、包药纸、100 mL 锥形瓶、试管、托盘、烘箱、混合机、封口机、包装袋、电炉等。

2. 主要药品。氯化钠、氯化钾、碳酸氢钠、无水葡萄糖、磺胺嘧啶、氢氧化钠、乳糖。

四、实训内容

（一）盐酸大观霉素、盐酸林可霉素可溶性粉的制备

【处方】

盐酸大观霉素	400 g
盐酸林可霉素	200 g
葡萄糖	加至 1 000 g
全量	1 000 g

【操作】称取盐酸大观霉素、盐酸林可霉素、葡萄糖一定量，分别过筛。再按“等量递加混合法”混匀，即得。

（二）朱砂散的制备

【处方】 朱砂 5 g　党参 60 g　茯苓 45 g　黄连 60 g

【制法】以上 4 味，除朱砂另研成极细粉外，其余 3 味粉碎成粉末，过筛，再与朱砂极细粉配研，混匀，即得。

【功能与主治】清心安神，扶正祛邪。主治心热风邪，脑黄。

【用法与用量】马、牛各 150～200 g，羊、猪各 10～30 g。

【注意事项】

（1）朱砂为剧毒药，须采用“水飞”的方法研成极细粉。

（2）朱砂须采用“等量递加混合法”加入，以保证散剂的均匀度。

五、思考题

1.“等量递加混合法”的原则是什么？
2. 散剂中若含有挥发性成分或含有酊剂、流浸膏时应如何处理？

实训七　颗粒剂的制备

一、目的要求

1. 通过实验掌握颗粒剂制备的基本工艺过程。
2. 熟悉颗粒剂质量检查和包装。

二、原理

颗粒剂是指药物与适宜的辅料所制成的干燥颗粒状剂型。颗粒剂既可供家畜自由采食，也可拌料或溶解在水中饮服。与散剂相比，颗粒剂的飞散性、附着性、吸湿性等均较小，但颗粒剂混合性能较差、制备工艺相对复杂。颗粒剂的生产过程主要包括：药物粉碎→过筛→制粒→干燥→质检→分装→包装→贮存。

三、主要仪器及药品

1. 主要仪器。天平、研钵、药筛（100 目、80 目）、粉碎机、量筒、烧杯、包药纸、100 mL 锥形瓶、试管、托盘、烘箱、混合机、制粒机、封口机、包装袋、电炉、煎药锅等。

2. 主要药品。盐酸林可霉素（82.5%）、PVP（聚维酮）、水、乳糖、石膏、金银花、麻黄、地龙、曼佗罗。

四、实训内容

四黄止痢颗粒的制备

【处方】黄连 200 g　　黄柏 200 g　　大黄 100 g　　黄芩 200 g

板蓝根 200 g　　　甘草 100 g

【操作】以上 6 味加水煎煮两次，第一次 2 h，第二次 1 h，合并煎液，滤过，滤液浓缩至相对密度为 1.32～1.35 的稠膏，加蔗糖和糊精适量，制成颗粒，干燥，制成 1 000 g，即得。

【功能与主治】清热泻火，止痢。湿热泻痢，鸡大肠杆菌病。

【用法与用量】混饮：每 1 L 水，鸡 0.5～1.0 g。

五、颗粒剂常规质量检查

1．粒度。依《中国兽药典》（2005 版）一部附录检查，不能通过一号筛和能通过四号筛的颗粒和粉末总和，不得超过 8.0%。

2．水分。依《中国兽药典》（2005 版）一部附录检查，含水分不得超过 5.0%。

3．溶化性。取颗粒剂 10 g，加入热水 200 mL，搅拌 5 min，应全部溶化，不得有焦屑等异物。

4．装量。单剂量包装的颗粒剂的最低装量，应符合表 15-2 规定。

六、思考题

1．简述制备颗粒剂的注意事项。

2．颗粒剂常规质量检查包括哪些项目？

3．若颗粒剂处方中含有挥发性成分，应如何处理？

实训八　片剂的制备

一、目的要求

1．掌握片剂的制备工艺过程及操作过程中的注意事项。

2．熟悉压片机的基本结构，压片操作方法。

二、原理

湿法制粒压片的生产流程：

药物粉碎→过筛→混合→制软材→湿颗粒→湿粒干燥→整粒→压片→（包衣）→包装

三、主要仪器及药品

1．主要仪器。混合机、颗粒机、压片机、药筛、烘箱、天平、滴定瓶、移液管、电炉、万能粉碎机、钢精锅等。

2．主要药品。淀粉、蓝淀粉、糊精、糖粉、硬脂酸镁、乙醇、干酵母、碳酸钙、香精、大黄、碳酸氢钠。

四、实训内容

1．压片机主要部件的识别和装卸

❶加料器—加料斗、饲粉器；❷压缩部件—上、下冲和模圈；❸各种调节器—压力调节器、片重调节器、出片调节器。

2．正确使用各种调节器

3．主要部件的测试和维修工作

出片调节器、片重调节器和压力调节器。

【注意事项】

（1）在装平台时，固定螺丝不要旋紧，待上下冲头装好后，并在同一垂直线上，能自由升降在模孔中时，再旋紧平台固定螺丝。

（2）装上冲时，在冲模上要垫一块硬纸板，防止上冲突然落下，撞坏上冲和冲模。

（3）装上、下冲头时，一定要把上、下冲头插到冲芯底，并用螺丝和锥形螺母旋紧，以免开机时上、下冲杆不能上下升降，造成迭片、松片和碰坏冲头等现象。

4．空白片的制备

【处方】

蓝淀粉	40.0 g
糖粉	132.0 g
糊精	92.0 g
淀粉	200.0 g
50%乙醇	88.0 mL
硬脂酸镁	2.3 g
共制	4 000 片

【制法】取蓝淀粉与糖粉、糊精和淀粉等以等量递加法混匀，然后过 60 目筛两次，使其色泽均匀，再用喷雾法加入乙醇，迅速搅拌并制成软材，过 14 目筛制粒，湿粒在 60℃温度

下烘干，干粒过 10 目筛整粒，加入硬脂酸镁混匀后，称重，计算片重，开始压片，经调节片重和压力后，使之符合要求，即可正式压片。

【注意事项】

（1）蓝淀粉与赋形剂必须充分混匀，否则压成的片剂可出现色斑等现象。

（2）因季节不同，地区不同，所以加乙醇量应相应变化，夏秋季和北方用量增加一些，春冬季和南方则减少一些。

5．大黄碳酸氢钠片的制备

【处方】大黄 150 g　　　　碳酸氢钠 150 g

【制法】取大黄细粉，加碳酸氢钠，混匀，制粒，压制成 1 000 片，即得。

【功能与主治】健胃通肠。用于食欲不振，便秘。

五、思考题

1．试述压片机的主要结构。

2．试述湿法制粒压片的生产工艺流程。

实训九　维生素 C 注射剂的制备

一、目的要求

1．掌握注射剂的基本要求和手工生产工艺过程及操作要点。

2．熟悉注射剂成品质量检查的标准和方法。

3．熟悉灭菌操作，建立无菌概念。

二、主要仪器及药品

1. 主要器材。空安瓿（10 mL 圆颈）、天平、温度计（100℃）、大小烧杯、量筒、安瓿洗涤器、干燥箱、布氏漏斗、真空泵、微孔滤膜、溶剂过滤器、可调定量加液器（5～10 mL）、熔封机、手提式高压灭菌器、玻璃棒、滤纸、漏斗等。

2. 主要药品。维生素 C、碳酸氢钠、焦亚硫酸钠、EDTA-2Na、注射用水、氢氧化钠、盐酸、氮气、浓硫酸、1%硫酸铜、1%高锰酸钾、1%亚甲蓝。

三、实训内容

【处方】

维生素 C	52 g
碳酸氢钠	24 g
焦亚硫酸钠	2 g
1%EDTA-2Na	5 mL
注射用水	加至 1 000 mL
全量	1 000 mL

【操作】

1．注射用水的制备

制备注射用水须以纯化水为水源。《中国兽药典》（2005 版）一部规定的注射用水为纯化水经蒸馏所得。注射用水的制备请参看教材相关内容。

【注意事项】❶制备注射用水在蒸馏开始时，可先不开启冷却水阀，使 蒸汽从冷凝器冲出数分钟，以冲洗蒸馏器颈部和冷凝器，然后再开冷却阀，待纯化水经检查合格后开始收集。❷接受器应选用经过处理并消毒符合质量要求的塑料瓶。盛装前应先用新鲜的纯化水洗涤数次再用，待装满以后立即密封。❸纯化水出口与接受器连接处必须装避尘罩。❹制备的注射用水应按兽药典进行质量检查。

2．空安瓿的处理

圆颈的安瓿直接进行洗涤。安瓿瓶选择没有气泡、麻点、砂粒、粗细不匀以及裂纹等现象的安瓿瓶，用纯化水或去离子水超声波粗洗，甩水，再用注射用水超声波精洗，甩干，倒置插盘中，160℃ 2 h 或 250℃ 0.5 h 干燥灭菌备用。

3．配液容器、滤器及惰性气体的处理

❶容器的处理：一切容器均需清洗洁净，避免引入杂质和热原。❷滤器处理：滤器先用水反冲，除去药液留下的杂质，沥干后用洗液浸泡处理，用水冲净，最后用注射用水荡涤。❸惰性气体处理：维生素 C 极易氧化，故配制时必须通入惰性气体，常用的是 CO_2 或 N_2。使用纯度较低的 CO_2，可用分别装有浓硫酸、1%硫酸铜、1%高锰酸钾溶液的洗气瓶处理，以分别除去水分、硫化物、有机物和微生物，最后经注射用水洗气瓶除去可溶性杂质和二氧化硫。若用高浓度 CO_2 或 N_2，可不用处理或仅分别通过甘油、注射用水洗气瓶即可。

4．配液

按处方取配制量 80% 注射用水，通入二氧化碳（20～30 min）使其饱和，加入 1%EDTA-2Na 5mL 于其中，加维生素 C 使其充分溶解，分次缓慢加入碳酸氢钠，并搅拌至无气泡产生为止，加入焦亚硫酸钠溶解，调节 pH 至 5.8～6.2，最后用饱和二氧化碳的注射用水加至足量。用滤纸预滤，再用 0.45 μm 孔径的微孔滤膜精滤，澄明度检查合格后，即可灌封。

5．灌封

用可调定量加液器进行灌装，通入二氧化碳于安瓿上部空间，随通随封。熔封好的安瓿顶部应圆滑、无尖头或起泡等现象。

6．灭菌与检漏

灌封好的安瓿，通 100℃流通蒸汽灭菌 15 min。灭菌完毕以后将安瓿放入 1%亚甲蓝溶液中，挑出被染蓝的安瓿。将合格的安瓿外表擦拭干净，供质量检查用。

7．质量检查与评定

（1）装量。按《中国兽药典》（2005 版）附录规定方法进行。每支装量不得少于其标示量。

（2）澄明度检查。澄明度检查不但可以保证用药安全，而且可以发现生产中出现的问题。例如，注射液中的白点多来源于原料或安瓿；纤维多半因环境污染所致；玻屑往往是由于割颈、灌封不当等所造成的。除特殊规定外，注射剂必须完全澄明，不得有肉眼可见的不溶性微粒异物，检查发现时应及时剔除。我国目前多采用人工灯检，检查灯采用长 57 cm、直径 3.8 cm、1 000 lx 的青光日光灯做光源，灯座为伞棚式装置，可两面使用。背景为不反光的黑色，底部应呈小反光的白色，以便检查有色异物。检查时，取供试品置检查灯下距光源约 20 cm 处，先与黑色背景，再与白色背景对照，用手持安瓿颈部，轻轻翻动药液，在与供试品同高的位置，相距 15～20 cm 处，用眼睛来检查。

（3）pH。按《中国兽药典》（2005 版）维生素 C 注射剂项下进行，应为 5.0～7.0。

（4）含量检查。按《中国兽药典》（2005 版）维生素 C 注射剂项下进行。

（5）颜色检查。取本品，加水稀释成 1 mL 中含维生素 C 50 mg 的溶液，照分光光度法，在 420 nm 波长测定吸收度，吸收度不得超过 0.06。

（6）细菌内毒素检查。按《中国兽药典》（2005 版）维生素 C 注射剂项下方法进行检查。

（7）无菌检查。按《中国兽药典》（2005 版）“无菌检查法”项下的规定进行检查。

（8）其他项目检查。主要进行主药含量测定、毒性试验、刺激性试验、渗透压、降压物质等项的检查，以保证注射剂安全有效。

8．成品印字与包装

每支安瓿上印字包括品名、规格、批号、厂名、批准文号等。字迹清楚不易磨灭。标签的内容包括注射剂名称、内装数目（支）、每支装量、主药含量、附加剂名称、批号、生产日期与失效、商标、批准文号、应用范围、用量、配伍禁忌、贮藏方法等内容。

四、操作要点和注意事项

1．配液时，注意将碳酸氢钠撒入维生素 C 溶液中的速度应缓慢，以防产生气泡使溶液溢出，同时要不断搅拌，以免局部碱性过大。

2．维生素 C 容易氧化变质，使含量降低、颜色变黄，尤其当金属离子存在时变化更快。故在制备过程中加入抗氧化剂并通入惰性气体，注意一切用具、容器不得是铁、铝等金属制成。

3．掌握好灭菌温度和时间，灭菌完闭立即从灭菌锅中取出，以防受热时间过长而影响药液的稳定性。

4．配制过滤时，常用惰性气体加压法或虹吸法过滤，一般不能用减压法过滤，以免将溶液中的惰性气体抽出而影响其稳定性。

五、思考题

1．试述最终灭菌小容量注射剂的制备工艺流程及操作注意事项。

2．注射剂的质量检查包括哪些项目？如何操作？

第十八章　动物药品检测实训

实训一　药物的一般鉴别试验

一、目的要求

掌握水杨酸盐、丙二酰脲类、托烷生物碱类、芳香第一胺、苯甲酸盐、乳酸盐、枸橼酸盐和酒石酸盐的鉴别方法，并掌握相应的结构与鉴别的关系。

二、主要仪器及药品

1. 主要仪器

离心机、水浴锅、干燥试管、小试管。

2. 主要药品

水杨酸钠、三氯化铁试液、稀盐酸、乙酸铵试液、苯巴比妥、碳酸钠试液、硝酸银试液、吡啶溶液（1→10）、铜吡啶试液、硫酸阿托品、发烟硝酸、乙醇、固体氢氧化钾、磺胺对甲氧嘧啶、亚硝酸钠溶液（0.1 mol/L）、碱性β-萘酚试液、苯甲酸钠、硫酸、乳酸钠、溴试液、稀硫酸、硫酸铵、10%亚硝基铁氰化钠的稀硫酸溶液、浓氨试液、枸橼酸钠、高锰酸钾试液、硫酸汞试液、溴水、酒石酸锑钾、氨制硝酸银试液、乙酸、硫酸亚铁试液、过氧化氢试液、氢氧化钠试液。

三、实训内容

1．水杨酸盐的鉴别

（1）取供试品的稀溶液，加三氯化铁试液 1 滴，即显紫色。

（2）取供试品溶液，加稀盐酸，即析出白色水杨酸沉淀；分离，沉淀在乙酸铵试液中溶解。

2．丙二酰脲类的鉴别

（1）取供试品约 0.1 g，加碳酸钠试液 1 mL 与水 10 mL，振摇 2 min，滤过，滤液中逐滴加入硝酸银试液即发生白色沉淀，振摇沉淀溶解；继续滴加过量的硝酸银试液，沉淀不再溶解。

（2）取供试品约 50 mg，加吡啶溶液（1→10）5 mL，溶解后，加铜吡啶试液 1 mL，即显紫色或生成紫色沉淀。

3．托烷生物碱类的鉴别

取供试品约 10 mg，加发烟硝酸 5 滴，置水浴上蒸干，即得黄色的残渣，放冷，加乙醇 2～3 滴湿润，再加固体氢氧化钾一小粒，即显深紫色。

4．芳香第一胺的鉴别

取供试品约 50 mg，加稀盐酸 1 mL，必要时缓缓煮沸使溶解，放冷，加亚硝酸钠溶液（0.1 mol/L）数滴，滴加碱性β-萘酚试液数滴，视供试品不同，生成橙黄到猩红色沉淀。如供试品为酰化芳香第一胺类，取供试品约 0.1 g，加稀盐酸 2 mL，煮沸水解，放冷，再照上法试验。

5．苯甲酸盐的鉴别

（1）取供试品的中性溶液，加三氯化铁试液，即生成赭色沉淀。加稀盐酸，变为白色沉淀。加稀盐酸后，铁盐沉淀分解苯甲酸游离成白色沉淀析出。

（2）取供试品，置干燥试管中，加硫酸后，加热，不炭化，但析出苯甲酸，在试管内壁凝结成白色升华物（熔点 121～123℃）。

6．乳酸盐的鉴别

取供试品溶液 5 mL（约相当于乳酸 5 mg），置试管中加溴试液 1 mL 与稀硫酸 0.5 mL，置水浴上加热，并用玻璃棒小心搅拌至褪色，加硫酸铵 4 g，混匀，沿管壁逐滴加入 10% 亚硝基铁氰化钠的稀硫酸溶液 0.2 mL 和浓氨试液 1 mL，使成两液层，在放置 30 min 内，两液层的接界面处出现一暗绿色的环。

7．枸橼酸盐的鉴别

取供试品溶液，加稀硫酸 1 滴，加热至沸，加高锰酸钾试液数滴，振摇，紫色即消失，将溶液分成两份，一份中加硫酸汞试液 1 滴，另一份中逐滴加入溴水，均有白色沉淀生成。

8．酒石酸盐的鉴别

（1）取供试品的中性溶液，置洁净的试管中，加氨制硝酸银试液数滴，置水浴中加热，银即游离并附着在管内壁形成银镜。

（2）取供试品溶液，加乙酸成酸性后，加硫酸亚铁试液 1 滴，过氧化氢试液 1 滴，待溶液褪色后，再用氢氧化钠试液碱化，溶液显紫色。

四、思考题

1．水杨酸盐与三氯化铁反应有什么现象发生?

2．说明苯巴比妥与硝酸银反应发生白色沉淀，振摇沉淀溶解，继续滴加过量的硝酸银试液，沉淀不再溶解的原因。

3．写出硫酸阿托品与硝酸的反应式。

4．《中国兽药典》（2005 版）具有芳香第一胺类鉴别反应的药物有哪些?

5．苯甲酸盐和三氯化铁的反应与水杨酸盐和三氯化铁反应有什么不同?

6．乳酸盐鉴别时，最后出现的现象是什么？其操作的关键是什么？

实训二　药物的一般杂质检查

一、目的要求

1．了解药物中氯化物及重金属、砷盐等一般杂质限度检查的原理。

2．掌握氯化物和重金属和砷盐检查的操作技术。

二、原理

1．氯化物检查法

利用药品中的杂质氯化物在硝酸酸性条件下，与硝酸银反应，生成氯化银的胶体微粒而显白色浑浊，在纳氏比色管中，与一定量的标准氯化钠溶液在相同条件下生成的氯化银浑浊程度相比较，以判定供试品中氯化物杂质的限量。

$$Cl^- + Ag^+ \xrightarrow{HNO_3} AgCl\downarrow \text{（乳状浑浊）}$$

2．重金属检查法

硫代乙酰胺在弱酸条件下水解，产生硫化氢，与重金属离子（以铅为代表）生成棕色至黑色硫化物的均匀混悬液。与一定量的标准铅溶液经同法处理后所显颜色进行比较，判断供试品中重金属杂质的限量。

$$Pb^{2+}+S^{2-} \xrightarrow{\text{乙酸}} PbS\downarrow\text{（褐色）}$$

3．砷盐检查法

药品中砷盐的检查方法，《中国兽药典》（2005 版）主要采用第一法（古蔡氏法）。古蔡氏法检查砷的原理是利用金属锌和酸作用所产生的新生态氢，与药物中微量砷盐反应，生成具有挥发性的砷化氢气体，遇溴化汞试纸，产生黄色至棕色的砷斑。与相同条件下一定量标准砷溶液所生成的砷斑比较，以判定砷盐的限量。反应式如下：

$$AsO_3^{3-}+3Zn+9H^+\rightarrow AsH_3\uparrow+3Zn^{2+}+3H_2O$$

$$As^{3+}+3Zn+3H^+\rightarrow AsH_3\uparrow+3Zn^{2+}$$

$$AsH_3+2HgBr_2\rightarrow 2HBr+AsH(HgBr)_2\text{（黄色）}$$

$$AsH_3+3HgBr_2\rightarrow 3HBr+As(HgBr)_3\text{（棕色）}$$

三、主要仪器及药品

1．主要仪器

纳氏比色管（50 mL）、刻度吸管（5 mL）、检砷装置、恒温水浴锅。

2．主要药品

碳酸氢钠（药用）、硝酸（C.P.或 A.R.）、稀硝酸、硝酸银试液、硝酸铅（C.P.或 A.R.）、标准铅溶液（贮备液）、碳酸氢钠（C.P.或 A.R.）、稀盐酸、酚酞指示液、氨试液、稀乙酸、硫代乙酰胺试液、标准砷溶液、盐酸（A.R.）、乙酸铅棉花、碘化钾试液、酸性氯化亚锡、锌粒、溴化汞试纸。

四、实训内容

1．氯化物检查

（1）供试液的制备。称取碳酸氢钠 1.5 g（供注射用）或 0.15 g（供口服用），加水溶解使成 25 mL，滴加硝酸使成微酸性后，置水浴中加热，以除尽二氧化碳，放冷，再加稀硝酸 10 mL（溶液如不澄清可过滤）；移置 50 mL 纳氏比色管（甲管）中，加水适量使成约 40 mL，即得。

（2）对照液的制备。精密量取标准氯化钠溶液 3 mL，在另一支 50 mL 纳氏比色管（乙管）中依同法处理（因标准氯化钠液不显碱性，故不必加硝酸中和）所制成的对照液，即得。

（3）比浊。于甲乙两管中各加入硝酸银试液 1 mL，用水稀释使成 50 mL，摇匀，在暗处放置 5 min。同置黑色背景上，从比色管上方向下观察，比较。供试液的浑浊不得比标准液浓[0.002%（供注射用）或 0.02%（供口服用）]。

2．重金属检查

（1）供试液的制备。取碳酸氢钠 4.0 g，置小烧瓶中，加稀盐酸 19 mL 与水 5 mL 溶解后，煮沸 5 min，放冷，加酚酞指示液 1 滴，并滴加氨试液至溶液显淡红色，定量地转移至纳氏比色管（甲管）中，加入乙酸盐缓冲液（pH 为 3.5）2 mL 与适量水，使成 25 mL。

（2）对照液的制备。取稀盐酸 19 mL，置蒸发皿中，置水浴中蒸干，加水 4～5 mL 煮沸使溶解后，放冷，加酚酞指示液 1 滴，并滴加氨试液至溶液显粉红色，将溶液定量地转移至纳氏比色管（乙管）中，加入乙酸盐缓冲液（pH 为 3.5）2 mL 及计算量的标准铅溶液后，再加适量水使成 25 mL。

（3）比色。在甲、乙两管中各加入硫代乙酰胺试液 2 mL，摇匀，放置暗处 2min 后，同置白色背景上，自上面透视，比较两管的颜色，甲管液的颜色不得比乙管更深（兽药典规定含重金属不得过 5×10^{-6}）。

3．砷盐检查

（1）仪器装置。古蔡氏法检查砷的装置如图 18-1 所示。测试时，于导气管 C 中装入乙酸铅棉花 60 mg（装管高度为 60～80 mm），再于有机玻璃旋塞 D 的顶端平面上放一片溴化汞试纸（试纸大小以能覆盖孔径而不露出平面外为宜），盖上旋塞盖 E 并旋紧，即得。

（2）标准砷斑的制备。精密量取标准砷溶液 2 mL 置 A 瓶中，依次加入盐酸 5 mL 与水 21 mL，再加碘化钾试液 5 mL 与酸性氯化亚锡试液 5 滴，在室温放置 10 min 后，加入锌粒 2 g。立即将预先装妥乙酸铅棉花与溴化汞试纸的导气管 C 密塞于 A 瓶上，并将 A 瓶置 25～40℃的水浴中，反应 45 min，取出溴化汞试纸，得黄色至棕色的砷斑。

（3）供试砷斑的制备。取碳酸氢钠 1.0 g 置 A 瓶中，加水 23 mL 溶解后，加盐酸 5 mL，照标准砷斑的制备，自“再加碘化钾试液 5 mL”起，依法操作。

（4）比较砷斑。将生成的砷斑与标准砷斑比较，不得更深（0.000 2%）。

五、注意事项

1．氯化物检查

（1）在选择纳氏比色管时，应选择玻璃质量较好、配对、无色、管的直径大小相等、管上的刻度高低一致的纳氏比色管进行试验。

（2）供试液与对照液应同时操作，加入试剂的顺序应一致。

（3）供试品溶液如不澄清，可预先用含硝酸的水洗净滤纸中的氯化物，再滤过供试品溶液，使其澄清。

（4）温度对产生氯化银的浑浊度有影响，因此，试验时一定要在相同温度条件下进行。

（5）操作时，应将标准与供试样先制成 40 mL 水溶液后，再加硝酸银试液，以免在较高浓度的氯化物下局部产生浑浊，影响比浊。

（6）加入稀硝酸可使氯化银产生最好的乳浊，并加速沉淀的形成。但酸度不宜过大，否则所显浑浊度降低，本法酸度以 50 mL 中含稀 $HNO_3$10 mL 为宜。

（7）最后摇匀后在暗处放置 5 min，是为了避免阳光直接照射。

（8）比浊时，应在黑色背景下自上而下观察。

（9）比色管用完后应立即冲洗，不宜用毛刷等硬物刷洗。

2．重金属检查

（1）标准铅溶液应新鲜配制，贮存时间愈久，比色时所显颜色愈浅。配制与贮存所用的玻璃容器，均不得含有铅。

（2）供试液如不澄明时，须用蒸馏水洗净的滤纸过滤。

（3）如供试液显色时，可在乙管中加适量的稀焦糖溶液，调节颜色与供试液相同后，两管再加入硫代乙酰胺试液依法进行。

（4）供试液中含有 Fe^{3+}影响重金属检查，Fe^{3+}量少时，可加氰化钾（极毒！用时应特别小心）作掩蔽剂，如 Fe^{3+}量多时，则需要加抗坏血酸作还原剂使 Fe^{3+}变为 Fe^{2+}以除去 Fe^{3+}干扰。

3．砷盐检查

（1）所用仪器与试剂用本法检查，均不生成砷斑，或至多生成仅可辨认的斑痕。

（2）乙酸铅棉花用量多或塞得过紧会影响砷化氢的通过，《中国兽药典》（2005 版）规定用乙酸铅棉花 60 mg，装管高度 60～80 mm，是为了控制乙酸铅棉花填充的松紧度，以免试验所产生的硫化氢气体干扰，同时又可使砷化氢在反应中保持干燥。

（3）反应温度应在 25～40℃，防止温度太低或太高使作用过慢或过快。

（4）锌粒大小影响反应速度，为使反应速度及产生砷化氢气体适宜，选 2 mm 左右粒径的锌粒。

六、思考题

1．检查碳酸氢钠中的氯化物时，为何要加两次硝酸？改加盐酸或硫酸是否可以，为什么？

2．氯化物检查，为什么要在暗处放置 5 min？

3．碳酸氢钠的重金属杂质检查时，制备对照液，为什么要取用 19 mL 稀盐酸？又要把它蒸干？

4．标准铅溶液为何应新鲜配制？

5．酸性氯化亚锡试液为什么要新鲜配置？

实训三　片剂的重量差异及崩解时限检查

一、目的要求

掌握片剂重量差异及崩解时限检查的方法及意义。

二、主要仪器及药品

1．主要仪器。六管崩解仪 、分析天平。

2．主要药品。盐酸左旋咪唑片。

三、实训内容

1．片剂重量差异检查

检查法　取盐酸左旋咪唑片 20 片，精密称定总重量，求得平均片重后，再分别精密称定各片的重量，每片重量与平均片重相比较（凡无含量测定的片剂，每片重量应与标示片重比较），超出重量差异限度的不得多于 2 片，并不得有 1 片超出限度的 1 倍。

2．崩解时限的检查

（1）检查法。将吊篮通过一端不锈钢轴悬挂于金属支架上，浸入 1 000 mL 烧杯中，烧杯内盛有温度为（37±1）℃的水，调节水位高度使吊篮上升时筛网在水面下 25 mm 处。下降时筛网距烧杯底部 25 mm，支架上下移动的距离为 55 mm±2 mm，往返速度为 30～32 次/min。

除另有规定外，取药片 6 片，分别置吊篮的玻璃管中，每管各加一片，按上述方法检查，各片均应在 15 min 内全部溶散或崩解成碎粒，并通过筛网。如残存有小颗粒不能全部通过筛网时，应另取 6 片复试，并在每管加入药片后随即加入挡板各 1 块，依次检查，均应符合规定。

（2）检查装置。采用升降式装置，主要结构为一能升降的金属支架与下端镶有筛网的吊篮，并附有挡板。

四、注意事项

（1）片剂中主药的含量药典均有一定的限度规定，一般差异在±（5%～10%），因含量太低则达不到预期的疗效，含量过高也可能会产生一些不良后果。因此检查片剂重量差异是控制主药含量的一种重要措施。《中国兽药典》规定片剂重量差异的限度应符合表18-1的规定。

表 18-1　片剂重量的允许限度

平均重量/g	重量差异限度
＜0.3	±7.5%
0.3～1.0	±5.0%
≥1.0	±2.0%

糖衣片、薄膜衣片与肠溶衣片应在包衣前检查片芯的重量差异，符合重量差异限度规定后，方可包衣。包衣后不再检查重量差异。

凡规定检查“含量均匀度”的片剂，可不进行重量差异的检查。

（2）片剂在制备过程中为了成型等工艺上的要求，要加一定的赋形剂和压力，甚至要外加包衣，而要使片剂中的药物为机体吸收，片剂如不崩解就不能发挥作用，因此各国药典都要进行崩解时限的检查以控制片剂质量。

糖衣片、浸膏片或薄膜衣片的崩解时限，按上述方法检查，应在 1 h 内全部溶散或崩解并通过筛网（不溶性的包衣碎片除外）。如残存有小颗粒不能全部通过筛网，应另取 6 片各加挡板 1 块进行复试，均应符合规定。

凡含有中药浸膏、树脂、油脂或大量糊化淀粉的片剂，如有部分颗粒状物未通过筛网但已软化或无硬性物质者可作合格论。

肠溶衣片的崩解时限按上述初试方法检查，先在盐酸液（0.1 mol/L）中检查 2 h，每片均不得有裂缝、崩解或软化等现象，继将吊篮取出，用少量水洗涤后，每管各加入挡板1块，再按上述方法在磷酸盐缓冲液（pH 为 6.8）中进行检查，1 h 内应全部溶解或崩解并通过筛网（不溶性的包衣碎片除外）。如有 1 片不能全部通过筛网，应另取 6 片复试，均应符合规定。

（3）磷酸盐缓冲液（pH 为 6.8）配制法：取磷酸二氢钾液（0.2 mol/L）250 mL，加氢氧化钠液（0.2 mol/L）118 mL，用水稀释至 1 000 mL，摇匀，即得。

五、思考题

1．重量差异限度检查时能否用手直接接触供试品？已取出的药片能否再放回供试品原包装容器内？

2．崩解时限检查时为什么要在温度为37±1℃的情况下进行？

实训四　乌洛托品的含量测定（剩余酸碱滴定法）

一、目的要求

掌握剩余酸碱滴定法测定乌洛托品含量的原理和方法。

二、原理

乌洛托品在过量酸中加热水解为铵盐和甲醛，加热驱尽甲醛后，剩余的酸可用标准碱液回滴定。水解反应如下式：

$$(CH_2)_6N_4 + 2H_2SO_4 + 6H_2O \longrightarrow 2(NH_4)_2SO_4 + 6HCHO\uparrow$$

三、主要仪器及药品

1．主要仪器。分析天平、碱式滴定管（50 mL）、锥形瓶（250 mL）。

2．主要药品。氢氧化钠液（0.5 mol/L）、硫酸液（0.25 mol/L）、甲基红指示液。

四、实训内容

取乌洛托品约0.5 g，精密称定，置锥形瓶中，加水10 mL溶解后，精密加硫酸滴定液（0.25 mol/L）50 mL，摇匀，加热煮沸至不再发生甲醛臭，随时加近沸的水补足蒸发的水分，放冷至室温，加甲基红指示液2滴，用氢氧化钠滴定液（0.5 mol/L）滴定，并将滴定的结果用空白试验校正。每1 mL的硫酸滴定液（0.25 mol/L）相当于17.52 mg的$C_6H_{12}N_4$。

五、数据处理

乌洛托品的含量用下式表示：

$$C_6H_{12}N_4\% = \frac{\frac{\frac{1}{2}c}{0.25} \times (V_0 - V) \times \frac{T}{1\,000}}{W} \times 100\%$$

式中：c——氢氧化钠滴定液的实际浓度，mol/L；

V_0——未加供试品时消耗氢氧化钠滴定液的体积，mL；

V——加入供试品时消耗氢氧化钠滴定液的体积，mL；

W——所称供试品的重量，g；

T——每 1 mL 硫酸滴定液（0.25 mol/L）相当于被测物的重量，kg。

六、思考题

乌洛托品含量测定时，加硫酸后生成的铵盐和甲醛，煮沸以除去甲醛，否则测定结果是偏高还是偏低？

实训五　盐酸左旋咪唑片的含量测定（非水滴定法）

一、目的要求

掌握非水滴定法测定盐酸左旋咪唑片含量的方法。

二、原理

盐酸左旋咪唑为有机碱的盐酸盐，在水溶液中碱性弱，在冰乙酸中显示较强的碱性，用高氯酸进行滴定，以结晶紫为指示剂，滴定至纯蓝色为终点。盐酸左旋咪唑片加氢氧化钠试液碱化，用氯仿提取左旋咪唑后进行非水滴定，因无卤离子，故不需加乙酸汞试液。

三、主要仪器及药品

1．主要仪器。酸式滴定管（10 mL）、分液漏斗（250 mL）、移液管（50 mL）、量筒（10 mL）。

2．主要药品。盐酸左旋咪唑片、$HClO_4$滴定液（0.1 mol/L）、冰乙酸（A.R.）、氯仿（A.R.）、氢氧化钠溶液、结晶紫指示液。

四、实训内容

取本品 20 片，精密称定，研细，精密称出适量（约相当于盐酸左旋咪唑 0.2 g）置分液漏斗中，加水 10 mL，振摇使盐酸左旋咪唑溶解，加氢氧化钠溶液 5 mL，稍振摇后，精密加入氯仿 50 mL，振摇提取，静置分层后，分取氯仿液，经干燥滤纸滤过，弃去初滤液，精密量取续滤液 25 mL，加冰乙酸 15 mL 与结晶紫指示液 1 滴，用高氯酸液（0.1 mol/L）滴定至溶液显蓝色，并将滴定结果用空白试验校正，即得。每 1 mL 的高氯酸液（0.1 mol/L）相当于 24.08 mg 的 $C_{11}H_{12}N_2S \cdot HCl$（规格为每片含盐酸左旋咪唑 25 mg）。

五、数据处理

盐酸左旋咪唑片的标示含量按下式计算：

$$C_{11}H_{12}N_2S\ HCl(\%)=\frac{\frac{c}{0.1}\times(V-V_0)\times\frac{T}{1\,000}\times\overline{W}}{W\times\frac{25}{50}\times\frac{25}{1\,000}}\times100\%$$

式中：c——滴定时$HClO_4$液的实际浓度，mol/L；

V——滴定供试品时所消耗$HClO_4$液的体积，mL；

V_0——空白试验时所消耗$HClO_4$液的体积，mL；

T——每 1 mL 高氯酸液（0.1 mol/L）相当于被测物的重量，mg；

$\overline{W}$——平均片重，g；

W——所称样品的重量，g。

六、注意事项

（1）盐酸左旋咪唑片中，由于含有较多的赋形剂（如硬脂酸镁），这些赋形剂也能与高氯酸作用，所以不能直接滴定，只有用氯仿提取后进行滴定。

（2）本实验所用仪器需经干燥处理。

七、思考题

测定时，分取的氯仿液，经干燥滤纸滤过后，为什么要弃去初滤液，精密量取续滤液？否则对结果会产生什么影响？

实训六　硫酸镁注射液的含量测定（配位滴定法）

一、目的要求

掌握配位滴定法测定硫酸镁注射液含量的原理及方法。

二、原理

在 pH 约为 10 的条件下，铬黑 T（HIn^{2-}）溶液呈蓝色，与镁离子配位后便呈酒红色。滴定前，镁离子先与铬黑 T 生成稳定性较小的内配盐，溶液显红色。

此时，若加入乙二胺四乙酸二钠滴定液，镁离子能与其生成更稳定的内配盐，致使镁离子自铬黑 T 的内配物中全部释出，而使铬黑 T 恢复原有的蓝色。

$$\underset{（蓝色）}{Mg^{2+}+HIn^{2-}} \rightarrow \underset{（红色）}{MgIn^{-}+H^{+}}$$

$$Mg^{2+}+H_2Y^{2-} \rightarrow MgY^{2-}+2H^{+}$$

化学计量点时， $$\underset{（红色）}{MgIn^{-}+H_2Y^{2-}} \rightarrow \underset{（蓝色）}{MgY^{2-}+HIn^{2-}+H^{+}}$$

三、主要仪器及药品

1．主要仪器。酸式滴定管（50 mL）、容量瓶（50 mL）、移液管（25 mL）、量筒（50 mL）。

2．主要药品。氨—氯化铵缓冲液（pH 为 10.0）、 铬黑 T 指示剂。

四、实训内容

精密量取硫酸镁注射液适量（约相当于硫酸镁 0.5 g），置于 50 mL 量瓶中，用水稀释至刻度，摇匀，精密量取 25 mL，加氨—氯化铵缓冲液（pH 为 10.0）10 mL 与铬黑 T 指示剂少许，用乙二胺四乙酸二钠液（0.05 mol/L）滴定至溶液由紫红色转变为纯蓝色，即得。每 1mL 的乙二胺四乙酸二钠液（0.05 mol/L）相当于 12.32 mg 的 $MgSO_4 \cdot 7H_2O$。

五、数据处理

硫酸镁的含量按 $MgSO_4 \cdot 7H_2O$ 计算如下式：

$$MgSO_4\ 7H_2O\% = \frac{\frac{c}{0.05} \times V \times \frac{12.32}{1\,000}}{W} \times 100\%$$

式中：c——乙二胺四乙酸二钠液的实际浓度，mol/L；

V——滴定所消耗乙二胺四乙酸二钠液的体积，mL；

W——所称样品的重量，g。

六、注意事项

乙二胺四乙酸二钠液与镁离子配位的能力与溶液的 pH 有关，以在 pH 为 9.6～10.4 为最佳，因此测定时必须加以控制。

七、思考题

配位滴定法测定硫酸镁注射液含量过程中，加氨—氯化铵缓冲液（pH 为 10.0）10 mL 的目的是什么？

实训七　药用硫酸亚铁的含量测定（高锰酸钾法）

一、目的要求

掌握高锰酸钾法测定硫酸亚铁含量的原理和方法。

二、原理

因亚铁离子具有还原性，在硫酸酸性条件下，用高锰酸钾滴定液直接滴定，到达化学计量点时，微过量的 MnO_4^-离子使溶液呈现粉红色，指示终点。

$$5Fe^{2+} + MnO_4^- + 8H^+ = 5Fe^{3+} + Mn^{2+} + 4H_2O$$

三、主要仪器及药品

1．主要仪器。分析天平、棕色滴定管（50 mL）、锥形瓶（250 mL）、量筒（25 mL）。
2．主要药品。药用硫酸亚铁样品、$KMnO_4$ 滴定液（0.02 mol/L）、稀 H_2SO_4。

四、实训内容

取硫酸亚铁约 0.5 g，精密称定，加稀硫酸与新沸过的冷水各 15 mL 溶解后，立即用高锰酸钾液（0.02 mol/L）滴定至溶液显持续的粉红色。每 1 mL 高锰酸钾滴定液（0.02 mol/L）相当于 27.80 mg 的 $FeSO_4 \cdot 7H_2O$。

五、数据处理

硫酸亚铁的含量按 $FeSO_4 \cdot 7H_2O$ 计算如下式：

$$FeSO_4 \cdot 7H_2O\% = \frac{\frac{c}{0.02} \times V \times \frac{27.80}{1\,000}}{W} \times 100\%$$

式中：c——高锰酸钾滴定液的实际浓度，mol/L；

V——滴定所消耗 $KMnO_4$ 滴定液的体积，mL；

W——所称样品的重量，g。

六、注意事项

（1）测定时使用不含氧的蒸馏水。由于水中含有氧，它能将 Fe^{2+}离子氧化成 Fe^{3+}离子，使得测定结果偏低。

$$4Fe^{2+} + O_2 + 4H^+ = 4Fe^{3+} + 2H_2O$$

经过煮沸后的冷蒸馏水已将溶解氧除去，避免了误差。

（2）供试品溶解后，应立即滴定，避免在空气中被氧化。

（3）为防止 Fe^{2+}离子在空气中被氧化，滴定速度应该快一点。

（4）由于生成 Fe^{3+}离子的黄色对终点观察有影响，可在测定时加 2 mL H_3PO_4，由于 H_3PO_4 的加入，Fe^{2+}离子反应更加完全。

七、思考题

高锰酸钾法测定硫酸亚铁含量中，为什么要在硫酸酸性条件下进行？

实训八　维生素C注射液的含量测定（碘量法）

一、目的要求

掌握碘量法测定维生素 C 注射液含量的原理和方法。

二、原理

维生素 C 具有强还原性，在酸性溶液中可被弱氧化剂碘氧化为去氢维生素 C，当维生素 C 被 I_2 氧化后，微过量的 I_2 可使淀粉指示剂变蓝色，以溶液显蓝色并持续 30 s 不褪为终点。

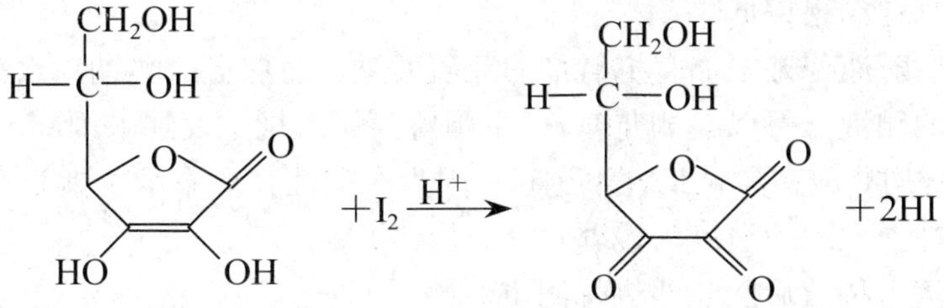

$$\text{CH}_2\text{OH},\ \text{H—C—OH},\ \text{O},\ \text{O},\ \text{HO},\ \text{OH} \quad + I_2 \xrightarrow{H^+} \quad \text{CH}_2\text{OH},\ \text{H—C—OH},\ \text{O},\ \text{O},\ \text{O},\ \text{O} \quad + 2HI$$

三、主要仪器及药品

1．主要仪器。棕色酸式滴定管（50 mL）、移液管（10 mL）、量筒（100 mL）、容量瓶（100 mL）、吸量管（1 mL）、锥形瓶（250 mL）

2．主要药品。维生素 C 注射液、丙酮（A.R.）、稀乙酸、淀粉指示液、碘液（0.1 mol/L）。

四、实训内容

精密量取维生素 C 注射液适量（约相当于维生素 C 0.2 g），加水 15 mL 与丙酮 2 mL，摇匀，放置 5 min，加稀乙酸 4 mL 与淀粉指示液 1 mL，用碘滴定液（0.1 mol/L）滴定至溶液显蓝色并持续 30 s 不褪。每 1 mL 碘滴定液（0.1 mol/L）相当于 8.806 mg 的 $C_6H_8O_6$。

五、数据处理

维生素 C 注射液的标示含量按 $C_6H_8O_6$ 计算如下式：

$$\text{维生素C标示含量\%} = \frac{\dfrac{c}{0.1} \times V \times \dfrac{8.806}{1\,000}}{V_{\text{供}} \times B} \times 100\%$$

式中：c——碘液的实际浓度，mol/L；

V——滴定所消耗碘液的体积，mL；

$V_{\text{供}}$——供试品的体积，mL；

B——维生素 C 注射液标示量，g/mL。

六、注意事项

（1）实验用水应为新煮沸过的冷蒸馏水，这是为了防止水中溶解氧将维生素 C 氧化，消耗碘液减少，测定结果偏低。

（2）因本品注射液处方中加有抗氧剂焦亚硫酸钠，而焦亚硫酸钠易水解生成亚硫酸氢钠，消耗一定量的碘液，所以在测定时，《中国兽药典》规定要加入丙酮消除这种干扰。

（3）本法测定时，应在酸性条件下进行。因为在酸性介质中维生素 C 受空气中氧的氧化较在中性或碱性介质中的速度为慢。

（4）供试品溶于稀酸后应立即进行滴定。

七、思考题

1．淀粉指示液为什么要新鲜配制？

2．测定过程中为什么要快速进行滴定？

实训九　饲料添加剂中硫酸铜的含量测定（间接碘量法）

一、目的要求

掌握碘量法测定硫酸铜含量的原理和方法。

二、原理

硫酸铜溶于水，在弱酸性溶液中，Cu^{2+}离子与过量 KI 作用，生成 CuI 沉淀，同时析出等量的 I_2 用 $Na_2S_2O_3$ 滴定液滴定碘，反应式如下：

$$2Cu^{2+} + 4I^- = 2CuI\downarrow + I_2$$

$$I_2 + 2S_2O_3^{2-} = 2I^- + S_4O_6^{2-}$$

用淀粉作为指示剂，由消耗 $Na_2S_2O_3$ 滴定液的体积计算 $CuSO_4 \cdot 5H_2O$ 的含量。

三、主要仪器及药品

1．主要仪器。分析天平、碘量瓶（250 mL）、滴定管（50 mL）、量筒（10 mL）。

2．主要药品。药用硫酸铜样品、KI（A.R.）、$Na_2S_2O_3$ 滴定液 0.1 mol/L、淀粉指示液（0.5%）、乙酸（A.R.）。

四、实训内容

取药用硫酸铜样品约 0.5 g，精密称定，置碘量瓶中，加水 50 mL 溶解后，加乙酸 4 mL，碘化钾 2 g，用硫代硫酸钠滴定液（0.1 mol/L）滴定，至临近终点时，加淀粉指示液 2 mL，继续滴定至蓝色消失，即得。每 1 mL 硫代硫酸钠（0.1 mol/L）相当于 24.97 mg 的 $CuSO_4 \cdot 5H_2O$。

五、数据处理

饲料添加剂中硫酸铜的含量以 $CuSO_4 \cdot 5H_2O$ 计算如下式：

$$CuSO_4\ 5H_2O\% = \frac{\frac{c}{0.1} \times V \times 24.97}{W \times 1\,000} \times 100\%$$

式中：c——滴定时 $Na_2S_2O_3$ 滴定液的实际浓度，mol/L；

V——滴定所消耗 $Na_2S_2O_3$ 滴定液的体积，mL；

W——所称样品的重量，g。

六、注意事项

I_2 的挥发和 I^- 离子被空气中的 O_2 氧化是造成间接碘量法误差的主要因素，操作必须采取以下措施：

（1）加过量的 KI，一般是理论量的 2～3 倍，使 I_2 变成易溶的 I_3^- 离子，减少它的挥发；

（2）反应在室温或低温下进行，一般低于 25℃。

（3）滴定时轻摇，最好在碘量瓶中进行。

（4）溶液酸度不宜太高，酸度太高，会增加 I^- 离子被空气氧化。

（5）反应生成 I_2 后及时滴定，滴定速度宜适当快些。

七、思考题

1．硫代硫酸钠和 I_2 之间的反应，为什么必须在中性或弱酸性溶液中进行？

2．在用 $Na_2S_2O_3$ 滴定 I_2 时，为什么应该在大部分 I_2 被还原后，溶液呈浅黄色时，才加淀粉指示剂（即临近终点前加入）？

实验十　氯化钠注射液的含量测定（吸附指示剂法）

一、目的要求

掌握吸附指示剂法测定氯化钠注射液的原理和方法。

二、原理

滴定开始时，溶液中 Cl^-离子和 Ag^+离子生成 AgCl 沉淀，此时溶液中 Cl^-离子过剩，因而 AgCl 沉淀吸附 Cl^-离子而形成带负电荷的胶粒，不能吸附指示剂。在化学计量点附近，由于 Cl^-离子浓度很小，吸附作用减小，因而沉淀凝结较快。化学计量点过后，溶液中有多余的 Ag^+离子，AgCl 沉淀吸附 Ag^+离子而带正电荷，此时带正电荷的胶粒强烈地吸附指示剂阴离子，使其结构发生变化，从而改变溶液颜色，指示终点到达。

其变化情况可表示为：

终点前：Cl^-离子过量	$AgCl \cdot Cl^-$	⋮ Ag^+
终点时：Ag^+离子过量	$AgCl \cdot Ag^+$	⋮ Cl^-
$AgCl \cdot Ag^+$吸附 FIn^-离子 ⟶ （黄绿色）	$AgCl \cdot Ag^+$ （粉红色）	⋮ FIn^-

三、主要仪器及药品

1．主要仪器。棕色酸式滴定管（50mL）、量筒（50 mL）、移液管（ 1 0 mL）。

2．主要药品。氯化钠注射液、糊精溶液（1→50）、硝酸银液（0.1 mol/L）、荧光黄指示液。

四、实训内容

精密量取氯化钠注射液 10 mL，加水 40 mL，加糊精溶液（1→50）5 mL 与荧光黄指示液 5～8 滴，用硝酸银液（0.1 mol/L）滴定，即得。每 1 mL 的硝酸银液（0.1 mol/L）相当于 5.844 mg 的 NaCl。

五、数据处理

氯化钠的标示含量按下式计算：

$$\text{NaCl标示含量\%}=\frac{\frac{c}{0.1}\times V\times\frac{5.844}{1\,000}}{V_{供}\times B}\times 100\%$$

式中：c——$AgNO_3$ 滴定液的实际浓度，mol/L；

V——滴定所消耗 $AgNO_3$ 滴定液的体积，mL；

$V_{供}$——供试品的体积，mL；

B——氯化钠注射液标示量，g/mL。

六、注意事项

（1）要形成稳定的胶体溶液，必须在适当稀的溶液中进行滴定。例如，用荧光黄作指示剂测定 Cl^- 离子时，浓度要求在 0.005 mol/L 以上，测定 Br^-、I^-、SCN^- 离子时，浓度要在 0.001 mol/L 以上。

（2）电解质能使胶体凝聚，因而应当避免大量电解质的存在。

（3）滴定过程中，因沉淀吸附被测离子，故操作时要充分摇动，减少误差。

（4）避免阳光直射，因卤代银沉淀在阳光照射下转变成灰黑色 Ag_2O 沉淀，影响终点观察。

（5）用荧光黄为指示剂时要求溶液呈中性或弱碱性，而硝酸银溶液常稍有酸性，滴定至终点时溶液的 pH 为 5 左右，终点不明显。为使滴定终点时溶液 pH 在 7～8，可加入 0.1 g 碳酸钙，此时滴定终点十分明显，结果准确。

七、思考题

测定氯化钠注射液含量时，为什么要加糊精溶液？

实训十一　抗生素微生物检定法测定土霉素的效价

一、目的要求

1．了解微生物检定法测定抗生素药品效价的基本原理。

2．掌握二剂量法测定土霉素的操作技术。

二、原理

《中国兽药典》（2005 版）采用管碟扩散法。管碟扩散法测定效价，是利用土霉素的抗菌性质及它在琼脂培养基内的扩散作用，将未知效价供试品液与已知效价的标准溶液，在同一条件下，土霉素在培养基内的扩散到达适当范围内产生了抑制试验菌（藤黄八叠球菌）生长的透明抑菌圈，经比较标准液两者抑菌圈直径或面积的大小，再采用量反应平行线原理的设计，即可推算供试品的效价。

方法设计为二剂量法。二剂量法制备的双碟不得少于 4 个，在每 1 双碟中对角的 2 个不锈钢小管中分别滴装高浓度及低浓度的标准品溶液，其余 2 个小管中分别滴装相应高低两种浓度的供试品溶液；高、低浓度的剂距为 2∶1。在规定条件下（35～37℃）培养 16～18 h 后，测量各个抑菌圈的直径（或面积），照生物检定统计法进行可靠性测验及效价计算。

三、主要仪器及药品

1．主要仪器。压力蒸汽消毒锅、电热恒温干燥箱、电热恒温水浴锅、分析天平、抑菌圈测量仪或游标卡尺、培养皿、陶瓦盖、不锈钢小管、毛细滴管、吸量管、容量瓶、接种棒、培养瓶。

2．主要药品。土霉素、培养基（Ⅲ）、藤黄八叠球菌（28001）悬液、盐酸（0.1 mol/L）、灭菌水。

四、实训内容

取土霉素适量，精密称定，按土霉素每 10 mg 加盐酸（0.1 mol/L）1 mL，使溶解。再加灭菌水稀释制成每 1 mL 中约含 1000 单位的溶液，照抗生素微生物检定法测定。1 000 土霉素单位相当于 1 mg 的 $C_{22}H_{24}N_2O_9$。

五、数据处理

供试品效价相当于标示量或估计效价的百分数为：

$$P\% = \log^{-1}\left[\frac{T_1 + T_2 - S_1 - S_2}{T_2 + S_2 - T_1 - S_1} \times I\right] \times 100$$

式中：S_2——高浓度标准品溶液所致的各抑菌圈直径的总和；

S_1——低浓度标准品溶液所致的各抑菌圈直径的总和；

T_2——高浓度供试品溶液所致的各抑菌圈直径的总和；

T_1——低浓度供试品溶液所致的各抑菌圈直径的总和；

I——高浓度与低浓度比值的对数。

将此百分数乘以供试品估计的效价数，即得供试品每 1 mg 中所含的单位数（U/mg）。

供试品的效价数＝估计效价数×$P\%$

六、注意事项

按每毫克所估计的效价单位称取土霉素供试品，如估计效价为 890 U/mg，则精密称定供试品 112.4 mg，先加盐酸液（0.1 mol/L）使溶解（按土霉素每 10 mg 加盐酸 1 mL），加灭菌水定溶于 100 mL 量瓶中，制成每 1 mL 中约含 1 000 单位的溶液。

七、思考题

1．效价测定时，为什么对效价滴定台的台面要求水平并不受震动？

2．倒上层（菌层）培养基时，若培养基经水浴加热融化后加入藤黄八叠球菌时的温度超过 50℃，会带来什么影响？

实训十二　紫外可见分光光度法测定维生素 B_2 注射液的含量

一、目的要求

掌握紫外可见分光光度法测定维生素 B_2 注射液含量的原理和方法。

二、原理

维生素 B_2 在波长 444 nm±1 nm 处有最大吸收，通过测定吸收 *A* 值并根据比吸收系数（$E_{1\,cm}^{1\%}$）计算维生素 B_2 注射液的含量。

三、主要仪器及药品

1．主要仪器。紫外可见分光光度计、容量瓶（1 000 mL）、烧杯（100 mL）、移液管（2 mL）。

2．主要药品。维生素 B_2 注射液、乙酸溶液（10%）、乙酸钠溶液（14%）。

四、实验步骤

避光操作。精密量取维生素 B_2 注射液适量（约相当于维生素 $B_2$10 mg），置 1 000 mL 棕色量瓶中，加 10%乙酸溶液 2 mL 与 14%乙酸钠溶液 10 mL，用水稀释至刻度，摇匀，照分光光度法在 444 nm±1 nm 波长处测定吸收度，按 $C_{17}H_{20}N_4O_6$ 的吸收系数（$E_{1\,cm}^{1\%}$）为 323 计算，即得（规格：2 mL∶10 mg）。

五、数据处理

维生素 B_2 注射液的标示含量按下式计算：

$$C_{17}H_{20}N_4O_6\text{的标示量}\% = \frac{\frac{A}{E_{1\,cm}^{1\%}} \times 1\% \times \text{溶液总体积}}{V \times \frac{B}{1\,000}} \times 100\%$$

式中：A——测得的吸收度值；

$E_{1\,cm}^{1\%}$——供试品在 444 nm±1 nm 处的比吸收系数；

V——精密量取供试品的体积，mL；

B——标示量，mg/mL。

六、注意事项

（1）维生素 B_2 在 224 nm、267 nm、375 nm 及 444 nm 波长处有最大吸收，一般利用 444 nm 波长处测定含量。该方法操作简便，专属性强。

（2）遇光变为深黄或棕黄色的维生素 B_2 注射液，经本法测定，其含量均降低。

七、思考题

维生素 B_2 注射液含量测定过程中，为什么要强调避光操作？

实训十三　高效液相色谱法测定金银花中绿原酸的含量

一、目的要求

1．了解高效液相色谱仪的使用技术。

2．初步掌握用高效液相色谱法测定金银花中绿原酸含量的方法。

二、主要仪器及药品

1．主要仪器。分析天平、高效液相色谱仪、有塞锥形瓶、超声波清洗机、棕色量瓶、抽滤器。

2．主要药品。金银花粉末、绿原酸对照品、乙腈—0.4%磷酸溶液（13∶87）、50%

甲醇。

三、实训内容

1. 色谱条件与系统适用性试验

用十八烷基硅烷键合硅胶为填充剂；乙腈—0.4%磷酸溶液（13∶87）为流动相；检测波长为 327 nm，理论板数按绿原酸峰计算应不低于 1 000。

2. 对照品溶液的制备

精密称取绿原酸对照品适量，置棕色量瓶中，加 50%甲醇制成每 1 mL 含 40 μg 的溶液，即得（10℃以下保存）。

3. 供试品溶液的制备

取本品粉末约 0.5 g，精密称定，置有塞锥形瓶中，精密加 50%甲醇 50 mL，称定重量，超声处理 30 min，放冷，再称定重量，用 50%甲醇补足减失的重量，摇匀，滤过，精密量取续滤液 5 mL，置 25 mL 棕色量瓶中，加 50%甲醇至刻度，摇匀，即得。

4. 测定法

分别精密吸取对照品溶液与供试品溶液各 5～10 μL，注入液相色谱仪，测定，即得。

本品含绿原酸（$Cl_{16}H_{18}O_9$）不得少于 1.5%。

四、注意事项

（1）严格防止气泡进入系统，吸液软管必须充满流动相，吸液管的烧结不锈钢过滤器必须始终浸在溶剂内，如更换溶剂瓶，必须先停泵，再将过滤器移到新的溶剂瓶内，然后才能开泵使用。

（2）流动相必须进行脱气处理。

（3）流动相及供试品溶液应澄清，要求用滤器过滤后使用或进样。

（4）工作完毕，需用适当的有机溶剂清洗，尤其是使用酸性或含盐溶剂后，更需注意，以防系统零件被损坏，先需用水洗，后用甲醇清洗，最后才能停泵关机。

五、思考题

供试品溶液不澄清会造成什么后果？

实训十四　永停滴定法测定磺胺对甲氧嘧啶的含量

一、目的要求

1．了解用重氮化法测定具有芳伯氨基药物含量的基本原理。

2．掌握用永停滴定法确定终点的操作方法。

二、原理

磺胺对甲氧嘧啶分子中含有芳伯氨基，能与亚硝酸钠定量地完成重氮化反应而生成重氮盐，故可用亚硝酸钠滴定液在酸性条件下，照永停滴定法进行滴定。

$$CH_3O-C_4H_2N_2-NH-SO_2-C_6H_4-NH_2 + NaNO_2 + 2HCl \longrightarrow$$

$$\left[CH_3O-C_4H_2N_2-NH-SO_2-C_6H_4-N^+\equiv N\right]Cl^- + NaCl + 2H_2O$$

三、主要仪器及药品

1．主要仪器。分析天平、永停滴定仪、滴定管（50 mL）、烧杯（250 mL）。

2．主要药品。磺胺对甲氧嘧啶、溴化钾（A.R.或 C.P.）、$NaNO_2$ 标准液（0.1 mol/L）、盐酸液（1→2）。

四、实训内容

取磺胺对甲氧嘧啶约 0.5 g，精密称定，加盐酸溶液（1→2）20 mL 溶解后（必要时加热），加水 50 mL，放冷，照永停滴定法[《中国兽药典》（2005 版）附录第 53 页]，用亚硝酸钠滴定液（0.1 mol/L）滴定。每 1 mL 亚硝酸钠滴定液（0.1 mol/L）相当于 28.03 mg 的 $C_{11}H_{12}N_4O_3S$。

五、数据处理

$$C_{11}H_{12}N_4O_3S\% = \frac{\frac{c}{0.1} \times V \times \frac{28.03}{1\,000}}{W} \times 100\%$$

式中：c——滴定时亚硝酸钠滴定液的实际浓度，mol/L；

V——所消耗亚硝酸钠滴定液的体积，mL；

W——所称样品的重量，g。

六、注意事项

（1）《中国兽药典》规定用永停滴定法指示重氮化法的终点。电极为铂-铂电极系统，永停法用于重氮化法的终点指示时，应调节极化电压为 50 mV，灵敏度为 10^{-9}，门限值为 60 格。

（2）永停滴定法的具体做法是：取供试品适量，精密称定，置 250 mL 烧杯中，除另有规定外，可加水 50 mL 和盐酸溶液（1→2）20 mL。置电磁搅拌器上，搅拌使溶解，再加溴化钾 2 g。插入铂-铂电极，将滴定管的尖端插入液面下约 2/3 处，用亚硝酸钠液（0.1 mol/L）迅速滴定，随滴随搅拌，临近终点时，将滴定管的尖端提出液面，用少量水淋洗，洗液并入溶液中，继续缓缓滴定，至电流计指针突然偏转，并不再回复，即为滴定终点。

（3）铂-铂电极可用加有少量三氯化铁的硝酸清洗。

七、思考题

亚硝酸钠法测定磺胺类药物，永停滴定法用作终点指示时，通常在试样溶解后，加入溴化钾 2 g，这是为什么？

参考文献

[1] 中国兽药典委员会．中华人民共和国兽药典（一部）．北京：中国农业出版社，2006．

[2] 中国兽药典委员会．中华人民共和国兽药典（二部）．北京：中国农业出版社，2006．

[3] 中国兽药典委员会．中华人民共和国兽药典（三部）．北京：中国农业出版社，2006．

[4] 高宏．常用制剂设备．北京：人民卫生出版社，2005．

[5] 张绪峤．药物制剂设备与车间工艺设计．北京：中国医药科技出版社，2005．

[6] 于康震．兽药生产质量管理规范培训指南．北京：中国农业出版社，2003．

[7] 朱盛山．药物制剂工程．北京：化学工业出版社，2003．

[8] 孙玲．动物药品制剂．北京：中国农业出版社，2002．

[9] 晁若冰．药物分析．北京：人民卫生出版社，2000．

[10] 朱模忠．兽药手册．北京：化学工业出版社，2002．

[11] 倪坤仪，等．南京：东南大学出版社，2001．

[12] 崔福德．药剂学．北京：人民卫生出版社，2003．

[13] 张洪斌．药物制剂工程技术与设备．北京：化学工业出版社，2004．

[14] 朱宏吉．制药设备与工程设计．北京：化学工业出版社，2004．

[15] 齐宗韶．药物分析．北京：中国医药科技出版社，1991．

[16] 杨瑞虹．药物制剂技术与设备．北京：化学工业出版社，2005．

[17] 刘汉清，等．中药药剂学．北京：中国医药科技出版社，2000．

[18] 高学敏．中药学．北京：中国中医药出版社，2005．